Rapport final de la trente-cinquième Réunion consultative du Traité sur l'Antarctique

RÉUNION CONSULTATIVE DU TRAITÉ SUR
L'ANTARCTIQUE

Rapport final
de la trente-cinquième Réunion
consultative du Traité sur
l'Antarctique

Volume II

Hobart, Australie
11 - 23 juin 2012

Secrétariat du Traité sur l'Antarctique
Buenos Aires
2012

- Réunion consultative du Traité sur l'Antarctique (RCTA) : 2012 :
  Hobart)
  Rapport final de la trente-cinquième Réunion consultative du Traité
  sur l'Antarctique. Hobart, du 11 au 15 juin 2012
  Buenos Aires : Secrétariat du Traité sur l'Antarctique, 2012.
  XXX p.

ISBN 978-987-1515-48-6

1. Droit international – Questions liées à l'environnement. 2. Système du Traité sur
l'Antarctique 3. Droit environnemental – Antarctique. 4. Droit environnemental –
Antarctique.

DDC 341.762 5

ISBN 978-987-1515-49-3

9 789871 515493

ISBN 978-987-1515-48-6

9 789871 515486

Table des matières

VOLUME I

Sigles et abréviations

PARTIE I RAPPORT FINAL

1. Rapport final

2. Rapport du XVe CPE

3. Appendices
Communiqué de la XXXVe RCTA
Ordre du jour provisoire pour la XXXVe RCTA

PARTIE II MESURES, DÉCISIONS ET RÉSOLUTIONS

1. Mesures

Mesure 1 (2012) ZSPA No 109
(île Moe, îles Orcades du Sud) : Plan de gestion révisé.

Mesure 2 (2012) ZSPA No 110
(île Lynch, îles Orcades du Sud) : Plan de gestion révisé.

Mesure 3 (2012) ZSPA No 111
(île Powell du Sud et îles adjacentes, îles Orcades du Sud) : Plan de gestion révisé.

Mesure 4 (2012) ZSPA No 109
(Péninsule Coppermine, île Robert, îles Shetland du Sud) : Plan de gestion révisé.

Mesure 5 (2012) ZSPA No 115
(île Lagotellerie, Baie Marguerite, Terre de Graham) : Plan de gestion révisé.
Mesure 6 (2012) ZSPA No 129
(Pointe Rothera, île Adelaide) : Plan de gestion révisé.

Mesure 7 (2012) ZSPA No 109
(Pointe Harmony, île Nelson, îles Shetland du Sud) : Plan de gestion révisé.

Mesure 8 (2012) ZSPA No 140
(Parties de l'île de la Déception) : Plan de gestion révisé.
Mesure 9 (2012) ASPA No 172
(Partie inférieure du Glacier Taylor et des Blood Falls, Vallée Taylor, Vallées sèches de McMurdo, Terre de Victoria) : Plans de gestion
Measure 10 (2012) ASMA No 4
(Deception Island): Plan de gestion révisé.
Mesure 11 (2012) Sites et monuments historiques de l'Antarctique :

No. 4. Bâtiment de la station Pôle d'inaccessibilité
No. 7. Pierre d'Ivan Khmara
No. 8. Monument d'Anatoly Shcheglov
No 9. Cimetière de l'île Buromsky
No. 10 Observatoire de la station soviétique Oasis
No. 11 Tracteur de la Station Vostok
No. 37 Site historique d'O'Higgins

2. Décisions

Décision 1 (2012) Mesures sur des questions opérationnelles désignées comme n'étant plus d'actualités

    Annexe : Mesures sur des questions opérationnelles désignées comme n'étant plus d'actualités

Décision 2 (2012) Rapport, programme et budget du Secrétariat

    Annexe 1 : Rapport financier vérifié 2010/11

    Annexe 2 : Estimation des recettes et des dépenses 2011/12

    Annexe 3 : Programme du Secrétariat, budget pour 2012/13 et prévisions budgétaires pour 2013/14

Décision 3 (2012) Élaboration d'un plan de travail stratégique pluriannuel pour la Réunion consultative du Traité sur l'Antarctique

    Annexe 1 : Principes

Décision 4 (2012) Système électronique d'échange d'informations

3. Résolutions

Résolution 1 (2012) Renforcement du soutien au Protocole au Traité sur l'Antarctique relatif à la protection de l'environnement

Résolution 2 (2012) Coopération sur les questions liées à l'exercice de la juridiction dans la zone du Traité sur l'Antarctique

Résolution 3 (2012) Améliorer la coopération dans l'Antarctique

Résolution 4 (2012) Lignes directrices génerales pour les visiteurs de l'Antarctique

Résolution 5 (2012) Lignes directrices pour les visiteurs du site de l'île Barrientos dans les îles Aitcho

Résolution 6 (2012) Régions de conservation biogéographiques de l'Antarctique

    Annexe : Régions de conservation biogéographiques de l'Antarctique

Résolution 7 (2012) Sécurité des navires dans la Zone du traité sur l'Antarctique

Résolution 8 (2012) Amélioration de la coordination des opérations de recherche et sauvetage (SAR) maritimes et aéronautiques

Résolution 9 (2012) L'évaluation des expéditions terrestres

    Annexe : Questions à prendre en compte dans le cadre du processus d'autorisation des activités terrestres non-gouvernementales en Antarctique

Résolution 10 (2012) Lignes directrices relatives aux yachts

    Annexe : Liste de contrôle des éléments spécifiques aux yachts pour la préparation de voyages sûrs en Antarctique

Résolution 11 (2012) Liste de contrôle pour les activités sur le terrain avec des visiteurs

    Piece jointe : Liste de contrôle pour les activités sur le terrain avec des visiteurs

Photo et schéma d'image

VOLUME II

Sigles et abréviations   9

PARTIE II MESURES, DÉCISIONS ET RÉSOLUTIONS (Suite)   11

4. Plans de gestion   13
ZSPA N°109 l'île Moe   15
ZSPA N° 110 l'île Lynch   27
ZSPA N°111, île Powell du Sud et îles adjacentes   41
ZSPA N°112 Péninsule Coppermine   53
ZSPA N°115 l'île Lagotellerie   65
ZSPA N°129 Pointe Rothera   79
ZSPA N°133 Pointe Harmony   89
ZSPA N°140 Parties de l'île de la Déception   97
ZSPA N° 172 Partie inférieure du Glacier Taylor et Blood Falls,   123
ZSGA N° 4 l'île de la Déception   143

PARTIE III DISCOURS D'OUVERTURE ET DE CLÔTURE ET RAPPORTS   193

1. Rapports par les dépositaires et les observateurs   195
Rapport du SCAR (Conseil International des Unions Scientifiques)   197
Rapport du COMNAP   201
Rapport du RU comme gouvernement dépositaire du CCAS   206
Rapport de l'Australie comme gouvernement dépositaire de la CCAMLR   209
Rapport de l'Australie comme gouvernement dépositaire de l'ACAP   210
Rapport des États-Unis comme gouvernement dépositaire du Traité sur l'Antarctique et son Protocole   211
Rapport par l'observateur de la CCAMLR   231

2. Rapports d'experts   237
Rapport de l'IAATO   239
Rapport de l'IHO   243
Rapport de l'ASOC   254

PARTIE IV DOCUMENTS SUPPLÉMENTAIRES DE LA XXXVe RCTA   259

1. Documents supplémentaires   261
Résumé de la Conférence du SCAR   263

2. Liste de documents   265
Documents de travail   267
Documents d'information   271
Documents du Secrétariat   276
Documents de référence   278

3. Liste de participants   281
Parties consultatives   284
Parties non consultatives   287
Observateurs, experts et invités   288
Secrétariat du pays hôte   289
Secrétariat du Traité sur l'Antarctique   289

Sigles et abréviations

ACAP	Accord sur la conservation des albatros et des pétrels
ASOC	Coalition sur l'Antarctique et l'océan austral
ZSGA	Zone spécialement gérée de l'Antarctique
ZSPA	Zone spécialement protégée de l'Antarctique
STA	Système du Traité sur l'Antarctique ou Secrétariat du Traité sur l'Antarctique
ATCM	Réunion consultative du Traité sur l'Antarctique
ATCP	Partie consultative au Traité sur l'Antarctique
CAML	Recensement de la vie marine de l'Antarctique
CCAMLR	Convention sur la conservation de la faune et de la flore marines de l'Antarctique et/ou Commission pour la conservation de la faune et de la flore marines de l'Antarctique
CCAS	Convention pour la protection des phoques de l'Antarctique
EEC	Évaluation environnementale complète
CPE	Comité pour la protection de l'environnement (CPE) :
COMNAP	Conseil des directeurs des programmes antarctiques nationaux
EIE	Évaluation de l'impact sur l'environnement
CHA	Comité hydrographique sur l'Antarctique
SMH	Sites et monuments historiques
IAATO	Association internationale des organisateurs de voyages dans l'Antarctique
GCI	Groupe de contact intersessions
ICSU	International Council for Science
EEI	Évaluation environnementale initiale
OHI	Organisation hydrographique internationale
OMI	Organisation maritime internationale :
COI	Commission océanographique intergouvernementale
IP	Document d'information
API	Année polaire internationale
IPCC	Groupe d'experts intergouvernemental sur les changements climatiques
IPY-IPO	Bureau du programme de l'Année polaire internationale (API)
UICN	Union internationale pour la conservation de la nature et de ses ressources
ORGP	Organisation régionale de gestion de la pêche
SATCM	Réunion consultative du Traité sur l'Antarctique
SCAR	Comité scientifique pour la recherche antarctiqueConseil International des Unions Scientifiques
SCALOP	Comité permanent sur la logistique et les opérations en Antarctique
SC-CAMLR	Comité scientifique de la Commission pour la conservation de la faune et flore marines de l'Antarctique
SP	Document du Secrétariat
ZSP	Zone spécialement protégée
PNUE	Programme des Nations Unies pour l'environnement
CCNUCC	Convention Cadre des Nations Unies sur les changements climatiques
WG	Groupe de travail
OMM	Organisation météorologique mondiale
WP	Document de travail
WTO	Organisation mondiale du tourisme

PARTIE II

Mesures, Décisions et Résolutions (Suite)

4. Plans de gestion

Plan de gestion de la zone spécialement protégée de l'Antarctique n° 109

ÎLE MOE, ORCADES DU SUD

Introduction

L'île Moe, Orcades du Sud (Lat. 60°44'S ; Long. 045°41'O), a été désignée zone spécialement protégée de l'Antarctique (ZSPA) n° 109 principalement pour protéger les valeurs environnementales, et plus particulièrement la faune et la flore terrestres présentes dans la zone.

La zone a été désignée pour la première fois dans la Recommandation IV-13 (1966, ZSP n° 13) à la suite d'une proposition du Royaume-Uni motivée par plusieurs raisons. En effet, le Royaume-Uni considérait que l'île Moe était un élément particulièrement représentatif de l'écosystème maritime en Antarctique, que les intenses recherches scientifiques menées sur l'île Signy voisine risquaient de modifier son écosystème et que ladite île devait bénéficier d'une protection spéciale afin de servir ultérieurement de zone de référence à des fins de comparaison.

Ces raisons conservent aujourd'hui toute leur validité. Rien ne permet certes d'affirmer que les recherches menées sur l'île Signy ont eu un impact considérable sur les écosystèmes de l'île Moe, mais un changement important a été constaté à basse altitude sur la terre ferme du fait de l'expansion rapide des colonies d'otaries à fourrure (*Arctocephalus gazella*) de l'Antarctique. La flore de l'île Signy toute proche a été physiquement perturbée par le piétinement de ces otaries tandis que l'excès d'azote issu de leurs excréments a entraîné la disparition des bryophytes et des lichens aujourd'hui remplacés par l'algue géante *Prasiola crispa*. Les lacs situés à basse altitude ont été affectés par le ruissellement fortement azoté des terres adjacentes. À ce jour, l'île Moe n'a été envahie par des otaries à fourrure que dans une mesure limitée et sa topographie rend peu probable leur pénétration dans les aires les plus vulnérables à l'intérieur des terres. L'île Moe a été visitée à plusieurs reprises, mais elle n'a jamais été occupée plus de quelques heures.

La Résolution 3 (2008) recommandait que l'« Analyse des domaines environnementaux pour le continent Antarctique » serve de modèle dynamique pour l'identification des zones spécialement protégées de l'Antarctique dans le cadre environnemental et géographique systématisé visé à l'Article 3(2) de l'Annexe V du Protocole (voir également Morgan *et al.*, 2007). Selon ce modèle, la ZSPA n° 111 relève du domaine environnemental G (géologie des îles au large des côtes de la péninsule antarctique). La rareté du domaine environnemental G par rapport aux autres domaines environnementaux signifie que des efforts importants ont été fournis pour préserver les valeurs associées à ce type d'environnement ailleurs : parmi les autres zones protégées contenant le domaine environnemental G, on compte notamment les ZSPA n° 111, 112, 114, 125, 126, 128, 145, 149, 150 et 152 et les ZGSA 1 et 4.

Les trois autres ZSPA présentes dans les Orcades du Sud (à savoir, ZSPA n° 110 île Lynch ; ZSPA n° 111 île Powell du Sud et îles adjacentes ; et ZSPA n° 114 île Coronation du Nord) ont été désignées dans le but principal de protéger la végétation terrestre et les communautés d'oiseaux. L'île Moe complète le réseau local de ZSPA car elle abrite un échantillon représentatif de l'écosystème maritime en Antarctique, y compris les communautés côtières et terrestres dominées par les cryptogames.

1. Description des valeurs à protéger

À la suite d'une visite de la ZSPA qui s'est effectuée en février 2011, les valeurs énoncées dans la désignation antérieure ont été réaffirmées. Ces valeurs ont été décrites comme suit :

- La zone comporte des valeurs environnementales exceptionnelles liées à la composition biologique et à la diversité d'une île quasiment intacte, particulièrement représentative des écosystèmes terrestre, côtier et marin de l'Antarctique ;

- L'île Moe contient les plus vastes étendues de tourbe mousseuse (*Chorisodontium-Polytrichum*) existant dans l'Antarctique.

2. Buts et objectifs

La gestion de l'île Moe a pour objectifs les suivants :

- éviter toute modification importante de la structure et de la composition de la végétation terrestre, en particulier les bancs de tourbe mousseuse ;
- prévenir toute intervention injustifiée de l'homme dans la zone ;
- éviter ou réduire au minimum l'introduction de plantes, d'animaux et de microorganismes non-indigènes dans la zone ;
- permettre la recherche scientifique dans la zone, à condition qu'elle soit motivée par des raisons indispensables qu'il est impossible de satisfaire ailleurs et qu'elle ne porte pas atteinte au système écologique naturel de la zone ;
- permettre qu'aient lieu des visites à des fins de gestion pour aider à réaliser les buts du plan de gestion ;
- minimiser la possibilité d'introduction de pathogènes risquant de provoquer des maladies dans les populations d'oiseaux de la zone.

3. Activités de gestion

Les activités de gestion ci-après seront menées à bien pour protéger les valeurs de la zone :

- Des visites seront effectuées selon que de besoin pour déterminer si la ZSPA continue de répondre aux objectifs pour lesquels elle a été désignée et pour veiller à ce que les mesures de gestion et d'entretien soient appropriées ;
- Le plan de gestion sera passé en revue au moins tous les cinq ans et mis à jour tel que requis ;
- Les balises, panneaux ou autres structures érigés à l'intérieur de la zone pour des raisons de nature scientifique ou de gestion doivent être entretenus de manière à ne pas poser de risques et rester en bon état, et ils seront enlevés lorsqu'ils ne sont plus nécessaires ;
- Conformément à l'Annexe III du Protocole au Traité sur l'Antarctique concernant la protection de l'environnement, le matériel ou les matériaux abandonnés seront enlevés dans toute la mesure du possible, à condition que cet enlèvement ne porte pas atteinte à l'environnement et aux valeurs de la zone.
- Un exemplaire de ce plan de gestion sera mis à la disposition de la station de recherche de Signy (Royaume-Uni ; 60°42′30″ S ; 045°36′30″ O) et de la station Orcadas (Argentine ; 60°44′15″ S ; 044°44′20″ O) ;
- Le cas échéant, les programmes antarctiques nationaux sont invités à agir en étroite collaboration afin de s'assurer de la mise en œuvre des activités de gestion. Ils sont notamment conviés à communiquer entre eux de manière à éviter l'échantillonnage excessif de matières biologiques à l'intérieur de la zone. Enfin, ils sont tenus d'envisager la mise en œuvre conjointe des lignes directrices dans le but de minimiser l'introduction et la propagation d'espèces non-indigènes à l'intérieur de la zone ;
- Toutes les activités de nature scientifique ou de gestion menées dans la zone doivent faire l'objet d'une évaluation d'impact sur l'environnement, conformément aux exigences stipulées dans l'Annexe I du Protocole au Traité sur l'Antarctique concernant la protection de l'environnement.

4. Durée de la désignation

La zone est désignée pour une durée indéterminée.

5. Cartes

Carte 1. Emplacement de l'île Moe par rapport aux Orcades du Sud et aux autres zones protégées de la région. Encart : emplacement des Orcades du Sud en Antarctique. Spécifications de la carte : Sphéroïde : WGS84 stéréographique polaire antarctique. Parallèle standard : 71 °S. Méridien central 45 °O.

Carte 2. Île Moe plus détaillée. Spécifications de la carte : Sphéroïde : WGS84 stéréographique polaire antarctique. Parallèle standard : 71 °S. Méridien central 45 °O.

6. Description de la zone

6(i) *Coordonnées géographiques, bornage et caractéristiques du milieu naturel*

LIMITES ET COORDONNÉES

Les coordonnées délimitant la zone sont indiquées au Tableau 1, en commençant par le point le plus au nord-ouest et en procédant dans le sens des aiguilles d'une montre.

Numéro	Latitude	Longitude
1	60°43'40'' S	045°42'15'' O
2	60°43'40'' S	045°40'30'' O
3	60°43'55'' S	045°40'10'' O
4	60°44'40'' S	045°40'10'' O
5	60°44'40'' S	045°42'15'' O

La zone comprend l'île Moe dans son ensemble et les îles et îlots adjacents sans nom. La zone englobe tout le terrain libre de glace, la glace permanente et la glace semi-permanente qui se trouvent dans ses limites, à l'exclusion de l'environnement marin qui s'étend au-delà de 10 m au large à partir de la laisse de basse mer (Carte 2). Aucun bornage n'a été installé car la côte elle-même est une démarcation clairement définie et distincte.

DESCRIPTION GÉNÉRALE DE LA ZONE

L'île Moe, dans l'archipel des Orcades du Sud, est une petite île au contour irrégulier, située à 300 mètres au sud-ouest de l'île Signy dont elle est séparée par le canal Fyr. Elle s'étend sur environ 1,3 kilomètre de nord-est en sud-ouest et sur 1 kilomètre de nord-ouest en sud-est. Il sied de signaler que sa position sur la carte de l'amirauté n°1775 (Lat. 60°44'S ; Long. 45°45'O) ne correspond pas exactement aux coordonnées plus précises qui figurent sur la carte 2 (Lat. 60°44'S ; Long. 45°41'O).

L'île s'élève soudainement sur les flancs nord-est et sud-est du pic Snipe (226 mètres d'altitude). Elle comporte une colline intermédiaire (102 mètres d'altitude) au-dessus de la pointe South ainsi que des collines plus petites sur chacun des trois promontoires du versant ouest, à savoir la pointe Corral (92 mètres), la pointe Convoy (39 mètres) et la pointe Spaull (56 mètres). De petites zones de glace éternelle recouvrent les versants est et sud, et des neiges tardives recouvrent le flanc ouest escarpé. L'île n'abrite ni lagunes, ni rivières.

GÉOLOGIE

La roche est constituée de micaschistes à quartz métamorphique avec, à certains endroits, des biotes et des lits riches en quartz. La côte nord-est est caractérisée par un mince lit d'amphiboles diverses. La majeure partie de l'île est recouverte d'éboulis et d'amas glaciaires. Les sols renferment de jeunes dépôts d'argiles et de sables plus ou moins grossiers mélangés à des cailloux, des pierres et des gros galets. L'action du gel et du dégel aux endroits situés en altitude ou particulièrement exposés leur confère souvent une forme particulière pouvant être circulaire, polygonale, longitudinale ou lobulaire. Il existe d'importantes accumulations de tourbe (jusqu'à 2 mètres d'épaisseur sur les versants ouest) dont de nombreuses parties sont nues ou érodées.

COMMUNAUTÉS BIOLOGIQUES TERRESTRES

Les colonies végétales les plus importantes sont représentées par l'espèce *Andreaea-Usnea* et par les tapis bancs de mousse *Chorisodontium-Polytrichum* (qui représentent la communauté de ce type la plus abondante en Antarctique). Ces bancs de mousse constituent une valeur biologique considérable qui justifie en partie la désignation de l'île. La flore cryptogamique est des plus variées. La majeure partie de ces bancs de mousse n'ont guère été endommagés par les otaries à fourrure et ne donnent que de rares signes de dégradation. Toutefois, les bancs situés le plus au nord autour de la pointe Spaull sont l'exception à la règle. Ici en effet, bien qu'ils soient encore très étendus, les tapis de mousse auraient été endommagés selon les estimations à hauteur de 50 % par les activités des otaries à fourrure de l'Antarctique (*Arctocephallus gazella*), comme en atteste une enquête menée en janvier 2006. Une otarie à fourrure mâle subadulte était présente sur cette aire de tapis de mousse pendant l'étude effectuée ce mois-là. Il est quasiment certain que les otaries à fourrure ont accès à cette communauté végétale via la douce pente qui mène vers l'intérieur de l'île à partir de la petite plage de galets située dans le coin nord-est de la baie Landing.

On trouve en grandes quantités des acariens *Gamasellus racovitzai* et *Stereotydeus villosus* et l'espèce *Cryptopygus antarcticus* sous les pierres.

FAUNE VERTÉBRÉE

Il existait cinq colonies de manchots à jugulaire (*Pygoscelis antarctica*) qui totalisaient 11 000 couples en 1978/1979. Lors d'une visite en février 1994, la partie nord de la crique Landing abritait à peine une centaine de couples alors que la partie sud en comptait un millier. Au cours d'une visite effectuée en février 2011, on a constaté environ 75 couples dans la partie nord de la crique Landing alors que la partie sud en comptait environ 750. On a constaté la présence d'une centaine de couples reproducteurs à la pointe Spaull durant une visite effectuée en janvier 2006. De nombreux autres oiseaux se reproduisent sur l'île, quelque 2 000 couples de damiers du Cap (*Daption capensis*) répartis dans 14 colonies (1966) et un grand nombre de prions de l'Antarctique (*Pachyptila desolata*).

Les phoques de Weddell *(Leptonychotes weddellii)*, les phoques crabiers (*Lobodon carcinophaga*) et les phoques léopards (*Hydrurga leptonyx*) vivent dans les baies du côté ouest de l'île. Un nombre croissant d'otaries à fourrure (*Arctocephalus gazella*), la plupart des jeunes mâles, rallient les côtes du côté nord de la crique Landing et ont endommagé la végétation à cet endroit. Cependant, la nature du terrain empêchera peut-être la progression des otaries vers le petit promontoire où les dommages pourraient s'intensifier.

6 (ii) Accès à la zone

- L'accès s'effectuera par petite embarcation, dans la mesure du possible. Aucune restriction ne s'applique au débarquement par mer. Il est en général plus sûr d'arriver par le coin nord-est de la crique Landing (Lat. 60°43'55" S ; Long. 045°41'06" O ; Carte 2). Si la glace bloque l'accès à la crique Landing, un site de débarquement alternatif se trouve au point le plus à l'ouest de la pointe Spaull (Lat. 60°43'54" S ; Long. 045°41'15" O), directement en face d'un roc au large de la côte d'une altitude de 26 m.
- Dans des circonstances exceptionnelles où un atterrissage s'avèrerait nécessaire, dans le respect des objectifs du plan de gestion, les hélicoptères peuvent atterrir à l'intérieur de la zone.
- Malgré tout, ils ne sont autorisés à atterrir que sur le col situé entre la colline de 89 mètres et le versant ouest du pic Snipe (Lat. 60°44'09" S ; Long. 045°41'23" O, Carte 2). Les atterrissages sur la végétation dans le col devraient être évités dans toute la mesure du possible. Afin d'éviter le survol des colonies d'oiseaux, le pilote doit de préférence arriver par le sud, même si une approche par le nord n'est pas interdite.

- À l'intérieur de la zone, le pilotage d'aéronefs doit s'effectuer au minimum conformément aux « Lignes directrices pour les aéronefs à proximité des concentrations d'oiseaux » énoncées dans la Résolution 2 (2004). Lorsque les conditions impliquent un survol plus bas que l'altitude recommandée dans ces lignes directrices, l'aéronef se doit de voler aussi haut que faire se peut et d'écourter au maximum la durée de vol dans la zone.
- Il est interdit d'utiliser des grenades fumigènes d'hélicoptère dans la zone, à moins que cela soit absolument nécessaire pour garantir la sécurité. En cas d'utilisation de fumigènes, les grenades doivent être ramassées.

6 (iii) Emplacement des structures à l'intérieur de la zone et à proximité directe

Un panneau indicateur est vissé à un rocher plat situé derrière une petite plage de galets dans le coin nord-est de la crique Landing, juste derrière l'endroit où viennent s'écraser les vagues (Lat. 60°43'55" S ; Long. 045°41'05" O). Lorsque les chutes de neige sont abondantes, le panneau indicateur risque d'être enseveli et difficile à voir.

Il existe un cairn ainsi que les restes d'un mât érigé à la pointe Spaull en 1965-1966 et utilisé à des fins scientifiques (Lat. 60°43'49" S ; Long. 045°41'05" O). Ce mât revêt un intérêt certain pour l'étude des lichens et ne doit donc pas être retiré. Moe ne comporte aucune autre structure.

6 (iv) Emplacement d'autres zones protégées à proximité

La ZSPA n° 110, île Lynch, est située à environ 10 kilomètres au nord-nord-est de l'île Moe. La ZSPA n° 114, île Coronation du Nord, est située à environ 19 kilomètres du côté nord de l'île Coronation. La ZSPA n° 111, île Powell du Sud et îles adjacentes, est située à environ 41 kilomètres à l'est (Carte 1).

6 (v) Zones spéciales à l'intérieur de la ZSPA

Aucune.

7. Critères de délivrance des permis

7(i) Critères de délivrance des permis d'ordre général

L'accès à la zone est interdit à moins qu'un permis n'ait été délivré par une autorité nationale compétente désignée en vertu de l'article 7 de l'annexe V du Protocole au Traité sur l'Antarctique relatif à la protection de l'environnement.

Les critères régissant l'octroi de permis sont les suivants :

- le permis est octroyé pour mener des recherches indispensables qui ne peuvent pas être effectuées ailleurs ; ou
- il est délivré afin de faire des travaux de gestion essentiels tels que l'inspection, l'entretien ou la révision ;
- les actions autorisées ne peuvent en aucun cas porter atteinte au système écologique naturel de la zone ;
- les activités de gestion doivent contribuer aux objectifs arrêtés dans le présent plan de gestion ;
- les actions autorisées doivent être conformes au plan de gestion ;
- le détenteur du permis doit avoir en sa possession le permis ou la copie certifiée conforme lorsqu'il visite la zone ;
- les permis seront valables pour une durée fixe ;
- un ou plusieurs rapports doivent être soumis à l'autorité ou aux autorités ayant délivré le permis ;

- l'autorité compétente doit être notifiée de toute activité / mesure entreprise autre que celles explicitement autorisées dans le permis délivré.

7 (ii) Accès à la zone et déplacements à l'intérieur ou au-dessus de celle-ci

- L'utilisation de véhicules terrestres est strictement interdite dans la zone ;
- Les déplacements à l'intérieur de la zone se feront à pied ;
- Les pilotes, l'équipage des hélicoptères ou des embarcations, ou toute autre personne se trouvant à bord, ne se déplaceront sous aucun prétexte à pied au-delà de leur aire d'atterrissage ou de débarquement, à moins d'y être explicitement autorisés par le permis délivré ;
- La circulation piétonne doit être limitée au minimum requis pour réaliser les objectifs de toute activité autorisée et on tentera dans la mesure du raisonnable d'éviter le piétinement de la zone. En d'autres termes, les déplacements se feront en douceur se manière à perturber le moins possible le sol et la végétation, en empruntant les voies rocheuses si le terrain le permet.

7(iii) Activités qui peuvent être menées dans la zone

- Études scientifiques indispensables qui ne peuvent être menées ailleurs et ne portent pas atteinte à l'écosystème de la zone ;
- Activités de gestion indispensables, y compris les activités de surveillance.

7 (iv) Installation, modification ou enlèvement des structures

Aucune nouvelle structure ne peut être construite dans la zone et aucun matériel scientifique ne peut y être installé, sauf s'ils doivent servir aux activités de gestion ou aux recherches scientifiques indispensables conformément aux clauses du permis pour une période prédéterminée. L'installation (y compris la sélection du site), l'entretien, la modification ou l'enlèvement de structures et de matériel s'effectueront de manière à causer le moins de perturbations possible aux valeurs de la zone. Toutes les structures ou le matériel de nature scientifique installés dans la zone doivent être clairement identifiés, indiquant le pays, le nom du principal chercheur et l'année d'installation. Ces objets ne devront pas contenir d'organismes, de propagules (par ex. semences, œufs) ou de terre non stérile et ils seront composés de matériaux capables de résister aux conditions environnementales et qui ne risquent pas de contaminer la zone. Le permis explicitera qu'il faudra enlever les structures ou le matériel spécifiques pour lesquels la validité du permis a expiré. Les structures ou installations permanentes sont interdites.

7 (v) Emplacement des camps

Il est en principe interdit de camper dans la zone. S'il était nécessaire de camper pour des raisons de sécurité, les tentes devraient être montées de telle sorte qu'elles endommagent la végétation et perturbent la faune le moins possible.

7 (vi) Restriction sur les matériaux et organismes pouvant être introduits dans la zone

Aucun animal vivant, aucun matériau végétal et aucun microorganisme ne doivent être délibérément introduits dans la zone. Pour garantir la protection de l'écologie et de la flore de la zone, il conviendra d'être particulièrement vigilant contre l'introduction involontaire de microbes, d'invertébrés ou de plantes issus d'autres sites en Antarctique, y compris les stations, ou d'autres régions hors Antarctique. Tous les dispositifs d'échantillonnage ou les balises apportés dans la zone doivent être nettoyés ou stérilisés. Les chaussures et autres équipements utilisés ou apportés dans la zone (y compris les sacoches ou sacs à dos) doivent dans toute la mesure du possible avoir été soigneusement nettoyés avant d'entrer dans la zone. Le *Manuel sur les espèces non-indigènes* du CPE (édition 2011) et les *Listes de vérification pour les gestionnaires de la chaîne d'approvisionnement* des programmes antarctiques nationaux pour la réduction du risque de transfert d'espèces non-indigènes du COMNAP / SCAR offrent des orientations supplémentaires en la matière. Compte tenu de la présence de colonies d'oiseaux reproducteurs au sein de la zone, aucun produit issu de volaille, y compris les déchets associés à ces produits et les produits contenant de la poudre d'œuf, ne pourra être jeté dans la zone ou dans la mer adjacente.

Aucun herbicide ou pesticide ne pourra être introduit dans la zone. Tout autre produit chimique, y compris les radionucléides ou les isotopes stables, qui serait introduit à des fins scientifiques ou de gestion conformément aux termes spécifiés sur le permis, devra être retiré de la zone au plus tard à l'issue des activités autorisées en vertu de ce même permis. L'émission directe de radionucléides ou d'isotopes stables dans l'environnement d'une manière qui empêche de les récupérer, devrait être évitée. Le stockage de carburants ou d'autres produits chimiques dans la zone est interdit, sauf s'il est explicitement autorisé dans le permis délivré. Ces matières seront stockées et manipulées de manière à minimiser les risques d'introduction involontaires dans l'environnement. Les matériaux introduits seront autorisés dans la zone pendant une période prédéfinie et seront retirés de la zone à la fin ou avant la fin de ladite période. En cas de fuites qui pourraient porter atteinte aux valeurs de la zone, les matières émises doivent être enlevées seulement si l'impact de cet enlèvement est inférieur à l'impact qu'aurait le fait de laisser les matières sur place. L'autorité compétente sera notifiée de toute fuite de matière non enlevée qui ne faisait pas partie des substances autorisées par le permis.

7 (vii) Prélèvement de végétaux et capture d'animaux ou perturbations nuisibles à la faune et la flore indigènes

Le prélèvement de végétaux et la capture d'animaux ainsi que les perturbations nuisibles à la flore et à la faune indigènes sont interdits, sauf pour les titulaires d'un permis délivré conformément à l'Annexe II du Protocole au Traité sur l'Antarctique concernant la protection de l'environnement. Lorsque des animaux doivent être capturés ou perturbés, il convient d'appliquer comme norme minimale le Code de conduite du SCAR pour l'utilisation d'animaux à des fins scientifiques dans l'Antarctique.

7 (viii) Ramassage ou enlèvement de toute chose qui n'a pas été apportée dans la zone par le détenteur du permis

Le ramassage ou l'enlèvement de toute chose qui n'a pas été apportée dans la zone par le détenteur du permis ne se fera qu'en vertu des clauses du permis et se limitera au minimum nécessaire afin de répondre aux besoins de nature scientifique ou de gestion.

Les autres matières d'origine humaine risquant de porter atteinte aux valeurs de la zone qui n'ont pas été introduites dans la zone par le détenteur du permis, ou avec une autorisation, peuvent être enlevées de la zone à moins que l'impact de l'enlèvement sur l'environnement soit supérieur à l'impact qu'aurait le fait de laisser les matières sur place. Dans ce cas, l'autorité compétente doit être notifiée et il conviendra d'obtenir une approbation.

7 (ix) Élimination des déchets

Tous les déchets seront éliminés conformément à l'Annexe III du Protocole au Traité sur l'Antarctique concernant la protection de l'environnement, et ce comme norme minimale. De plus, tous les déchets seront retirés de la zone, à l'exception des déchets humains liquides, qui peuvent être jetés à la mer. En revanche, les déchets humains solides ne doivent pas être jetés à la mer et ils seront retirés de la zone. Les déchets humains solides ou liquides ne doivent en aucun cas être éliminés à l'intérieur des terres.

7 (x) Mesures pouvant être nécessaires pour faire en sorte que les buts et objectifs du plan de gestion continuent à être atteints

- Des permis peuvent être délivrés pour entrer dans la zone afin d'y réaliser des travaux de recherche scientifique, de surveillance et d'inspection de site, susceptibles de requérir le prélèvement d'un nombre limité d'échantillons à des fins d'analyse, pour installer ou entretenir les panneaux ou autres dispositifs de protection ;

- Tout site de surveillance à long terme sera convenablement balisé et les balises ou panneaux seront entretenus de manière satisfaisante ;

- Les activités de nature scientifique seront menées conformément au document du SCAR intitulé *Environmental code of conduct for terrestrial scientific field research in Antarctica.*

7 (xi) Rapports de visite

Pour chaque visite effectuée dans la zone, le principal détenteur du permis sera tenu d'établir un rapport à l'attention de l'autorité nationale compétente dans les plus brefs délais et, au plus tard, dans les six mois suivant la visite dans la zone. Ces rapports doivent inclure, s'il y a lieu, les renseignements identifiés dans le formulaire de rapport de visite qui figure dans le *Guide pour la préparation des plans de gestion des zones spécialement protégées en Antarctique*. Le cas échéant, l'autorité nationale transmettra également un exemplaire du rapport de visite à la Partie dont a émané la proposition de plan de gestion, et ce en vue de contribuer à la gestion de la zone et à la révision du plan de gestion. Dans la mesure du possible, les Parties devraient déposer les originaux ou les copies des rapports de visite originaux dans une archive à laquelle le public pourra avoir accès en vue de préserver une archive d'usage, qui sera utilisée dans l'examen du plan de gestion et dans l'organisation de la zone à des fins scientifiques.

8. Documents de référence

Harris, C. M., Carr, R., Lorenz, K. and Jones, S. 2011. Important Bird Areas in Antarctica: Antarctic Peninsula, South Shetland Islands, South Orkney Islands – Final Report. Prepared for BirdLife International and the Polar Regions Unit of the UK Foreign & Commonwealth Office. Environmental Research & Assessment Ltd., Cambridge. Available at:
http://www.birdlife.org/datazone/userfiles/file/IBAs/AntPDFs/IBA_Antarctic_Peninsula.pdf

Longton, R.E. 1967. Vegetation in the maritime Antarctic. In Smith, J.E., *Editor*, A discussion of the terrestrial Antarctic ecosystem. *Philosophical Transactions of the Royal Society of London*, B, 252, 213-235.

Morgan, F., Barker, G., Briggs, C., Price, R. and Keys, H. 2007. Environmental Domains of Antarctica Version 2.0 Final Report, Manaaki Whenua Landcare Research New Zealand Ltd. 89 pp.

Ochyra, R., Bednarek-Ochyra, H. and Smith, R.I.L. *The Moss Flora of Antarctica*. 2008. Cambridge University Press, Cambridge. 704 pp.

Øvstedal, D.O. and Smith, R.I.L. 2001. *Lichens of Antarctica and South Georgia. A Guide to their Identification and Ecology*. Cambridge University Press, Cambridge, 411 pp.

Peat, H., Clarke, A., and Convey, P. 2007. Diversity and biogeography of the Antarctic flora. *Journal of Biogeography*, 34, 132-146.

Poncet, S., and Poncet, J. 1985. A survey of penguin breeding populations at the South Orkney Islands. *British Antarctic Survey Bulletin,* No. 68, 71-81.

Smith, R. I. L. 1972. British Antarctic Survey science report 68. British Antarctic Survey, Cambridge, 124 pp.

Smith, R. I. L. 1984. Terrestrial plant biology of the sub-Antarctic and Antarctic. In: Antarctic Ecology, Vol. 1. Editor: R. M. Laws. London, Academic Press.

Carte 1. Emplacement de l'île Moe par rapport aux Orcades du Sud et aux autres zones protégées de la région. <u>Encart</u> : emplacement des Orcades du Sud en Antarctique.

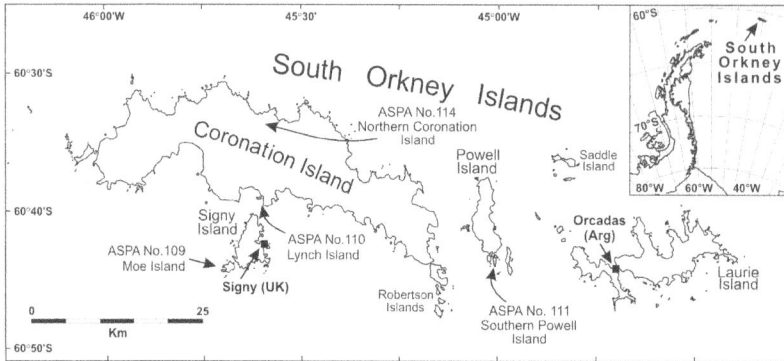

Carte 2. Île Moe plus détaillée.

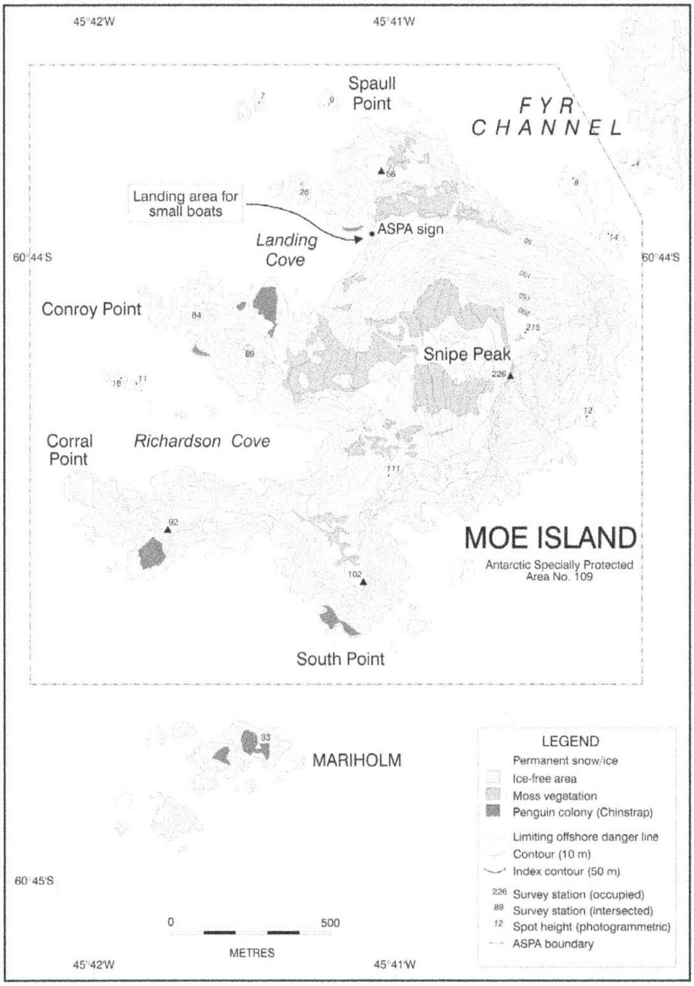

Plan de gestion de la zone spécialement protégée de l'Antarctique n° 110

ÎLE LYNCH, ORCADES DU SUD

Introduction

L'île Lynch, Orcades du Sud (Lat. 60°39'10''S ; Long. 045°36'25''O ; superficie 0,1 km²) a été désignée zone spécialement protégée de l'Antarctique (ZSPA) n° 110 principalement pour protéger les valeurs environnementales, et plus particulièrement la flore terrestre, présentes dans la zone.

L'île Lynch, baie Marshall, Orcades du Sud, avait été désignée zone spécialement protégée dans la Recommandation IV-14 (1966, ZSP n° 14) à la suite d'une proposition émanant du Royaume-Uni. Cette désignation était justifiée par le fait que l'île « offre l'une des zones les plus étendues et denses de la graminée *Deschampsia antarctica* connues dans la zone du Traité et qu'elle fournit un excellent exemple d'un système écologique naturel rare ». Ces valeurs ont été amplifiées et étendues par la Recommandation XVI-6 (1991), lorsque fut adopté un plan de gestion pour le site.

L'île Lynch est située à 2,4 km de l'île Signy, où se trouve la station de recherche Signy (R.-U.) et à environ 200 m de l'île Coronation, la plus grande île des Orcades du Sud. Une protection spéciale a été attribuée à la zone pour la majorité de la période moderne d'activité scientifique dans la région et des permis d'accès n'ont été délivrés que pour des raisons scientifiques impérieuses. De ce fait, l'île n'a pas fait l'objet de visites, de recherches scientifiques ni de prise d'échantillons fréquentes. Depuis 1983, le nombre d'otaries à fourrure antarctiques dans les Orcades du Sud a considérablement augmenté, entraînant la destruction de zones accessibles de végétation là où les otaries viennent se réfugier sur le rivage. Certaines zones de végétation sur l'île Lynch ont été endommagées ; par exemple, des bancs de mousses accessibles de *Polytrichum* et de *Chorisodontium* ainsi que des pelouses de *Deschampsia* dans la partie nord-est et est de l'île ont été largement détériorées par endroits. Une visite effectuée en février 2011 a constaté la présence d'otaries à fourrure sur la partie est de l'île [limitée par un tracé plus ou moins grossier depuis le site d'accostage des embarcations (Lat. 60°39'05" S ; Long. 045°36'12" O ; Carte 2) jusqu'au sommet de l'île (Lat. 60°39'05" S ; Long. 045°36'12" O)]. Les otaries avaient accédé jusqu'au point culminant de l'île et environ 30 d'entre elles se trouvaient au sommet. Malgré tout, tant la graminée antarctique *Deschampsia Antarctica* que *Colobanthus quitensis* semblent pousser en abondance. La zone recouverte de *Deschampsia* qui a été notée en février 2011 est plus vaste que celle indiquée dans le rapport précédent, établi en février 1999. L'herbe est désormais plus abondante et sa distribution plus large dans une zone située à l'est de l'île qui s'étend en direction ouest jusqu'au point culminant de l'île, recouvrant en grande partie le sommet et la zone entourant le cairn du sommet (Carte 3). Au cours d'une visite effectuée en février 1999, on a observé que les zones d'herbes les plus luxuriantes sur les pentes du nord et du nord-ouest de l'île n'avaient pas encore été touchées et cette observation a été confirmée lors de la visite de 2011. En dépit d'une destruction localisée, les valeurs primaires de l'île indiquées plus haut n'ont à ce jour pas été significativement affectées par la présence humaine ou celle des otaries sur l'île.

La Résolution 3 (2008) recommandait que l'« Analyse des domaines environnementaux pour le continent Antarctique » serve de modèle dynamique pour l'identification des zones spécialement protégées de l'Antarctique dans le cadre environnemental et géographique systématisé visé à l'Article 3(2) de l'Annexe V du Protocole (voir également Morgan *et al.*, 2007). La ZSPA n° 110 n'est pas catégorisée dans les études menées par Morgan *et al.* mais la ZSPA n° 111 relève vraisemblablement du domaine environnemental G (géologie des îles au large des côtes de la péninsule Antarctique). La rareté du domaine environnemental G par rapport aux autres domaines environnementaux signifie que des efforts importants ont été fournis pour préserver les valeurs associées à ce type d'environnement ailleurs : parmi les autres zones protégées contenant le domaine environnemental G, on compte notamment les ZSPA n° 109, 111, 112, 114, 125, 126, 128, 145, 149, 150 et 152 et les ZGSA n° 1 et 4.

Les trois autres ZSPA présentes dans les Orcades du Sud (à savoir, ZSPA n° 109, île Moe ; ZSPA n° 111, île Powell du Sud et îles adjacentes ; et ZSPA n° 114, île Northern Coronation) ont été désignées dans le but principal de protéger la végétation terrestre et les communautés d'oiseaux. L'île Lynch complète le réseau local de ZSPA car elle abrite un échantillon représentatif de l'écosystème maritime en Antarctique, y compris les communautés terrestres dominées par les phanérogames.

1. Description des valeurs à protéger

À la suite d'une visite de la ZSPA qui s'est effectuée en février 2011, les valeurs énoncées dans la désignation antérieure ont été révisées. Les valeurs intrinsèques de la zone ont été décrites comme suit :

- La zone contient des pelouses luxuriantes de canche antarctique (*Deschampsia antarctica*) et la seule autre plante à fleurs de l'Antarctique, la sagine antarctique (*Colobanthus quitensis*), y abonde également. En outre, c'est l'un des rares sites où l'herbe *Deschampsia* est connue pour pousser directement sur les bancs de mousse *Polytrichum-Chorisodontium*.
- On y trouve de la végétation cryptogamique typique de la région. Cependant, plusieurs espèces de mousse trouvées sur l'île (*Polytrichastrum alpinum* (= *Polytrichum alpinum*) et *Muelleriella crassifolia*) sont exceptionnellement fertiles pour leur situation méridionale. De plus, c'est probablement le seul endroit connu en Antarctique où *Polytrichastrum alpinum* produit chaque année des sporophytes à profusion. Par ailleurs, *Polytrichum strictum* (= *Polytrichum alpestre*) produit occasionnellement, par endroits, des inflorescences mâles en abondance – un événement rare pour cette espèce en Antarctique – et la mousse rare *Plagiothecium ovalifolium* est présente dans des crevasses rocheuses ombragées humides près du rivage.
- La faible couche de sol riche en terreau associée aux pelouses contient une riche faune invertébrée. La densité de population de la communauté arthropode associée à *Deschampsia* sur l'île Lynch apparaît comme étant exceptionnellement élevée, certaines mesures suggérant que c'est l'une des plus élevées du monde. Pour un site antarctique, le site présente en outre une diversité exceptionnelle. Un ver *enchytraeidae* rare a été signalé dans des mousses humides des crevasses rocheuses du nord de l'île. Une espèce arthropode (*Globoppia loxolineata*) se trouve à la limite la plus septentrionale de sa distribution connue ; des spécimens prélevés sur l'île Lynch présentaient des caractéristiques morphologiques inhabituelles comparées aux spécimens prélevés ailleurs dans la région des Orcades du Sud – de la péninsule antarctique.
- Des bactéries *Chromobacterium*, des levures et des champignons sont présents ici en plus fortes densités que sur l'île Signy, résultat probable de la plus faible acidité des sols associée à *Deschampsia* et du microclimat plus clément de l'île Lynch.
- La faible couche de sol graveleux riche en terreau sous les épaisses pelouses de *Deschampsia* représente probablement l'un des types de sols les plus avancés de l'Antarctique.

2. Buts et objectifs

La gestion de l'île Lynch vise à :

- éviter tout changement majeur dans la structure et la composition de la végétation terrestre ;
- prévenir toute perturbation inutile par l'homme dans la zone ;
- éviter ou réduire l'introduction de plantes, d'animaux et de micro-organismes non-indigènes dans la zone ;
- permettre les recherches scientifiques dans la zone, pour autant que ce soit pour des motifs impérieux qui ne peuvent être servis ailleurs et qu'elles ne nuisent pas au système écologique naturel de la zone ;
- s'assurer que la flore et la faune ne sont pas endommagées par la prise excessive d'échantillons dans la zone ;
- permettre des visites à des fins de gestion pour soutenir les buts du plan de gestion ;
- minimiser la possibilité d'introduction de pathogènes risquant de provoquer des maladies dans les populations de vertébrés de la zone ;

3. Activités du plan de gestion

Les activités de gestion suivantes seront entreprises pour protéger les valeurs de la zone :

- Des visites seront effectuées selon les besoins pour déterminer si la ZSPA répond toujours aux objectifs pour lesquels elle a été désignée et pour veiller à ce que les mesures adoptées en matière de gestion et d'entretien soient appropriées.

- Le plan de gestion sera passé en revue au moins tous les cinq ans et mis à jour tel que requis.

- Les indicateurs de démarcation, panneaux ou autres structures installés dans la zone à des fins scientifiques ou de gestion, seront sécurisés et bien entretenus et enlevés lorsqu'ils ne seront plus nécessaires.

- Conformément aux termes de l'Annexe III du Protocole au Traité sur l'Antarctique concernant la protection de l'environnement, le matériel ou les matériaux abandonnés seront enlevés dans toute la mesure du possible, à condition que cet enlèvement ne porte pas atteinte à l'environnement et aux valeurs de la zone.

- Un exemplaire de ce plan de gestion sera mis à la disposition de la station de recherche de Signy (Royaume-Uni ; 60°42′30″ S ; 045°36′30″ O) et de la station Orcadas (Argentine ; 60°44′15″ S ; 044°44′20″ O).

- Le cas échéant, les programmes antarctiques nationaux sont invités à agir en étroite collaboration afin de s'assurer de la mise en œuvre des activités de gestion. Ils sont notamment conviés à communiquer entre eux de manière à éviter l'échantillonnage excessif de matières biologiques à l'intérieur de la zone. Enfin, il serait souhaitable qu'ils envisagent une mise en œuvre conjointe des lignes directrices dans le but de minimiser l'introduction et la propagation d'espèces non-indigènes à l'intérieur de la zone.

- Toutes les activités de nature scientifique ou de gestion menées dans la zone doivent faire l'objet d'une évaluation d'impact sur l'environnement, conformément aux exigences stipulées dans l'Annexe I du Protocole au Traité sur l'Antarctique concernant la protection de l'environnement.

4. Durée de la désignation

La zone est désignée pour une période indéterminée.

5. Cartes et photographies

Carte 1. Emplacement de l'île Lynch en relation avec les Orcades du Sud et autres zones protégées dans la région. Cartouche : emplacement des Orcades du Sud en Antarctique. Spécifications cartographiques : Projection : WGS84 Stéréographique polaire antarctique. Parallèle de référence : 71 °S. Méridien central 45 °O.

Carte 2. ZSPA n° 110, île Lynch, Orcades du Sud, carte topographique. Projection : conique conforme de Lambert. Parallèles de référence : 1ᵉʳ 60°40'00'' O ; 2ᵉ 63°20'00'' S. Méridien central : 045°26'20'' O. Latitude d'origine : 63°20'00'' S. Sphéroïde : WGS84. Ligne de référence : niveau moyen de la mer. Précision horizontale des points de contrôle : ± 1 m.

Carte 3. ZSPA n° 110, île Lynch, Orcades du Sud, carte de végétation. Spécifications identiques à celles de la carte 2.

6. Description de la zone

6(i) Coordonnées géographiques, indicateurs de démarcation et caractéristiques du milieu naturel

LIMITES ET COORDONNÉES

La zone englobe toute l'île Lynch, à l'exclusion des îles et îlots adjacents sans nom. Elle comprend tout le terrain libre de glace, la glace éternelle et la glace semi-éternelle qui se trouvent dans les limites de l'île

Lynch, à l'exclusion de l'environnement marin qui s'étend au-delà de 10 m au large à partir de la laisse de basse mer (Carte 2). Des indicateurs de démarcation n'ont pas été installés parce que la côte elle-même est une ligne de démarcation clairement définie et bien visible.

DESCRIPTION GÉNÉRALE

L'île Lynch (Lat. 60°39'10" S ; Long. 045°36'25" O ; superficie) est une petite île située à la pointe est de la baie Marshall dans les Orcades du Sud, à environ 200 m au sud de l'île Coronation et à 2,4 km au nord de l'île Signy (Carte 1). L'île, d'une superficie de 500 m x 300 m, est constituée au sud, à l'est et à l'ouest de falaises ne dépassant pas 20 m, découpées par des ravines remplies de galets. Le côté nord présente une falaise de faible altitude bordant une terrasse rocheuse d'environ 5 à 8 m d'altitude, qui s'élève en pente douce jusqu'à un plateau d'environ 40 à 50 m de haut, culminant à 57 m. Une plage à la pointe est de la côte nord permet d'accéder facilement à des pentes relativement douces menant à la zone du plateau central. Les falaises côtières rendent généralement difficile l'accès à la partie supérieure de l'île par d'autres routes, bien qu'il soit possible d'y accéder *via* une ou deux ravines sur les côtés est et nord.

De petits cours d'eau de fonte apparaissent temporairement sur les pentes l'été, mais il n'y a ni mares, ni cours d'eau permanents, et on ne trouve que quelques petites plaques de neige tardive sur le côté sud de l'île. On ne dispose d'aucune donnée météorologique pour l'île Lynch, mais on s'attend à ce que les conditions soient grosso modo les mêmes que celles présentes à la station de recherche de Signy. Toutefois, d'après des observations occasionnelles, des différences microclimatiques significatives pourraient exister sur l'île, comme semble le montrer la croissance plus abondante de communautés de plantes. L'île est exposée au vent du sud-ouest et aux vents catabatiques ainsi qu'au foehn venant de l'île Coronation au nord. Cependant, à d'autres égards, l'île est relativement protégée des vents régionaux du nord, de l'est et du sud respectivement par l'île Coronation, le Cap Hansen et l'île Signy. Le foehn peut avoir pour effet d'augmenter brièvement la température locale de l'air sur l'île Signy de 10 °C. On a souvent observé que le soleil brillait sur l'île Lynch alors que la région alentour était enveloppée de nuages bas. L'angle de l'incidence solaire est relativement élevé sur le côté nord de l'île en raison de sa pente et de sa topographie générale. Ces deux facteurs peuvent être des causes importantes de l'abondance des deux plantes à fleurs trouvées sur l'île.

GÉOLOGIE

L'assise rocheuse de l'île Lynch se compose de schistes quartzo-feldspathiques et micacés du complexe métamorphique Scotia, mais elle est mal exposée et des roches équivalentes sont mieux exposées dans la zone du Cap Hansen, à l'est sur l'île Coronation.

PÉDOLOGIE

Trois types de sol principaux ont été identifiés sur l'île Lynch :

(i) une tourbe de mousse acide (pH 3,8–4,5) constituée par les gazons des hautes mousses *Chorisodontium aciphyllum* et *Polytrichum strictum* (= *Polytrichum alpestre*) est présente principalement à la pointe nord-est de l'île. Cette tourbe atteint une profondeur d'environ 50 cm et est similaire à celle de l'île Signy, qui atteint une profondeur de 2 m. Là où la profondeur de la tourbe dépasse 30 cm, se trouve le permafrost. Dans quelques endroits où le substrat est humide, une faible couche de tourbe d'une profondeur de 10 à 15 cm (pH 4,8–5,5) s'est accumulée sous les gazons des mousses *Warnstorfia laculosa* (= *Calliergidium austro-stramineum*) et *Sanionia uncinata* (= *Dreponocladus uncinatus*).

(ii) une faible couche de sol graveleux riche en terreau ressemblant à la terre brune de la toundra, dont la profondeur dépasse rarement 30 cm (pH 5,0–5,8) est présente au-dessous des denses pelouses *Deschampsia Antarctica*. Elle représente probablement l'un des types de sols les plus avancés de l'Antarctique.

(iii) une moraine glaciaire composée de divers matériaux (argile fine (pH 5,2 – 6,0), sable, gravier et pierres plus grosses). Cette moraine couvre le plateau et on la trouve dans des cuvettes rocheuses dans toute l'île, ainsi qu'à certains endroits de la terrasse rocheuse. Sur le plateau, la cryoturbation a entraîné, en plusieurs endroits, la formation de petits cercles et de polygones de pierres sur les surfaces plates et des bandes de pierres sur les surfaces en pente. À l'extrémité nord-est de l'île, la déposition de coquilles de patelle (*Nacella concinna*) par les goélands (*Larus dominicanus*) a donné un sol minéral plus calcaire dans les cuvettes rocheuses avec un pH de 6,5 à 6,8.

FLORE TERRESTRE

On trouve de la végétation cryptogamique et phanérogamique typique de l'Antarctique maritime sur la majeure partie de l'île (Carte 3). L'aspect le plus significatif de la végétation est l'abondance et la reproduction réussie des deux plantes à fleurs autochtones de l'Antarctique, la canche antarctique (*Deschampsia antarctica*) et la sagine antarctique (*Colobanthus quitensis*), que l'on trouve particulièrement sur les pentes du nord (Carte 3). Les deux espèces fleurissent à profusion et les semences semblent être beaucoup plus viables que sur l'île Signy. L'île Lynch possède les plus grands peuplements de *Deschampsia* et la plus grande abondance de *Colobanthus* connus dans les Orcades du Sud et l'un des plus étendus de toute la zone du Traité sur l'Antarctique.

Sur la terrasse rocheuse et sur les pentes humides qui surplombent la côte nord, l'herbe constitue des pelouses pouvant atteindre 15 m x 50 m. Ces pelouses sont composées de peuplements permanents de plantes relativement luxuriantes sur les sites humides et de saillies et de plantes jaunâtres plus isolées en terrain plus sec, plus rocailleux et plus exposé. *Colobanthus* est généralement associée à l'herbe, mais ici les plantes ne s'assemblent pas pour former des plaques serrées. C'est l'un des rares sites où *Deschampsia* est connue pour pousser directement sur les bancs de mousse *Polytrichum-Chorisodontium*. Ailleurs sur l'île, l'herbe et, dans une moindre mesure, la sagine sont fréquemment associées à d'autres communautés, en particulier dans des peuplements de végétation de lande plus dense où il y a une couverture assez élevée de divers lichens et mousses (notamment vers la pointe ouest de la terrasse au nord).

Des bancs peu épais, mais parfois étendus (environ 50 m^2) de *Chorisodontium aciphyllum* et de *Polytrichum strictum* sont fréquemment présents à la pointe nord-est de l'île et, dans une moindre mesure, sur le côté sud. Ils sont typiques des bancs de mousses présents sur l'île Signy et en d'autres endroits de l'Antarctique maritime du nord, avec plusieurs lichens *fruticosae* et crustacés poussant en épiphyte sur la surface mousseuse. Dans de petites cuvettes humides, on trouve des tapis de *Warnstorfia laculosa* et de *Sanionia uncinata* avec quelques *Warnstorfia sarmentosa (= Calliergon sarmentosum)* et *Cephaloziella varians (= C. exiliflora)*. *Brachythecium austro-salebrosum* est commun sur la terre humide et les saillies rocheuses. Sur les sols plus secs, plus balayés par les vents, et les surfaces rocheuses – notamment dans la zone du plateau – une communauté typique de lande composée de nombreuses espèces de bryophytes et de lichens constitue une mosaïque complexe. Les espèces dominantes sont les lichens *Usnea antarctica* et *U. aurantiaco-atra (= U. fasciata)* et les mousses *Andreaea depressinervis* ; *Sphaerophorus globosus* et d'autres espèces d'*Alectoria, Andreaea, Cladonia* et *Stereocaulon* sont aussi communes, alors que *Himantormia lugubris* et *Umbilicaria antarctica* sont peu fréquents. Les lichens crustacés abondent sur toutes les surfaces rocheuses. Les mousses et les macrolichens de cette zone sont fixés de manière assez lâche aux sols peu épais et sont facilement endommagés. On trouve de larges thalles d'*Usnea* spp. et d'*Umbilicaria antarctica* sur les galets humides abrités et sur les faces rocheuses, en particulier sur le côté sud de l'île.

Des communautés de lichens crustacés sont présentes sur les falaises situées au-dessus de la ligne de hautes eaux, en particulier lorsque la roche est influencée par les activités des oiseaux qui s'y nichent ou qui s'y perchent. La distribution de diverses espèces donne lieu à des zones distinctes selon l'influence des embruns et l'exposition au vent. Les communautés les mieux développées de taxa ornithocoprophiles aux couleurs vives sont présentes à l'extrémité ouest de l'île où l'on rencontre fréquemment *Caloplaca* spp., *Haematomma erythromma, Mastodia tesselata, Physcia caesia, Xanthoria candelaria, X. elegans* et des espèces de *Buellia* et de *Verrucaria*. La mousse halophile peu commune *Muelleriella crassifolia* est aussi présente dans la zone d'embruns autour de l'île.

La seule mousse rare signalée sur l'île Lynch est *Plagiothecium ovalifolium*, que l'on trouve dans des crevasses rocheuses humides ombragées près du rivage. Cependant, l'île est probablement le seul site connu dans l'Antarctique maritime où la mousse *Polytrichastrum alpinum* produit chaque année des sporophytes à profusion ; c'est le cas pour *Deschampsia, Colobanthus* et les cryptogames sur le côté nord de l'île ; ailleurs dans l'Antarctique, les sporophytes sont très rares certaines années. Il faut aussi noter que *Polytrichum strictum* produit localement des inflorescences mâles en abondance, phénomène rare pour ces espèces dans l'Antarctique. Alors que l'eupatoire thalloïde *Marchantia berteroana* est connue localement sur l'île Signy, l'île Lynch est l'un des très rares autres endroits où elle est connue dans les Orcades du Sud.

Plusieurs espèces cryptogamiques de distribution très restreinte dans l'Antarctique, mais qui sont communes sur l'île Signy et sur la partie continentale de l'île Coronation, à quelques centaines de mètres de là, n'ont pas été signalées sur l'île Lynch.

INVERTÉBRÉS TERRESTRES

La faune micro-invertébrée associée aux riches pelouses de *Deschampsia* décrite jusqu'à présent se compose de 13 taxa : trois collemboles (*Cryptopygus antarcticus*, *Friesea woyciechowskii* et *Isotoma* (*Folsomotoma*) *octooculata* (=*Parisotoma octooculata*), un acarien mésostigmatide (*Gamasellus racovitzai*), deux acariens cryptostigmatides (*Alaskozetes antarcticus* et *Globoppia loxolineata*) et sept acariens prostigmatides (*Apotriophtydeus* sp., *Ereynetes macquariensis*, *Nanorchestes berryi*, *Stereotydeus villosus*, et trois espèces d'*Eupodes*). Le nombre de taxa identifiés augmentera probablement à mesure qu'augmentera le nombre des échantillons. La communauté est dominée par les collemboles, en particulier *Cryptopygus antarcticus* (84 % de tous les arthropodes extraits), avec des quantités relativement grandes de *I. octooculata* ; le principal acarien était une espèce indéterminée d'*Eupodes*. *Globoppia loxolineata* est près de la limite la plus septentrionale de sa distribution connue. En général, la densité de la population d'arthropodes des peuplements d'herbes sur l'île Lynch apparaît comme exceptionnellement élevée, certaines mesures suggérant que c'est l'une des plus élevées du monde. Pour un site antarctique, l'île présente aussi une diversité considérable, bien que cette observation soit fondée sur un petit nombre d'échantillons subdivisés et qu'il serait nécessaire de procéder à d'autres échantillonnages pour établir les densités avec une plus grande fiabilité, ce qui, compte tenu de la très faible quantité de communautés disponibles pour un échantillonnage, est très difficile à réaliser sur l'île Lynch.

L'île Lynch a été le premier site de l'Antarctique où un *enchytraeidae* terrestre a été signalé (dans la terre sous une mousse *Hennediella antarctica*, sur un escarpement rocheux surplombant le rivage septentrional) ; ces vers n'ont été trouvés que sur quelques autres sites dans les Orcades du Sud – mais peu d'échantillons ont encore été recueillis et les espèces doivent encore être identifiées. Parmi la faune tardigrade, la plupart des 16 individus isolés sur un échantillon de *Brachythecium* étaient des *Hypsibius alpinus* et *H. pinguis* avec quelques *H. dujardini*, alors que sur les 27 individus isolés sur un échantillon de *Prasiola crispa*, presque tous appartenaient à cette espèce et quelques-uns à l'espèce *Hypsibius*.

MICRO-ORGANISMES

Les sols minéraux et organiques de l'île Lynch ont un pH légèrement plus élevé que les sols correspondants sur l'île Signy proche. Ce coefficient basique plus élevé et la présence de substances nutritives, associés à un microclimat plus favorable expliquent que les bactéries (y compris *Chromobacterium*), les levures et les champignons soient ici en plus grand nombre que dans des sols comparables sur l'île Signy. Le nombre de bactéries trouvées dans la tourbe *Polytrichum* et dans la tourbe *Warnstorfia* sur l'île Lynch est respectivement environ huit fois et environ six fois supérieur à celui des bactéries trouvées dans des tourbes correspondantes de l'île Signy ; les levures et les champignons sont aussi beaucoup plus abondants. Les sols associés aux deux plantes à fleurs ont produit plusieurs champignons nématophages : *Acrostalagmus goniodes*, *Cephalosporium balanoides* et *Dactylaria gracilis* dans le sol à *Deschampsia* ; *Cephalosporium balanoides*, *Dactylaria gracilis*, *Dactylella stenobrocha* et *Harposporium anguillulae* dans le sol à *Colobanthus*. Les basidiomycètes *Galerina antarctica* et *G. longinqua* sont présents dans la mousse humide.

VERTÉBRÉS

Il n'y a pas sur l'île de colonies de manchots ou d'importantes colonies d'oiseaux nicheurs ou d'autres oiseaux. Des groupes de manchots *Pygoscelis antarctica*, *P. adeliae* et *P. papua* et, parfois, des cormorans aux yeux bleus (*Phalacrocorax atriceps*) se rassemblent souvent aux extrémités nord-est et ouest de l'île. Plusieurs couples de skuas bruns (*Catharacta lonnbergi*) et au moins deux couples de goélands (*Larus dominicanus*) ont été observés au début des années quatre-vingt nichant à la pointe nord-est. On peut aussi observer à l'occasion une petite colonie de sternes antarctiques (*Sterna vittata*) dans ces environs, bien qu'en février 1994, on n'en ait pas signalé en train de couver. Des pétrels *Daption capense* et *Pagodroma nivea* nichent sur les hautes falaises à l'extrémité est et le long de la côte nord-ouest de l'île.

Quelques couples de pétrels des neiges et de pétrels océanites (*Oceanites oceanicus*) nichent sur les escarpements et sous les rochers sur le côté méridional de l'île.

Des phoques de Weddell (*Leptonychotes weddellii*), des phoques crabiers (*Lobodon carcinophagus*), de temps en temps des phoques léopards (*Hydrurga Leptonyx*) et des petits groupes d'éléphants de mer du sud (*Mirounga leonina*) sont régulièrement observés sur la côte et sur les floes dans les environs ; aucun n'est connu pour se reproduire sur l'île Lynch. Depuis le début des années quatre-vingt, on a observé sur l'île Lynch des quantités croissantes d'otaries à fourrure antarctiques (*Arctocephalus gazella*), jeunes mâles non reproducteurs, certains d'entre eux accédant aux zones de végétation par les pentes les plus douces au nord-est et causant des dommages locaux mais graves aux bancs de mousse *Polytrichum-Chorisodontium* et à d'autres communautés.

Les otaries accèdent à l'île principalement par une plage sur la côte nord-est. Après leur entrée, elles ne rencontrent pas d'obstacle géographique majeur à la poursuite de leur voyage sur l'île. On en a observé des groupes près du sommet. On a signalé pour la première fois en 1988 la destruction de pelouses de *Deschampsia*. On a observé lors de la dernière inspection de l'île en date (février 2011) que les zones les plus luxuriantes de *Deschampsia* et de *Colobanthus* sur les pentes nord et nord-ouest de l'île n'avaient pas encore été touchées. Des zones de végétation accessibles sur les côtés est et nord-est de l'île, en particulier des bancs de mousse *Polytrichum* et *Chorisodontium*, avaient été gravement endommagées par des otaries à fourrure. Dans certaines zones à l'est et au nord-est de l'île qui ont particulièrement souffert de la présence des otaries à fourrure, *Deschampsia* et *Colobanthus* ont soit été détériorées, soit ont péri mais elles poussent toujours dans les plus hautes altitudes moins touchées, où il se peut qu'elles deviennent plus abondantes et élargissent leur distribution (voir Carte 3).

6 (ii) Accès à la zone

- L'accès s'effectuera par petite embarcation, dans la mesure du possible. L'accès à partir de la mer se fera par la plage à l'extrémité est de la côte nord de l'île (Lat. 60°39'05" S ; Long. 045°36'12" O ; Carte 2), sauf autorisation expresse stipulée dans le permis d'accoster ailleurs ou sauf si accoster sur cette côte est difficile en raison de conditions défavorables.
- Dans des circonstances exceptionnelles s'inscrivant dans les objectifs du plan de gestion, les hélicoptères peuvent atterrir à l'intérieur de la zone.
- L'accès par hélicoptère à l'intérieur de la zone se fera à l'endroit désigné sur la plate-forme rocheuse (8 m) à l'extrémité nord-ouest de l'île (Lat. 60°39'04. 5" S ; Long. 045°36'12" O ; Carte 2).
- À l'intérieur de la zone, le pilotage d'aéronefs doit s'effectuer au minimum conformément aux « Lignes directrices pour les aéronefs à proximité des concentrations d'oiseaux » énoncées dans la Résolution 2 (2004). Lorsque les conditions impliquent un survol plus bas que l'altitude recommandée dans ces lignes directrices, l'aéronef se doit de voler aussi haut que faire se peut et d'écourter au maximum la durée de vol dans la zone.
- L'utilisation de grenades fumigènes des hélicoptères dans la zone est interdite, sauf pour des raisons impérieuses de sécurité. En cas d'utilisation de fumigènes, les grenades doivent être récupérées.

6 (iii) Emplacement des structures dans la zone et à proximité directe

À part plusieurs cairns marquant les sites utilisés pour des relevés topographiques, il n'y a pas de structures dans la zone. Le cairn du sommet de l'île se situe aux coordonnées suivantes : Lat. 60°39'05" S ; Long. 045°36'12" O. Un panneau indiquant le statut de zone protégée de l'île Lynch a été érigé sur un affleurement rocheux bien en vue au-dessus de la plage de débarquement recommandée en février 1994, mais celui-ci fut détruit par le vent.

La station de recherche de Signy (R.-U.) se trouve à 6,4 km au sud, à Factory Cove, baie Borge, sur l'île Signy.

6 (iv) Emplacement d'autres zones protégées à proximité de la zone

Les zones protégées les plus proches de l'île Lynch sont l'île Northern Coronation (ZSPA n° 114), qui se trouve à environ 5 km au nord, l'île Moe (ZSPA n° 109), qui se trouve à environ 10 km SSO, et l'île Powell du Sud (ZSPA n° 111), qui se trouve à environ 35 km à l'est (Carte 1).

6 (v) Zones spéciales à l'intérieur de la zone

Aucune.

7. Critères de délivrance du permis

7(i) Critères de délivrance du permis d'ordre général

L'entrée dans la zone est interdite sauf en conformité avec un permis délivré par une autorité nationale compétente désignée en vertu de l'Article 7 de l'Annexe V du Protocole au Traité sur l'Antarctique concernant la protection de l'environnement.

La délivrance du permis est régie par les critères suivants :

- le permis est délivré pour des motifs scientifiques impérieux qu'il n'est pas possible de servir ailleurs ; ou
- il est délivré pour des activités de gestion essentielles telles que l'inspection, la maintenance ou des études ;
- les activités autorisées ne doivent pas nuire au système écologique naturel de la zone ;
- toutes les activités de gestion doivent contribuer aux objectifs du plan de gestion ;
- les activités autorisées sont conformes au plan de gestion ;
- dans la zone, il faut être muni du permis ou d'une copie officielle de celui-ci ;
- le permis est délivré pour une période donnée ;
- un ou plusieurs rapports sont transmis à l'autorité ou aux autorités nominées dans le permis ;
- l'autorité compétente sera informée de toute activité/mesure entreprise qui n'était pas incluse dans le permis.

7 (ii) Accès à la zone et déplacements à l'intérieur ou au-dessus de celle-ci

- Les véhicules terrestres sont interdits à l'intérieur de la zone.

- Les déplacements au sein de la zone doivent se faire à pied.

- Les pilotes, les équipages des hélicoptères et des bateaux ou d'autres personnes à bord des hélicoptères ou des bateaux, ne sont pas autorisés à s'éloigner à pied de la proximité immédiate des sites prévus pour l'atterrissage ou l'accostage, sauf autorisation expresse stipulée dans le permis.

- Le trafic pédestre doit être limité au minimum nécessaire pour atteindre les objectifs de toute activité autorisée et tout doit être raisonnablement mis en œuvre pour minimiser les effets du piétinement. En d'autres termes, tous les déplacements doivent se faire avec précaution, afin de réduire au minimum les perturbations du sol et des surfaces revêtues de végétation, en marchant, si possible, sur un terrain rocheux.

7(iii) Activités qui peuvent être menées dans la zone

- Études scientifiques indispensables qu'il n'est pas possible de réaliser ailleurs et qui ne portent pas atteinte à l'écosystème de la zone ;
- Activités essentielles de gestion, y compris la surveillance.

7 (iv) Installation, modification ou enlèvement de structures

Aucune structure ne peut être construite dans la zone et aucun matériel scientifique ne peut y être installé, sauf s'ils doivent servir aux activités de gestion ou aux recherches scientifiques indispensables conformément aux dispositions stipulées dans le permis pour une période prédéterminée. L'installation (y compris la sélection du site), l'entretien, la modification ou le retrait de structures et de matériel s'effectueront de manière à causer le moins de perturbations possible aux valeurs de la zone. Toutes les structures ou le matériel scientifique installés dans la zone doivent être clairement identifiés, indiquant le pays, le nom du responsable des recherches et l'année d'installation. Ces objets ne devront pas contenir d'organismes, de propagules (par ex. semences, œufs) ou de terre non stérile (voir la Section *7(vi)*) et ils seront fabriqués à base de matériaux capables de résister aux conditions environnementales et présentant le moins de risque de contamination de la zone. La délivrance du permis sera soumise à la condition que les structures ou le matériel spécifiques pour lesquels le permis a expiré soit enlevés. Les structures ou installations permanentes sont formellement interdites.

7 (v) Emplacement des campements

Les campements doivent être évités dans la zone. Toutefois, s'ils sont absolument nécessaires aux fins des objectifs énoncés dans le permis, ils sont autorisés sur le site désigné à l'extrémité nord-ouest de l'île (Lat. 60°39'04" S ; Long. 045°36'37" O ; Carte 2).

7 (vi) Restrictions concernant les matériaux et organismes pouvant être introduits dans la zone

Aucun animal, plante ou micro-organisme vivant ne pourra être délibérément introduit dans la zone. Pour garantir la protection de l'écologie et de la flore de la zone, il conviendra d'être particulièrement vigilant contre l'introduction involontaire de microbes, d'invertébrés ou de plantes issus d'autres sites en Antarctique, y compris les stations, ou d'autres régions hors Antarctique. Tous les matériels d'échantillonnage ou balises introduits dans la zone seront nettoyés ou stérilisés. Dans la mesure du possible, les chaussures et autres équipements utilisés ou introduits dans la zone (y compris les sacoches et sacs à dos) devront être préalablement nettoyés à fond. Le *Manuel sur les espèces non-indigènes* du CPE (édition 2011) et les *Listes de vérification pour les gestionnaires de la chaîne d'approvisionnement* des programmes antarctiques nationaux pour la réduction du risque de transfert d'espèces non-indigènes du COMNAP / SCAR offrent des orientations supplémentaires en la matière.

Aucun herbicide ou pesticide ne sera introduit dans la zone. Tous les autres produits chimiques, y compris les radionucléides et les isotopes stables, amenés sur le site aux fins de recherches scientifiques ou d'activités de gestion stipulées dans le permis, devront être retirés de la zone au moment de ou avant la conclusion de l'activité pour laquelle le permis a été délivré. L'émission directe de radionucléides ou d'isotopes stables dans l'environnement d'une manière qui empêche de les récupérer, devrait être évitée. Aucun carburant ou autre produit chimique ne sera entreposé dans la zone, sauf autorisation expresse stipulée dans le permis. Les matériaux introduits seront entreposés et manipulés de manière à réduire au minimum tout risque d'introduction involontaire dans l'environnement. Les matériaux introduits dans la zone l'étant pour une période donnée, ils devront être retirés à l'expiration ou avant l'expiration de cette période. Si des matériaux libérés sont susceptibles de porter atteinte aux valeurs de la zone, l'enlèvement n'est conseillé que s'il ne cause pas plus de dommages que de les laisser sur place. L'autorité compétente devra être informée de tout matériau libéré et non enlevé qui n'était pas inclus dans le permis.

7 (vii) Prise de flore et de faune indigènes ou interférences nuisibles avec celles-ci

Ces activités sont interdites, sauf dispositions contraires stipulées dans le permis conformément à l'Annexe II du Protocole du Traité sur l'Antarctique concernant la protection de l'environnement. Dans le cas de prise d'animaux ou d'interférences nuisibles avec des animaux, il convient de respecter au moins les normes du Code de conduite du SCAR relatif à l'utilisation d'animaux à des fins scientifiques en Antarctique.

7 (viii) Collecte ou enlèvement à l'intérieur de la zone de toute matière n'ayant pas été apportée par le titulaire d'un permis

Toute chose qui n'a pas été apportée dans la zone par le titulaire d'un permis ne peut être collectée ou enlevée de la zone que conformément aux dispositions d'un permis ; cette collecte et/ou cet enlèvement doivent être limités au minimum nécessaire pour répondre à des besoins scientifiques ou de gestion.

Aucun permis ne sera délivré dans les cas où on peut raisonnablement craindre que l'échantillonnage proposé consiste à prendre, enlever ou endommager des quantités de sol, de flore ou de faune indigènes telles que leur répartition ou leur abondance dans la zone seraient significativement perturbées.

Les autres matières d'origine humaine qui n'ont pas été introduites dans la zone par le titulaire du permis ou avec une autorisation et qui pourraient porter atteinte aux valeurs de la zone doivent être enlevées de la zone, à moins que l'impact de l'enlèvement sur l'environnement soit supérieur à l'impact qu'aurait le fait de les laisser sur place. Si tel est le cas, l'autorité compétente doit être informée et il conviendra d'obtenir une approbation.

7 (ix) Élimination des déchets

Tous les déchets seront éliminés conformément à l'Annexe III du Protocole au Traité sur l'Antarctique concernant la protection de l'environnement, et ce comme norme minimale. De plus, tous les déchets doivent être enlevés de la zone, à l'exception des déchets humains liquides, qui eux peuvent être rejetés en mer. En revanche, les déchets humains solides ne doivent pas être jetés à la mer mais retirés de la zone. Les déchets humains solides ou liquides ne doivent en aucun cas être jetés à l'intérieur des terres.

7 (ix) Mesures pouvant être nécessaires pour garantir que les buts du plan de gestion soient à tout moment respectés

- Des permis peuvent être délivrés pour entrer dans la zone aux fins d'activités de recherche scientifique, de surveillance et d'inspection du site, qui peuvent faire intervenir le prélèvement d'un petit nombre d'échantillons à des fins d'analyse, pour installer ou entretenir les panneaux ou autres dispositifs de protection.

- Tout site de surveillance à long terme devra être convenablement balisé et les balises ou panneaux devront être entretenus de manière satisfaisante.

- Les activités de nature scientifique seront menées conformément au document du SCAR intitulé *Environmental code of conduct for terrestrial scientific field research in Antarctica*.

7 (xi) Rapports

Pour chaque visite effectuée dans la zone, le principal titulaire du permis délivré soumettra un rapport à l'autorité nationale compétente dans les plus brefs délais et, au plus tard, dans les six mois suivant la visite dans la zone. Ce rapport doit inclure, s'il y a lieu, les informations identifiées dans le formulaire de rapport de visite qui figure dans le *Guide pour la préparation des plans de gestion des zones spécialement protégées en Antarctique*. Le cas échéant, l'autorité nationale transmettra également un exemplaire du rapport de visite à la Partie dont a émané la proposition de plan de gestion, et ce en vue de contribuer à la gestion de la zone et à la révision du plan de gestion. Dans la mesure du possible, les Parties doivent déposer les originaux ou des copies des rapports de visite originaux dans une archive à laquelle le public pourra avoir accès, en vue de conserver une archive d'usage, qui sera utilisée dans le réexamen du plan de gestion ainsi que dans l'organisation de l'emploi scientifique de la zone.

8. Documents de référence

Convey, P. 1994. Modelling reproductive effort in sub- and maritime Antarctic mosses. *Oecologica* **100**: 45-53.

Block, W. and Christensen, B. 1985. Terrestrial Enchytraeidae from South Georgia and the Maritime Antarctic. *British Antarctic Survey Bulletin* **69**: 65-70.

Bonner, W.N. and Smith, R.I.L. (Eds) 1985. *Conservation areas in the Antarctic*. SCAR, Cambridge: 73-84.

Bonner, W.N. 1994. Active management of protected areas. In Smith, R.I.L., Walton, D.W.H. and Dingwall, P.R. (Eds) *Developing the Antarctic Protected Area system. Conservation of the Southern Polar Region I*. IUCN, Gland and Cambridge: 73-84.

Booth, R.G., Edwards, M. and Usher, M.B. 1985. Mites of the genus Eupodes (Acari, Prostigmata) from maritime Antarctica: a biometrical and taxonomic study. *Journal of the Zoological Society of London (A)* **207**: 381-406. (samples of Eupodes analysed)

Buryn, R. and Usher, M.B. 1986. A morphometric study of the mite, *Oppia loxolineata*, in the Maritime Antarctic. *British Antarctic Survey Bulletin* **73**: 47-50.

Chalmers, M.O. 1994. Lynch Island fur seal exclosure report 01/01/94. Unpublished British Antarctic Survey report BAS Ref AD6/2H/1993/NT2.

Greene, D.M and Holtom, A. 1971. Studies in *Colobanthus quitensis* (Kunth) Bartl. and *Deschampsia antarctica* Desv.: III. Distribution, habitats and performance in the Antarctic botanical zone. *British Antarctic Survey Bulletin* **26**: 1-29.

Hodgson, D.A. and Johnston, N.M. 1997. Inferring seal populations from lake sediments. *Nature* **387**(1 May).

Hodgson, D.A., Johnston, N.M., Caulkett, A.P., and Jones, V.J. 1998. Palaeolimnology of Antarctic fur seal *Arctocephalus gazella* populations and implications for Antarctic management. *Biological Conservation* **83**(2): 145-54.

Hooker, T.N. 1974. Botanical excursion to Lynch Island, 13/03/74. Unpublished British Antarctic Survey report BAS Ref AD6/2H/1973-74/N12.

Jennings, P.G. 1976. Tardigrada from the Antarctic Peninsula and Scotia Ridge region. *British Antarctic Survey Bulletin* **44**: 77-95.

Shears, J.R. and Richard, K.J. 1994. Marking and inspection survey of Specially Protected Areas in the South Orkney Islands, Antarctica 07/01/94 – 17/02/94. Unpublished British Antarctic Survey report BAS Ref AD6/2H/1993/NT5.

Smith, R.I. Lewis 1972. Vegetation of the South Orkney Islands. *BAS Scientific Report* **68**, British Antarctic Survey, Cambridge.

Smith, R.I. Lewis 1990. Signy Island as a paradigm of environmental change in Antarctic terrestrial ecosystems. In K.R. Kerry and G. Hempel. *Antarctic Ecosystems: ecological change and conservation.* Springer-Verlag, Berlin: 32-50.

Smith, R.I. Lewis 1994. Introduction to the Antarctic Protected Area System. In Smith, R.I.L., Walton, D.W.H. and Dingwall, P.R. (Eds) *Developing the Antarctic Protected Area system. Conservation of the Southern Polar Region I.* IUCN, Gland and Cambridge: 14-26.

Smith, R.I. Lewis 1997. Impact of an increasing fur seal population on Antarctic plant communities: resilience and recovery. In Battaglia, B. Valencia, J. and Walton, D.W.H. *Antarctic communities: species, structure and survival.* Cambridge University Press, Cambridge: 432-36.

Star, J. and Block, W. 1998. Distribution and biogeography of oribatid mites (Acari: Oribatida) in Antarctica, the sub-Antarctic and nearby land areas. *Journal of Natural History* **32**: 861-94.

Usher, M.B. and Edwards, M. 1984. The terrestrial arthropods of the grass sward of Lynch Island, a specially protected area in Antarctica. *Oecologica* **63**: 143-44.

Usher, M.B. and Edwards, M. 1986. A biometrical study of the family Tydeidae (Acari, Prostigmata) in the Maritime Antarctic, with descriptions of three new taxa. *Journal of the Zoological Society of London (A)* **209**: 355-83.

Wynn-Williams, D.D. 1982. The microflora of Lynch Island, a sheltered maritime Antarctic site. *Comité National Française Recherche en Antarctiques* **51**: 538.

Carte 1. Emplacement de l'île Lynch en relation avec les Orcades du Sud et autres zones protégées dans la région. <u>Cartouche</u> : emplacement des Orcades du Sud en Antarctique.

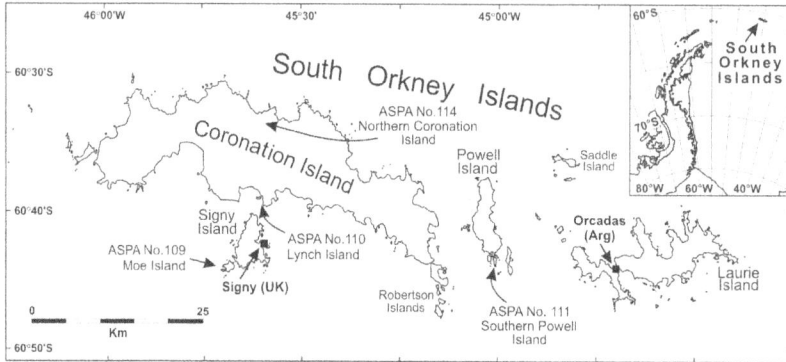

Carte 2. ZSPA n° 110, île Lynch, Orcades du Sud, carte topographique.

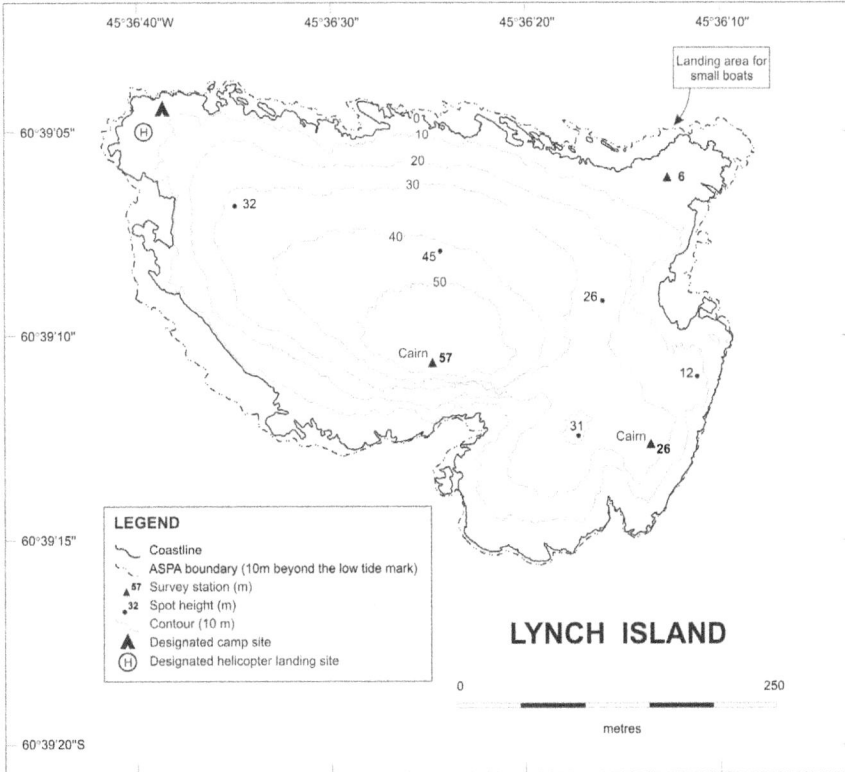

Carte 3. ZSPA n° 110, île Lynch, Orcades du Sud, carte de végétation.

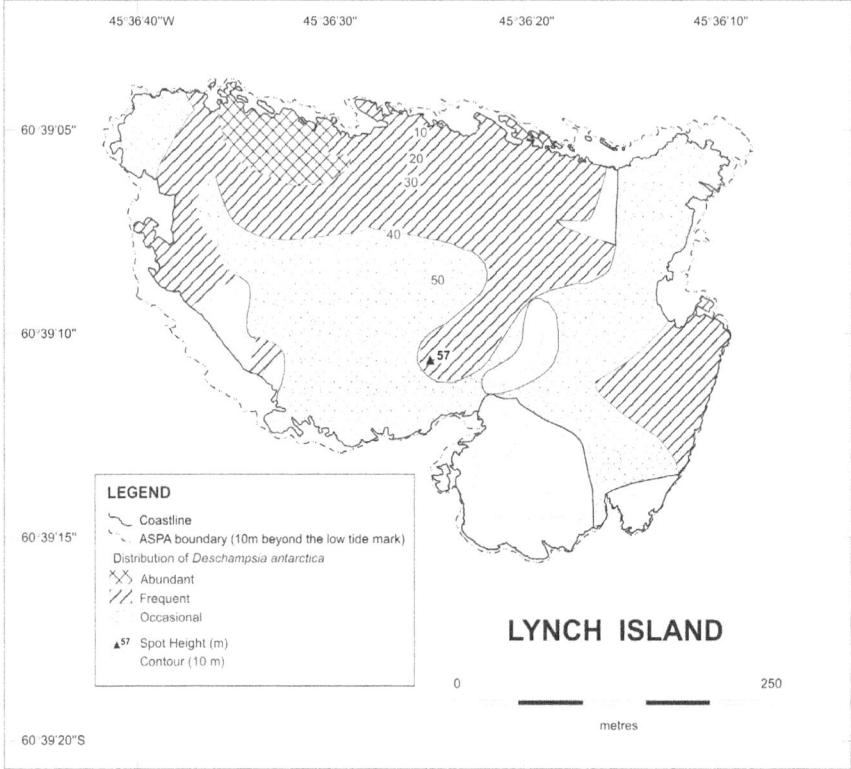

Plan de gestion de la zone spécialement protégée de l'Antarctique n° 111

ÎLE POWELL DU SUD ET ÎLES ADJACENTES, ÎLES ORCADES DU SUD

Introduction

L'île Powell du Sud et îles adjacentes, archipel des Orcades du Sud (Lat. 62°57'S ; Long. 60°38'O), ont été désignées zone spécialement protégée de l'Antarctique (ZSPA) principalement pour protéger les valeurs environnementales, et plus particulièrement les populations de phoques et d'oiseaux en phase de reproduction et, dans une moindre mesure, la végétation terrestre présente dans la zone.

La zone a été désignée pour la première fois « Zone Spécialement Protégée » dans la Recommandation IV-15 (1966, ZSP n° 15) à la suite d'une proposition du Royaume-Uni, qui considérait que l'île Powell du Sud et les îles adjacentes abritaient une importante végétation et de grandes colonies d'oiseaux et de mammifères. La zone était jugée particulièrement représentative du milieu naturel de l'archipel des Orcades du Sud et elle était d'autant plus importante qu'elle constituait le berceau d'une colonie d'otaries à fourrure de plus en plus grande (*Arctocephalus gazella*). Les raisons invoquées à l'époque restent d'actualité même si le développement de la colonie s'avère assez lent.

La zone est également reconnue pour ses valeurs scientifiques. Il est désormais bien établi que les changements climatiques se ressentent dans l'océan Austral et que la région entourant la péninsule antarctique, la mer de Scotia et l'archipel des Orcades du Sud est l'une des plus visiblement touchées par ces changements. Les températures de l'air et de l'océan ont augmenté, des banquises se sont effondrées et la glace de mer saisonnière est désormais nettement réduite. Ceci a des répercussions importantes sur les communautés biologiques, et les conséquences les plus évidentes des changements qui se produisent dans l'environnement ont été constatées pour les manchots Pygoscelids. Il semblerait notamment que le nombre de manchots Adélie, une espèce de banquise, diminue presque sur tout le long de la péninsule et dans l'archipel des Orcades du Sud. Il semblerait que le nombre de manchots à jugulaire, une espèce qui évolue généralement plus au large, soit aussi en train de diminuer. D'où l'importance des études permettant de comprendre le comportement de recherche de nourriture des manchots afin de l'associer à l'habitat qui leur convient le mieux. Il est essentiel de comprendre comment les manchots Pygoscelids utilisent l'océan qui les entoure pour être en mesure de protéger efficacement leurs colonies reproductrices, y compris dans des zones protégées abritant une riche biodiversité telles que l'île Powell du Sud.

La Résolution 3 (2008) recommandait que l'« Analyse des domaines environnementaux pour le continent Antarctique » serve de modèle dynamique pour l'identification des zones spécialement protégées de l'Antarctique dans le cadre environnemental et géographique systématisé visé à l'Article 3(2) de l'Annexe V du Protocole (voir également Morgan *et al.*, 2007). Selon ce modèle, la ZSPA n° 111 relève du domaine environnemental G (géologie des îles au large des côtes de la péninsule antarctique). La rareté du domaine environnemental G par rapport aux autres domaines environnementaux signifie que des efforts importants ont été fournis pour préserver les valeurs associées à ce type d'environnement ailleurs : parmi les autres zones protégées contenant le domaine environnemental G, citons notamment les ZSPA 109, 112, 114, 125, 126, 128, 140, 145, 149, 150 et 152 et les ZGSA 1 et 4. Le domaine environnemental A est également présent (géologie du nord de la péninsule antarctique). Parmi les autres zones protégées contenant le domaine environnemental A, on compte notamment les ZSPA 128 et 151 et la ZGSA 1.

Les trois autres ZSPA présentes dans l'archipel des Orcades du Sud (à savoir, ZSPA 109 île Moe ; ZSPA 110 île Lynch ; et ZSPA 114 Northern Coronation Island) ont été désignées dans le but principal de protéger la végétation terrestre. Par conséquent, l'île Powell du Sud et îles adjacentes complètent le réseau local de ZSPA car elles abritent non seulement des populations de phoques et d'oiseaux reproducteurs mais aussi de la végétation terrestre.

1. Description des valeurs à protéger

À la suite d'une visite de la ZSPA qui s'est effectuée en février 2012, les valeurs énoncées dans la désignation initiale ont été réaffirmées et élargies. Ces valeurs ont été décrites comme suit :

- La zone abrite diverses espèces d'oiseaux reproducteurs, y compris jusqu'à quatre espèces de manchots [à jugulaire (*Pygoscelis antarctica*), papous (*P. papua*), Adélie (*P. adeliae*) et macaroni (*Eudyptes chrysolophus*)], le pétrel de Wilson (*Oceanites oceanicus*), le damier du cap (*Daption capensis*), le goéland dominicain (*Larus dominicanus*), le pétrel géant (*Macronectes giganteus*), le pétrel océanite à ventre noir (*Fregetta tropica*), le cormoran impérial (*Phalacrocorax atriceps*), le skua brun (*Catharacta lonnbergi*), le chionis blanc (*Chionis alba*), le pétrel des neiges (*Pagodroma nivea*) et, selon toute vraisemblance, le prion de la Désolation (*Pachyptila desolata*).

- Le site de reproduction des otaries à fourrure le plus ancien connu en Antarctique depuis leur quasi extermination au XIXe siècle se trouve dans la zone.

- Parmi la flore diverse typique de la région qu'abrite la zone, citons les bancs de mousse et de tourbe sous-jacente, les tapis de mousse dans les régions humides, les algues des neiges et la macroalgue nitrophile *Prasiola crispa* associée aux colonies de pingouins.

- La zone possède une valeur scientifique comme lieu de prélèvement de données télémétriques qui permettent d'étudier le comportement de recherche de nourriture des manchots. Ces informations contribueront au développement de modèles d'habitat qui décriront la relation entre le comportement de recherche de nourriture des manchots et l'étendue de la glace de mer saisonnière.

2. Buts et objectifs

La gestion de l'île Powell du Sud et des îles adjacentes a pour objectifs :

- d'éviter la dégradation des valeurs de la zone et de tout mettre en œuvre pour que ces valeurs ne soient pas soumises à des risques substantiels, et ce en prévenant toute intervention injustifiée de l'homme dans la zone ;

- d'autoriser les recherches scientifiques dans la zone, à condition qu'elles soient motivées par des raisons indispensables ne pouvant être réalisées ailleurs et qu'elles ne portent pas atteinte au système écologique naturel de la zone ;

- d'éviter ou de réduire au minimum l'introduction de plantes, d'animaux et de microorganismes non-indigènes dans la zone ;

- de minimiser la possibilité d'introduction de pathogènes risquant de provoquer des maladies dans les populations d'oiseaux de la zone ;

- de préserver l'écosystème naturel de la zone pour servir ultérieurement de zone de référence dans les études de comparaison et de surveiller les changements de l'écologie et de la flore, les processus de colonisation et l'évolution des communautés ;

- de permettre qu'aient lieu des visites à des fins de gestion pour aider à réaliser les buts du plan de gestion ;

- de permettre le recueil de données sur le statut des populations résidentes de manchots et de phoques, et ce à intervalles réguliers et de manière durable.

3. Activités du plan de gestion

- Des visites seront effectuées selon que de besoin pour déterminer si la ZSPA continue de répondre aux objectifs pour lesquels elle a été désignée et pour veiller à ce que les mesures de gestion et d'entretien soient appropriées.

- Le plan de gestion sera passé en revue au moins tous les cinq ans et mis à jour tel que requis.

- Les balises, panneaux ou autres structures érigés à l'intérieur de la zone pour des raisons de nature scientifique ou de gestion doivent être entretenus de manière à ne pas poser de risques et rester en bon état, et ils seront enlevés lorsqu'ils ne seront plus nécessaires.

- Conformément aux termes de l'Annexe III du Protocole au Traité sur l'Antarctique concernant la protection de l'environnement, le matériel ou les matériaux abandonnés seront enlevés dans toute la mesure du possible, à condition que cet enlèvement ne porte pas atteinte à l'environnement et aux valeurs de la zone.

- Un exemplaire de ce plan de gestion sera mis à la disposition de la station de recherche de Signy (Royaume-Uni ; 60°42′30″ S ; 045°36′30″ O) et de la station Orcadas (Argentine ; 60°44′15″ S ; 044°44′20″ O).

- Le cas échéant, les programmes antarctiques nationaux sont invités à agir en étroite collaboration afin de s'assurer de la mise en œuvre des activités de gestion. Ils sont notamment conviés à communiquer entre eux de manière à éviter l'échantillonnage excessif de matières biologiques à l'intérieur de la zone. Enfin, il serait souhaitable qu'ils envisagent une mise en œuvre conjointe des lignes directrices dans le but de minimiser l'introduction et la propagation d'espèces non-indigènes à l'intérieur de la zone.

- Toutes les activités de nature scientifique ou de gestion menées dans la zone doivent faire l'objet d'une évaluation d'impact sur l'environnement, conformément aux exigences stipulées dans l'Annexe I du Protocole au Traité sur l'Antarctique concernant la protection de l'environnement.

4. Durée de la classification

La ZSPA n° 111 est classée pour une période indéfinie.

5. Cartes

Carte 1. Situation géographique de l'île Powell du Sud et îles adjacentes par rapport à l'archipel des Orcades du Sud et autres zones protégées de la région. Encart : emplacement de l'archipel des Orcades du Sud en Antarctique. Spécifications de la carte : Sphéroïde : WGS84 stéréographique polaire antarctique. Parallèle standard : 71 °S. Méridien central 45 °O.

La carte 2 montre la zone à une plus grande échelle.

6. Description de la zone

6(i) Coordonnées géographiques et caractéristiques du milieu naturel

LIMITES ET COORDONNÉES
Les coordonnées des coins de la zone sont indiquées au Tableau 1.

Coin	Latitude	Longitude
Nord-ouest	60°42'35'' S	45°04'00'' O
Nord-est	60°42'35'' S	44°58'00'' O
Sud-ouest	60°45'30'' S	45°04'00'' O
Sud-est	60°45'30'' S	44°58'00'' O

La zone comprend toute l'île Powell, au sud du sommet sud des pics John (415 m d'altitude) ainsi que l'ensemble constitué par l'île Fredriksen, l'île Michelsen (péninsule de marée située à l'extrémité sud de l'île Powell), l'île Christoffersen, l'île Grey et plusieurs îles adjacentes sans nom. La zone englobe tout le terrain libre de glace, la glace éternelle et la glace semi-éternelle qui se trouvent dans ses limites, à l'exclusion de l'environnement marin qui s'étend au-delà de 10 m au large à partir de la laisse de basse mer. À l'exception du glacier de piémont Crutchley au sud de l'île Powell, aucune de ces îles n'est prise par les glaces en été, même si certains endroits sont parfois recouverts de neiges persistantes ou semi-éternelles.

GÉOLOGIE

La roche des îles Powell du Sud, Michelsen et Christoffersen est constituée de conglomérats de l'ère crétacée/jurassique. Les deux promontoires situés à l'ouest des pics John sont constitués d'argile schisteux greywacke carbonifère. Ces énormes pierres contiennent des végétaux fossiles dans les dépôts glaciaires autour de Falkland Harbour. La majeure partie du centre et du sud de l'île Fredriksen est composée de grès et d'argile schisteux phyllitique de couleur sombre. Le sol de l'île au nord-est et la majeure partie du nord sont constitués d'un conglomérat fortement ciselé avec des schistes boueux laminés. La zone est recouverte d'une importante couche glaciaire dont la teneur en guano d'oiseaux marins est particulièrement élevée.

COMMUNAUTÉS BIOLOGIQUES

L'île Michelsen est pratiquement dépourvue de végétation, même si les rochers sont recouverts d'importantes communautés de lichens dominées par l'espèce crustose nitrophile. Ces communautés sont également très répandues sur l'île Fredriksen et ailleurs, notamment sur les falaises peuplées d'oiseaux et sur les rochers aux abords du rivage. La végétation la plus diverse de l'île Powell se trouve sur les deux promontoires et leurs éboulis à l'ouest de Falkland Harbour. Cet endroit, l'île Christoffersen et la partie nord de l'île Fredriksen, sont recouverts de bancs de mousse et de tourbe sous-jacente. Les régions humides alimentent un tapis de mousse. La zone est peuplée de la macroalgue nitrophile *Prasiola crispa* associée aux colonies de pingouins en cet endroit. Les algues des neiges abondent sur le glacier de piémont ainsi que sur les nappes de neige à la fin de l'été.

Les arthropodes de cette région restent mal connus, mais ils sont sans doute assez semblables à ceux de l'île Signy. Les collemboles *Cryptopygus antarcticus* et *Parisotoma octoculata* ainsi que les acariens *Alaskozetes antarcticus*, *Stereotydeus villosus* et *Gamasellus racovitzai* se trouvent en grandes quantités sous les pierres.

Le biote et les invertébrés marins sont également mal connus, mais ils sont eux aussi sans doute semblables à ceux de l'île Signy, qui a fait l'objet d'études approfondies. La région relativement fermée de Falkland-Ellefsen Harbour et la baie située du côté est de la péninsule sont fortement influencées par les avancées de glace du glacier de piémont.

Un grand nombre de manchots et de pétrels se reproduisent dans la zone. Les couples de manchots de l'espèce *Pygoscelis antarctica* se comptent par milliers, surtout sur l'île Fredriksen. Les manchots Adélie (*P. adeliae*) abondent également sur les îles Michelsen/Powell du Sud. Cet endroit abrite aussi plusieurs milliers de couples de pingouins papous (*P. papua*) et parmi eux se reproduisent ci et là des pingouins macaroni (*Eudyptes chrysolophus*).

Parmi les autres oiseaux se reproduisant dans la zone, citons le pétrel géant (*Macronectes giganteus*), le damier du cap (*Daption capensis*), le pétrel des neiges (*Pagodroma nivea*), le pétrel de Wilson (*Oceanites oceanicus*), le cormoran impérial (*Phalacrocorax atriceps*), le goéland dominicain (*Larus dominicanus*), le skua brun (*Catharacta lonnbergi*), le chionis blanc (*Chionis alba*) et, selon toute vraisemblance, le prion de la Désolation (*Pachyptila desolata*) ainsi que le pétrel océanite à ventre noir (*Fregetta tropica*).

L'île Michelsen est le site de reproduction des otaries à fourrure le plus ancien connu en Antarctique depuis leur quasi extermination au XIXe siècle. Le nombre de naissances a connu une augmentation lente mais progressive puisqu'il est passé de 11 en 1956 à environ 60 en 1989. Trente-quatre petits ont été recensés en janvier 1994. De nombreux mâles qui ne participent pas à la reproduction visitent la zone en été. La présence d'autres phoques a été observée sur les plages, notamment l'éléphant de mer (*Mirounga leonina*) et les phoques de Weddell (*Leptonychotes weddellii*). Des phoques léopards (*Hydrurga leptonyx*) et des phoques crabiers (*Lobodon carcinophagus*) ont été observés occasionnellement sur les glaces flottantes.

6 (ii) Accès à la zone

- L'accès s'effectuera par petite embarcation.
- Aucune restriction particulière ne s'applique au débarquement par mer ou aux voies maritimes empruntées pour accéder à la zone. Les vastes étendues de côtes accessibles signifient qu'il est possible de débarquer depuis de nombreux points. Néanmoins, le déchargement de cargaisons et de

matériel scientifique devrait s'effectuer, dans la mesure du possible, à proximité de l'emplacement recommandé du camp, aux coordonnées suivantes : 60°43'20''S ; 045°01'32''O.

- Dans des circonstances exceptionnelles où un atterrissage s'avèrerait nécessaire, dans le respect des objectifs du plan de gestion, les hélicoptères peuvent atterrir sur l'aire d'atterrissage prévue à cet effet située à côté de l'emplacement recommandé du camp, aux coordonnées suivantes : 60°43'20''S ; 045°01'32''O. L'atterrissage d'hélicoptères est interdit ailleurs dans la zone.

- Afin d'éviter de perturber les oiseaux reproducteurs, les hélicoptères sont interdits d'atterrissage à l'intérieur de la zone pendant la période allant du 1er novembre au 15 février.

- À l'intérieur de la zone, le pilotage d'aéronefs doit s'effectuer au minimum conformément aux « Lignes directrices pour les aéronefs à proximité des concentrations d'oiseaux » énoncées dans la Résolution 2 (2004). Lorsque les conditions impliquent un survol plus bas que l'altitude recommandée dans ces lignes directrices, l'aéronef se doit de voler aussi haut que faire se peut et d'écourter au maximum la durée de vol dans la zone.

- Les hélicoptères sont tenus d'éviter de survoler les sites qui comportent des concentrations d'oiseaux (les îles Michelsen/Powell du Sud ou l'île Fredriksen, par exemple).

- Il est interdit d'utiliser des grenades fumigènes d'hélicoptère dans la zone, à moins que cela soit absolument nécessaire pour garantir la sécurité. En cas d'utilisation de fumigènes, les grenades doivent être ramassées.

6 (iii) Emplacement des structures dans la zone et à proximité directe

Des panneaux indiquant le statut de zone protégée du site sont fixés aux endroits suivants :

- Île Powell du Sud : sur un petit rocher à ras du sol, derrière la petite plage de galets sur le flanc est du promontoire sud de l'île (60°43'20''S ; 045°01'40''O).

- Île Michelsen : sur un rocher situé à basse altitude et à environ 50 mètres du rivage, derrière une plage de galets à l'extrémité sud de l'île (60°44'06''S ; 045°01'25''O).

- Île Christoffersen : sur un petit promontoire sur le rivage nord-est de l'île à l'entrée de Falkland Harbour. Le panneau a été installé derrière la plage juste en dessous d'une petite colonie de manchots Adélie (60°43'36''S ; 045°02'08''O).

- Île Fredriksen : à l'extrémité nord de la plage de pierres et de cailloux du côté ouest de l'île, sous une colonie de manchots chinstrap. Le panneau est situé derrière la plage, au-dessus d'un rocher au ras du sol (60°44'06''S ; 044°59'25''O).

Il n'y a pas d'autres structures dans la zone mais on trouvera à terre divers chaînes et anneaux de mouillage associés à l'utilisation des ports d'Ellefsen et de Falkland par les usines baleinières flottantes dans les années 20.

6 (iv) Emplacement d'autres zones protégées à grande proximité de la zone

La ZSPA n° 109, île Moe, et la ZSPA n° 110, île Lynch, se trouvent à environ 35 km à l'ouest de la zone. La ZSPA n° 114, North Coronation Island. se trouve à quelque 35 km à l'ouest-nord-ouest de la zone, du côté nord de la Coronation Island (voir Carte 1).

6 (v) Zones interdites dans la zone

Aucune zone n'est interdite.

7. Critères de délivrance des permis

7(i) Critères de délivrance des permis d'ordre général

L'accès à ces zones est interdit à moins d'être titulaire d'un permis délivré par les autorités nationales compétentes conformément à l'Article 7 de l'Annexe V du Protocole au Traité sur l'Antarctique concernant la protection de l'environnement.

Les critères régissant l'octroi de permis sont les suivants :

- les permis sont délivrés pour des recherches indispensables qui ne peuvent être effectuées ailleurs ;
- ils sont délivrés afin de réaliser des activités de gestion indispensables telles que l'inspection, l'entretien ou la révision ;
- les actions autorisées ne peuvent en aucun cas porter atteinte au système écologique naturel de la zone ;
- les activités de gestion doivent contribuer aux objectifs arrêtés dans le présent plan de gestion ;
- les actions autorisées doivent être conformes au plan de gestion ;
- le titulaire doit avoir en sa possession le permis lorsqu'il visite la zone ;
- les permis seront valables pour une durée fixe ;
- un ou plusieurs rapports doivent être soumis à l'autorité ou aux autorités compétentes ayant délivré le permis ;
- l'autorité compétente doit être notifiée de toute activité / mesure entreprise autre que celles explicitement autorisées dans le permis délivré.

7 (ii) Accès à la zone et déplacements dans ou au-dessus de celle-ci

- Les véhicules terrestres sont formellement interdits dans la zone.

- Les marcheurs ne sont astreints à aucun tracé particulier, mais ils doivent veiller à tout moment à ne pas perturber la faune et à ne pas endommager la végétation.

- En vue de perturber le moins possible les oiseaux, le mouillage est fortement déconseillé à Falkland Harbour et à Ellefsen Harbour, sauf en cas de force majeure.

- Les pilotes, l'équipage des aéronefs et des embarcations, ou toute autre personne se trouvant à bord, ne se déplaceront sous aucun prétexte à pied au-delà de leur aire d'atterrissage ou de débarquement, à moins d'y être explicitement autorisés par le permis délivré.

7(iii) Activités qui peuvent être réalisées dans la zone
Ces activités comprennent :

- les études scientifiques indispensables qui ne peuvent être effectuées ailleurs ;
- les activités de gestion indispensables, y compris les activités de surveillance.

7 (iv) Installation, modification et retrait de structures

Aucune structure ne peut être construite dans la zone et aucun matériel scientifique ne peut y être installé, sauf s'ils doivent servir aux activités de gestion ou aux recherches scientifiques indispensables conformément aux clauses du permis pour une période prédéterminée. L'installation (y compris la sélection du site), l'entretien, la modification ou le retrait de structures et de matériel s'effectueront de manière à causer le moins de perturbations possible aux valeurs de la zone. Toutes les structures ou le matériel de nature scientifique installés dans la zone doivent être clairement identifiés, indiquant le pays, le nom du principal chercheur et l'année d'installation. Ces objets ne devront pas contenir d'organismes, de propagules (par ex. semences, œufs) ou de terre non stérile (voir la Section *7(vi)*) et ils seront composés de matériaux capables de résister aux conditions environnementales et qui ne risquent pas de contaminer la zone. Le permis explicitera qu'il faudra retirer les structures ou le matériel spécifiques pour lesquels la validité du permis a expiré. Les structures ou installations permanentes sont formellement interdites.

7 (v) Emplacement des campements

Afin de limiter la superficie de la ZSPA où se déroulement les activités liées au campement, les tentes devraient être montées sur l'aire de campement prévue à cet effet , aux coordonnées suivantes : 60°43'20''S ;

045°01'32''O. Il sera possible d'installer un campement temporaire au-delà de l'aire de campement désignée de la zone en cas de besoin et conformément aux termes spécifiés sur le permis. Il conviendra d'installer les campements sur des sites sans végétation tels que les zones plus sèches des plages surélevées ou sur une couche de neige épaisse (> 0,5 m) dans la mesure du possible, en prenant soin d'éviter les concentrations d'oiseaux reproducteurs ou de mammifères.

7 (vi) Restrictions concernant les matières et les organismes pouvant être introduits dans la zone

Aucun animal vivant, matériel végétal ou microorganisme ne sera délibérément introduit dans la zone. Pour garantir la protection de l'écologie et de la flore de la zone, il conviendra d'être particulièrement vigilant contre l'introduction involontaire de microbes, d'invertébrés ou de plantes issus d'autres sites en Antarctique, y compris les stations, ou d'autres régions hors Antarctique. Tous les dispositifs d'échantillonnage ou les balises apportés dans la zone doivent être nettoyés ou stérilisés. Les chaussures et autres équipements utilisés ou apportés dans la zone (y compris les sacoches ou sacs à dos) doivent dans toute la mesure du possible avoir été soigneusement nettoyés avant d'entrer dans la zone. Le *Manuel sur les espèces non-indigènes* du CPE (édition 2011) et les *Listes de vérification pour les gestionnaires de la chaîne d'approvisionnement* des programmes antarctiques nationaux pour la réduction du risque de transfert d'espèces non-indigènes du COMNAP / SCAR offrent des orientations supplémentaires en la matière. Compte tenu de la présence de colonies d'oiseaux reproducteurs au sein de la zone, aucun produit issu de volaille, y compris les déchets associés à ces produits et les produits contenant de la poudre d'œuf, ne pourra être jeté dans la zone ou dans la mer adjacente.

Aucun herbicide ou pesticide ne pourra être introduit dans la zone. Tout autre produit chimique, y compris les radionucléides ou les isotopes stables, qui serait introduit à des fins scientifiques ou de gestion conformément aux termes spécifiés sur le permis, devra être retiré de la zone, au plus tard à l'issue des activités autorisées en vertu de ce même permis. L'émission directe de radionucléides ou d'isotopes stables dans l'environnement d'une manière qui empêche de les récupérer, devrait être évitée. Le stockage de carburants ou d'autres produits chimiques dans la zone est interdit, sauf s'il est explicitement autorisé dans le permis délivré. Ces matières seront stockées et manipulées de manière à minimiser les risques d'introduction involontaire dans l'environnement. Les matériaux introduits seront autorisés dans la zone pendant une période prédéfinie et seront retirés de la zone à la fin ou avant la fin de ladite période. En cas de fuites qui pourraient porter atteinte aux valeurs de la zone, les matières émises doivent être enlevées seulement si l'impact de cet enlèvement est inférieur à l'impact qu'aurait le fait de laisser les matières sur place. L'autorité compétente sera notifiée de toute fuite de matière non enlevée qui ne faisait pas partie des substances autorisées par le permis.

7 (vii) Prélèvements et interventions nuisibles sur la faune et la flore indigènes

Les prélèvements et interventions nuisibles sur la faune et la flore indigènes sont formellement interdits, sauf pour les titulaires d'un permis délivré conformément à l'Annexe II du Protocole au Traité sur l'Antarctique concernant la protection de l'environnement. Lorsque des animaux doivent être capturés ou perturbés, il convient d'appliquer comme norme minimale le Code de conduite du SCAR relatif à l'Utilisation d'Animaux à des Fins Scientifiques en Antarctique.

7 (viii) Collecte ou enlèvement de toute matière qui n'a pas été introduite dans la zone par le titulaire du permis

La collecte ou l'enlèvement de toute chose qui n'a pas été introduite dans la zone par le titulaire du permis ne se fera qu'en vertu des termes du permis et se limitera au minimum nécessaire afin de répondre aux besoins de nature scientifique ou de gestion.

Les autres matières d'origine humaine risquant de porter atteinte aux valeurs de la zone qui n'ont pas été introduites dans la zone par le titulaire du permis, ou avec une autorisation, peuvent être enlevées de la zone à moins que l'impact de l'enlèvement sur l'environnement soit supérieur à l'impact qu'aurait le fait de laisser les matières sur place. Dans ce cas, l'autorité compétente doit être notifiée et il conviendra d'obtenir une approbation.

7 (ix) Élimination des déchets

Tous les déchets seront éliminés conformément à l'Annexe III du Protocole au Traité sur l'Antarctique concernant la protection de l'environnement, et ce comme norme minimale. De plus, tous les déchets seront retirés de la zone, à l'exception des déchets humains liquides, qui eux peuvent être jetés à la mer. En revanche, les déchets humains solides ne doivent pas être jetés à la mer et ils seront retirés de la zone. Les déchets humains solides ou liquides ne doivent en aucun cas être jetés à l'intérieur des terres.

7 (ix) Mesures à envisager pour veiller à ce que les objectifs du plan de gestion soient à tout moment respectés

- Des permis peuvent être délivrés pour entrer dans la zone afin d'y réaliser des travaux de recherche scientifique, de surveillance et d'inspection de site, susceptibles de requérir le prélèvement d'un nombre limité d'échantillons à des fins d'analyse, pour installer ou entretenir les panneaux ou autres dispositifs de protection.

- Tout site de surveillance à long terme sera convenablement balisé et les balises ou panneaux seront entretenus de manière satisfaisante.

- Les activités de nature scientifique seront menées conformément au document du SCAR intitulé *Environmental code of conduct for terrestrial scientific field research in Antarctica*.

7 (xi) Rapports

Pour chaque visite effectuée dans la zone, le titulaire principal du permis sera tenu d'établir un rapport à soumettre à l'autorité nationale compétente dans les plus brefs délais et, au plus tard, dans les six mois suivant la visite dans la zone. Ces rapports doivent inclure, s'il y a lieu, les renseignements identifiés dans le formulaire de rapport de visite qui figure dans le *Guide pour la préparation des plans de gestion des zones spécialement protégées en Antarctique*. Le cas échéant, l'autorité nationale transmettra également un exemplaire du rapport de visite à la Partie dont a émané la proposition de plan de gestion, et ce en vue de contribuer à la gestion de la zone et à la révision du plan de gestion. Dans la mesure du possible, les Parties devraient déposer les originaux ou les copies des rapports de visite originaux dans une archive à laquelle le public pourra avoir accès en vue de préserver une archive d'usage, qui sera utilisée dans l'examen du plan de gestion et dans l'organisation de la zone à des fins scientifiques.

8. Documents de référence

Cantrill, D. J. 2000. A new macroflora from the South Orkney Islands, Antarctica: evidence of an Early to Middle Jurassic age for the Powell Island Conglomerate. Antarctic Science 12: 185-195.

Harris, C. M., Carr, R., Lorenz, K. and Jones, S. 2011. Important Bird Areas in Antarctica: Antarctic Peninsula, South Shetland Islands, South Orkney Islands – Final Report. Prepared for BirdLife International and the Polar Regions Unit of the UK Foreign & Commonwealth Office. Environmental Research & Assessment Ltd., Cambridge. Available at:
http://www.birdlife.org/datazone/userfiles/file/IBAs/AntPDFs/IBA_Antarctic_Peninsula.pdf

Holmes, K. D. 1965. *Interim geological report on Matthews and Powell islands.* British Antarctic Survey AD6/2H/1965/G2. 2pp

Longton, R.E. 1967. Vegetation in the maritime Antarctic. In Smith, J.E., *Editor*, A discussion of the terrestrial Antarctic ecosystem. *Philosophical Transactions of the Royal Society of London*, B, 252, 213-235.

Morgan, F., Barker, G., Briggs, C., Price, R. and Keys, H. 2007. *Environmental Domains of Antarctica Version 2.0 Final Report.* Manaaki Whenua Landcare Research New Zealand Ltd, 89 pp.

Ochyra, R., Bednarek-Ochyra, H. and Smith, R.I.L. *The Moss Flora of Antarctica.* 2008. Cambridge University Press, Cambridge. 704 pp.

Øvstedal, D.O. and Smith, R.I.L. 2001. *Lichens of Antarctica and South Georgia. A Guide to their Identification and Ecology.* Cambridge University Press, Cambridge, 411 pp.

Peat, H., Clarke, A., and Convey, P. 2007. Diversity and biogeography of the Antarctic flora. *Journal of Biogeography,* 34, 132-146.

Poncet, S., and Poncet, J. 1985. A survey of penguin breeding populations at the South Orkney Islands. *British Antarctic Survey Bulletin, No.* 68, 71-81.

Smith, R. I. L. 1972. *British Antarctic Survey science report 68.* British Antarctic Survey, Cambridge, 124 pp.

Smith, R. I. L. 1984. Terrestrial plant biology of the sub-Antarctic and Antarctic. In: *Antarctic Ecology*, Vol. 1. Editor: R. M. Laws. London, Academic Press.

Thomson, J. W. 1973. The geology of Powell, Christoffersen and Michelsen islands, South Orkney Islands. *British Antarctic Survey Bulletin,* Nos. 33 & 34, 137-167.

Thomson, M. R. A. 1981. Late Mesozoic stratigraphy and invertebrate palaeontology of the South Orkney Islands. *British Antarctic Survey Bulletin,* No. 54, 65-83.

Carte 1. Situation géographique de l'île Powell du Sud et îles adjacentes par rapport à l'archipel des Orcades du Sud et autres zones protégées de la région. <u>Encart</u> : emplacement de l'archipel des Orcades du Sud en Antarctique.

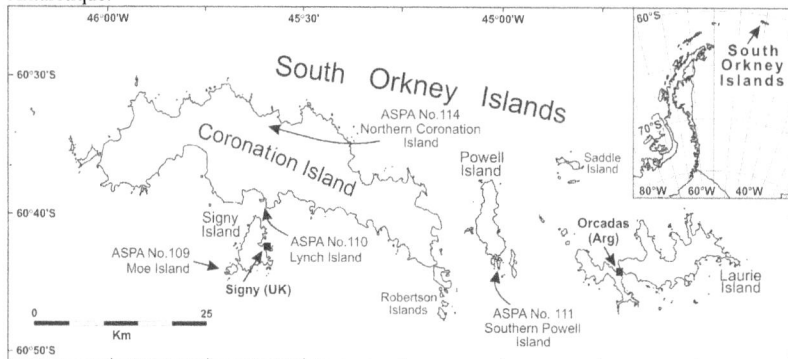

Carte 2. Île Powell du Sud et îles adjacentes ; zone spécialement protégée de l'Antarctique n° 111.

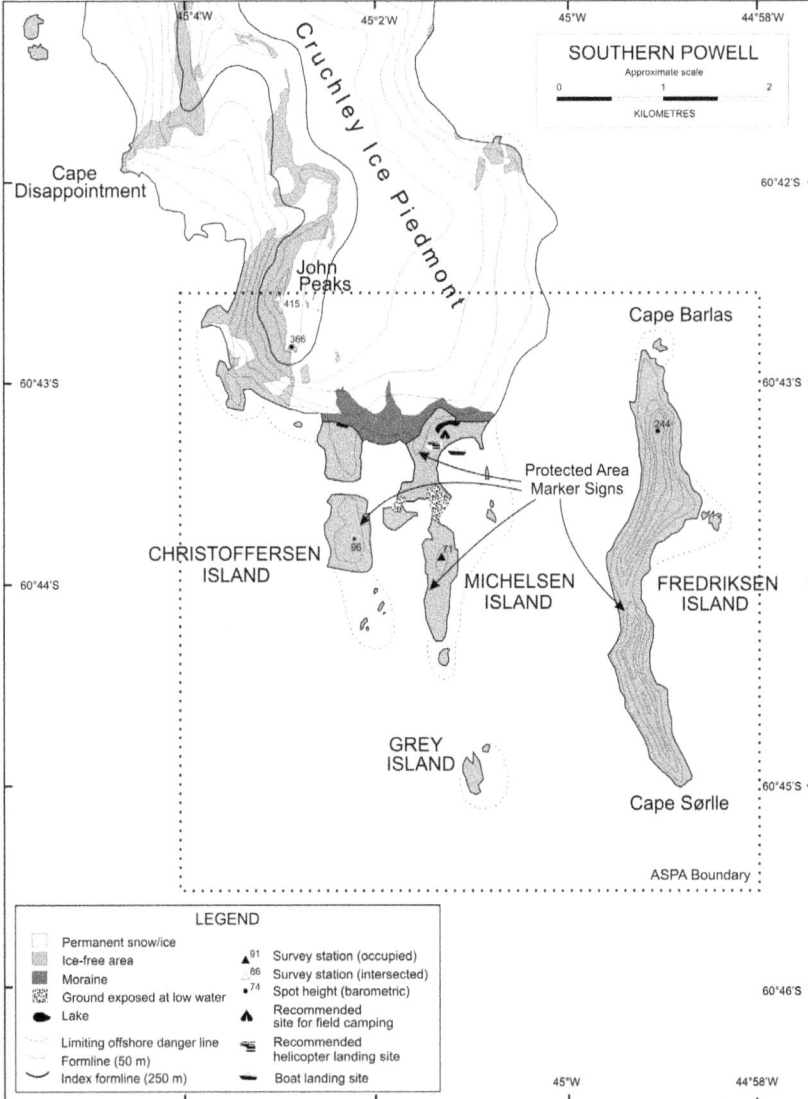

Plan de gestion pour la Zone spécialement protégée de l'antarctique N° 112

PÉNINSULE COPPERMINE, ÎLE ROBERT
ÎLES SHETLAND DU SUD

Introduction

La péninsule Coppermine (62°24'S; 59°30'O) se trouve sur la côte nord-ouest de l'île Robert dans les îles Shetland du Sud, devant le détroit anglais. La Zone a été désignée en tant que Zone spécialement protégée ZSP N°16 à travers la Recommandation VI-10 (1970). Le premier Plan de gestion a été approuvé par la Recommandation XVI-6 (1991). Conformément à la Décision 1 (2002), la Zone a été désignée Zone spécialement protégée de l'Antarctique N° 112.

La Zone est principalement protégée en raison de son écosystème terrestre significatif, avec la présence de vastes colonies de flore et de faune de l'Antarctique, qui présentent un intérêt spécial pour des recherches scientifiques.

1. Description des valeurs à protéger

La péninsule Coppermine est une zone riche d'un point de vue biologique, avec une biote diverse typique des îles Shetland du Sud. Elle abrite une multitude de communautés de plantes avec une faune invertébrée associée ; la faune vertébrée est également particulièrement bien représentée.
Une grande partie du terrain en altitude est constamment recouverte de glace. En été, les petits cours d'eau et les mares sont nombreux.

La valeur principale de la Zone est sa végétation, qui se caractérise par un vaste tapis de mousse, ainsi que des espèces d'hépatiques, de lichens et d'algues. L'une des espèces de plantes vasculaires de l'Antarctique est également présente dans la Zone. La Zone est aussi réputée pour la présence de colonies d'oiseaux qui s'y nichent, principalement le pétrel géant, *Macronectes giganteus.*

Des études scientifiques ont été développées dans la Zone pour connaître la composition de ses communautés biologiques et identifier les impacts qui peuvent les affecter.

2. Buts et objectifs

La gestion dans la péninsule Coppermine vise à :

- protéger l'écosystème terrestre et la communauté d'oiseaux qui se reproduisent dans la Zone ;
- prévenir la dégradation des valeurs de la Zone ou les risques substantiels qui la menacent en empêchant une perturbation humaine inutile ;
- éviter des changements majeurs dans la structure et la composition des communautés de flore et de faune ;
- autoriser des recherches scientifiques dans l'environnement terrestre, tout en assurant une protection contre des prélèvements excessifs ;
- permettre le développement d'autres recherches scientifiques dans la Zone, à condition qu'elles ne compromettent pas les valeurs pour lesquelles la Zone a été protégée et
- permettre des visites pour des raisons de gestion à l'appui des buts de ce Plan de gestion.

3. Activités de gestion

Les activités de gestion suivantes devront être entreprises pour protéger les valeurs de la Zone :

- Le personnel autorisé à accéder à la Zone devra être spécifiquement instruit sur les conditions de ce Plan de gestion.

- Les distances d'approche de la faune doivent être respectées, sauf exigences contraires éventuelles des projets scientifiques et lorsque cela est spécifié dans les permis associés.
- La collecte d'échantillons se limitera au minimum requis pour le développement de plan de recherches scientifiques autorisées.
- Dans la mesure du possible, les vêtements, chaussures et équipements devront être désinfectés avant de visiter la Zone, afin d'éviter d'introduire des micro-organismes.
- Des panneaux peuvent être placés (balises, cartons ou autres structures d'information) dans des lieux où ils ne perturbent pas les valeurs protégées ou le développement de recherches, soit à des fins scientifiques, de gestion ou de diffusion, et ils devront être maintenus en bon état.
- Les panneaux ou structures destinés à être installés dans la Zone pour des besoins de recherche scientifique ou de gestion devront être maintenus en bon état.
- Les équipements et matériaux destinés à être installés dans la Zone devront être retirés lorsqu'ils ne seront plus nécessaires.
- Il est strictement interdit aux véhicules de tout type de pénétrer dans la Zone.
- Des visites devront être effectuées selon les besoins pour évaluer si oui ou non la Zone continue de servir les besoins pour lesquels elle a été désignée et pour assurer l'adéquation des mesures de gestion.

4. Période de désignation.

La Zone est désignée pour une période indéfinie.

5. Cartes

Carte 1 : Partie des îles Shetland du Sud, présentant l'emplacement des îles Nelson, Robert et Greenwich, ainsi que les zones spécialement protégées de l'Antarctique qui s'y trouvent, notamment la ZSPA N°112, péninsule Coppermine.

Carte 2 : Péninsule Coppermine, île Robert. La ZSPA N°112 est indiquée en gris. D'après la carte marine de l'institut hydrographique de l'armée chilienne (Instituto Hidrográfico de la Armada de Chile), détroit anglais et canal Lautaro, échelle 1:40,000.

6. Description de la Zone

6(i) Coordonnées géographiques, bornage et particularités naturelles

DESCRIPTION GÉNÉRALE

La péninsule Coppermine (62°24'S; 59°30'O) se trouve à l'extrémité nord-ouest de l'île Robert. Elle s'étend sur une ligne élongée (2 km de long sur 500 m de large), depuis l'isthme qui relie l'île Robert au cap Fort Williams. Elle présente un relief irrégulier, avec des altitudes moyennes de 30 à 40 m au-dessus du niveau de la mer, et de nombreuses protrusions qui atteignent plus de 80 m au-dessus du niveau de la mer, comme les colonnes basaltiques de la cathédrale de Neptune et le front à proximité des installations de la base Luis Risopatrón (Chili).

La péninsule compte des roches volcaniques du Crétacé tardif, principalement formées de laves basaltiques et d'olivine, d'une couleur à dominance rouge cendreux au niveau des interfaces. Les colonnes articulées de Fort Williams et de la cathédrale de Neptune sont des intrusions issues du Pliocène ou de périodes récentes.

La formation de sol à travers la décomposition de plantes et le dépôt d'humus est lente et rare, mais l'accumulation de matières organiques peut atteindre localement 85 cm. Les sols de basse altitude ressemblent à des tapis de mousse, généralement d'une profondeur de 3 à 10 cm.

La topographie et les conditions météorologiques de la Zone sont favorables à divers types d'habitats pour les communautés de plantes, qui sont fortement influencées par les aérosols marins.

LIMITES

La péninsule Coppermine s'étend depuis le cap Morris à la colline Triplet, séparant les anses Carlota et Coppermine. La péninsule est la zone la plus à l'ouest de l'île Robert et s'étend jusqu'à l'extrémité occidentale de Fort Williams, un cap avec des caractéristiques marquées, comme le rocher Morris, situé sur la zone côtière. Cette péninsule représente l'une des étapes initiales du volcanisme du Cénozoïque tardif de la région.

La péninsule est reliée à l'île Robert à travers un isthme en forme de terrasse qui contient du gravier marin, à environ 10 m au-dessus du niveau de la mer et de 250 m de large. L'isthme est interrompu à l'est par une petite colline en forme de fer à cheval. La colline Triplet émerge à une hauteur de 140 m à l'extrémité sud-est du cap Coppermine.

FLORE

La valeur principale de la Zone est sa végétation, qui se caractérise par un vaste tapis de mousse qui recouvre environ 1,5 ha, représentant l'une des communautés de bryophytes les plus importantes de l'Antarctique. Les zones les plus humides de la péninsule sont dominées par le *Calliergidium austro-stramineum* et *Calliergon sarmentosum*, qui sont rejoints dans l'intérieur par le *Drepanocladus uncinatus*, où le drainage est supérieur. Dans les zones marginales plus sèches, le *Polytrichumalpinum*, le *Bryum algens*, le *Psoroma cinnamomeum*, le *Sphaerophorus globosus*, le *Ceratidon* sp., et l'*Usnea* sp., ainsi que d'autres lichens, sont associés au *Drepanocladus*. Dans les pentes humides proches du sommet, des tourbes de mousse se sont développées avec des tourbes humides d'environ 85 cm de large. Les zones aux sols de cendre humides dans les sols et fosses des vallées représentent de vastes communautés de lichens foliacés. Les roches côtières sont fréquemment recouvertes de lichens, principalement *Caloplaca* sp., *Haematomma erythromma*, *Physcia caesia*, *Ramalia tenebrata* et *Usnea* sp., qui sont occasionnellement associés à de la mousse.

L'algue *Prasiola crispa* est présente dans les zones influencées par les colonies d'oiseaux et on peut également trouver l'algue bleu-vert dans certaines zones. Les algues *Clammydomonas nivalis* et *Scottiella Antarctica* se trouvent dans les zones couvertes de neige et confèrent à la glace une couleur rougeâtre caractéristique.

La *Deschampsia antarctica* se trouve fréquemment dans les pentes abritées de la péninsule.

Le Tableau 1 présente les espèces de plantes identifiées dans la Zone :

Tableau 1. Espèces de plantes présentes dans la péninsule Coppermine, île Robert.

Plantes vasculaires		
Deschampsia antarctica		
Mousses		
Andreaea depressinervis	*Caratodon* cf. *grossiretis*	*Polytrichum piliferum*
Andreaea gainii	*Caratodon* cf. *purpureus*	*Pottia austro-georgica*
Andreaea regularis	*Chorisodontium aciphyllum*	*Schistidium (=Grimmia) antarcticum*
Bartramia patens	*Dicranoweisia grimmiaceae*	*Tortula* cf. *conferta*
Brachythecium austro-salebrosum	*Drepanocladus uncinatus*	*Tortula excelsa*
Bryum algens	*Pohlia cruda* var. *imbricata*	*Tortula fusco-viridis*
Calliergidium austro-stramineum	*Pohlia nutans*	*Tortula grossiretis*
Calliergon sarmentosum	*Polytrichum alpinum*	
Hépatiques	**Algues**	

Barbilophozia hatcheri	*Nostoc commune*
Cephaloziella varians	*Prasiola crispa*

Lichens		
Buellia sp.	*Haematomma erythromma*	*Ramalia terebrata*
Caloplaca regalis	*Lecania brialmontii*	*Rinodina* sp.
Caloplaca sp.	*Lecanora* sp.	*Sphaerophorus globosus*
Candelariella vitellina	*Leptogium puberulum*	*Stereocaulon glabrum*
Cladonia balfourii	*Mastodia tesselata*	*Umbilicaria antarctica*
Cladonia cf. *carneola*	*Ochrolechia frigida*	*Usnea aurantiaco-atra* (forma postrada)
Cladonia furcata	*Physcia caesia*	*Usnea fasciata*
Cladonia sp.	*Psoroma hypnorum*	*Xanthoria candelaria*
Cornicularia epiphorella	*Psoroma* cf. *cinnamomea*	*Xanthoria elegans*

FAUNE

La végétation présente dans la Zone est favorable aux habitats pour les communautés d'invertébrés terrestres. Les habitats de la péninsule Coppermine incluent des collemboles, des acariens, des nématodes, des rotifères, des tardigrades et une variété de protozoaire. Le principal spécimen dans ce groupe est le collembole *Cryptopygus antarcticus,* généralement associé aux tapis de mousse.

La péninsule Coppermine abrite diverses colonies d'oiseaux de mer, qui s'y reproduisent ou s'y reposent. Les colonies en phase de reproduction incluent les pétrels géants *Macronectes giganteus,* les océanites de Wilson, *Oceanites oceanicus,* les sternes couronnées, *Sterna vittata,* les goélands dominicains, *Larus dominicuanus* et les grands labbes, *Stercorarius (Catharacta) lonnbergi.*

La Zone est également visitée par des phoques et des otaries à fourrure qui se reposent sur les plages.

Tableau 2. Faune présente dans la péninsule Coppermine, île Robert.

Vertébrés	
Oiseaux volants	
Nom scientifique	**Nom commun**
Macronectes giganteus	Pétrel géant
Daption capense	Damier du cap
Oceanites oceanicus	Océanite de Wilson
Phalacrocorax bransfieldensis	Cormoran impérial
Larus dominicanus	Goéland dominicain
Sterna vittata	Sterne couronnée
Stercorarius (Catharacta)	Labbe antarctique

antarcticus	
Chionis albus	Chionis blanc

Oiseaux nageurs	
Nom scientifique	**Nom commun**
Pygoscelis antarctica	Manchot à jugulaire
Pygoscelis papua	Manchot papou
Pygoscelis adeliae	Manchot d'Adélie

Pinnipèdes	
Nom scientifique	**Nom commun**
Mirounga leonina	Éléphant de mer du sud
Leptonychotes weddelli	Phoque de Weddell
Hydrurga leptonyx	Léopard de mer
Arctocephalus gazella	Otarie à fourrure

6(ii) Accès à la Zone

La Zone est également accessible par mer, en débarquant sur les plages de l'anse Carlota ou Coppermine, uniquement devant les installations de la station scientifique Luis Risopatrón (Chili).

L'accès par air n'est autorisé que par hélicoptère et, en cas d'urgence, atterrissage à l'est de l'isthme, sur l'île Robert, en dehors de la Zone.

6(iii) Emplacement des structures à l'intérieur de la Zone et à proximité

La station scientifique Luis Risopatrón (Chili) se trouve à environ 100 m à l'ouest de la Zone, dans la péninsule Coppermine. La station scientifique s'élève à 40 m au-dessus du niveau de la mer, sur une surface rocheuse solide, située à 150 m de la ligne côtière. Elle compte 5 modules qui servent d'hébergements, de laboratoires et de zones de stockage. La station fonctionne pendant l'été austral et actuellement elle peut héberger 5 personnes.

6(iv) Emplacement d'autres Zones protégées à proximité

Les Zones protégées suivantes se trouvent également dans le voisinage de la péninsule Coppermine :

• ZSPA N°133, pointe Harmony, île Nelson, à 30 km au nord-ouest.
• ZSPA N°144, baie du Chili (baie Discover), île Greenwich, à environ 12 km au sud.

6(v) Aires spéciales à l'intérieur de la Zone

Aucune.

7. Critères de délivrance des permis

7(i)Conditions générales

L'accès à la Zone est interdit sauf conformément à un permis délivré par une autorité nationale compétente. Les critères de délivrance des permis d'accès à la zone sont les suivants :

- le permis est délivré à des fins scientifiques ou de gestion essentielles, conformément aux objectifs du plan, comme des tâches d'inspection, d'entretien ou d'examen, qui ne peuvent pas être réalisées ailleurs ;
- les actions autorisées ne compromettront pas les valeurs écologiques et scientifiques de la Zone ;
- toutes les activités de gestion visent la réalisation des buts et objectifs de ce Plan de gestion ;
- les actions autorisées sont conformes à ce Plan de gestion ;
- le personnel scientifique présent dans la Zone transporte le permis ou une copie certifiée conforme de ce permis au cours de la période spécifiée et
- à la fin de la période, un rapport est soumis devant l'autorité nationale compétente mentionnée dans le permis, se référant à toutes les activités entreprises qui ne sont pas expressément mentionnées dans le permis.

7(ii) Accès à la Zone et mouvements à l'intérieur ou au-dessus de la Zone

La Zone est uniquement accessible par mer, en débarquant sur les plages de l'anse Carlota ou Coppermine, devant les installations de la station scientifique Luis Risopatrón (Chili).

Les déplacements dans la Zone devront se faire à pied.

Accès des véhicules

L'accès à la Zone par tout type de véhicule est interdit.

Survols

En raison de la présence d'oiseaux marins qui se reproduisent sur l'île, l'atterrissage d'aéronefs dans la Zone est interdit. L'accès par air est autorisé par hélicoptère et, en cas d'urgence, atterrissage hors de la Zone, à l'est de l'isthme sur l'île Robert. Par ailleurs, toute opération de survol devra être conforme aux lignes directrices établies dans la Résolution 2 (2004), *Lignes directrices pour l'opération d'aéronefs à proximité de concentrations d'oiseaux.*

7(iii) Activités pouvant être menées à l'intérieur de la Zone

- Les recherches scientifiques ne compromettront pas l'écosystème ou les valeurs scientifiques de la Zone ou n'affecteront en rien la valeur de la Zone en tant que site de référence.
- Essential management activities, including monitoring.Les activités de gestion essentielles, notamment la surveillance.

7(iv) Installation, modification ou retrait de structures

- Aucune structure ne doit être érigée dans la Zone, sauf spécification contraire dans un permis. Les structures ou installations permanentes sont interdites.
- Toutes les structures, les équipements scientifiques ou les balises installés dans la Zone doivent être autorisés par un permis pour une période définie et clairement identifiés par pays, nom de l'investigateur principal et année d'installation. Tous ces éléments doivent être fabriqués à partir de matériaux posant un risque minimal de contamination de la Zone.
- L'installation (y compris la sélection de site), l'entretien, la modification ou le retrait de structures doit être effectué de façon limiter au maximum la perturbation de la flore et de la faune présentes.
- L'autorité délivrant le permis initial devra se charger du retrait des équipements spécifiques dont le permis a expiré, ceci étant une condition pour l'octroi du permis.

7(v) Emplacement des camps

Il est interdit de camper dans la Zone. La station scientifique Luis Risopatrón peut servir d'hébergement pour les chercheurs, sous réserve d'un accord préalable avec le programme antarctique chilien.

Des tentes seront autorisées pour les besoins exclusifs de stockage d'instruments ou d'équipements scientifiques ou pour servir poste d'observation et elles devront être retirées à la conclusion de l'activité.

S'il est absolument indispensable de camper dans la péninsule Coppermine, les tentes devront se situer à proximité de la station Risopatrón. De façon à restreindre l'impact humain, aucun autre lieu ne devra être utilisé à ces fins.

7 (vi) Restrictions sur les matériaux et organismes pouvant être introduits dans la zone

- Aucun être vivant non indigène (animaux, plantes ou microbes) ne peut être délibérément introduit dans la Zone et des précautions doivent être prises pour éviter leur introduction accidentelle. Dans la mesure du possible, tous les vêtements, les chaussures et les équipements devront être soigneusement inspectés et nettoyés avant de pénétrer dans la Zone.
- Pour garantir la préservation des valeurs de la faune, de la flore et de l'écologie de la Zone, des précautions spéciales devront être prises par les visiteurs pour prévenir toute introduction accidentelle de micro-organismes ou d'invertébrés provenant d'autres sites antarctiques ou de régions hors de l'Antarctique. Dans la mesure du possible, tous les équipements de prélèvements et toutes les balises apportés dans la Zone devront être nettoyés ou stérilisés avant d'y être utilisés.
- Pour protéger l'avifaune de l'île, aucune viande de volaille ni aucun produit contenant de la volaille ne peut être introduit dans la Zone pour y être consommé par les chercheurs.
- Aucun herbicide ni pesticide ne doit y être introduit. Tout autre produit chimique, y compris des radionucléides ou des isotopes stables, susceptible d'être introduit pour des besoins scientifiques ou de gestion spécifiés dans le permis, devra être retiré de la Zone au plus tard à la fin de l'activité pour laquelle le permis a été accordé.
- Tous les matériaux introduits dans la Zone devront y rester pour la période déterminée dans le permis uniquement et ils en seront retirés au plus tard à la fin de cette période et devront être manipulés de manière à minimiser les risques d'introduction dans l'environnement.
- En cas de déversement susceptible d'affecter les valeurs de la Zone, un retrait est encouragé, uniquement lorsque l'impact du retrait n'est pas susceptible de créer plus de dommages que le maintien in situ.

7 (vii) Prélèvements ou perturbations nuisibles de la flore et de la faune

Le prélèvement ou la perturbation néfaste de la flore ou de la faune indigène est interdit, sauf dans le cadre d'un permis délivré conformément à l'Article 3 de l'Annexe II du Protocole au Traité sur l'Antarctique relatif à la protection de l'environnement, par une autorité nationale compétente.

Dans le cas de prélèvements ou de perturbations nuisibles d'animaux, le Code de conduite du SCAR pour l'utilisation d'animaux à des fins scientifiques dans l'Antarctique (SCAR Code of Conduct for Use of Animals for Scientific Purposes in Antarctica) devra être utilisé comme norme minimale.

7(viii) Collecte ou retrait de matériaux qui n'ont pas été apportés dans la Zone par le titulaire du permis

- Des matériaux ne peuvent être collectés ou retirés de la Zone que conformément à un permis et ce en se limitant au minimum nécessaire pour répondre à des besoins scientifiques ou de gestion. Un permis ne sera pas délivré s'il y a lieu de croire que l'échantillonnage envisagé impliquerait de prélever, de retirer ou d'endommager de telles quantités de sol, de sédiments, de faune et de flore sauvages que leur distribution ou leur abondance à l'intérieur de la zone en serait gravement affectée.
- Les matériaux d'origine humaine susceptibles de compromettre les valeurs de la Zone, qui n'y ont pas été introduits par le titulaire du permis ou qui n'étaient pas autorisées, peuvent être retirés à moins que leur enlèvement soit plus préjudiciable que leur maintien in situ ; dans ce cas, l'autorité compétente doit être notifiée.

7 (ix) Élimination des déchets

Tous les déchets seront retirés de la zone. Toutefois, les déchets humains organiques peuvent être jetés à la mer conformément à l'Article 5, de l'Annexe du protocole au Traité sur l'Antarctique relatif à la protection de l'environnement.

Les déchets générés par les activités accomplies dans la Zone doivent être temporairement stockés à proximité de la station scientifique, de façon à éviter des libérations accidentelles. Ces déchets devront porter une étiquette adéquate indiquant qu'il s'agit de détritus. À la conclusion de l'activité, ils seront éliminés de la Zone et de la Zone du Traité sur l'Antarctique.

7(x) Mesures éventuellement nécessaires pour assurer la poursuite de la réalisation des buts et objectifs du Plan de gestion

Les permis peuvent être accordés pour accéder à la Zone afin d'effectuer des activités de surveillance biologique et d'inspection de site, ce qui peut impliquer la collecte d'échantillons limités pour analyse ou examen ou l'adoption de mesures de protection.

Dans la mesure du possible, tous les sites où des activités de surveillance à long terme sont accomplies, qui sont vulnérables à des perturbations involontaires, devront être dûment marqués sur le site et les cartes de la Zone.

7 (xi) Conditions pour les rapports

Les parties doivent assurer que le détenteur principal de chaque permis délivré soumet à l'autorité compétente un rapport décrivant les activités entreprises, au plus tard six mois après la visite. Ces rapports doivent inclure, selon les besoins, les informations identifiées dans le formulaire de rapport de visite contenu dans l'Annexe 2 de la Résolution 2 (2011).

Les Parties doivent tenir un dossier à jour sur ces activités et, au cours de l'échange annuel d'informations, elles doivent fournir des récapitulatifs des descriptions des activités menées par les personnes soumises à leur juridiction, descriptions qui doivent être suffisamment détaillées pour évaluer l'efficacité du Plan de gestion. Dans la mesure du possible, les Parties doivent déposer des originaux ou des copies de ces rapports originaux dans une archive accessible au public, à utiliser pour la revue du Plan de gestion et pour organiser l'utilisation scientifique de la Zone.

L'autorité compétente devra être informée de l'activité entreprise, de toute mesure prise ou de tout matériau libéré et non retiré qui ne sont pas couverts par un permis.

8. Support documentaire

Bustamante, R., I. Serey y G. Guzmán. 1987. Importancia de península Coppermine (isla Robert) para el desarrollo de un programa de investigación en ecología terrestre. Bol. Antárt. Chileno 7 (2): 5-8.

Bustamante, R., I. Serey y G. Guzmán. 1989. Mortalidad de musgos y distribución de *Usnea aurantiaco-atra*: ¿Efectos alelopáticos?. Ser. Cient. INACH 39: 69-73.

Casanova-Katny, M.A., G.E. Zúñiga, L.J. Corcuera, L. Bravo y M. Alberdi. 2010. *Deschampsia antarctica* Desv. primary photochemistry performs differently in plants grown in the field and laboratory. Polar Biol. 33 (4): 477-483.

Casaretto, J.A., L.J. Corcuera, I. Serey y G.E. Zúñiga. 1994. Size structure of tussocks of a population of *Deschampsia antarctica* Desv. in Robert Island, maritime Antarctica. Ser. Cient. INACH 44: 61-66.

Cuba, M., A. Gutiérrez-Moraga, B. Butendieck y M. Gidekel. 2005. Micropropagation of *Deschampsia antarctica* – a frost-resistant Antarctic plant. Antarctic Science 17 (1): 69-70.

Etchegaray, J., F. Sáiz y E.R. Hajek. 1977. Análisis de las relaciones entre mesofauna antártica y algunos factores climáticos. Ser. Cient. INACH 5 (1): 35-44.

Machado., A., F. Chemale Jr., R.V. Conceição, K. Kawaskita, D. Morata, O. Oteíza y W.R. Van Schmus. 2005. Modeling of subduction components in the genesis of the Meso-Cenozoic igneous rocks from the South Shetland Arc, Antarctica. Lithos 82: 435-453.

Orrego, C. y C. Campusano. 1970. Investigaciones ecológicas en isla Robert (Shetland del Sur). Instituto Antártico Chileno, Boletín No 5: 40-41.

Orrego, C. y C. Campusano. 1971. Temperaturas de nidificación de aves de isla Robert (Shetland del Sur). Ser. Cient. INACH 2 (1): 51-63.

Pefaur, J.E. y R. Murúa. 1972. Estudios Ecológicos en Isla Robert (Shetland del Sur). 7. Aves de la península de isla Robert. Ser. Cient. INACH 2 (2): 11-23.

Sáiz, F. y E.R. Hajek. 1967. Estudios Ecológicos en Isla Robert (Shetland del Sur). 1. Observaciones de temperatura en nidos de petrel gigante. Publicación INACH. 15 pp

Schlatter, R., W. Hermosilla y F. Di Castri. 1968. Estudios Ecológicos en Isla Robert (Shetland del Sur). 2. Distribución altitudinal de los artrópodos terrestres. Publicación INACH. 26 pp

Schlatter, R., W. Hermosilla, F. Di Castri y R. Covarrubias. 1970. Estudios Ecológicos en Isla Robert (Shetland del Sur). Efecto de filtros microclimáticos sobre la densidad de artrópodos muscícolas en la Antártica. Instituto Antártico Chileno, Boletín No 5: 11-16.

Serrano, E. y J. López-Martínez.1997. Geomorfología de la península Coppermine. Ser. Cient. INACH 47: 19-29.

Torres-Mellado, G.A., R. Jaña y M.A. Casanova-Katny.2011. Antarctic hairgrass expansion in the South Shetland archipelago and Antarctic Peninsula revisited. Polar Biol. 34 (11): 1679-1688.

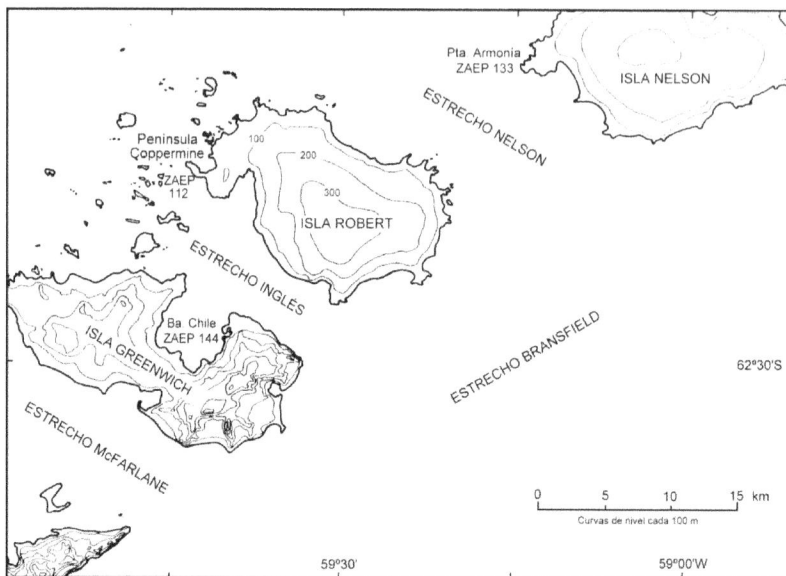

Carte 1 : Partie des îles Shetland du Sud, présentant l'emplacement des îles Nelson, Robert et Greenwich, ainsi que les zones spécialement protégées de l'Antarctique qui s'y trouvent, notamment la ZSPA N°112, péninsule Coppermine.

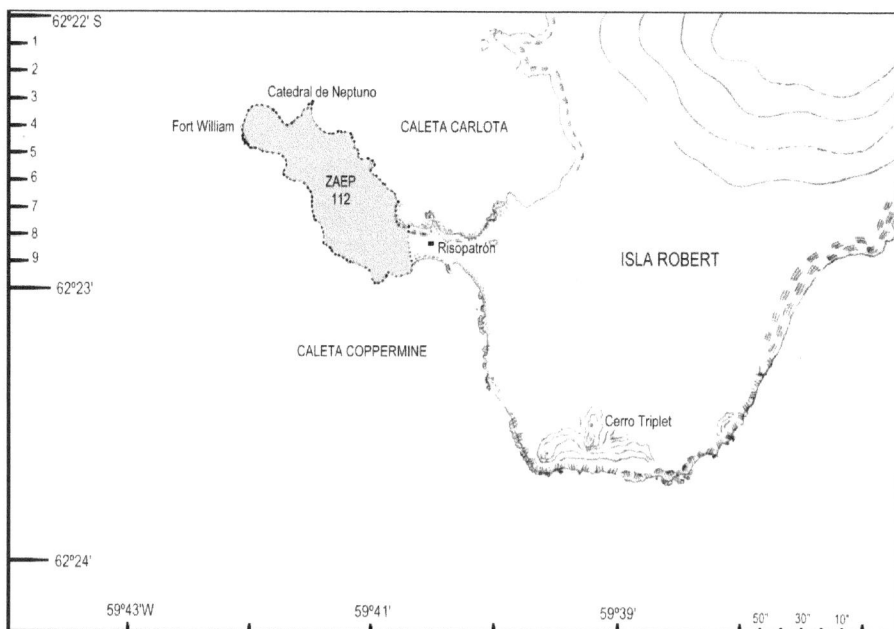

Carte 2 : Péninsule Coppermine, île Robert ZSPA N° 112 indiquée en gris.
D'après la carte marine de l'institut hydrographique de l'armée chilienne. Détroit anglais et canal Lautaro, échelle 1:40,000.

Español	English	Français	Русский
Isla Nelson	Nelson Island	Île Nelson	Остров Нельсон
Punta Armonía, ZAEP 133	Harmony Point, ASPA133	Pointe Harmony, ZSPA133	Мыс гармония, ООРА 133
Estrecho Nelson	Nelson Strait	Détroit Nelson	Пролив Нельсон
Isla Robert	Robert Island	Île Robert	Остров Роберт
Península Coppermine, ZAEP 112	Coppermine Peninsula, ASPA 112	PéninsuleCoppermine, ZSPA 112	Полуостров Коппермайн, ООРА 112
Estrecho Inglés	English Strait	Détroit anglais	Английский пролив
Bahía Chile, ZAEP 144	Chile Bay, ASPA 144	Baie Chile, ZSPA 144	Залив Чили, ООРА 144
Isla Greenwich	Greennwich Island	Île Greennwich	Остров Гринвич
Estrecho McFarlane	McFarlane Strait	Détroit McFarlane	Пролив МакФарлейн
Estrecho Bransfield	Bransfield Strait	Détroit Bransfield	Пролив Брансфилд
Curvas de nivel cada 100 m	Level contours each 100 m	Courbes de niveau tous les 100 m	Горизонтали проведены через каждые 100 м.

Español	English	Français	Русский
Isla Robert	Robert Island	Île Robert	Остров Роберт
Caleta Carlota	Carlota Cove	Anse Carlota	Бухта Карлота
Caleta Coppermine	Coppermine Cove	Anse Coppermine	Бухта Коппермайн
Catedral de Neptuno	Neptune´s Cathedral	Cathédrale de Neptune	Храм Нептуна
Fort William	Fort William	Fort William	Мыс Форт-Вильям
ZAEP 112	ASPA 112	ZSPA 112	ООРА 112
Risopatrón	Risopatron	Risopatron	Станция «Ризопатрон»
Cerro Triplet	Triplet Hill	Colline Triplet	Тройной холм

Plan de gestion de la zone spécialement protégée de l'Antarctique n° 115

ÎLE LAGOTELLERIE, BAIE MARGUERITE, TERRE DE GRAHAM

Introduction

L'île Lagotellerie, baie Marguerite, terre de Graham (Lat. 67°53'20"S ; Long. 67°25'30"O ; surface de 1,58 km²) a été désignée zone spécialement protégée de l'Antarctique (ZSPA) principalement pour protéger les valeurs environnementales, et plus particulièrement la faune et la flore terrestres mais également la faune aviaire qu'abrite la zone.

L'île Lagotellerie s'étend sur environ 2 km de long et 1,3 km de large et est orientée dans le sens est-ouest. La zone se trouve à 11 km au sud de l'île Pourquoi Pas et à 3,25 km à l'ouest de l'extrémité méridionale de l'île Horseshoe. La première carte de l'île Lagotellerie a été dressée par Jean-Baptiste Charcot lors de la Deuxième Expédition Antarctique française (1908-1910). Ensuite, aucune visite n'a été enregistrée jusque dans les années quarante, lorsque des chercheurs américains, argentins et britanniques des stations de recherche voisines y vinrent occasionnellement. L'île n'a fait l'objet d'aucune activité de recherche majeure, si bien qu'elle est en grande partie vierge de toute perturbation due aux activités humaines.

L'île Lagotellerie a été désignée à l'origine « zone spécialement protégée » dans la Recommandation XIII-II (1985, ZSP n° 19), à la suite d'une proposition émanant du Royaume-Uni. Cette désignation était justifiée par le fait que l'île offre une flore variée et une faune typique de la région du sud de la péninsule Antarctique. Ces valeurs ont été réitérées dans la Recommandation XVI-6 (1991) lors de l'adoption d'un plan de gestion pour la zone, et elles sont largement réaffirmées dans le présent plan de gestion.

La Résolution 3 (2008) recommandait que l'« Analyse des domaines environnementaux pour le continent Antarctique » serve de modèle dynamique pour l'identification des zones spécialement protégées de l'Antarctique dans le cadre environnemental et géographique systématisé visé à l'Article 3(2) de l'Annexe V du Protocole (voir également Morgan *et al.*, 2007). Selon ce modèle, la ZSPA n° 115 relève du domaine environnemental B (géologie des latitudes moyennes nord de la péninsule Antarctique). Parmi les autres zones protégées contenant le domaine environnemental B, on compte notamment les ZSPA 108, 134, 140 et 153 et la ZGSA 4.

On trouve trois autres ZSPA dans la zone de la baie Marguerite, à savoir : ZSPA 107, île Emperor, îles Dion ; ZSPA 117, île Avian ; et ZSPA 129, pointe Rothera). La ZSPA 107, île Emperor, et la ZSPA 117, île Avian, ont été désignées dans le but principal de protéger la faune aviaire de la zone alors que la ZSPA 129, pointe Rothera, a été désignée pour surveiller l'impact de la station avoisinante sur un écosystème d'altitude antarctique. Par conséquent, l'île Lagotellerie complète le réseau local de ZSPA essentiellement du fait qu'elle abrite des communautés biologiques terrestres.

1. Description des valeurs à protéger

À la suite d'une visite de la ZSPA qui s'est effectuée en février 2011, les valeurs énoncées dans la désignation antérieure ont été réaffirmées. Ces valeurs ont été décrites comme suit :

- L'île Lagotellerie offre une flore assez variée typique de la région du sud de la péninsule Antarctique. La présence en abondance des deux seules plantes à fleurs de l'Antarctique (*Deschampsia antarctica* et *Colobanthus quitensis*), qui par endroits forment de denses parterres allant jusqu'à 10 m² est particulièrement intéressante. Il s'agit là d'une des plus grandes communautés connues au sud des îles Shetland du Sud et elles poussent à seulement 90 km au nord de leur limite méridionale. Les deux espèces fleurissent à profusion et la viabilité des graines est supérieure à celle des graines produites dans les îles Orcades du Sud et Shetland du Sud.

- De nombreuses communautés de mousses et de lichens poussent sur l'île. Certaines de ces mousses sont fertiles, ce qui est un phénomène rare en Antarctique.

- L'île est connue comme étant le lieu où l'on note la présence de *Deschampsia antarctica* à la plus haute altitude au sud du 56e parallèle Sud : de petites plantes sporadiques y ont été observées jusqu'à une altitude de 275 m. L'île a donc un intérêt scientifique particulier pour l'étude future de l'influence de l'altitude sur la viabilité biologique de variétés de plantes représentées sur ce site.

- Il y a aussi une faune d'invertébrés assez nombreuse et l'île est un des sites les plus méridionaux pour le moucheron aptère (*Belgica antarctica*).

- La couche peu épaisse de terre riche en terreau, qui s'est constituée sous la végétation, ainsi que sa faune invertébrée associée et ses microbiotes sont probablement uniques en leur genre sous cette latitude.

- Il y a une colonie d'environ 1 850 manchots Adélie (*Pygoscelis adeliae*) et une des colonies les plus méridionales de quelques douzaines de cormorans aux yeux bleus (*Phalacrocorax atriceps*) à l'extrémité sud-est de l'île. De nombreux couples de stercoraires bruns et du pôle sud (*Catharacta lonnbergi* et *C. maccormicki*) se reproduisent sur l'île.

- Les valeurs liées à la présence de colonies de manchots et de stercoraires sont leur interrelation écologique avec les autres caractéristiques biologiques d'intérêt exceptionnel évoquées ci-dessus.

- Les couches fossilifères à l'extrémité orientale de l'île présentent un intérêt géologique particulier, dans la mesure où de telles formations n'affleurent généralement pas dans le groupe d'îles volcaniques de la péninsule Antarctique.

- L'île a connu peu de visites et d'activités de recherche et d'échantillonnage, c'est pourquoi elle est peut-être l'une des zones à végétation dense les plus intactes dans la région.

2. Buts et objectifs

Le plan de gestion destiné à l'île Lagotellerie vise à :

- éviter toute détérioration ou tout risque important de détérioration des valeurs de la zone, en empêchant toute perturbation injustifiée de l'homme dans la zone ;

- autoriser la recherche scientifique dans la zone, à condition que ce soit pour des motifs impérieux qu'il n'est pas possible de servir ailleurs et qu'elle ne nuise pas au système écologique naturel de la zone ;

- autoriser les visites pour les besoins de la gestion de la zone en vue de la réalisation des buts du plan de gestion ;

- éviter ou réduire l'introduction de plantes, d'animaux et de microorganismes non-indigènes dans la zone ;

- minimiser la possibilité d'introduction de pathogènes risquant de provoquer des maladies dans les populations d'oiseaux de la zone ;

- préserver l'écosystème naturel de la zone pour servir ultérieurement de zone de référence dans les études.

3. Activités de gestion

Les activités de gestion suivantes doivent être déployées en vue de la protection des valeurs de la zone :

- Des visites seront effectuées selon les besoins pour évaluer si la ZSPA continue à être utile aux fins auxquelles elle a été désignée et pour veiller à l'adéquation des mesures de gestion et d'entretien.

- Le plan de gestion sera passé en revue au moins tous les cinq ans et mis à jour tel que requis.

- Les balises, panneaux ou structures mis en place dans la zone à des fins de recherche scientifique ou de gestion seront sécurisés et soigneusement entretenus et ils seront enlevés lorsqu'ils cesseront d'être utiles.

- Conformément aux termes de l'Annexe III du Protocole au Traité sur l'Antarctique concernant la protection de l'environnement, le matériel ou les matériaux abandonnés seront enlevés dans toute la mesure du possible, à condition que cet enlèvement ne porte pas atteinte à l'environnement et aux valeurs de la zone.

- Un exemplaire de ce plan de gestion sera mis à la disposition de la station de recherche de Rothera (Royaume-Uni, Lat. 67°34' S ; Long. 68°07' O) et de la station General San Martín (Argentine, Lat. 68°08' S ; Long. 67°06' O).

- Toutes les activités de nature scientifique ou de gestion menées dans la zone doivent faire l'objet d'une évaluation d'impact sur l'environnement, conformément aux exigences stipulées dans l'Annexe I du Protocole au Traité sur l'Antarctique concernant la protection de l'environnement.

4. Durée de la désignation

La ZSPA est désignée pour une période indéterminée.

5. Cartes

Carte 1. Zone spécialement protégée de l'Antarctique n° 115 île Lagotellerie, baie Marguerite, carte de situation indiquant l'emplacement de la station General San Martín (Argentine), la station Teniente Luis Carvajal (Chili), sur l'île Adélaïde, la station de recherche de Rothera (Royaume-Uni) et, à proximité, la ZSPA n° 129 de la pointe Rothera, également sur l'île Adélaïde, ainsi que l'emplacement des autres zones protégées dans la région [île Emperor, îles Dion (ZSPA n° 107) et île Avian (ZSPA n° 117)]. La carte montre aussi la base Y (Royaume-Uni ; monument historique n° 63) sur l'île Horseshoe. Encart : emplacement de l'île Lagotellerie au large de la péninsule Antarctique.

Carte 2. Île Lagotellerie (ZSPA n° 115), carte topographique. Spécifications cartographiques : Projection : conique conforme de Lambert. Parallèles de référence : 1er - 63° 20' 00" S ; 2e - 76° 40' 00"S. Méridien central : 65°00'00"O. Latitude d'origine : 70°00'00"S. Sphéroïde : WGS84. Ligne de référence : niveau moyen de la mer. Intervalles des courbes de niveau : 20 m. Précision de l'orthophotographie supérieure à ± 5 m.

Carte 3. Île Lagotellerie (ZSPA n° 115), carte géologique à main levée.

6. Description de la zone

6(i) Coordonnées géographiques et caractéristiques naturelles

LIMITES ET COORDONNÉES
Les coordonnées des extrémités de la zone sont indiquées au Tableau 1.

Extrémité	Latitude	Longitude
Nord-ouest	67°52'30'' S	67°27'00'' O
Nord-est	67°52'30'' S	67°22'00'' O
Sud-ouest	67°54'00'' S	67°27'00'' O
Sud-est	67°54'00'' S	67°22'00'' O

La zone comprend l'île Lagotellerie dans son ensemble et les îles et îlots adjacents sans nom. La zone englobe tout le terrain libre de glace, la glace éternelle et la glace semi-éternelle qui se trouvent dans ses limites, à l'exclusion de l'environnement marin qui s'étend au-delà de 10 m au large à partir de la laisse de basse mer (Carte 2). Il n'a pas été installé de bornage, la côte constituant par elle-même une frontière clairement définie et visuellement incontestable.

L'île Lagotellerie est une île rocheuse escarpée, couverte à 13% environ de glace permanente, la plupart sur les versants sud. L'île culmine à deux sommets jumeaux de respectivement 268 et 288 mètres, séparés par un large col à environ 200 m d'altitude, avec des falaises abruptes jusqu'à cette altitude sur les flancs sud, ouest et est. Les versants nord les plus élevés ont aussi des falaises pentues, entrecoupées de ravines et d'éboulis et traversées par de larges terrasses rocheuses. Les versants nord moins élevés sont plus doux, en particulier dans la moitié est de l'île, avec une large terrasse rocheuse à une altitude de 15 m environ, constituée de matériaux détritiques provenant de l'érosion par le gel.

GÉOLOGIE

La plus grande partie de l'île Lagotellerie est constituée de diorite quartzique d'âge inconnu, entrecoupée de granodiorite rose à gros grains et de nombreux dykes basiques et felsiques (carte 3). À l'extrémité est de l'île, les roches plutoniques sont en contact avec des roches volcaniques plissées du jurassique et du crétacé. Celles-ci sont composées d'agglomérats, de laves et de tufs andésitiques du groupe volcanique de la péninsule Antarctique, avec des résidus végétaux - probablement jurassiques - présents dans des couches schisteuses entrecoupées de couches de tuf. De telles couches fossilifères n'affleurent que très rarement dans le groupe d'îles volcaniques de la péninsule Antarctique, d'où leur intérêt géologique particulier.

Des zones parfois étendues de gros sable et de gravier provenant de l'érosion de diorite quartzique s'observent sur les versants, les barres rocheuses, dans les ravines et les dépressions ; les accumulations les plus étendues se trouvent sur le col situé entre les deux sommets, où le sol se compose de polygones, de cercles et de bandes de pierres bien ordonnées. Sur les larges terrasses rocheuses, des étendues compactes de mousse et d'herbe ont développé une couche de terre relativement riche en terreau allant jusqu'a 25 cm d'épaisseur. Les blocs erratiques glaciaires sont nombreux sur l'île.

COMMUNAUTÉS BIOLOGIQUES TERRESTRES

L'île possède une flore relativement variée et connaît un développement luxuriant de communautés de plantes représentatives de la région maritime de l'Antarctique sud. La richesse biologique terrestre de l'île Lagotellerie a été observée pour la première fois par Herwil Bryant, un biologiste de la base Est (États-Unis, sur l'île Stonington, aujourd'hui monument historique n° 55), lors d'une visite effectuée en 1940-1941. Il nota la présence de mousses, d'une graminée antarctique (*Deschampsia antarctica*) et d'une « petite plante à fleurs » (très certainement la sagine antarctique *Colobanthus quitensis*), dans une petite ravine – vraisemblablement celle qui a été trouvée dans l'extrémité nord-est de l'île – qu'il considérait comme étant d'une richesse si inhabituelle pour ces latitudes qu'il en parlait en privé comme de la « vallée d'Éden ». Il n'a pas décrit les communautés moins luxuriantes mais plus étendues de *Deschampsia antarctica* et de *Colobanthus quitensis* découvertes sur les versants orientés au nord, plus élevés, de l'île. Ces versants et terrasses présentent aussi des conditions microclimatiques favorables à la croissance, avec une période assez longue sans neige, et portent en abondance des *Deschampsia antarctica* et des *Colobanthus quitensis*, la première formant des parterres denses allant jusqu'à 10 m² sur certaines des terrasses. Il s'agit là des plus grandes communautés de ces plantes connues au sud des îles Shetland du Sud. Ces deux espèces fleurissent à profusion et la viabilité de leurs graines est supérieure à celle des graines produites dans les îles Orcades du Sud et Shetland du Sud, et ce bien qu'on se trouve à une faible distance de leur limite méridionale. L'île Lagotellerie est connue comme étant le lieu où l'on note la présence de *Deschampsia antarctica* à la plus haute altitude au sud du 56ᵉ parallèle Sud, de petites plantes sporadiques y ayant été observées jusqu'à une altitude de 275 m. *Colobanthus quitensis* a été observé jusqu'à une altitude de 120 m sur l'île.

L'île Lagotellerie a aussi une riche flore cryptogamique, avec de petits parterres de communautés bien développées comprenant de nombreux lichens et mousses rares sous cette latitude (en particulier les mousses *Platydictya jungermannioides* et *Polytrichastrum alpinum* et les lichens *Caloplaca isidioclada*, *Fuscoparmelia gerlachei* et *Usnea trachycarpa*). Le nombre de variétés de bryophytes identifiées jusqu'ici comprend 20 mousses et deux eupatoires (*Barbilophozia hatcheri* et *Cephaloziella varians*), et il y a au moins 60 variétés de lichens. Il n'existe pas encore d'aperçu complet de la flore de l'île, si bien que de nombreuses espèces, en particulier des lichens crustacés, doivent encore être identifiées avec précision.

La végétation est la plus développée sur une série de terrasses rocheuses situées entre 30 et 50 m d'altitude sur le versant nord de l'île. *Deschampsia* et *Colobanthus* y poussent à profusion, et de denses parterres d'herbe s'étendent sur des superficies de plusieurs mètres carrés. Sont généralement associées à ces herbes, tout spécialement sur les terrasses les plus humides, les variétés de mousses *Brachythecium austro-salebrosum, Bryum* spp.*, Pohlia nutans, Polytrichastrum alpinum* et *Sanionia uncinata*, ainsi que les variétés d'eupatoires *Barbilophozia hatcheri* et *Cephaloziella varians*. Beaucoup de ces parterres d'herbes sont utilisés comme lieu de nidification par les stercoraires.

Dans les habitats plus secs, en particulier sur les versants à éboulis et rocheux, il y a des parterres denses où dominent les variétés de macrolichens *Usnea Sphacelata* et *U. subantarctica*, avec des *Pseudephebe minuscula*, des *Umbilicaria decussata* et un grand nombre de taxa crustacés. Divers lichens sont associés aux communautés d'herbes et de mousses (par exemple *Cladonia* spp.*, Leproloma* spp.*, Leptogium puberulum, Ochrolechia frigida* et *Psoroma* spp.). Plusieurs espèces de lichens nitrophiles colorés (par exemple *Buellia* spp.*, Caloplaca* spp.*, Fuscoparmelia gerlachei* et *Xanthoria* spp.) poussent en abondance à proximité des colonies de manchots et de cormorans.

De nombreux lichens (notamment *Caloplaca isidioclada, Pseudephebe minuscula, Usnea sphacelata, Umbilicaria decussata* et beaucoup de taxa crustacés) et quelques lichens (notamment *Grimmia reflexidens)* poussent près du sommet de l'île, de même que des plants épars de *Deschampsia*. Quelques bryophytes produisent des sporophytes à des latitudes très méridionales, mais plusieurs mousses sont fertiles sur l'île Lagotellerie elle-même (par exemple *Andreaea regularis, Bartramia patens, Bryum amblyodon, B. pseudotriquetrum, Grimmia reflexidens, Hennediella heimii, Pohlia nutans, Schistidium antarctici* et la *Syntrichia princeps*).

Il n'y a pas encore eu d'études spécifiques de la faune invertébrée sur l'île Lagotellerie. Toutefois, six espèces au moins d'arthropodes ont été observées : *Alaskozetes antarcticus, Gamasellus racovitzai, Globoppia loxolineata* (acares), *Cryptopygus antarcticus, Friesea grisea* (collembola) et *Belgica antarctica* (diptères, chironomides). Plusieurs espèces de champignons nématophages ont été isolées dans des sols associés à des mousses et aux *Deschampsia* sur l'île Lagotellerie (*Cephalosporium balanoides, Dactylaria gracilis* et *Dactylella ellipsospora*), toutes des espèces qui sont largement représentées dans des habitats similaires dans l'Antarctique et que l'on trouve aussi dans des sols tempérés.

Bryant a fait état au début des années quarante de plusieurs petites mares sur l'île, qui sont probablement les mêmes, ou à peu près, que celles observées plus récemment sur la vaste plaine de faible altitude dans la partie nord de l'île. Il y nota la présence de nombreux crustacés phyllopodes, identifiés comme étant des *Branchinecta granulosa*. Dans l'une des mares, des pierres étaient recouvertes d'une algue filamenteuse d'un vert vif, sur laquelle il a observé des acariens du type *Alaskozetes antarcticus*. On trouvait également ce dernier sous des cailloux au fond de la mare. Bryant a observé la présence de très nombreux autres micro-organismes du type « trochelminth » vivant dans les algues, avec un rotifère rose identifié comme étant *Philodina Gregaria*. De petites touffes d'une algue gris-vert ont été observées sur de gros cailloux près du fond de la mare. Les algues n'ont pas été décrites de façon plus détaillée, bien que la présence de *Prasiola crispa* ait été constatée. Des observations plus récentes, datant du début des années quatre-vingt, laissaient penser qu'il n'y a pas d'étendues permanentes d'eau douce sur l'île, mais des ruisseaux non permanents ont été trouvés en été, avec des mares saumâtres dans des dépressions rocheuses près de la côte nord. Les missions d'inspection effectuées en janvier 1989 et en février 2011 ont noté la présence de plusieurs petites mares d'eau de fonte d'environ 5 à 10 m^2, dont certaines bordées de parterres de mousse humide, et ont conclu qu'il s'agissait probablement de l'habitat de *Belgica antarctica*.

FAUNE VERTÉBRÉE

Une petite colonie de manchots Adélie (*Pygoscelis adeliae*) occupe le promontoire est de l'île (Carte 2). Leur nombre varie entre un minimum de 350 à 400 couples selon une estimation faite en décembre 1936 et un maximum de 2 402 couples enregistrés lors d'un comptage précis du nombre de nids effectué en novembre 1955. Le comptage de la colonie datant du 19 février 2011 a recensé environ 1 850 adultes et oisillons (marge d'erreur inférieure à 10 %). La colonie a pourvu en œufs, de 1955 à 1960, le personnel stationné à la base britannique Y toute proche, sur l'île Horseshoe. On rapporte qu'en 1955 quelque 800 œufs ont ainsi été ramassés. Le nombre de couples nicheurs a baissé jusqu'à atteindre le millier en 1959 et en 1960. Les colonies de manchots Adélie sont connues pour leurs grandes variations du nombre d'individus d'une année à l'autre, à la suite de divers facteurs naturels ; en mars 1981, on a constaté la mort des mille poussins de la colonie. Selon des estimations faites suite à un comptage des poussins en février 1983, la colonie devait comprendre approximativement 1 700 couples, compte tenu d'une marge d'erreur de 15 à 25 %.

Une petite colonie de cormorans aux yeux bleus (*Phalacrocorax atriceps*) a été observée sur le promontoire est de l'île, qui constitue une des zones de nidification les plus méridionales connues de cette espèce. Quelque 200 oiseaux immatures ont été observés à portée de vue de l'île, le 16 janvier 1956. Le 17 février 1983, les chercheurs ont dénombré dix nids. La mission d'inspection de l'île Lagotellerie en janvier 1989 n'a pas vu la colonie ; cependant, environ 250 adultes et poussins ont été observés en février 2011 et de nombreux nids contenaient deux grands poussins.

On trouve aussi, sur l'île, des stercoraires bruns et des stercoraires du pôle sud (*Catharacta lonnbergi* et *C. maccormicki*) : on en a dénombré douze nids en 1956 et constaté que beaucoup des poussins étaient avec certitude des stercoraires du pôle sud *(C. maccormicki)*. En 1958, on a estimé à cinq le nombre de couples nichant autour de la colonie de manchots et on a constaté la présence des deux espèces. Un groupe de 59 oiseaux non nicheurs des deux espèces a été observé le 12 janvier 1989 à mi-chemin du côté nord de l'île. Deux nids d'océanites de Wilson (*Oceanites oceanicus*) ont été notés le 14 janvier 1956. Un nid de goélands *(Larus dominicanus)*, avec des œufs, a été noté dans la « vallée d'Eden » par Bryant en décembre 1940.

La mission d'inspection de janvier 1989 a noté la présence de 12 phoques de Weddell *(Leptonychotes weddellii)* sur une étroite bande littorale au pied d'une pointe rocheuse de la côte nord, mais aucun autre phoque n'a été observé. En revanche, la mission d'inspection de février 2011 a constaté quelque 200 otaries à fourrure du côté nord de l'île et parmi la colonie de manchots Adélie (notamment au sud de la colonie au-dessus des plages de galets). Vingt phoques de Weddell ont également été observés.

IMPACT DE L'HOMME

L'impact environnemental le plus significatif à l'île Lagotellerie est dû au ramassage d'œufs pour l'alimentation du personnel des bases des environs dans la période 1955-1960. La mission d'inspection de février 2011 n'a constaté aucun changement physique ou biologique récent sur l'île et elle en a conclu que la zone continuait de répondre aux objectifs pour lesquels elle avait été désignée.

6 (ii) Accès à la zone

- L'accès à la zone se fera par embarcation. L'accès à partir de la mer se fera sur la côte nord de l'île (Carte 2), sauf autorisation expresse, stipulée dans le permis, d'accoster ailleurs ou sauf si accoster sur cette côte est difficile en raison de conditions défavorables. Le littoral est généralement rocheux et les sites d'accostage recommandés se situent sur la côte nord aux coordonnées suivantes : Lat. 67°52'57'' ; Long. 067°24'03'' et Lat. 67°53'04'' ; Long. 067°23'30'' (voir Carte 2).

- L'accès à la zone est interdit sur 100 m de chaque côté de la ravine sur la côte nord-est aux coordonnées Lat. 67°53'10'' ; Long. 067°23'13'' (c'est-à-dire la côte sous-jacente à la vallée officieusement dénommée « vallée d'Éden » par Bryant ; voir Carte 2). La vallée qui s'étend à l'intérieur des terres depuis ce littoral contient la végétation la plus riche l'île et il est déconseillé d'y mener des activités non essentielles, et ce afin de réduire les effets du piétinement (Carte 2). Ces restrictions s'appliquent également aux personnes souhaitant accéder à la zone par la glace de mer en hiver.

- Dans des circonstances exceptionnelles où un atterrissage s'avèrerait nécessaire, dans le respect des objectifs du plan de gestion, les hélicoptères peuvent atterrir sur l'aire d'atterrissage prévue à cet effet située à côté de l'emplacement recommandé du camp, sur la large plate-forme rocheuse/de neige permanente environ à mi-chemin le long de la côte nord-ouest, à environ 15 m d'altitude et à 200 m à l'intérieur des terres à partir de la mer (Lat. 67°53'04'' ; Long. 067°23'43''). L'atterrissage d'hélicoptères est interdit ailleurs dans la zone, sauf autorisation expresse stipulée dans le permis.

- À l'intérieur de la zone, le pilotage d'aéronefs doit s'effectuer au minimum conformément aux « Lignes directrices pour les aéronefs à proximité des concentrations d'oiseaux » énoncées dans la Résolution 2 (2004). Lorsque les conditions impliquent un survol plus bas que l'altitude recommandée dans ces lignes directrices, l'aéronef se doit de voler aussi haut que faire se peut et d'écourter au maximum la durée de vol dans la zone.

- Le survol, à la pointe orientale de l'île, de la colonie de manchots/cormorans est interdit au-dessous de 610 m (2 000 pieds) (Carte 2).
- L'utilisation de grenades fumigènes des hélicoptères dans la zone est interdite, sauf pour des raisons impérieuses de sécurité. En cas d'utilisation de fumigènes, toutes les grenades doivent être récupérées.

6 (iii) Emplacement des structures dans la zone et à proximité directe

Un cairn ainsi que les restes d'un mât d'observation érigé dans les années 1960 se trouvent au sommet de l'île. Au cours de la mission d'inspection de février 2011, une partie du câblage et les restes d'un drapeau de délimitation noir associés au mât ont été enlevés. Les cinq poteaux en bambou de 8 à 10 mètres de long dont était composé le mât à l'origine ont été rassemblés et rangés en sécurité avec six piquets métalliques à proximité du sommet est de l'île (288 m).

On trouve un cairn d'environ 1 m de haut sur la côte nord de l'île (Lat. 67°53'16'' ; Long. 067°22'51''), et un amas de pierres de 30 cm de haut dans lequel est planté une courte baguette en bois surmontée d'un disque en métal de 2,5 cm de diamètre avec l'inscription « 10 » est situé sur les falaises à l'ouest de la colonie de manchots (Lat. 67°53'17'' ; Long. 067°22'46''). Il ne semble pas y avoir d'autres structures sur l'île.

Deux stations de recherche scientifique fonctionnant toute l'année se trouvent à proximité : la station argentine General San Martín (Lat. 68°08' S ; Long. 67°06' O), qui se trouve à 29,5 km au sud-sud-est, et la station britannique de recherche de Rothera (Lat. 67°34' S ; Long. 68°07' O), qui se trouve à 46 km au nord-ouest. Une station de recherche ne fonctionnant qu'en été, la station de Teniente Luis Carvajal (Lat. 67°46' S ; Long. 68°55' O) a été mise en service par le Chili en 1985 à la pointe méridionale de l'île Adélaïde.

6 (iv) Emplacement d'autres zones protégées à proximité de la zone

Les zones protégées les plus proches de l'île Lagotellerie sont l'île Emperor, îles Dion (ZSPA n° 107) à environ 55 km à l'ouest, l'île Avian (ZSPA n° 117) à 65 km à l'ouest et la pointe Rothera (ZSPA n° 129) à 46 km au nord-ouest (Carte 1). Plusieurs monuments et sites historiques se trouvent à proximité : la base Y (R.-U.) sur l'île Horseshoe (MSH n° 63) ; la base E (R.-U.) (MSH n° 64) et les bâtiments et ouvrages sur et à proximité de la base Est (USA) (MSH n° 55), toutes deux sur l'île de Stonington ; et les installations de la station de recherche de San Martín (Argentine) sur l'île Barry (MSH n° 26).

6 (v) Zone spéciale à l'intérieur de la zone
Aucune.

7. Critères de délivrance du permis

7(i) Critères de délivrance du permis d'ordre général

L'entrée dans la zone est interdite sauf en conformité avec un permis délivré par une autorité nationale compétente désignée en vertu de l'Article 7 de l'Annexe V du Protocole au Traité sur l'Antarctique concernant la protection de l'environnement.

La délivrance du permis est régie par les critères suivants :

- le permis est délivré pour des motifs scientifiques impérieux qu'il n'est pas possible de servir ailleurs ;
- il est délivré pour des activités de gestion essentielles telles que l'inspection, la maintenance ou des études ;
- les actions autorisées ne doivent pas nuire au système écologique naturel de la zone ;

- toutes les activités de gestion doivent contribuer aux objectifs du plan de gestion ;
- les activités autorisées sont conformes au plan de gestion ;
- dans la zone, il faut être muni du permis ;
- le permis est délivré pour une période donnée ;
- un ou plusieurs rapports doivent être transmis à l'autorité ou aux autorités nommées dans le permis ;
- l'autorité compétente sera informée de toute activité/mesure entreprise qui n'a pas été incluse dans le permis.

7 (ii) Accès à la zone et déplacements à l'intérieur ou au-dessus de celle-ci

- Les véhicules sont interdits à l'intérieur de la zone.

- Les déplacements au sein de la zone doivent se faire à pied.

- Les pilotes, les équipages des hélicoptères et des bateaux ou d'autres personnes à bord des hélicoptères ou des bateaux, ne sont pas autorisés à s'éloigner à pied de la proximité immédiate des sites prévus pour l'atterrissage ou l'accostage, sauf autorisation expresse stipulée dans le permis.

- Le trafic pédestre doit être limité au minimum nécessaire pour atteindre les objectifs de toute activité autorisée et tout doit être raisonnablement mis en œuvre pour minimiser les effets du piétinement. En d'autres termes, tous les déplacements doivent se faire avec précaution, afin de réduire au minimum les perturbations du sol et des surfaces revêtues de végétation, en marchant, si possible, sur un terrain rocheux.

7(iii) Activités qui peuvent être menées dans la zone

- Études scientifiques qui ne portent pas atteinte à l'écosystème ou aux valeurs scientifiques de la zone et qu'il n'est pas possible de réaliser ailleurs ;
- Activités essentielles de gestion, y compris la surveillance.

7 (iv) Installation, modification ou enlèvement de structures

Aucune structure ne peut être construite dans la zone et aucun matériel scientifique ne peut y être installé, sauf s'ils doivent servir aux activités de gestion ou aux recherches scientifiques indispensables conformément aux dispositions stipulées dans le permis pour une période prédéterminée. L'installation (y compris la sélection du site), l'entretien, la modification ou le retrait de structures et de matériel s'effectueront de manière à causer le moins de perturbations possible aux valeurs de la zone. Toutes les structures ou le matériel scientifique installés dans la zone doivent être clairement identifiés, indiquant le pays, le nom du responsable des recherches et l'année d'installation. Ces objets ne devront pas contenir d'organismes, de propagules (par ex. semences, œufs) ou de terre non stérile et ils seront fabriqués à base de matériaux capables de résister aux conditions environnementales et présentant le moins de risque de contamination pour la zone (voir Section *7(vi)*). La délivrance du permis sera soumise à la condition que les structures ou le matériel spécifiques pour lequel le permis a expiré soit enlevés. Les structures ou installations permanentes sont formellement interdites.

7 (v) Emplacement des campements

S'ils sont nécessaires aux objectifs énoncés dans le permis, les campements temporaires seront autorisés au site désigné sur la large plate-forme rocheuse/de neige permanente environ à mi-chemin le long de la côte nord-ouest à environ 15 m d'altitude et à 200 mètres à l'intérieur des terres à partir de la mer (Lat. 67°53'04'' ; Long. 067°23'43'' ; Carte 2).

7 (vi) Restrictions concernant les matériaux et organismes pouvant être introduits dans la zone

Aucun animal, plante ou micro-organisme vivant ne pourra être délibérément introduit dans la zone. Pour garantir la protection de l'écologie et de la flore de la zone, il conviendra d'être particulièrement vigilant contre l'introduction involontaire de microbes, d'invertébrés ou de plantes issus d'autres sites en

Antarctique, y compris les stations, ou d'autres régions hors Antarctique. Tous les matériels d'échantillonnage ou balises introduits dans la zone seront nettoyés ou stérilisés. Dans la mesure du possible, les chaussures et autres équipements utilisés ou introduits dans la zone (y compris les sacoches et sacs à dos) devront être préalablement nettoyés à fond. Le *Manuel sur les espèces non-indigènes* du CPE (édition 2011) et les *Listes de vérification pour les gestionnaires de la chaîne d'approvisionnement* des programmes antarctiques nationaux pour la réduction du risque de transfert d'espèces non-indigènes du COMNAP / SCAR offrent des orientations supplémentaires en la matière. Compte tenu de la présence de colonies d'oiseaux nicheurs, aucun produit de basse-cour, y compris les déchets associés à ces produits et les produits contenant des œufs crus en poudre, ne pourra être jeté dans la zone ou dans la mer adjacente.

Aucun herbicide ou pesticide ne pourra être introduit dans la zone. Tous les autres produits chimiques, y compris les radionucléides et les isotopes stables, amenés sur le site aux fins de recherches scientifiques ou d'activités de gestion stipulées dans le permis, devront être retirés de la zone au moment de ou avant la conclusion de l'activité pour laquelle le permis a été délivré. L'émission directe de radionucléides ou d'isotopes stables dans l'environnement d'une manière qui empêche de les récupérer, devrait être évitée. Aucun combustible ou autre produit chimique ne sera entreposé dans la zone, sauf autorisation expresse stipulée dans le permis. Les matériaux introduits seront entreposés et manipulés de manière à éviter tout risque d'introduction involontaire dans l'environnement. Les matériaux introduits l'étant pour une période donnée, ils devront être retirés à l'expiration ou avant l'expiration de cette période. Si des matériaux libérés sont susceptibles de porter atteinte aux valeurs de la zone, l'enlèvement n'est conseillé que s'il ne cause pas plus de dommages que de les laisser sur place. L'autorité compétente devra être informée de tout matériau libéré et non enlevé qui n'était pas inclus dans le permis délivré.

7 (vii) Prise de flore et de faune indigènes ou interférences nuisibles avec celles-ci

Ces activités sont interdites, sauf dispositions contraires stipulées dans le permis conformément à l'Annexe II du Protocole au Traité sur l'Antarctique concernant la protection de l'environnement. Dans le cas de prise d'animaux ou d'interférences nuisibles avec des animaux, il convient de respecter au moins les normes du Code de conduite du SCAR relatif à l'utilisation d'animaux à des fins scientifiques en Antarctique.

Afin d'éviter toute perturbation causée par l'homme dans la colonie de cormorans en phase de reproduction et notamment l'envol précipité de leurs oisillons, les visiteurs ne s'approcheront pas à moins de 10 m de la colonie de cormorans à l'extrémité est de l'île entre le 15 octobre et le 28 février, sauf autorisation expresse stipulée dans le permis à des fins scientifiques ou de gestion.

7 (viii) Collecte ou enlèvement à l'intérieur de la zone de toute matière n'ayant pas été apportée par le titulaire d'un permis

Toute chose qui n'a pas été apportée dans la zone par le titulaire d'un permis ne peut être collectée et/ou enlevée de la zone que conformément aux dispositions d'un permis ; cette collecte et/ou cet enlèvement doivent être limités au minimum nécessaire pour répondre à des besoins scientifiques ou à des besoins de gestion. Aucun permis ne sera délivré dans les cas où il est proposé de prendre, d'enlever ou d'endommager des quantités de terre, de flore ou de faune indigènes telles que leur répartition ou leur abondance sur l'île Lagotellerie seraient significativement perturbées. Les matières d'origine humaine qui n'ont pas été introduites dans la zone par le titulaire du permis ou avec une autorisation et qui pourraient porter atteinte aux valeurs de la zone doivent être enlevées, à moins que l'impact de l'enlèvement soit supérieur à l'impact qu'aurait le fait de les laisser sur place. Si tel est le cas, l'autorité compétente doit en être informée.

7 (ix) Élimination des déchets

Tous les déchets seront éliminés conformément à l'Annexe III du Protocole au Traité sur l'Antarctique concernant la protection de l'environnement, et ce comme norme minimale. De plus, tous les déchets doivent être enlevés de la zone, à l'exception des déchets humains liquides, qui eux peuvent être rejetés en mer. En revanche, les déchets humains solides ne doivent pas être jetés à la mer mais retirés de la zone. Les déchets humains solides ou liquides ne doivent en aucun cas être jetés à l'intérieur des terres.

7 (x) Mesures pouvant être nécessaires pour garantir que les buts et objectifs du plan de gestion soient à tout moment respectés

- Des permis peuvent être délivrés pour entrer dans la zone afin d'y réaliser des travaux de recherche scientifique, de surveillance et d'inspection du site, qui peuvent faire intervenir le prélèvement d'un petit nombre d'échantillons à des fins d'analyse, pour installer ou entretenir les panneaux ou autres dispositifs de protection.

- Tout site de surveillance à long terme devra être correctement balisé et les balises ou panneaux devront être entretenus de manière satisfaisante.

- Les activités de nature scientifique seront menées conformément au document du SCAR intitulé *Environmental code of conduct for terrestrial scientific field research in Antarctica.*

7 (xi) Rapports

Pour chaque visite effectuée dans la zone, le principal titulaire du permis délivré soumettra un rapport à l'autorité nationale compétente dans les plus brefs délais et, au plus tard, dans les six mois suivant la visite dans la zone. Ce rapport doit inclure, s'il y a lieu, les renseignements identifiés dans le formulaire de rapport de visite qui figure dans le *Guide pour la préparation des plans de gestion des zones spécialement protégées en Antarctique*. Le cas échéant, l'autorité nationale transmettra également un exemplaire du rapport de visite à la Partie dont a émané la proposition de plan de gestion, et ce en vue de contribuer à la gestion de la zone et à la révision du plan de gestion. Dans la mesure du possible, les Parties doivent déposer les originaux ou des copies des rapports de visite originaux dans une archive à laquelle le public pourra avoir accès, en vue de conserver une archive d'usage, qui sera utilisée dans le réexamen du plan de gestion et dans l'organisation de l'emploi scientifique de la zone.

8. Documents de référence

Bryant, H.M. 1945. Biology at East Base, Palmer Peninsula, Antarctica. Reports on scientific results of the United States Antarctic Service Expedition 1939-1941. In *Proceedings of the American Philosophical Society* **89**(1): 256-69.

Block, W. and Star, J. 1996. Oribatid mites (Acari: Oribatida) of the maritime Antarctic and Antarctic Peninsula. *Journal of Natural History* **30**: 1059-67.

Convey, P. and Smith, R.I. Lewis 1997. The terrestrial arthropod fauna and its habitats in northern Marguerite Bay and Alexander Island, maritime Antarctic. *Antarctic Science* **9**(1):12-26.

Croxall, J.P. and Kirkwood, E.D. 1979. The distribution of penguins on the Antarctic Peninsula and the islands of the Scotia Sea. British Antarctic Survey, Cambridge.

Farquharson, G.W and Smellie, J.L. 1993. Sedimentary section, Lagotellerie Island. Unpublished document, British Antarctic Survey Archives Ref 1993/161.

Gray, N.F. and Smith, R.I. Lewis. 1984. The distribution of nematophagous fungi in the maritime Antarctic. *Mycopathologia* **85**: 81-92.

Lamb, I.M. 1964. Antarctic lichens: the genera *Usnea, Ramalina, Himantormia, Alectoria, Cornicularia. BAS Scientific Report* **38**, British Antarctic Survey, Cambridge.

Matthews D.W. 1983. The geology of Horseshoe and Lagotellerie Islands, Marguerite Bay, Graham Land. *British Antarctic Survey Bulletin* **52**: 125-154.

McGowan, E.R. 1958. Base Y Ornithological report 1958-59. Unpublished BAS internal report AD6/2Y/1958/Q.

Morgan, F., Barker, G., Briggs, C., Price, R. and Keys, H. 2007. Environmental Domains of Antarctica Version 2.0 Final Report, Manaaki Whenua Landcare Research New Zealand Ltd, 89 pp.

Poncet, S. and Poncet, J. 1987. Censuses of penguin populations of the Antarctic Peninsula, 1983-87. *British Antarctic Survey Bulletin* **77**: 109-129.

Smith, H.G. 1978. The distribution and ecology of terrestrial protozoa of sub-Antarctic and maritime Antarctic islands. *BAS Scientific Report* **95**, British Antarctic Survey, Cambridge.

Smith, R.I. Lewis, 1982. Farthest south and highest occurrences of vascular plants in the Antarctic. *Polar Record* **21**: 170-73.

Smith, R.I. Lewis, 1996. Terrestrial and freshwater biotic components of the western Antarctic Peninsula. In Ross, R.M., Hofmann, E.E. and Quetin, L.B. *Foundations for ecological research west of the Antarctic Peninsula*. Antarctic Research Series **70**: American Geophysical Union, Washington D.C.: 15-59.

Star, J. and Block, W. 1998. Distribution and biogeography of oribatid mites (Acari: Oribatida) in Antarctica, the sub-Antarctic and nearby land areas. *Journal of Natural History* **32**: 861-94.

United Kingdom. 1997. *List of protected areas in Antarctica*. Foreign and Commonwealth Office, London.

Usher, M.B. 1986. Further conserved areas in the maritime Antarctic. *Environmental Conservation* 13: 265-66.

Vaughan, A. 1994. A geological field report on N and E Horseshoe Island and SE Lagotellerie Island, Marguerite Bay, and some adjoining areas of S. Graham Land. 1993/94 Field Season. Unpublished report, BAS Archives Ref R/1993/GL5.

Woehler, E.J. (ed) 1993. The distribution and abundance of Antarctic and sub-Antarctic penguins. SCAR, Cambridge

Carte 1. Zone spécialement protégée de l'Antarctique n° 115 île Lagotellerie, baie Marguerite, carte de situation indiquant l'emplacement de la station General San Martín (Argentine), la station Teniente Luis Carvajal (Chili), sur l'île Adélaïde, la station de recherche de Rothera (Royaume-Uni) et, à proximité, la ZSPA n° 129 de la pointe Rothera, également sur l'île Adélaïde, ainsi que l'emplacement des autres zones protégées dans la région [île Emperor, îles Dion (ZSPA n° 107) et l'île Avian (ZSPA n° 117)]. La carte montre aussi la base Y (Royaume-Uni ; monument historique n° 63) sur l'île Horseshoe. Encart : emplacement de l'île Lagotellerie au large de la péninsule Antarctique.

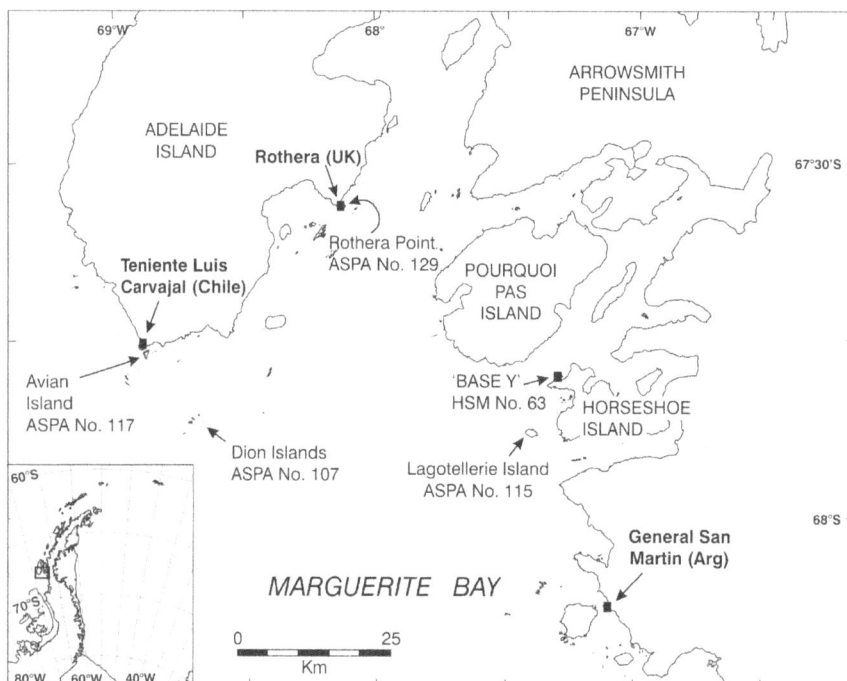

Carte 2. Île Lagotellerie (ZSPA n° 115), carte topographique.

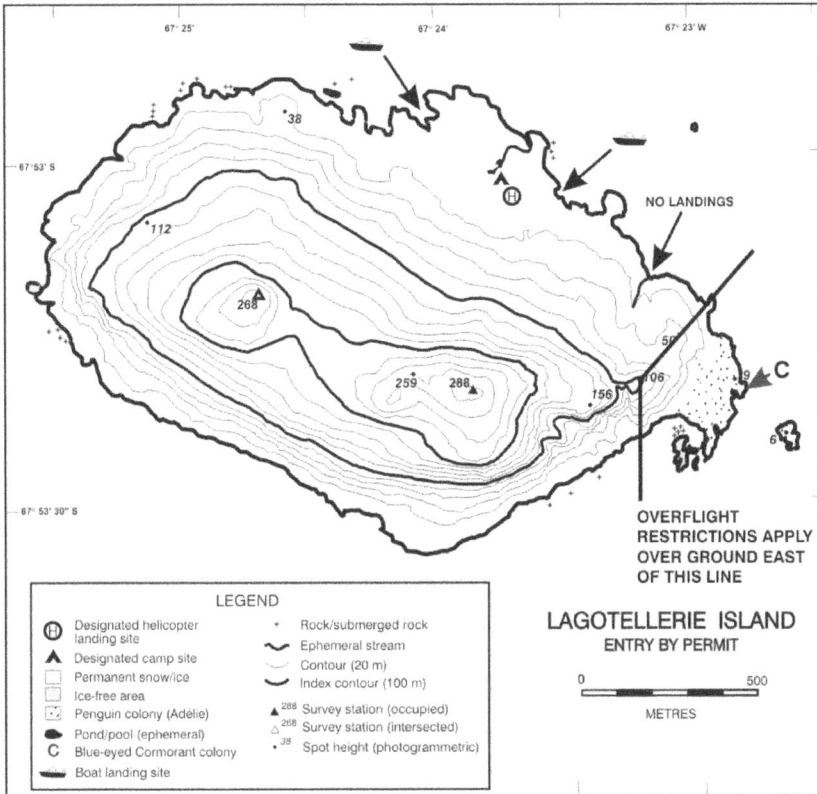

NO LANDINGS

OVERFLIGHT
RESTRICTIONS APPLY
OVER GROUND EAST
OF THIS LINE

LAGOTELLERIE ISLAND
ENTRY BY PERMIT

0   500

METRES

LEGEND

Ⓗ	Designated helicopter landing site	+	Rock/submerged rock
▲	Designated camp site	〜	Ephemeral stream
☐	Permanent snow/ice	〜	Contour (20 m)
☐	Ice-free area	〜	Index contour (100 m)
⦂	Penguin colony (Adélie)	▲ 288	Survey station (occupied)
●	Pond/pool (ephemeral)	△ 268	Survey station (intersected)
C	Blue-eyed Cormorant colony	• 38	Spot height (photogrammetric)
〜	Boat landing site		

Carte 3. Île Lagotellerie (ZSPA n° 115), carte géologique à main levée.

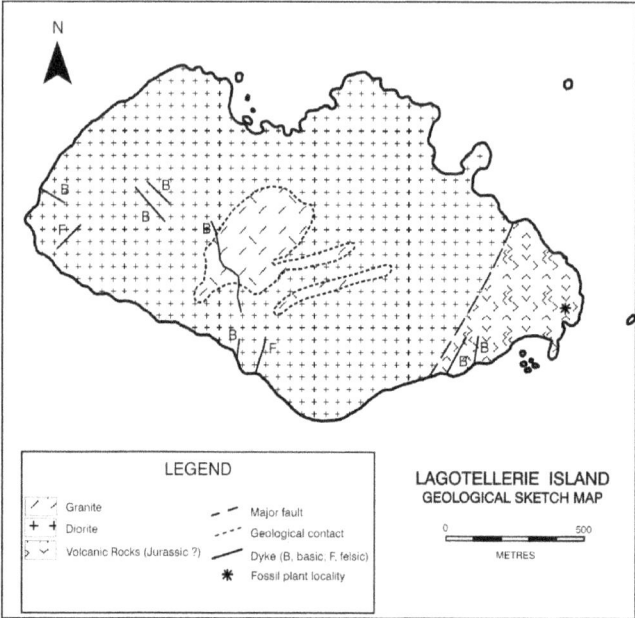

Plan de Gestion de la zone spécialement protégée de l'Antarctique (ZSPA) n° 129

POINTE ROTHERA, ÎLE ADÉLAÏDE

Introduction

Pointe Rothera, île Adélaïde (Lat. 68°07'S ; Long. 67°34'W), Shetland du Sud, a été désignée zone spécialement protégée de l'Antarctique (ZSPA) principalement pour protéger les valeurs scientifiques car elle pouvait servir de zone de référence, au regard de laquelle les effets de l'impact humain associé à la station de recherche adjacente Rothera (Royaume-Uni) pouvaient être surveillés dans un écosystème d'altitude antarctique. Pointe Rothera a été pour la première fois désignée dans la Recommandation XIII-8 (1985, SISP n° 9) sur proposition du Royaume-Uni. La zone elle-même n'a sur le plan de la protection de la nature guère de valeur intrinsèque.

La zone est dans son genre sans précédent en Antarctique car c'est la seule zone protégée actuellement désignée uniquement pour la valeur qu'elle offre dans la surveillance continue de l'impact humain. L'objectif est de l'utiliser comme zone de référence relativement peu affectée par l'impact humain direct dans l'évaluation de l'impact des activités menées à la station de recherche de Rothera sur l'environnement en Antarctique. Les études de surveillance continue entreprises par les Services antarctiques britanniques (BAS) ont commencé à pointe Rothera en 1976, avant la mise en place de la station, plus tard cette année-là. Les activités de surveillance continue de l'environnement en cours au sein de la zone et à pointe Rothera impliquent notamment de : (i) déterminer les concentrations de métaux lourds dans les lichens ; (ii) mesurer les concentrations d'hydrocarbure et de métaux lourds dans le gravier et dans le sol ; et (iii) faire une étude des populations d'oiseaux reproducteurs.

La Résolution 3 (2008) recommandait que l'« Analyse des domaines environnementaux pour le continent Antarctique » serve de modèle dynamique pour l'identification des zones spécialement protégées de l'Antarctique dans le cadre environnemental et géographique systématisé visé à l'Article 3(2) de l'Annexe V du Protocole (voir également Morgan *et al.*, 2007). Selon ce modèle, pointe Rothera relève essentiellement du domaine environnemental E (péninsule antarctique et principaux champs de glaces de l'île Alexander), que l'on trouve aussi dans les ZSPA 113, 114, 117, 126, 128, 129, 133, 134, 139, 147, 149, 152 et les ZGSA 1 et 4. Néanmoins, pointe Rothera étant majoritairement libre de glace, ce domaine ne représente peut-être pas pleinement le type d'environnement présent dans la zone. Bien qu'elle ne soit pas décrite en tant que telle, il est possible que pointe Rothera contienne également le domaine environnemental B (géologie des latitudes moyennes nord de la péninsule antarctique). Parmi les autres zones protégées contenant le domaine environnemental B, on compte notamment les ZSPA 108, 115, 134, 140 et 153 et la ZGSA 4.

1. Description des valeurs à protéger

- La zone elle-même n'a sur le plan de la protection de la nature guère de valeur intrinsèque. Cependant, elle possède une valeur scientifique comme zone de référence, au regard de laquelle les effets de l'impact humain associé à la station de recherche adjacente de Rothera (Royaume-Uni) peuvent être surveillés dans un écosystème d'altitude antarctique.
- La zone a également une valeur comme lieu de recherche biologique, en particulier pour les scientifiques du *Bonner Laboratory* (station de recherche de Rothera).

2. Buts et objectifs

La gestion de la zone a pour buts les suivants :

- éviter la dégradation des valeurs de la zone et tout mettre en œuvre pour que ces valeurs ne soient pas soumises à des risques substantiels, et ce en évitant toute perturbation humaine inutile dans la zone ;

- éviter que fassent l'objet d'importants changements, la structure et la composition des écosystèmes terrestres, en particulier l'écosystème d'altitude et les oiseaux de reproduction en (i) empêchant un aménagement du territoire à l'intérieur du site ; et (ii) limitant l'accès de l'homme à la zone en vue de préserver sa valeur de zone de référence pour les études de surveillance continue de l'environnement ;

- permettre la recherche scientifique et les études de surveillance continue dans la zone, à condition qu'elle soit motivée par des raisons indispensables qu'il est impossible de satisfaire ailleurs et qu'elle ne mette pas en péril le système écologique naturel de la zone ;

- minimiser dans toute la mesure du possible l'introduction d'espèces non-indigènes, qui pourraient porter atteinte aux valeurs scientifiques de la zone ;

- préserver l'écosystème naturel de la zone pour servir ultérieurement de zone de référence dans les études de comparaison ;

- permettre qu'aient lieu à intervalles réguliers des visites à des fins de gestion pour répondre aux objectifs du plan de gestion.

3. Activités de gestion

Les activités de gestion ci-après seront menées à bien pour protéger les valeurs de la zone :

- Des panneaux indiquant l'emplacement et les limites de la zone et annonçant clairement que la zone fait en matière d'accès l'objet de restrictions, seront érigés aux principaux points d'accès et entretenus à intervalles réguliers ;

- Une carte montrant l'emplacement et les limites de la zone et annonçant clairement que la zone fait en matière d'accès des restrictions sera placée en un endroit bien en vue à la station de recherche de pointe Rothera ;

- Des visites seront effectuées selon que de besoin pour déterminer si la zone continue de répondre aux objectifs pour lesquels elle a été désignée et pour veiller à ce que les mesures de gestion et d'entretien soient appropriées ;

- Le matériel ou les matériaux abandonnés seront enlevés dans toute la mesure du possible, à condition que cet enlèvement ne porte pas atteinte à l'environnement et aux valeurs de la zone.

4. Durée de la désignation

La zone est désignée à durée indéterminée.

5. Cartes

Carte 1. ZSPA nº 129, pointe Rothera, carte montrant son emplacement.
Spécifications de la carte : Sphéroïde : WGS84 stéréographique polaire antarctique. Parallèle standard : 71ºS. Méridien central 67º45'W.

Carte 2. ZSPA nº 129, pointe Rothera, carte topographique.
Spécifications de la carte : Sphéroïde : WGS84 stéréographique polaire antarctique. Parallèle standard : 71ºS. Méridien central 67º45'W.

6. Description de la zone

6 (i) Coordonnées géographiques, bornage et caractéristiques du milieu naturel

LIMITES ET COORDONNÉES

Pointe Rothera (67° 34'S ; 68° 08'W) est située dans la baie Ryder qui se trouve à l'extrémité sud-est de la péninsule Wright du côté est de l'île Adélaïde, sud-ouest de la péninsule antarctique (Carte 1). La zone occupe le tiers nord-est de pointe Rothera (carte 2) et elle est représentative de la zone dans son ensemble. Sa superficie est d'environ 280 m d'ouest en est et de 230 m de nord en sud. Son altitude maximale est de 36 m. À la côte, la limite de la zone est le périmètre de 5 m. C'est la raison pour laquelle il n'y a pas à l'intérieur de la zone spécialement protégée de l'Antarctique une rive, un littoral ou un sublittoral supérieur. La limite sud de la zone qui traverse pointe Rothera d'un bout à l'autre est en partie jalonnée d'une série de gabions remplis de roches dans lesquels sont placés les panneaux de démarcation de la ZSPA. L'autre ligne de démarcation n'est pas balisée. Il y a deux panneaux juste à l'extérieur du périmètre de la zone, qui sont situés aux points de départ de la voie d'accès piétonnière autour de pointe Rothera (carte 2). La limite est représentée de manière générale par les coordonnées suivantes, énumérées dans le sens des aiguilles d'une montre, en commençant par le point le plus septentrional :

Zone	Numéro	Latitude	Longitude
ZSPA 129 Pointe Rothera	1	67°33'59'' S	068°06'47'' W
	2	67°34'06'' S	068°06'48'' W
	3	67°34'06'' S	068°07'00'' W
	4	67°34'02'' S	068°07'08'' W

La station de recherche de Rothera (Royaume-Uni) est située à 250 m environ à l'ouest de la limite occidentale de la zone (voir l'encart de la carte 2).

DESCRIPTION GÉNÉRALE

On trouve de temps à autre de petites étendues de glace permanente au nord comme au sud du sommet de la zone spécialement protégée de l'Antarctique. Il n'y a pas de cours d'eau ou de mares permanents. Les roches sont essentiellement des intrusions hétérogènes de diorite, de granodiorite et d'adamélitte de la suite intrusive andine de l'ère tertiaire inférieure mi-crétacée. Des veines de minerai de cuivre se dégagent clairement sur la roche sous la forme de taches d'un vert brillant. Le sol se limite à de petites poches de till glaciaire et de sable sur des promontoires rocheux. Des gisements locaux plus profonds produisent de petits cercles et polygones dispersés de diverses matières gelées. Il n'y a pas de vastes étendues de sol à motifs. Des accumulations de coquilles de moule (*Nacella concinna*) récentes et pourrissantes qui forment des plaques de sols calcareux autour d'affleurements rocheux bien en vue servent de perchoirs aux goélands dominicains (*Larus dominicanus*). Il n'y a aucune accumulation de matière organique. Il n'y a pas dans la zone de traits géologiques ou géomorphologiques particuliers ou rares.

L'intérêt biologique terrestre restreint à l'intérieur de la zone est limité aux promontoires rocheux où l'on trouve une abondance localisée de lichens. La végétation est représentative de l'écosystème d'altitude antarctique « maritime » austral et elle est dominée par les lichens fruticose *Usnea antarctica, U. sphacelala* et *Pseudephebe minuscula* ainsi que par les lichens foliose *Umbilicaria decussata*. On trouve de nombreux lichens crustose mais les bryophytes (principalement *Andreaea* spp.) sont rares. On trouve une très petite population de sagines antarctiques (*Colobanthus quitensis*) en dessous de la falaise nord de la zone. La faune invertébrée est pauvre et comprend uniquement quelques espèces d'acariens et de collemboles, dont les espèces *Halozetes belgicae* et *Cryptopygus antarcticus* sont les plus courantes. Il n'y a pas dans la zone de flore ou faune terrestre particulière ou rare.

Les labbes bruns et antarctiques (*Catharacta lonnbergii* et *C.maccormicki*) sont les oiseaux reproducteurs que l'on trouve le plus en abondance dans la zone, jusqu'à cinq couples de labbes y ayant installé leurs nids. Un couple de goélands dominicains (*Larus dominicanus*) a également fait son nid sur place et on a trouvé un nid de pétrels de Wilson (*Oceanites oceanicus*).

6 (ii) Accès à la zone

- L'accès à la zone se fera à pied ;
- L'atterrissage d'hélicoptères à l'intérieur de la zone est interdit ;

- Le pilotage d'aéronefs doit s'effectuer, dans toute la mesure du possible, conformément aux « Lignes directrices pour les aéronefs à proximité des concentrations d'oiseaux » énoncées dans la Résolution 2 (2004). Cependant, la zone ne se trouve qu'à 250 m environ de la piste d'atterrissage de la station de recherche Rothera et l'on reconnaît qu'il n'est pas toujours possible d'y adhérer pleinement, pour des raisons de sécurité ;

- La limite de la zone s'étend jusqu'au périmètre de 5 m sur la côte. En dessous de la hauteur de ce contour autour de la limite de la zone, l'accès des piétons n'est pas soumis à restriction. La voie d'accès piétonnière recommandée suit la ligne d'eau moyenne supérieure et elle apparaît sur la carte 2. Durant les périodes pendant lesquelles le sol est recouvert de neige et de la glace de mer s'est formée, les piétons doivent veiller à ce qu'ils se trouvent à une distance raisonnable du littoral et qu'ils ne soient pas en danger de s'égarer sur de la glace de mer peu fiable ou dans des fissures de marée.

6 (iii) Emplacement des structures à l'intérieur de la zone et à proximité directe

Un cairn rocheux marque le sommet de la zone (36 m ; Lat. 68°34'01. 5'' S ; Long. 068°06'58'' W) et, à 35 m à l'est sud-est de ce cairn, on trouve un autre cairn qui indique la présence d'une station de recherche (35,4 m ; Lat. 68°34'02'' S ; Long. 068°06'55'' W).

La station de recherche de Rothera (Royaume-Uni) est située à 250 m environ à l'ouest de la limite occidentale de la zone (voir l'encart de la carte 2). Il y a un certain nombre de mâts et d'antennes sur la plage surélevée adjacente à la limite sud de la zone.

6 (iv) Emplacement d'autres zones protégées à proximité

La ZSPA n° 107, île Emperor, îles Dion, baie Marguerite, se trouve à environ 15 km au sud de l'île Adelaïde. La ZSPA n° 115, île Lagotellerie, baie Marguerite, se trouve à environ 11 km au sud de l'île Pourquoi Pas. La ZSPA n° 117, île des Oiseaux, baie Marguerite, se trouve à environ 0,25 km au sud de l'extrémité sud-ouest de l'île Adelaïde. On trouvera sur la carte 1 l'emplacement de ces zones.

6 (v) Zones spéciales à l'intérieur de la ZSPA

Aucune.

7. Conditions de délivrance du permis

7(i) Conditions de délivrance du permis d'ordre général

L'accès à la zone est interdit sans l'obtention d'un permis délivré par une autorité nationale compétente. Les conditions à remplir pour délivrer un permis d'accès à la zone sont les suivantes :

- le permis n'est délivré que pour des raisons scientifiques indispensables qu'il n'est pas possible de réaliser ailleurs ; ou

- il est délivré afin d'y faire des travaux de gestion essentiels tels que l'inspection, l'entretien ou la révision ;

- les actions autorisées ne mettront pas en danger les valeurs environnementales ou scientifiques de la zone ;

- toutes les activités de gestion sont conduites à l'appui des objectifs du plan de gestion ;

- les actions autorisées sont conformes à ce plan de gestion ;

- le permis ou une copie autorisée doit être emporté à l'intérieur de la zone ;

- les permis seront valables pour une durée fixe ;

- l'autorité compétente doit être notifiée de toute activité / mesure entreprise autre que celles explicitement autorisées dans le permis délivré.

7 (i) Accès à la zone et déplacements à l'intérieur ou au-dessus de celle-ci

- L'accès à la zone et les déplacements à l'intérieur de celle-ci se feront à pied ;
- Les véhicules terrestres sont interdits dans la zone ;
- L'atterrissage d'hélicoptères à l'intérieur de la zone est interdit ;
- Les déplacements se feront en douceur se manière à perturber le moins possible le sol et la végétation.

7(iii) Activités qui peuvent être menées dans la zone

Les activités conduites ou pouvant être conduites à l'intérieur de la zone sont les suivantes :

- travaux de recherche scientifique ou de surveillance continue qui ne mettront pas en danger les écosystèmes de la zone ;
- activités de gestion essentielles.

7 (iv) Installation, modification ou enlèvement de structures

Aucune structure ni équipement scientifique ne peuvent être mis en place dans la zone, sauf pour des motifs scientifiques ou des activités de gestion essentiels qu'autorise spécifiquement le permis sur une période prédéterminée. L'installation (y compris la sélection du site), l'entretien, la modification ou l'enlèvement de structures et de matériel s'effectueront de manière à causer le moins de perturbations possible aux valeurs de la zone. Toutes les structures ou le matériel de nature scientifique installés dans la zone doivent être clairement identifiés, indiquant le pays, le nom du principal chercheur et l'année d'installation. Ces objets ne devront pas contenir d'organismes, de propagules (par ex. semences, œufs) ou de terre non stérile et ils seront composés de matériaux capables de résister aux conditions environnementales et qui ne risquent pas de contaminer la zone. Le permis explicitera qu'il faudra enlever les structures ou le matériel spécifiques pour lesquels la validité du permis a expiré. Les structures ou installations permanentes sont interdites.

7 (v) Emplacement des camps
Il est interdit d'installer des campements dans la zone. Il est possible de trouver un lieu d'hébergement à la station de recherche de Rothera.

7 (vi) Restriction sur les matériaux et organismes pouvant être introduits dans la zone

Aucun animal vivant et aucune forme de végétation ou microorganisme ne seront introduits délibérément dans la zone. Pour garantir la protection des valeurs de la zone, il conviendra d'être particulièrement vigilant contre l'introduction involontaire de microbes, d'invertébrés ou de plantes issus d'autres sites en Antarctique, y compris les stations, ou d'autres régions hors Antarctique. Tous les dispositifs d'échantillonnage ou les balises apportés dans la zone doivent être nettoyés ou stérilisés. Les chaussures et autres équipements utilisés ou apportés dans la zone (y compris les sacoches ou sacs à dos) doivent dans toute la mesure du possible avoir été soigneusement nettoyés avant d'entrer dans la zone. Il est interdit d'introduire des produits issus de la volaille ou des œufs. Le *Manuel sur les espèces non-indigènes* du CPE et les *Listes de vérification pour les gestionnaires de la chaîne d'approvisionnement des programmes antarctiques nationaux pour la réduction du risque de transfert d'espèces non-indigènes* du COMNAP / SCAR offrent des orientations supplémentaires en la matière.

Aucun herbicide ou pesticide ne sera emporté dans la zone. Tout autre produit chimique, y compris les radionucléides ou les isotopes stables, qui peuvent être introduits pour des raisons de nature scientifique ou de gestion indiquées dans le permis, doivent être enlevés de la zone à la fin ou avant la fin de l'activité pour laquelle un permis a été délivré. L'émission directe de radionucléides ou d'isotopes stables dans l'environnement d'une manière qui empêche de les récupérer, est interdite.

Les carburants, les produits alimentaires ou tout autre matériau ne doivent pas être stockés dans la zone, sauf à des fins scientifiques ou de gestion spécifiques pour lesquelles un permis a été délivré. Les stockages permanents sont interdits. Tous les matériaux introduits seront autorisés dans la zone pendant une période prédéfinie, seront retirés de la zone à la fin ou avant la fin de ladite période et seront stockés et manipulés de manière à minimiser les risques d'introduction dans l'environnement. En cas de fuites qui pourraient porter atteinte aux valeurs de la zone, les matières émises doivent être enlevées de la zone seulement si l'impact de cet enlèvement est inférieur à l'impact qu'aurait le fait de laisser les matières sur place. L'autorité compétente se verra notifier toute fuite de matière non enlevée qui ne faisait pas partie des substances autorisées par le permis.

7 (vii) Prélèvement de végétaux et capture d'animaux ou perturbations nuisibles à la faune et la flore indigène

Tout prélèvement ou intervention nuisible sur la faune et la flore indigène est interdit, sauf pour les titulaires d'un permis délivré conformément à l'Annexe II du *Protocole au Traité sur l'Antarctique concernant la protection de l'environnement*. Dans les cas où il y a prélèvement ou intervention nuisible sur des animaux, il faut que l'opération se déroule au minimum conformément au code de conduite du Comité scientifique pour la recherche en Antarctique (SCAR) pour l'utilisation d'animaux à des fins scientifiques dans l'Antarctique.

7 (viii) Ramassage ou enlèvement de toute matière qui n'a pas été apportée dans la zone par le détenteur du permis

Les matières de nature biologique ou géologique ne peuvent être prélevées et / ou enlevées de la zone que conformément à un permis et cette activité doit être limitée au minimum nécessaire pour répondre aux besoins scientifiques ou de gestion. Le permis ne sera pas délivré s'il semble que l'échantillonnage proposé prélèverait, enlèverait ou endommagerait une quantité de terre, de sédiments, de faune ou de flore qui affecterait considérablement leur distribution ou abondance à l'intérieur de la zone. Les matières d'origine humaine qui n'ont pas été introduites sur le site par le titulaire du permis, ou avec une autorisation, et qui pourraient porter atteinte aux valeurs de la zone, doivent être enlevées de la zone à moins que l'impact de l'enlèvement soit supérieur à l'impact qu'aurait le fait de laisser les matières sur place. Dans ce dernier cas, l'absence d'enlèvement desdites matières doit être notifiée à l'autorité compétente.

7 (ix) Élimination des déchets

Tous les déchets seront enlevés de la zone conformément à l'Annexe III (Élimination et gestion des déchets) du Protocole au Traité sur l'Antarctique concernant la protection de l'environnement (1998). Tous les déchets solides et / ou liquides produits par l'homme seront enlevés de la zone.

7 (x) Mesures pouvant être nécessaires pour faire en sorte que les buts du plan de gestion continuent à être atteints

- Des permis peuvent être délivrés pour entrer dans la zone afin d'y faire des travaux de recherche scientifique, de surveillance et d'inspection de site, qui font intervenir le prélèvement d'un petit nombre d'échantillons à des fins d'analyse, pour ériger ou entretenir des panneaux ou pour appliquer des mesures de protection ;

- Tout site de surveillance à long terme sera convenablement balisé et les balises et panneaux seront entretenus de manière satisfaisante ;

- Les activités de nature scientifique seront menées conformément au *Environmental code of conduct for terrestrial scientific field research in Antarctica* (code de conduite environnemental pour la recherche scientifique sur le terrain en Antarctique) du SCAR.

7 (xi) Rapports de visite

Pour chaque visite effectuée dans la zone, le principal titulaire du permis soumettra un rapport à l'autorité nationale compétente aussi rapidement que faire se peut mais au plus tard dans les six mois qui suivent la visite. Ce rapport de visite doit inclure, s'il y a lieu, les renseignements identifiés dans le formulaire de rapport de visite recommandé (qui figure en Appendice du *Guide pour la préparation des plans de gestion des zones spécialement protégées en Antarctique* (disponible sur le site Web du Secrétariat du Traité sur l'Antarctique; www.ats.aq)). Le cas échéant, l'autorité nationale transmettra également un exemplaire du rapport de visite à la Partie dont a émané la proposition de plan de gestion, et ce en vue de contribuer à la gestion de la zone et à la révision du plan de gestion. Dans la mesure du possible, les Parties devraient déposer les originaux ou les copies des rapports de visite originaux dans une archive à laquelle le public pourra avoir accès en vue de préserver une archive d'usage, qui sera utilisée dans l'examen du plan de gestion.

8. Documents de référence

Block, W., and Star, J. 1996. Oribatid mites (Acari: Oribatida) of the maritime Antarctic and Antarctic Peninsula. *Journal of Natural History* **30**: 1059-67.

Bonner, W. N. 1989. *Proposed construction of a crushed rock airstrip at Rothera Point, Adelaide Island -* final Comprehensive Environmental Evaluation. NERC, Swindon. 56 pp.

Convey, P., and Smith, R.I.L. 1997. The terrestrial arthropod fauna and its habitats in northern Marguerite Bay and Alexander Island, maritime Antarctic. *Antarctic Science* **9**:12-26.

Downie, R., Ingham, D., Hughes, K. A., and Fretwell, P. 2005. *Initial Environmental Evaluation: proposed redevelopment of Rothera Research Station, Rothera Point, Adelaide Island, Antarctica.* British Antarctic Survey, Cambridge, 29 pp.

Milius, N. 2000. The birds of Rothera, Adelaide Island, Antarctic Peninsula. Marine Ornithology **28**: 63-67.

Morgan, F., Barker, G., Briggs, C., Price, R., and Keys, H. 2007. *Environmental Domains of Antarctica Version 2.0 Final Report*. Manaaki Whenua Landcare Research New Zealand Ltd, 89 pp.

Øvstedal, D.O. and Smith, R.I.L. 2001. *Lichens of Antarctica and South Georgia. A Guide to their Identification and Ecology*. Cambridge University Press, Cambridge, 411 pp.

Ochyra, R., Bednarek-Ochyra, H. and Smith, R. I. L. 2008. *The Moss Flora of Antarctica*. Cambridge University Press, Cambridge. pp 704.

Peat, H., Clarke, A., and Convey, P. 2007. Diversity and biogeography of the Antarctic flora. *Journal of Biogeography*, **34**: 132-146.

Riley. T. R., Flowerdew, M. J. and Whitehouse, M. J. 2011. Chrono- and lithostratigraphy of a Mesozoic–Tertiary fore- to intra-arc basin: Adelaide Island, Antarctic Peninsula. *Geologocial Magazine*, doi:10.1017/S0016756811001002

Shears, J. R. 1995. *Initial Environmental Evaluation – expansion of Rothera Research Station, Rothera Point, Adelaide Island, Antarctica.* British Antarctic Survey, Cambridge, 80 pp.

Shears, J. R., and Downie, R. 1999. *Initial Environmental Evaluation for the proposed construction of an accommodation building and operations tower at Rothera Research Station, Rothera Point, Adelaide Island, Antarctica.* British Antarctic Survey, Cambridge, 22 pp.

Carte 1. ZSPA n° 129, pointe Rothera, carte montrant l'emplacement de pointe Rothera.
Spécifications de la carte : Sphéroïde : WGS84 stéréographique polaire antarctique. Parallèle standard : 71°S.
Méridien central 67°45'W.

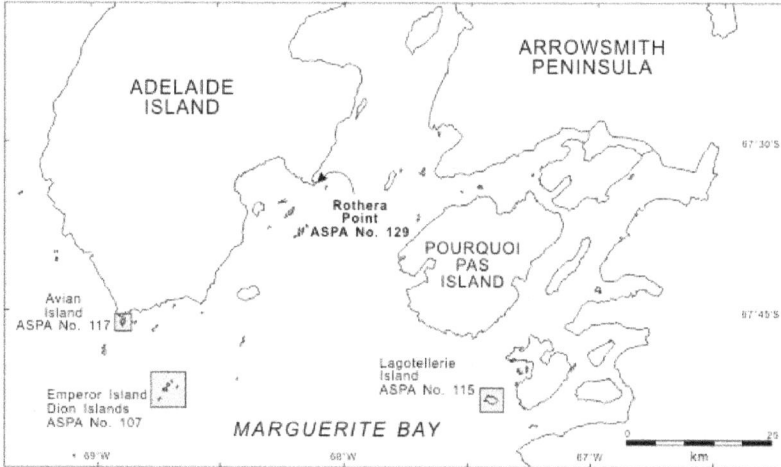

Carte 2. ZSPA no 129, pointe Rothera, carte topographique.
Spécifications de la carte : Sphéroïde : WGS84 stéréographique polaire antarctique. Parallèle standard : 71ºS.
Méridien central 67°45'W.

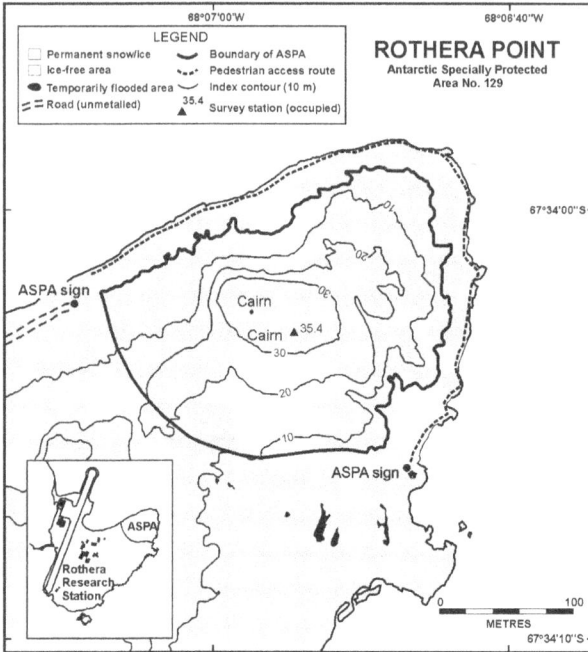

Plan de gestion pour la Zone spécialement protégée de l'antarctique N° 133

POINTE HARMONY, ÎLE NELSON ISLAND, ÎLES SHETLAND DU SUD

Introduction

Cette Zone a été initialement désignée comme Site d'intérêt scientifique particulier (SISP) n°14 en vertu de la recommandation XIII-8 (1985) de la RCTA après une proposition de l'Argentine, car la zone est un excellent exemple maritime des communautés d'oiseaux et des écosystèmes terrestres de l'Antarctique présents dans les îles Shetland du Sud, ce qui rend possible de réaliser des programmes de recherche à long terme sans subir de dommages ou de perturbations nuisibles.

En 1997, la Plan de gestion a été adapté aux exigences de l'Annexe V du Protocole au Traité sur l'Antarctique relatif à la Protection de l'environnement et approuvé à travers la Mesure 3 (1997). Cette version comprend la révision du Plan de gestion approuvé conformément à la Mesure 2 (2005) et il s'agit ici de la deuxième révision depuis l'entrée en vigueur de l'Annexe V.

Les objectifs initiaux de la désignation de cette Zone sont toujours d'actualité, et sont précisés au point 2. La perturbation anthropique pourrait mettre en péril les études à long terme qui y sont menées, en particulier pendant la saison de reproduction.

1. Description des valeurs à protéger

Les valeurs à protéger dans la Zone sont encore liées à la composition et diversité biologique du site.

Les terres libres de glace supportent de grandes colonies reproductrices de 12 espèces d'oiseaux marins, parmi lesquelles nous trouvons une des plus grandes colonies de manchots à jugulaire simples (Pygoscelis antarctica) de l'Antarctique. Dans la Zone, il y a aussi une grande colonie de pétrels géants (*Macronectes gianteus*), une espèce qui est très sensible aux perturbations d'origine humaine, et une grande colonie de manchots papous (*Pygoscelis papua).*

La Zone a une végétation abondante, développée sur différents types de sols, en particulier caractérisés par la présence de vastes tapis de mousse, ainsi que les lichens et les champignons. Il est également possible de trouver deux espèces de plantes vasculaires dans la Zone. Comme la végétation est un des facteurs responsables de la formation des sols, la protection de la Zone assure le développement de la recherche liée aux sols et à la flore présente dans la Zone.

2. Buts et objectifs

- empêcher les perturbations humaines inutiles ;
- autoriser le développement de recherches scientifiques, à condition que cela ne compromette pas les valeurs justifiant la protection de la Zone ;
- éviter des changements majeurs dans la structure et la composition des communautés de flore et de faune ;
- empêcher ou minimiser l'introduction de plantes, d'animaux et de microbes étrangers dans la Zone ;
- minimiser les risques d'introduction de pathogènes susceptibles d'entraîner des maladies pour la faune dans la Zone et

3. Activités de gestion

Le personnel autorisé à accéder à la Zone ZSPA devra être spécifiquement instruit sur les conditions de ce Plan de gestion.

Les distances d'approche de la faune doivent être respectées, sauf exigences contraires éventuelles des projets scientifiques et lorsque cela est spécifié dans les permis associés.

La collecte d'échantillons se limitera au minimum requis pour le développement de plan de recherches scientifiques autorisées.

Toutes les balises et structures érigées dans la ZSPA pour des besoins scientifiques ou de gestion devront être correctement fixées et maintenues en bon état.

En raison des vastes tapis de mousse développés dans la Zone, et la présence de grandes colonies d'oiseaux marins adjacents aux zones où les scientifiques et le personnel de soutien circulent, les pistes vers des sites de recherche peuvent être marquées, en utilisant de préférence celles précédemment marquées ou utilisées.

4. Durée de désignation

La Zone est désignée pour une période indéfinie.

5. Cartes

Carte 1, attachée à ce plan de gestion comme annexe à la fin du document, indique l'emplacement de la ZSPA no 133, pointe Harmonie (île Nelson).

6. Description de la zone

6(i) Coordonnées et limites géographiques

La zone est située sur la côte ouest de l'île Nelson (62°18'S, 59°14'O), entre l'île du Roi-George (25 de Mayo), au nord-est, et l'île Robert, au sud-ouest, et comprend la pointe Harmony et « The Toe », le secteur couvert par la glace et la zone marine adjacente, comme illustrés sur la carte 1.

6(ii) Caractéristiques naturelles

Géomorphologiquement, la pointe Harmonie présente trois unités bien définies : un plateau andésitique, les affleurements côtiers et les niveaux de mers anciennes.

Le plateau s'élève à 40 mètres au-dessus du niveau des mers et sa zone est couverte de détritus résultant de l'action des agents d'érosion sur les roches andésitiques, avec une végétation bien développée de mousses et de lichens. Il y a trois paléoplages soulevées successives, entre la côte et le glacier. Les paléoplages sont définies par des accumulations de galets de hauteurs variables dans certains cas et le développement de terre dans d'autres. Lacs et cours d'eau au débit limité apparaissent sur les ondulations. On peut voir certains rochers isolés andésitiques et les nunataks anciens en dehors des limites du glacier, attestant que l'extension passée du glacier recouvrait la pointe Harmonie.

La Zone abrite des colonies de reproduction de 12 espèces : 3 347 couples de manchot papous *(Pygoscelis papua)*, 89 685 couples de manchot à jugulaire *(Pygoscelis antarctica)*, 479 couples de damiers du cap *(Daption capense)*, 45 couples de cormorans impériaux *(Phalacrocorax atriceps)*, 144 couples de chionis blancs *(Chionis alba)*, 71 couples de labbes stercoraire (61 couples de labbes antarctiques *(Catharacta antarctica)* et 11 de labbes de Mc Cormick *(C. maccormicki)*, 128 couples de goélands dominicains *(Larus dominicanus)* and 746 couples de pétrels géants *(Macronectes gianteus).*

D'autres oiseaux marins nichant dans la Zone sont la tempête de Wilson (Oceanites oceanicus) et le pétrel à ventre noir (Fregetta tropica) qui, ensemble, représentent environ 1000 paires, et la sterne antarctique (Sterna vittata), avec une population estimée entre 100 et 150 individus (57-76 nids).

La plupart des colonies d'oiseaux sont réparties sur la côte nord-ouest et le sud de la pointe Harmonie. Les colonies de pétrels géants sont situées autour de l'abri Gurruchaga.

Il y a généralement trois espèces de mammifères dans la Zone : le phoque de Weddell *(Leptonychotes weddelli),* l'éléphant de mer *(Mirounga leonina)* et l'otarie à fourrure de l'Antarctique *(Arctocephalus gazella).* De temps en temps quelques phoques crabiers individuels *(Lobodon carcinophagus)* ont également été observés. Le nombre de mammifères dans la zone varie. Les nombres maximum d'otaries à fourrure de l'Antarctique, de phoques de Weddell et d'éléphants sont de 320, 550 et 100 respectivement. Les phoques de Weddell se reproduisent généralement dans la Zone en chiffres élevés, atteignant jusqu'à 60 femelles avec leurs petits en une seule saison. Les naissances d'éléphants de mer et à fourrure ont également été enregistrés, bien que les chiffres, soient beaucoup plus faibles.

Il y a quelques vastes zones couvertes par un développement très riche et diversifié de bryophytes et les communautés végétales dominées par le lichen-(actuellement classé), principalement dominées par l'*Usnea fasciata* et par l'*Himantormia luburis,* y compris, mais dans une moindre mesure, deux espèces de plantes vasculaires *(Deschampsia antarctica et Colobanthus quitensis)* présentes dans l'Antarctique, en particulier dans les zones les moins touchées par la perturbation anthropique récente ou les activités d'élevage. Les sous-formations à gazon de mousse sont situées dans les endroits protégés du vent et humides, tandis que les sous-formations à dominance de lichens se produisent dans des endroits à exposition élevée au vent. : taxonomie des sols (1999): histosols (Cryfibrists Hydriques), entisols (Criorthents lithiques), Spodosols (Oxiaquic Humicryods), mollisols (lithique Haplocryolls) et inceptisols (lithiques Eutrocryepts e Cryaquepts histique).

Cinq ordres de sols ont été identifiés à ce jour dans la Zone, selon le système taxonomique : Taxonomie des sols (1999) : Histosols (*Hydric Cryfibrists*), Entisols (*Lithic Criorthents*), Spodosols (*Oxiaquic Humicryods*), Mollisols (*Lithic Haplocryolls*) et Inceptisols (*Lithic Eutrocryepts* e *Histic Cryaquepts*).

6(iii) Accès à la Zone

L'accès à la Zone peut se faire par voie aérienne ou maritime. Pour accéder par la mer, le site d'atterrissage est situé à environ 200 mètres sur la droite de l'abri, au fond de la crique, sur une plage de gravier protégé et sans aucune présence significative de la faune.

La balise de navigation située à l'extrémité ouest de la pointe Harmonie est accessible en atterrissant au sud de la balise. Tant la balise de navigation que « The TOE » ne sont accessibles que par voie maritime.

L'accès par avion n'est autorisé que lorsqu'il n'y a pas de moyen d'accès par mer. Pour éviter toute interférence avec les colonies d'oiseaux nicheurs à proximité de l'abri, en particulier le pétrel géant, l'accès par voie aérienne est autorisée pour les petits avions qui atterrissent sur le glacier à l'île Nelson. Durant les manœuvres d'atterrissage, les avions ne peuvent pas voler au-dessus de la zone libre de glace de la Zone, afin d'éviter de perturber les colonies d'oiseaux. En cas d'absolue nécessité, les hélicoptères peuvent être autorisés à atterrir dans les zones libres de glace. À ce sujet, les dispositions des « Lignes directrices pour l'exploitation des avions au-dessus de colonies d'oiseaux » (résolution 2, 2004) doivent être observées comme norme minimale, sauf en cas d'urgence ou à des fins de sécurité aérienne.

6(iv) Emplacement de structures à l'intérieur de la zone et à proximité

Il y a des structures permanentes toute l'année à l'intérieur de la Zone.

Abris : L'abri Gurruchaga (ARG, environ 30 m^2) est utilisé pour fournir un hébergement aux équipes de recherche qui visitent la région. Il y a aussi un bâtiment de stockage de 12 m^2. Ces installations ne sont utilisées que pendant le printemps et l'été, et ont une capacité maximale de 3 personnes (Voir section 7 (ix) élimination des déchets).

Balises : Il y a une balise de navigation chilienne radio à l'extrémité ouest de la pointe Harmonie, et une balise argentine à « the Toe ».

Poteaux indicateurs : Un signe indiquant l'endroit où la Zone protégée commence sur la plage de sable en face de l'abri. Un autre signe à l'intérieur de l'abri affiche le nom de l'abri et son propriétaire.

6(v) Emplacement d'autres Zones protégées à proximité

- ZSPA n° 112, Péninsule Coppermine, île Robert, îles Shetland du Sud se trouvent à environ 30 km au sud-ouest.

- ZSPA n° 125, Péninsule Fildes, l'île du Roi-George (25 de Mayo), îles Shetland du Sud se trouve à environ 23 km au nord-nord-est.

- ZSPA n° 150, île Ardley, l'île du Roi-George / 25 de Mayo Island, îles Shetland du Sud se trouve à environ 19 km au nord-est.

- ZSPA n° 128 sur la rive occidentale de la baie Admiralty sur l'île du Roi-George (25 de Mayo) dans les îles Shetland du Sud se trouve à environ 45 km à l'est-nord-est.

- ZSPA n° 132, Péninsule Fildes, l'île du Roi-George (25 de Mayo), îles Shetland du Sud se trouve à environ 30 km l'est-nord-est.

- ZSPA n° 171, Narebski Point (côte sud-est de la péninsule Barton, 25 de Mayo / île du Roi George, à environ 25 km au nord-est de la pointe Harmonie.

6(vi) Aires restreintes à l'intérieur de la Zone

Il n'y a pas de zones spéciales à l'intérieur de la zone.

7. Critères de délivrance des permis

7(i) Conditions générales

L'accès à la Zone est interdit sauf conformément à un permis délivré par les autorités nationales compétentes.

Conditions de délivrance d'un permis pour accéder à la Zone :

- L'activité à un objectif scientifique, de gestion de la ZSPA ou de diffusion, conforme aux objectifs du Plan de gestion, et ne peut pas être effectuée ailleurs et toutes les activités de gestion (inspection, entretien ou examen) sont conformes au Plan de gestion;

- le permis est porté par le personnel autorisé à accéder à la Zone ;

- un rapport après visite est fourni à l'autorité nationale compétente mentionnée dans le permis à la fin de l'activité, selon les conditions établies par les autorités nationales qui ont délivré le permis.

- Les activités touristiques ou autres récréatives sont interdites.

7(ii) Accès à la Zone et déplacements à l'intérieur de celle-ci

Tout déplacement à l'intérieur de la ZSPA doit s'effectuer à pied.

7(iii) Activités pouvant être menées à l'intérieur de la Zone

- les travaux de recherche scientifique qui ne peuvent être réalisés ailleurs et ne mettent pas en péril l'écosystème naturel de la Zone ;

- les activités de gestion essentielles ;

- les activités contribuant à informer sur les activités scientifiques en vertu des programmes nationaux antarctiques.

7(iv) Installation, modification ou retrait de structures

Aucune nouvelle structure ne doit être érigée dans la Zone ou aucun équipement scientifique ne doit y être installé, sauf pour des raisons scientifiques ou de gestion impérieuses et sous réserve d'un permis approprié.

Tout équipement scientifique destiné à être installé dans la Zone, ainsi que toute balise de recherche, devra être approuvé par un permis et clairement étiqueté, indiquant le pays, le nom de l'investigateur principal et l'année de l'installation. Tous ces éléments doivent être d'une nature à poser des risques minimes de contamination dans la Zone ou de perturber la faune ou d'endommager la végétation.

Aucune trace de travaux de recherche ne doit rester une fois le permis expiré. S'il n'est pas possible de terminer un projet spécifique dans les délais spécifiés dans le permis, cette circonstance devra figurer dans le rapport après visite et une prorogation de la validité du permis autorisant des éléments à rester dans la Zone devra être demandée.

7(v) Emplacement des camps

L'abri Gurruchaga sera généralement disponible pour les Parties utilisant la Zone. L'utilisation d'abri pour des besoins scientifiques par du personnel autre que celui du programme antarctique argentin devra être organisée à l'avance avec ce programme. S'il est nécessaire d'installer des tentes, elles devront être situées dans le voisinage immédiat de l'abri. De façon à restreindre l'impact humain, aucun autre lieu ne devra être utilisé à ces fins.

Une telle exclusion n'est pas valable pour l'installation de tentes avec des instruments ou d'équipements scientifiques ou pour servir de poste d'observation et elles devront être retirées à la conclusion de l'activité.

7 (vi) Restrictions sur les matériaux et organismes pouvant être introduits dans la zone

Aucun animal vivant ni aucune matière végétale ne devra être délibérément introduit dans la Zone.

Toutes les précautions raisonnables contre l'introduction accidentelle d'espèces étrangères dans la Zone devront être adoptées. Il faut tenir compte du fait que les espèces étrangères sont plus fréquemment et effectivement introduites par des humains. Les vêtements (poches, bottes, fixations velcro sur les vêtements) et les équipements personnels (sacs, sac à dos, sacs d'appareil photo, trépieds), ainsi que les instruments et outils de travail scientifiques peuvent transporter des insectes, larves, graines, propagules. Pour plus d'informations, consulter le « Manuel sur les espèces non indigènes – CEP 2011 »

Aucun herbicide ni pesticide ne doit y être introduit. Toute autre substance chimique introduite avec le permis correspondant devra être retirée de la Zone au plus tard à la conclusion de l'activité pour laquelle le permis est accordé. L'objectif et le type de substance chimique devront être documentés de façon aussi détaillée que possible pour l'information des autres scientifiques.

Aucun combustible, nourriture ou autre produit ne doivent être stockés à l'intérieur de la Zone, sauf pour des raisons indispensables liées à l'activité pour laquelle le permis a été délivré, à condition que le stockage soit à l'intérieur de l'abri ou à proximité. Tout carburant utilisé à l'abri Gurruchaga devra être manipulé conformément aux procédures établies par le programme antarctique argentin impliqué dans cette activité.

7 (vii) Prélèvement de végétaux, capture d'animaux ou perturbations nuisibles de la faune et la flore

Toute forme de collecte ou perturbation néfaste est interdite, sauf conformément à un permis. Lorsqu'une activité implique une collecte ou une perturbation néfaste, elle doit être menée conformément au Code de conduite du SCAR pour l'utilisation d'animaux à des fins scientifiques dans l'Antarctique, à titre de norme minimale.

Les informations sur la collecte et la perturbation néfaste seront dûment échangées à travers le système d'échange d'informations du Traité sur l'Antarctique, tel qu'établit par l'Art. 10.1 de l'Annexe V au Protocole de Madrid.

Les scientifiques qui prélèvent des échantillons en tout genre fourniront une preuve de leur connaissance sur les échantillons précédemment prélevés, afin de minimiser le risque de duplication potentielle. Pour ce faire, ils doivent se référer au système d'échange d'informations électroniques du Traité sur l'Antarctique (disponible à l'adresse http://www.ats.aq/s/ie.htm) et/ou contacter les programmes antarctiques nationaux concernés.

7(viii) Collecte ou retrait de matériaux qui n'ont pas été apportés dans la Zone par le titulaire du permis

Des matières ne peuvent être collectées ou retirées de la Zone que conformément à un permis. Le retrait de spécimens biologiques morts à des fins scientifiques ne doit pas excéder des niveaux impliquant la détérioration de la base nutritionnelle des charognards locaux et avec le seul but d'effectuer des analyses pathologiques.

7 (ix) Élimination des déchets

Tous les déchets non physiologiques devront être retirés de la Zone. Les eaux usées et les déchets domestiques liquides peuvent être jetés à la mer, conformément à l'Article 5 de l'Annexe III au Protocole de Madrid.

Les déchets issus d'activités de recherches menées dans la Zone peuvent être temporairement stockés à côté de l'abri Gurruchaga en attendant leur retrait. Ces déchets doivent être jetés conformément à l'Annexe III au Protocole de Madrid, étiquetés en tant que détritus et dûment scellés pour éviter des fuites accidentelles.

7(x) Mesures qui peuvent être nécessaires pour poursuivre l'atteinte des objectifs du Plan de gestion

Des permis d'accès à la Zone peuvent être accordés afin de mener des activités de contrôle biologique et d'inspection de site, y compris la collecte de matières végétales et d'échantillons animaux pour des besoins scientifiques, l'érection ou l'entretien de panneaux indicateurs et toute autre mesure de gestion. Toutes les structures et balises installées dans la Zone doivent être autorisées par un permis et clairement identifiées par pays, nom du chercheur principal et année d'installation. Les balises et structures de recherche doivent être retirées au plus tard à l'expiration du permis. Si des projets spécifiques ne peuvent pas être accomplis dans les délais impartis, une demande de prorogation doit être effectuée pour laisser les éléments dans la Zone.

7 (xi) Conditions pour les rapports

Les Parties qui octroient des permis d'accès à la ZSPA n° 133 doivent s'assurer que le détenteur principal de chaque permis délivré soumet à l'autorité compétente un rapport décrivant les activités entreprises. Les rapports doivent être soumis dès que possible, dans les termes établis par les autorités compétentes concernées. Les rapports doivent inclure les informations soulignées dans le formulaire du Rapport de visite en conformité avec la Résolution 2 (2011).

Les Parties qui octroient des permis d'accès à la ZSPA n° 133 doivent tenir un dossier à jour sur ces activités et, au cours de l'échange annuel d'informations, elles doivent fournir des récapitulatifs des descriptions des activités menées par les personnes soumises à leur juridiction. Dans la mesure du possible, les Parties doivent déposer des originaux ou des copies de ces rapports originaux dans une archive accessible au public, à utiliser pour la revue du Plan de gestion et pour organiser l'utilisation scientifique de la Zone.

8. Support documentaire.

Manuel sur les espèces non indigènes. Résolution 6 (2011) – XXXIVe RCTA - CPE XIV , Buenos Aires (disponible sur le site : *http://www.ats.aq/documents/atcm34/ww/atcm34_ww004_e.pdf*)

Lignes directrices pour l'opération d'aéronefs. Résolution 2 (2004) – XXVIIe RCTA – CPE VII, Le Cap (disponible sur le site : *http://www.ats.aq/documents/recatt/Att224_f.pdf*)

Code de conduite du SCAR pour l'utilisation d'animaux à des fins scientifiques (disponible sur le site : *http://www.scar.org/treaty/atcmxxxiv/ATCM34_ip053_e.pdf*).

Rapport Final de la XXXVe RCTA

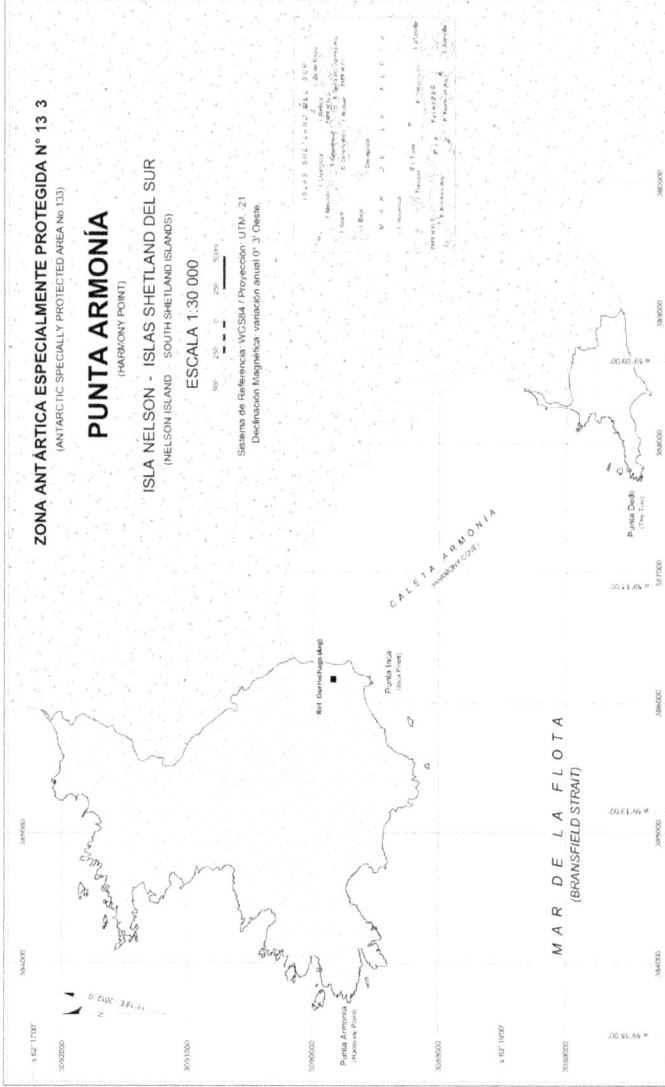

REPUBLICA ARGENTINA

DIRECCIÓN NACIONAL DEL ANTÁRTICO - INSTITUTO ANTÁRTICO ARGENTINO

ZONA ANTÁRTICA ESPECIALMENTE PROTEGIDA N° 13 3

(ANTARCTIC SPECIALLY PROTECTED AREA No 133)

PUNTA ARMONÍA

(HARMONY POINT)

ISLA NELSON - ISLAS SHETLAND DEL SUR

(NELSON ISLAND   SOUTH SHETLAND ISLANDS)

ESCALA 1:30 000

Sistema de Referencia : WGS84 / Proyección : UTM. 21
Declinación Magnética variación anual 0° 3' Oeste.

Carte 1 : emplacement de la Zone spécialement protégée de l'Antarctique n°133. En lignes diagonales continues, les zones libres de glaces. En pointillés, les zones couvertes de glaces.

Plan de gestion pour la Zone spécialement protégée de l'antarctique N° 140

PARTIES DE L'ÎLE DE LA DÉCEPTION,
ILES SHETLAND DU SUD

Introduction

La principale raison pour la désignation de parties de l'île de la Déception, (62° 57' de latitude sud, 60° 38' de longitude ouest) dans les îles Shetland du Sud, en tant que Zone spécialement protégée de l'Antarctique (ZSPA) consiste à protéger les valeurs environnementales, principalement la flore terrestre au sein de la Zone. La flore de l'île, notamment celle des zones géothermiques, est unique en son genre en Antarctique ; elle offre en outre des surfaces récemment formées constituant des habitats d'âge connu pour l'étude de la colonisation et les autres processus écologiques dynamiques des organismes terrestres (Smith 1988). L'île de la Déception est un volcan actif. Des éruptions récentes en 1967, 1969 et 1970 (Baker *et al.* 1975) ont modifié une grande partie des caractéristiques topographiques de l'île et créé de nouvelles surfaces localement transitoires pour la colonisation de plantes et autre biote terrestre (Collins 1969 ; Cameron & Benoit 1970 ; Smith 1984b ; c). On y trouve plusieurs sites d'activité géothermique dont certains présentent des fumerolles (Smellie *et al.* 2002).

Cinq petits sites autour de la côte de port Foster ont été désignés, aux termes de la recommandation XIII-8 (XIIIe RCTA, Bruxelles, 1985), en tant que site présentant un intérêt scientifique particulier n° 21, au motif que « *L'île de la Déception est exceptionnelle par son activité volcanique et les éruptions majeures qui s'y sont produites en 1967, 1969 et 1970. Des portions de l'île ont été complètement détruites, de nouvelles zones ont été créées et d'autres ont été recouvertes par des profondeurs variées de cendres. Quelques zones à l'intérieur des terres ont été épargnées. L'île présente des occasions uniques pour l'étude des processus de colonisation dans un environnement antarctique.* » Suite à une étude scientifique étendue, la protection des valeurs botaniques de l'île a été renforcée par la Mesure 3 (2005) lorsque le nombre de sites dans la zone ayant une valeur botanique inclus dans le cadre de la ZSPA est passé à 11.

La contribution de la ZSPA 140 au système des zones protégées de l'Antarctique est importante en raison (a) de l'importante diversité des espèces qu'elle abrite, (b) de l'activité géothermique qui existe dans certaines parties de l'île, créant des habitats dont l'importance écologique est unique dans la région de la Péninsule antarctique et distinguant la zone des autres, (c) de sa vulnérabilité à l'intrusion humaine, principalement en raison de la distribution spatiale extrêmement restreinte d'un grand nombre des espèces végétales qu'elle abrite, particulièrement les espèces des zones géothermiques. La ZSPA 140 est protégée principalement pour ses valeurs environnementales exceptionnelles (en particulier pour sa diversité biologique), mais elle l'est aussi en raison de ses valeurs scientifiques (biologie terrestre, zoologie, géomorphologie et géologie). En particulier, les recherches scientifiques incluent des études sur la colonisation à long terme et des mesures de la température du sol.

Les onze sites de cette zone (environ 2 km^2) incluent les habitats terrestres et lagunaires avoisinant les zones géothermiques, des zones floristiquement riches et des aires d'âge connu créées à la suite des éruptions de 1967, 1969 et 1970 qui peuvent servir de terrain d'études sur la recolonisation. La Zone est considérée avoir une taille suffisante pour fournir une protection adéquate des valeurs identifiées, qui peuvent être considérablement susceptibles à des perturbations physiques directes en raison des activités des visiteurs nationaux et non gouvernementaux et les démarcations identifiées servent de tampon adéquat autour des éléments sensibles du paysage.

1. Description des valeurs à protéger

Une enquête botanique exhaustive réalisée sur l'île en 2002 (révisée en 2011) a permis d'identifier 11 sites présentant un intérêt botanique unique. Les valeurs mentionnées dans la désignation initiale ont donc été confirmées, et leur nombre a considérablement augmenté.

Ces valeurs sont les suivantes :

- L'île abrite plus d'espèces végétales rares (signalées dans quelques rares endroits de l'Antarctique, et souvent en petites quantités) à extrêmement rares (signalées dans un ou deux endroits seulement en Antarctique) que n'importe quel autre site en Antarctique. 28 des 54 espèces de mousse signalées sur l'île, 4 des 8 hépatiques et 14 des quelques 75 espèces de lichens sont considérées comme rares, voire extrêmement rares. On trouvera à l'annexe 1 la liste des espèces végétales considérées comme rares ou extrêmement rares dans la zone du Traité sur l'Antarctique et qui sont présentes sur l'île de la Déception. Ces espèces représentent respectivement 25 %, 17 % et environ 4 % du nombre total de mousses, d'hépatiques et de lichens connus en Antarctique (Aptroot & van der Knaap 1993 ; Bednarek-Ochyra et al. 2000 ; Ochyra *et al.* 2008 ; Øvstedal & Lewis Smith 2001). Treize espèces de mousses (dont deux sont endémiques), deux espèces d'hépatiques et trois espèces de lichens poussant sur l'île de la Déception n'ont été signalées nulle part ailleurs en Antarctique. Ce site est sans pareil dans la région. On peut conclure à un important dépôt de propagules (apportées par le vent et les oiseaux de mer), en particulier depuis le sud de l'Amérique latine, à travers tout le continent antarctique et qui ne se développent que quand les conditions de germination sont favorables (par exemple grâce à la chaleur et à l'humidité générées par les fumerolles) (Smith 1984b ; c). Ces sites sont uniques dans la zone du Traité sur l'Antarctique.

- Les zones géothermiques stables, dont certaines abritent des fumerolles émettant de la vapeur et des gaz sulfureux, ont donné lieu au développement de communautés de bryophytes de densité et de complexité variables présentant une flore distinctive et unique. La plupart de ces zones ont été créées à l'occasion de la série d'éruptions de 1967-1970, mais l'une d'elles au moins (mont Pond) est antérieure à cette période. Les espèces qui poussent à proximité des cheminées actives sont continuellement soumises à des températures de 30 °C à 50 °C, ce qui pose des questions importantes concernant leur tolérance physiologique.

- Les cendres volcaniques, les coulées de boue, les scories et les lapilli qui se sont déposés entre 1967 et 1970 constituent des aires uniques d'âge connu. Elles sont à l'heure actuelle colonisées par la végétation et par d'autres biotes terrestres, ce qui permet un suivi de la dynamique des migrations et la colonisation. Ces zones sont instables et soumises à l'érosion de l'eau et du vent, ce qui expose certaines d'entre elles à des changements de surface permanents et à un cycle de recolonisation.

- Le lac Kroner, qui est le seul lagon intertidal présentant des sources chaudes en Antarctique, abrite une communauté unique d'algues d'eau saumâtre.

- Plusieurs sites de la Zone qui ont été épargnés par les dépôts de cendres causés par les éruptions de 1967 à 1970, abritent des communautés matures établies de longue date et présentant diverses espèces végétales ; ils sont typiques des écosystèmes stables et plus anciens de l'île.

- Le plus grand peuplement connu de sagine antarctique (*Colobanthus quitensis*), l'une des deux seules plantes à fleurs de l'Antarctique, est située dans la Zone. Après avoir été quasiment enseveli par les cendres durant l'éruption de 1967, il s'est reconstitué et se propage aujourd'hui à une vitesse sans précédent sur son site d'origine et au-delà. Son évolution peut être corrélée avec la tendance actuelle des changements climatiques régionaux, notamment la hausse des températures.

- La Zone contient quelques sites où des recherches scientifiques sont actuellement menées, notamment des expériences sur la colonisation à long terme (pointe Collins) et des mesures des variations de la température du sol à long terme (colline Caliente).

- La Zone contient également des sites dont les surfaces datent de l'éruption de 1967, permettant une surveillance précise de la colonisation par les plantes et autre biote et qui ont une importante valeur scientifique.

2. Buts et objectifs

La gestion de la zone vise à :

- prévenir toute détérioration, ou le risque élevé de dégradation, des valeurs de la zone en y évitant les perturbations inutiles ;
- permettre la recherche scientifique dans la zone, sous réserve qu'elle obéisse à des raisons impérieuses qui ne prévalent pas ailleurs, et qu'elle ne mette en péril le système écologique naturel de cette zone ;
- empêcher ou minimiser les risques d'introduction de plantes exotiques, d'espèces animales exogènes ou de micro-organismes dans la zone du fait des activités humaines ;
- veiller à ce que la flore de la zone ne soit pas détériorée par un échantillonnage excessif ;
- préserver l'écosystème naturel de la zone à titre de zone de référence pour les études comparatives et pour le suivi des changements écologiques et floristiques, des processus de colonisation et du développement des communautés.

3. Activités de gestion

Les activités de gestion ci-après seront réalisées pour protéger les valeurs de la zone :

- Des visites seront organisées en fonction des besoins afin de déterminer si chaque site répond toujours aux objectifs pour lesquels ils ont été désignés et de s'assurer que les mesures de gestion et d'entretien sont adéquates.
- Les bornes, les signaux et les autres structures (ex. clôtures, cairns) érigés sur la zone à des fins scientifiques ou de gestion seront sécurisés, maintenus en bon état et enlevés lorsqu'ils ne seront plus nécessaires.
- Conformément aux dispositions de l'annexe III du Protocole au Traité sur l'Antarctique relatif à la protection de l'environnement, les équipements ou matériels abandonnés seront enlevés dans toute la mesure du possible, à condition que leur enlèvement n'ait un impact préjudiciable sur l'environnement et les valeurs de la zone.
- Une carte montrant l'emplacement de chaque site sur l'île de la Déception (et énonçant les restrictions particulières qui s'y appliquent) sera affichée bien en vue et une copie du Plan de Gestion sera conservée à la station Gabriel de Castilla (Espagne) et à la station Decepción Station (Argentine). Des copies du plan de gestion seront fournies à tous et transportées à bord de tous les navires qui envisagent de visiter l'île.
- Selon les besoins, les programmes antarctiques nationaux sont encouragés à établir une liaison étroite afin d'assurer la mise en œuvre d'activités de gestion (y compris à travers le groupe de gestion de la Zone gérée spéciale de l'Antarctique sur l'île de la Déception). En particulier, les programmes antarctiques nationaux sont encouragés pour des consultations mutuelles en vue d'empêcher des prélèvements excessifs de matières biologiques dans la Zone, surtout compte-tenu de la vitesse de repousse souvent lente et de la quantité limitée et de la distribution de certaines flores. De plus, les programmes antarctiques nationaux sont encouragés pour tenir compte de la mise en œuvre conjointe de lignes directrices visant à minimiser l'introduction et la dispersion d'espèces non indigènes dans la Zone.
- Sur le site K (colline Ronald au lac Kroner), tous les débris transportés par le vent depuis SMH N°71 devront être enlevés. Sur le site G (anse Pendulum), tous les débris transportés par le vent depuis SMH N°76 devront être enlevés (consulter la section *7(viii)*).
- Sur le site A (pointe Collins), les parcelles existantes délimitées par des piquets doivent être maintenues en l'état pour permettre le suivi de l'évolution de la végétation depuis 1969.

4. Durée de désignation

La zone est désignée pour une durée indéterminée.

5. Cartes

Figure 1 : Zone spécialement protégée de l'Antarctique N°140, île de la Déception, illustrant l'emplacement des sites A à L (échelle 1:100 000).

Figures 1a–d : Cartes topographiques de la zone spécialement protégée de l'Antarctique N°140 illustrant l'emplacement des sites A à L (échelle 1:25 000). L'effet d'ombre de colline a été ajouté pour mettre en évidence la topographie des zones.

6. Description de la zone

6(i) Coordonnées géographiques, bornage et particularités naturelles

DESCRIPTION GÉNÉRALE

Recherches menées par Smith (1984) et Peat *et al.* (2007) décrivaient les régions biogéographiques reconnues présentes dans la péninsule antarctique. L'Antarctique peut être divisée en trois principales provinces biologiques : maritime nord, maritime sud et continentale. L'île de la Déception est à l'intérieur de la province maritime nord (Smith 1984).

La Résolution 3 (2008) recommandait d'utiliser l'« Analyse des domaines environnementaux du continent antarctique » en tant que modèle dynamique pour l'identification de zones susceptibles d'être désignées comme zones spécialement protégées de l'Antarctique dans le cadre environnemental et géographique systématisé mentionné dans l'Article 3(2) de l'Annexe V du Protocole (consulter également Morgan et al. 2007).Avec ce modèle, l'île de la Déception est principalement un domaine environnemental G (géologie des îles au large de la péninsule antarctique). La rareté du domaine environnemental G par rapport aux autres zones de domaine environnemental signifie que des efforts substantiels ont été faits pour conserver les valeurs trouvées dans ce type d'environnement ailleurs : d'autres zones protégées contenant le domaine environnemental G incluent les ZSPA 109, 111, 112, 114, 125, 126, 128, 145, 149, 150 et 152 et les ZSGA 1 et 4. Le domaine environnemental B (géologie des latitudes septentrionales moyennes de la péninsule antarctique) est également présent. Le domaine environnemental B se retrouve aussi dans les zones protégées ZSPA 108, 115, 134 et 153 dans la ZGSA 4.

CARACTÉRISTIQUES NATURELLES, DÉMARCATIONS ET VALEURS SCIENTIFIQUES

La ZSPA N°140 comprend 11 sites, illustres dans les figures 1 et 1a-1d. Les photographies annotées de chaque site sont présentées dans l'Annexe 2. Cette répartition fragmentée est caractéristique de la couverture végétale de l'île de la Déception. Du fait de la microdistribution des substrats stables et humides, la végétation présente une répartition extrêmement disjointe et se limite en conséquence à des habitats très dispersés et de taille souvent très faible.

Les sites, désignés par les lettres A à L (à l'exception du I), se présentent dans le sens des aiguilles d'une montre depuis le sud-ouest de la caldeira et portent le nom de la caractéristique géographique nommée la plus visible qu'ils renferment. Les photographies de chaque site sont présentées dans l'Annexe 2. Les coordonnées des démarcations sont énumérées dans l'Annexe 3, mais comme beaucoup de démarcations suivent des éléments naturels, les plans de la description des démarcations doivent également être consultés.

Site A – Pointe Collins

Zone incluse. Les pentes orientées au nord, entre la pointe Collins et le point sans nom situé à 1,15 km à l'est (0,6 km à l'ouest de la pointe Entrance) juste en face de la pointe Fildes, qui s'étendent depuis l'arrière de la plage jusqu'à une crête située à environ 1 km à l'intérieur des terres à partir du littoral.

Limites. La limite orientale du Site A court plein sud depuis le littoral, à partir du point sans nom situé à 0,6 km à l'ouest de la pointe Entrance, en suivant le tracé d'une crête jusqu'à une altitude de 184 mètres. La limite occidentale s'étend depuis la pointe Collins, le long d'une crête orientée plein sud jusqu'à une altitude de 145 mètres. La limite méridionale suit l'arête de la crête arquée qui court d'est en ouest (le long d'une ligne de sommets est-ouest à 172, 223 et 214 mètres) reliant les points situés à 184 mètres et 145 mètres. La zone de la plage – y compris la balise lumineuse de la pointe Collins (entretenue par la Marine chilienne) – jusqu'à la courbe de niveau des 10 mètres est exclue du site.

Valeur scientifique. Il n'existe pas de zone d'activité géothermique connue à l'intérieur des limites du site. Le site abrite quelques-uns des meilleurs exemplaires de la végétation la plus ancienne de l'île, qui fut à peine touchée par les récentes éruptions ; elle est d'une grande diversité spécifique et contient plusieurs espèces antarctiques rares, dont certaines sont très abondantes. Quelques petites plantes de *Colobanthus quitensis* se sont récemment établies, et la grande hépatique (*Marchantia berteroana*) a récemment colonisé le site et s'y diffuse. Les phoques résidents de la plage située au nord du site font l'objet d'études ; le site abrite aussi une colonie de goélands dominicains sur les petites falaises dominant la plage. Six parcelles de 50 × 50 cm délimitées par des piquets angulaires en bois (62°60'00''de latitude sud, 060°34'48''de longitude ouest) ont été mis en place par l'étude British Antarctic Survey en 1969 pour surveiller les modifications de la végétation au cours des années suivantes (Collins 1969).

Site B – Lac Cratère

Zone incluse. Le lac Cratère et son rivage, l'aire plate située au nord du lac et une langue de lave recouverte de scories au sud.

Limites. La limite au nord s'étend le long du pied de la pente au nord de la grande vallée à environ 300 m au nord du lac Cratère (à environ 30 m d'altitude). La limite occidentale suit la ligne de crête située directement à l'ouest du lac, et continue à l'est jusqu'à un petit lac sans nom à 62°59'00''S de latitude sud et 060°40'30''de longitude ouest. Les limites sud-ouest et sud suivent le haut de la pente (à environ 80 m d'altitude), qui s'étend au sud-ouest et au sud du lac. La limite orientale contourne à l'est la langue de lave située au sud du lac Cratère, puis longe le bord est du lac sur environ 300 m à travers la plaine plate située au nord du lac Cratère.

Valeur scientifique. Il n'existe pas de zone d'activité géothermique connue à l'intérieur des limites du site. La principale zone d'intérêt botanique occupe une langue de lave recouverte de scories au sud du lac. Le site n'a pas été touché par les récentes éruptions. La végétation de la langue de scories est constituée d'une flore cryptogamique variée comprenant plusieurs espèces antarctiques rares ainsi qu'un développement exceptionnel de mousses gazonnantes dominé par une espèce relativement commune (*Polytrichastrum alpinum*). Il est intéressant de noter qu'elle se reproduit ici par voie sexuée en grande abondance. On ne connaît aucun autre cas de pareille profusion de sporophytes de cette espèce en Antarctique. Le grand lit de mousse quasiment monospécifique (*Sanionia uncinata*) qui tapisse le terrain plat au nord du lac Cratère est l'un des plus vastes peuplements continus de l'île.

Site C – Colline Caliente, à l'extrémité sud de la baie des Fumerolles

Zone incluse. Une ligne étroite de fumerolles s'étendant à environ 40 × 3 m le long de la crête du sommet en pente douce à une altitude d'environ 95 à 107 m sur la **colline Caliente** au-dessus du versant nord-ouest du lagon Albufera au nord-ouest de la station Decepción (Argentine) à l'extrémité sud de la baie des Fumerolles.

Limites. La zone comprend tout le terrain situé au-dessus du contour de 90 m de la colline, à l'exception du terrain au sud-est d'un point situé à 10 m au nord-ouest du cairn (62°58'27'' de latitude sud, 060°42'31''de longitude ouest) au sud-est de la crête. L'accès au cairn situé à l'extrémité sud-est de la crête est autorisé.

Valeur scientifique. Il n'existe pas de zone d'activité géothermique connue à l'intérieur des limites du site. Plusieurs espèces rares de mousses, certaines uniques à l'île, colonisent la croûte chaude du sol exposée aux vents, dont seulement deux ou trois sont visibles. La végétation est extrêmement rare et peu évidente, comprenant au total moins d'environ 1 m^2 de surface et elle est donc particulièrement vulnérable aux piétinements et aux prélèvements excessifs. Les structures du site consistent d'équipements scientifiques pour le suivi à long-terme des variations de température du sol mené par le programme antarctique espagnol, et d'une série de petits pieux en métal le long de la ligne de crête dans sa partie la plus élevée.

Site D – Baie des Fumerolles

Zone incluse. Les pentes d'éboulis humides et instables en contrebas des falaises de lave escarpées situées sur le versant oriental de l'extrémité sud de la crête Stonethrow jusqu'à la rupture de pente située au-delà de la plage, à l'ouest de la partie centrale de la baie des Fumerolles. Il n'y a pas de structures à l'intérieur des limites du site, mais l'on y trouve grandes quantités de débris de bois à l'arrière de la plage, à quelques mètres au-delà de la laisse de haute mer. Il est possible que ces débris aient été déposés à cet endroit par un tsunami dû à l'activité volcanique récente.

Limites. La partie sud de la falaise se termine en une arête saillante déclinant vers la plage en direction sud-est. La limite méridionale du site suit l'arête à partir de sa base (à environ 10 m d'altitude) et s'étend jusqu'au pied des falaises, à environ 50 m d'altitude. La limite occidentale contourne les éboulis en contrebas des falaises sur environ 800 m vers le nord, à une altitude d'environ 50 m. La limite orientale court sur 800 m vers le nord le long de la rupture de pente située à l'arrière de la plage et englobe les gros rochers. La limite septentrionale (environ 100 m de long) rejoint la rupture de pente située à l'arrière de la plage jusqu'aux éboulis au pied des falaises de lave. La surface de plage plate qui s'étend depuis le littoral – y compris deux fumerolles intertidales prédominantes au sud de la baie des Fumerolles – jusqu'à la rupture de pente, n'est pas incluse dans le site.

Valeur scientifique. Il n'existe pas de zone d'activité géothermique connue à l'intérieur des limites du site, malgré la présente d'activité de fumerolles dans la zone intertidale à l'est du site. Le site présente une géologie complexe et abrite la flore la plus diversifiée de l'île, y compris plusieurs espèces antarctiques rares. Il n'a pas été touché par les récentes éruptions.

Site E – Ouest de la crête Stonethrow

Zone incluse. Le site comprend une zone d'activité de fumerolles et inclut un cône de scories rouges à environ 270 m d'altitude, sur le versant nord de la crête orientée est-ouest, à environ 600 m au sud-ouest du point culminant sur la crête Stonethrow (330 m), à l'ouest du centre de la baie des Fumerolles. Il compte deux fumerolles à environ 20 m l'une de l'autre, la fumerolle la plus à l'est comptant plus de végétation avec des lichens, des mousses et des hépatiques qui recouvrent une surface d'environ 15 x 5 m.

Limites. La limite s'étend à 10 m au-delà toute preuve d'activité géothermique et la sol non chauffé reliant les deux fumerolles.

Valeur scientifique. Il existe une zone d'activité géothermique à l'intérieur des limites du site. Le site abrite plusieurs espèces de mousses, d'hépatiques et de lichens très rares, deux des espèces dominantes étant une hépatique (*Clasmatocolea grandiflora*) et un lichen (*Stereocaulon condensatum*) qui n'ont pas été signalés ailleurs en Antarctique. Des photos prises au milieu des années 80 témoignent de la propagation et de la diversification considérables de ce couvert végétal. Il y a un nid de labbe au milieu de la végétation, relevé en 1993 et en 2002 et occupé en 2010. Il est possible que ces oiseaux soient coupables de l'introduction de plantes originaires de la Terre de Feu, notamment l'hépatique dominante.

Site F – Baie Telefon

Zone incluse. Le site inclut plusieurs caractéristiques créées durant l'éruption qui s'est produite dans la baie Telefon en 1967 : la colline Pisagua au sud du site, le petit lac peu profond d'Ajmonecat situé dans la plaine de cendres qui s'étend au nord de l'anse Stancomb, et la plaine de cendres plate allant du littoral de la baie Telefon jusqu'aux pentes abruptes et aux affleurements de lave se trouvant à environ 0,5 km à l'intérieur des terres. En 1967, la colline s'est détachée pour former une île nouvelle, mais elle est désormais reliée à l'île principale par la plaine de cendres mentionnée plus haut. À l'extrémité nord de la plaine se trouve l'anse d'Extremadura, qui était auparavant un lac avant que l'isthme étroit (2 m de large sur 50 m de long) qui le séparait de Port Foster ne se soit rompu dans le courant de l'année 2006. L'anse d'Extremadura est exclue du site.

Limites. Le littoral nord du lagon (anse de Stancomb) au sud-ouest de la baie Telefon marque la limite méridionale du site, tandis que et la rive au nord-est de l'anse d'Extremadura au nord de la baie Telefon marque la limite nord-est du site. La limite sud-est suit le littoral au sud de la colline Pisagua, remontant au nord jusqu'au littoral de l'anse d'Extremadura à l'extrémité nord de la baie Telefon. La limite nord-ouest correspond à peu près à la courbe des 10 m le long de l'arête Telefon reliant l'anse Stancomb à l'anse d'Extremadura. Lac Ajmonecat (62° 55'23''de latitude sud, 060°40'45'' de longitude ouest), y compris son littoral, est inclus dans le site. Le littoral de la baie Telefon est exclu du site afin de permettre l'accès au site.

Valeur scientifique. Il n'existe pas de zone d'activité géothermique connue à l'intérieur des limites du site. L'intérêt botanique du site tient principalement au fait que toutes les surfaces qu'il renferme datent de 1967, ce qui permet un suivi rigoureux de la colonisation par les espèces végétales et par d'autres biotes. Le site paraît globalement aride, mais on y trouve abondance de mousses et de lichens peu visibles. Étant donné qu'il ne présente aucune activité géothermique, les processus de colonisation pourraient être reliés à la tendance actuelle des changements climatiques. En dépit de la faible diversité biologique, les communautés qui se développent sur le site sont typiques des habitats non chauffés présents sur l'ensemble de l'île.

Site G – Anse Pendulum

Zone incluse. Le site comprend la pente douce irrégulière constituée de scories grossières grises, cramoisies et rouges, ainsi que d'occasionnels blocs délités de tuf jaunâtre, à l'est-nord-est de la colline Cramoisie, à environ 0,5 à 0,8 km à l'est de l'anse Pendulum. Il s'étend d'ouest en est sur environ 500 mètres, et sa largeur du nord au sud atteint presque 400 m. Il a été principalement créé durant l'éruption de 1969 qui a détruit les vestiges de la base chilienne avoisinante (site et monument historique N°76). Le site renferme la pente et le plateau ondulé situé à l'arrière de l'anse Pendulum.

Limites. La limite occidentale suit la courbe des 40m et la limite orientales suit la courbe des 140 m à l'est-sud-est de l'anse Pendulum. Les limites septentrionales et méridionales suivent le bord de la glace permanente jonchée de débris volcaniques adjacente au site.

Valeur scientifique. Une activité géothermique a été enregistrée durant une campagne de terrain réalisée en 1987, avec d'importants dégagements de chaleur depuis les crevasses situées entre les scories. Il n'y avait pas ces éléments en 2002. Bien que la végétation soit très rare, ce site d'âge connu est colonisé par de nombreuses espèces de mousses et de lichens. Deux des espèces de mousses (*Racomitrium lanuginosum* et *R. heterostichoides*) sont uniques à la fois à cette île et en Antarctique, et elles sont toutes les deux très rares sur ce site. Plusieurs autres espèces de mousses sont très rares en Antarctique.

Site H – Mont Pond

Zone incluse. Le site est situé à environ 1.4 à 2 km au nord-nord-ouest du sommet du mont Pond. La vaste zone d'activité géothermique couvre une aire (environ 150 m x 500 m) sur la partie supérieure du versant nord-est d'une large crête en pente douce à une altitude d'environ

385 à 500 mètres (Smith 1988). À l'extrémité nord du site, on trouve de nombreuses cheminées de fumerolles peu visibles qui forment de petits amoncellements de sol recuit très fin et compacté. La partie supérieure du site au sud se trouve à proximité d'un vaste dôme givré, situé à 512 mètres, sous le vent duquel on trouve (à environ 500 à 505 m) de nombreuses fumerolles actives, également entourées de sol fin, recuit et compacté sur une pente abrupte, humide et abritée. Les vastes zones de sol chaud qui entourent les fumerolles sont constituées d'un sol fin dont la croûte fragile est extrêmement vulnérable aux piétinements. On y trouve plusieurs peuplements de végétation bryophyte dense et épaisse pouvant aller jusqu'à 10cm d'épaisseur. Les affleurements de tuf jaunâtre à proximité abritent une autre communauté de mousses et de lichens.

Limites. La limite septentrionale se situe à 62° 55'51'' de latitude sud, la limite méridionale à 62° 56'12'' de latitude sud, tandis que la limite orientale se situe à 060° 33'30''de longitude ouest. La limite occidentale suit la ligne de crête de la large crête qui descend vers le nord-nord-ouest depuis le sommet du mont Pond situé entre 060° 33'48'' et 060° 34'51'' de longitude ouest.

Valeur scientifique. Ce site revêt un intérêt botanique considérable et sans pareil en Antarctique. Il abrite plusieurs espèces de mousses qui sont soit uniques ou extrêmement rares en Antarctique. Le développement de tourbes de mousses (Dicranella hookeri et Philonotis polymorpha) dans la portion supérieure principale du site est exceptionnel et plusieurs espèces ont colonisé à profusion depuis la dernière inspection en 1994. La grande hépatique (*Marchantii berteroana)* colonise rapidement la croûte de sol humide et chaud au niveau de la périphérie des peuplements de mousse. Au moins une espèce d'Agaricacée est également présente parmi les mousses, constituant le plus important relevé de ces organismes en Antarctique. Une communauté totalement distincte de mousses et de lichens peuple les affleurements rocheux, dont plusieurs espèces extrêmement rares (notamment *Schistidium andinum* et *S. praemorsum*).

Site J – Cône Perchuć

Zone incluse. Ce cône de cendres se trouve à environ 750 m au nord-est de la colline Ronald et comprend une rangée très étroite de fumerolles ainsi que les sols chauds adjacents situés sur la pente orientée à l'ouest à quelque 160-170 mètres d'altitude. L'aire géothermique couvre une surface d'à peu près 25 m sur 10 m et la fine surface de cendres et de lapillis de l'ensemble de la pente est extrêmement vulnérable au piétinement.

Limites. La limite comprend la totalité du cône de cendres et de scories appelé **cône Perchuć**.

Valeur scientifique. Le site renferme plusieurs espèces de mousses extrêmement rares en Antarctique. D'anciennes photos laissent à penser que la colonisation par les mousses a diminué depuis le milieu des années 80.

Site K – Colline Ronald au lac Kroner

Zone incluse. Ce site comprend la plaine circulaire du cratère située immédiatement au sud de la colline Ronald, et s'étend le long d'une ravine de délavage large et peu profonde flanquée de part et d'autre par une berge de faible hauteur, puis vers le sud jusqu'au lac Kroner. Dans l'ensemble de la zone, le substrat est composé de boues, de cendres fines et de lapillis consolidés déposés par le lahar de l'éruption de 1969. Une partie du site, en particulier la ravine, conserve une activité géothermique. Le site comprend également le lagon géothermique intertidal (lac Kroner) qui relève de la même caractéristique volcanologique. Ce petit lac de cratère circulaire d'eau saumâtre et peu profonde a été envahi par la mer durant les années 80, et c'est aujourd'hui le seul lagon antarctique géothermisé.

Limites. La ligne de démarcation entoure le bassin du cratère, de la ravine et du lac Kroner, ainsi qu'une aire d'une largeur d'environ 100 à 150 m autour du lac. Un corridor en contrebas de la colline Ronald, depuis la rupture de pente jusqu'aux rochers massifs les plus bas à quelque 10 à 20 mètres de là, est exclu des limites pour permettre un accès au-delà de la zone.

Valeur scientifique. Ce site présente des surfaces d'âge connu colonisées par de nombreuses espèces de mousses, d'hépatiques et de lichens, dont certaines sont extrêmement rares en Antarctique (comme les mousses *Notoligotrichum trichodon* et *Polytrichastrum longisetum*, et un lichen rare, *Peltigera didactyla*, qui colonise plus de 1 ha de la surface du cratère). Le littoral géothermique intertidal au nord du lac Kroner présente une communauté d'algues unique.

Site L – Pointe Sud-est

Zone incluse. Une crête rocheuse orientée est-ouest à environ 0,7 km au nord de la pointe Sud-est, qui s'étend du sommet de la falaise maritime (à environ 20 m d'altitude) sur environ 250 m à l'ouest jusqu'à un point situé à quelque 80 mètres d'altitude. Le versant nord de la crête est un affleurement vertical de lave de faible hauteur menant à une pente raide et instable qui descend jusqu'au fond d'une ravine parallèle à la crête. Le versant sud du site est constitué par la crête de la crête en pente douce recouverte de cendres et de lapilli.

Limites. Le site s'étend sur 50 mètres au nord et au sud de l'affleurement de lave.

Valeur scientifique. Ce site abrite la plus vaste population de sagine antarctique (*Colobanthus quitensis*) connue en Antarctique. Avant l'éruption de 1967 (Longton 1967), il s'agissait de la plus grande population connue et elle couvrait environ 300 m^2, avant d'être presque totalement ensevelie par les cendres. Elle s'est progressivement rétablie et, depuis environ 1985-1990, on a constaté une augmentation massive de nouvelles plantules et la population s'est propagée sous le vent (vers l'ouest et en amont). La sagine est désormais très abondante sur une surface d'environ 2 ha. Le site est également remarquable par l'absence de l'autre plante vasculaire indigène, la canche antarctique (*Deschampsia antarctica*), qui est quasiment toujours associée à la sagine. Des photos du site prises immédiatement après l'éruption attestent de la disparition quasi-totale des lichens, mais ceux-ci également ont de nouveau rapidement et massivement colonisé le site ; la grande espèce buissonnante *Usnea antarctica* est particulièrement abondante et a atteint une taille considérable durant la période relativement courte de recolonisation. La flore cryptogamique du site est généralement clairsemée et typique de la majeure partie de l'île. Le site est particulièrement important pour le suivi de la reproduction et de la propagation de la sagine dans un site d'âge connu.

6(ii) Accès à la zone

- L'accès aux sites se fera à pied ou au moyen d'une petite embarcation.
- Il est interdit de poser des hélicoptères à l'intérieur de la zone sont interdits. Le plan de gestion pour la ZGSA 4 de l'île de la Déception indique les aires d'atterrissage recommandées pour les hélicoptères sur l'île de la Déception, qui sont également présentées dans la Figure 1. Les aires d'atterrissage d'hélicoptère qui peuvent être utiles pour accéder aux sites se trouvent aux lieux suivants : Station Decepción (Argentine ; 62°58'30'' de latitude sud, 060°42'00'' de longitude ouest), le nord de la baie des Fumerolles (62°57'18'' de latitude sud, 060°42'48'' de longitude ouest), le sud de la colline Cross 62°56'39'' de latitude sud, 060°41'36'' de longitude ouest), l'est de la baie Telefon (62°55'18'' de latitude sud, 060°38'18'' de longitude ouest), l'anse Pendulum (62°56'12'' de latitude sud, 060°35'45'' de longitude ouest), la baie Whalers (62°58'48'' de latitude sud, 060°33'12'' de longitude ouest).
- Tous les déplacements à l'intérieur de la zone seront entrepris avec prudence de manière à perturber le moins possible le sol et la végétation.
- L'exploitation des aéronefs doit être au moins effectuée conformément aux 'Lignes directrices pour l'exploitation des aéronefs à proximité de concentrations d'oiseaux' prévues dans la Résolution 2 (2004). Un soin particulier doit être pris lors en cas de survol de la pointe Collins sur le site A, qui contient une colonie de goélands dominicains au bas des falaises surplombant la plage.

6(iii) Structures à l'intérieur de la zone et à proximité

Deux stations de recherche se trouvent à proximité des sites de ZSPA : Station Decepción (Argentine ; 62°58'30'' de latitude sud, 060°41'54''de longitude ouest) et station Gabriel de Castilla (Espagne ; 62°58'36'' de latitude sud, 060°40'30'' de longitude ouest). Deux sites ou monuments historiques se trouvent à proximité des sites de ZSPA : Baie Whalers (HSM 71 ; 62°58'42'' de latitude sud, 060°33'36'' de longitude ouest) et les ruines de la station de base Pedro Aguirre Cerda (HSM 76 ; 62°56'12'' de latitude sud, 060°35'36'' de longitude ouest). La balise de navigation de la pointe de Collins se trouve au point 62°59'42'' de latitude sud, 060°35'12'' de longitude ouest. Dans le site A, pointe de Collins, on trouve six parcelles de 50 x 50 cm délimitées par des piquets angulaires en bois, bien que certains des quatre piquets manquent (63°00'00'' de latitude sud, 060°34'48'' de longitude ouest). Ces parcelles ont été créées par la British Antarctic Survey en 1969 pour mesurer l'évolution de la végétation au cours des années suivantes (Collins 1969) ; des données ont été obtenues en 1969 et en 2002. Ces piquets de balisage doivent être maintenus en état.

Les structures présentes dans le site C, colline Caliente, incluent des appareils expérimentaux pour le suivi à long terme des variations de température du sol (mené par le programme antarctique national espagnol) et une série de petits pieux métalliques le long de la ligne de crête près du sommet.

D'autres structures à proximité de la zone sont énumérées dans le plan de gestion de la ZGSA de l'île de la Déception.

6(iv) Emplacement d'autres zones protégées à proximité

La ZSPA N°145 comprend 2 sites d'importance benthique dans la zone de port Foster. La gestion de l'île de la Déception et de Port Foster se fait en vertu des dispositions de la ZGSA N°4 de l'île de la Déception.

6(v) Zones spéciales à l'intérieur de la zone

Aucune

7. Critères de délivrance des permis

7(i) Conditions générales pour l'obtention d'un permis

L'accès à la zone est interdit sauf si un permis a été délivré à cet effet par les autorités nationales compétentes. Les critères de délivrance des permis d'accès à la zone sont les suivants:

- les permis sont uniquement délivrés pour la conduite de recherches scientifiques indispensables et ne pouvant être entreprises ailleurs ; ou
- pour des raisons impérieuses de gestion, telles que des activités d'inspection, d'entretien ou d'examen ;
- les actions autorisées ne doivent pas mettre en péril les valeurs floristiques, écologiques ou scientifiques de la zone ;
- toutes les activités de gestion visent la réalisation des buts et objectifs de ce plan de gestion ;
- les actions autorisées sont conformes à ce plan de gestion ;
- le permis ou une copie certifiée conforme doit être conservé durant dans la zone ;
- les permis sont délivrés pour une durée donnée ;
- l'autorité compétente sera notifiée de toutes les activités et mesures entreprises qui n'étaient pas prévues dans le permis délivré.

7(ii) Accès à la zone et déplacements à l'intérieur de celle-ci

- Les véhicules sont interdits à l'intérieur de la zone.
- Il est interdit de poser des hélicoptères à l'intérieur de la zone sont interdits. Le plan de gestion de la ZGSA N°4 pour l'île de la Déception recommande diverses aires d'atterrissage sur l'île de la Déception (consulter également la Figure 1).
- Les déplacements sur les sites de la zone se feront toujours à pied.
- Des barques sont autorisées aux fins d'échantillonnage dans les lacs des sites B (lac Cratère) et F (baie Telefon) et dans le lagon du site K (colline Ronald au lac Kroner). Les barques seront nettoyées avant chaque visite de site afin de réduire le risque d'introduction d'espèces exotiques provenant d'autres régions et d'autres sites antarctiques, y compris d'autres sites à l'intérieur des limites de la ZSPA 140.
- Tous les déplacements à l'intérieur de la zone seront entrepris avec prudence de manière à perturber le moins possible le sol et la végétation. Notamment, la végétation du site C - Colline Caliente est rare et peu visible, et donc particulièrement vulnérable aux piétinements.

7(iii) Activités pouvant être conduites à l'intérieur de la zone

Font partie des activités :

- les travaux de recherche scientifique indispensables qui ne peuvent être réalisés ailleurs et ne mettent pas en péril la flore et l'écologie de la zone ;
- les activités de gestion essentielles, y compris la surveillance ;
- études à entreprendre selon les besoins afin de déterminer l'état des valeurs botaniques pour lesquelles chacun des sites a été désigné, conformément aux objectifs de ce plan de gestion.

7(iv) Installation, modification ou retrait de structures

Aucune structure ne peut être installée dans la zone sauf autorisation à cet effet mentionnée au permis. Tout le matériel scientifique, les parcelles botaniques et les autres repères installés dans la zone doivent être approuvés par permis et être clairement identifiés par pays, nom du principal chercheur et année d'installation. Tous ces éléments doivent être fabriqués à partir de matériaux posant un risque minimal de contamination de la zone (consulter la Section *7(vi)*).

7(v) Emplacement des camps

Il est interdit de camper dans la zone. Le plan de gestion ZGSA pour l'île de la Déception présente les sites recommandés pour des campements sur l'île, mais en dehors de la ZSPA 140. Les sites de campement qui peuvent être utiles pour accéder aux sites se trouvent aux points suivants : nord de la baie des Fumerolles (62°57'18'' de latitude sud, 060°42'42''de longitude ouest), sud de la colline Cross 62°56'36'' de latitude sud, 060°41'30''de longitude ouest), est de la baie Telefon (62°55'18'' de latitude sud, 060°38'12''de longitude ouest), anse Pendulum (62°56'12'' de latitude sud, 060°35'42''de longitude ouest), baie Whalers (62°58'54'' de latitude sud, 060°33'0'' de latitude ouest) (consulter la Figure 1).

7(vi) Restrictions relatives aux matériaux et organismes pouvant être introduits sur le site

L'introduction délibérée dans la zone d'animaux, de végétaux ou de micro-organismes vivants est interdite. Pour garantir le maintien des valeurs floristiques et écologiques de la zone, des précautions spéciales devront être prises pour prévenir toute introduction accidentelle de microbes, d'invertébrés ou de plantes provenant d'autres sites antarctiques, y compris de stations, ou d'autres régions. Tout le matériel d'échantillonnage et toutes les bornes introduits dans la zone doivent être stérilisés. Dans toute la mesure du possible, les chaussures et autres équipements devant être utilisés dans la zone devront également être soigneusement nettoyés avant d'y pénétrer. Aucun produit alimentaire à base d'œufs ou de volaille ne sera emmené dans la zone. D'autres conseils sont disponibles dans le Manuel des espèces exotiques du CPE (édition 2011) et les listes de contrôle du COMNAP/SCAR pour les responsables logistiques des programmes antarctiques nationaux en vue de réduire les risques de transfert d'espèces exotiques.

Aucun herbicide ni pesticide ne doit y être introduit. Tout autre produit chimique, y compris les radionucléides ou isotopes stables, susceptibles d'être introduits aux fins de la recherche scientifique ou de la gestion conformément au permis, sera retiré de la zone, au plus tard, lorsque les activités prévues au permis auront pris fin. Le rejet de radionucléides ou d'isotopes stables directement dans l'environnement de façon telle qu'ils ne puissent être récupérés n'est pas autorisé.

Il est interdit d'entreposer des combustibles, des aliments ou d'autres matériels sur le site, sauf autorisation expresse à cet effet mentionnée dans le permis à des fins scientifiques ou de gestion. Les dépôts permanents ne sont pas autorisés. Tous les matériaux sont introduits dans la zone pour une période déterminée. Ils en seront retirés au plus tard à la fin de cette période, et seront stockés et gérés de manière à réduire au maximum les risques d'introduction dans l'environnement En cas de déversement susceptible de compromettre les valeurs de la zone, un retrait est encouragé, uniquement lorsque l'impact du retrait n'est pas susceptible de créer plus de dommages que le maintien in situ. L'autorité compétente doit être notifiée de tout déversement qui n'était pas prévu par le permis et qui a été laissé sur place.

7 (vii) Prélèvement de végétaux, capture d'animaux ou perturbations nuisibles de la faune et la flore

Toute capture ou perturbation nuisible de la faune et la flore est interdite sauf avec un permis délivré à cet effet conformément à l'annexe II du Protocole au Traité sur l'Antarctique relatif à la protection de l'environnement. Dans le cas de prélèvements ou de perturbations nuisibles d'animaux, le SCAR Code of Conduct for Use of Animals for Scientific Purposes in Antarctica (Code de conduite du SCAR pour l'utilisation d'animaux à des fins scientifiques dans l'Antarctique) devra être utilisé comme norme minimale.

7(viii) Collecte ou retrait de matériaux non introduits dans la Zone par le titulaire du permis

Des matériaux biologiques, géologiques (y compris des échantillons de sol et de sédiments lacustres) ou hydrologiques ne peuvent être prélevés ou retirés de la zone qu'en conformité avec un permis, et ils doivent être limités au minimum nécessaire pour répondre aux besoins de la recherche scientifique ou de la gestion. Un permis ne sera pas délivré s'il y a lieu de croire que l'échantillonnage envisagé impliquerait de prélever, de retirer ou d'endommager de telles quantités de sol, de sédiments, de faune et de flore sauvages que leur distribution ou leur abondance à l'intérieur de la zone en serait gravement affectée. Les matériaux d'origine humaine susceptibles de compromettre les valeurs de la zone, qui n'y ont pas été introduits par le titulaire du permis ou dont l'introduction n'a pas été autorisée, peuvent être retirés à moins que leur enlèvement soit plus préjudiciable que leur maintien in situ ; dans ce cas, l'autorité compétente doit être notifiée. Si des débris transportés par le vent sont trouvés dans la zone, il faut les retirer. Les débris en plastique doivent être jetés conformément à l'Annexe III (Élimination et gestion des déchets) du Protocole relatif à la protection de l'environnement dans le Traité sur l'Antarctique (1998). Les autres matières transportées par le vent doivent être retournées au site ou monument historique duquel elles proviennent et sécurisées pour en empêcher une nouvelle dispersion par le vent. Un rapport décrivant la nature des matières retirées de la ZSPA et le lieu sur le site ou le monument historique où elles ont été sécurisées et entreposées doit être soumis au groupe de gestion de la zone gérée spéciale de l'Antarctique (ZGSA) sur l'île de la Déception, ç travers le Président, afin d'établir la méthode la plus appropriée pour traiter les débris (conservation pour préserver une valeur historique ou mise au rebut appropriée) (consulter le site Web de la ZGSA de l'île de la Déception : *http://www.deceptionisland.aq/contact.php*).

7 (ix) Élimination des déchets

Tous les déchets doivent être retirés de la zone conformément à l'Annexe III (Élimination et gestion des déchets) du Protocole relatif à la protection de l'environnement dans le Traité sur l'Antarctique (1998). Pour éviter tout enrichissement des sols en microbes ou matières organiques d'origine anthropique, aucun déchet humain solide ou liquide ne sera abandonné dans la zone. Les déchets humains peuvent être évacués dans port Foster, tout en évitant la ZSPA N°145.

7(x) Mesures qui peuvent être nécessaires pour poursuivre l'atteinte des objectifs du plan de gestion

- Des permis d'accès à la zone peuvent être délivrés aux fins des activités de suivi biologique, volcanologique et sismique et pour l'inspection des sites.
- Tous les sites de suivi de longue durée doivent être signalés par des bornes ou des panneaux dûment entretenus.
- Des permis peuvent être accordés pour permettre la surveillance de la zone ou une gestion active conformément aux spécifications de la Section 3.

7 (xi) Rapports de visite

Le principal détenteur du permis soumettra, pour chaque visite dans la zone, un rapport à l'autorité nationale appropriée, dès que cela lui sera possible, et au plus tard six mois après la fin de ladite visite. Ces rapports de visite doivent inclure, le cas échéant, les informations identifiées dans le formulaire de rapport de visite qui a été recommandé (figurant dans l'Annexe du Guide pour l'élaboration des plans de gestion des zones spécialement protégées de l'Antarctique (disponible sur le site Web du Secrétariat du Traité sur l'Antarctique; *www.ats.aq*)). Le cas échéant, l'autorité nationale doit également adresser un exemplaire du rapport de visite à la Partie qui a proposé le plan de gestion, afin d'aider à la gestion de la zone et à la révision du plan de gestion. Dans la mesure du possible, les Parties doivent déposer les originaux ou les copies de ces rapports dans une archive publique afin de garder trace de l'utilisation de la zone, tant pour l'examen du plan de gestion que pour la planification de l'utilisation scientifique de la zone.

8. Support documentaire

Aptroot, A. et van der Knaap, W.O. 1993. The lichen flora of Deception Island, South Shetland Islands. *Nova Hedwigia*, **56**, 183-192.

Baker, P.E., McReath, I., Harvey, M.R., Roobol, M., & Davies, T.G. 1975. The geology of the South Shetland Islands: V. Volcanic evolution *of* Deception Island. ***British Antarctic Survey Scientific Reports,*** No. 78, **81** pp.

Bednarek-Ochyra, H., Váňa, J., Ochyra, R. et Lewis Smith, R.I. 2000. *The Liverwort Flora of Antarctica.* Polish Academy of Sciences, Krakow, 236 pp.

Cameron, R.E. et Benoit, R.E. 1970. Microbial and ecological investigations of recent cinder cones, Deception Island, Antarctica – a preliminary report. *Ecology*, **51**, 802-809.

Collins, N.J. 1969. The effects of volcanic activity on the vegetation of Deception Island. *British Antarctic Survey Bulletin*, **21**, 79-94.

Peat, H., Clarke, A. et Convey, P. 2007. Diversity and biogeography of the Antarctic flora. *Journal of Biogeography,* **34**, 132-146.

Longton, R.E. 1967. Vegetation in the maritime Antarctic. In Smith, J.E., *Editor*, A discussion of the terrestrial Antarctic ecosystem. *Philosophical Transactions of the Royal Society of London*, B, **252**, 213-235.

Morgan F, Barker G, Briggs C, Price R et Keys H. 2007. Rapport final sur les domaines d'environnement de l'Antarctique Version 2.0, Manaaki Whenua Landcare Research New Zealand Ltd, 89 pages.

Ochyra, R., Bednarek-Ochyra, H. et Smith, R.I.L. *The Moss Flora of Antarctica.* 2008. Cambridge University Press, Cambridge. pp 704.

Øvstedal, D.O. et Smith, R.I.L. 2001. *Lichens of Antarctica and South Georgia. A Guide to their Identification and Ecology.* Cambridge University Press, Cambridge. pp 411.

Smellie, J.L., López-Martínez, J., Headland, R.K., Hernández-Cifuentes, Maestro, A., Miller, I.L., Rey, J., Serrano, E., Somoza, L. et Thomson, J.W. 2002. *Geology and geomorphology of Deception Island*, 78 pp. Série BAS GEOMAP, feuilles 6-A et 6-B, 1:25 000. British Antarctic Survey, Cambridge.

Smith, R. I. L. 1984a. Terrestrial plant biology of the sub-Antarctic and Antarctic. Dans : Antarctic Ecolgy, Vol. 1. Éditeur : R. M. Laws. London, Academic Press.

Smith, R.I.L. 1984b. Colonization and recovery by cryptogams following recent volcanic activity on Deception Island, South Shetland Islands. *British Antarctic Survey Bulletin*, **62**, 25-51.

Smith, R.I.L. 1984b. Colonization by bryophytes following recent volcanic activity on an Antarctic island. *Journal of the Hattori Botanical Laboratory*, **56**, 53-63.

Smith, R.I.L. 1988. Botanical survey of Deception Island. *British Antarctic Survey Bulletin*, **80**, 129-136.

Figure 1. Carte de l'île de la Déception présentant les 11 sites qui composent la ZSPA 140 Parties de l'île de la Déception dans les îles Shetland du Sud.

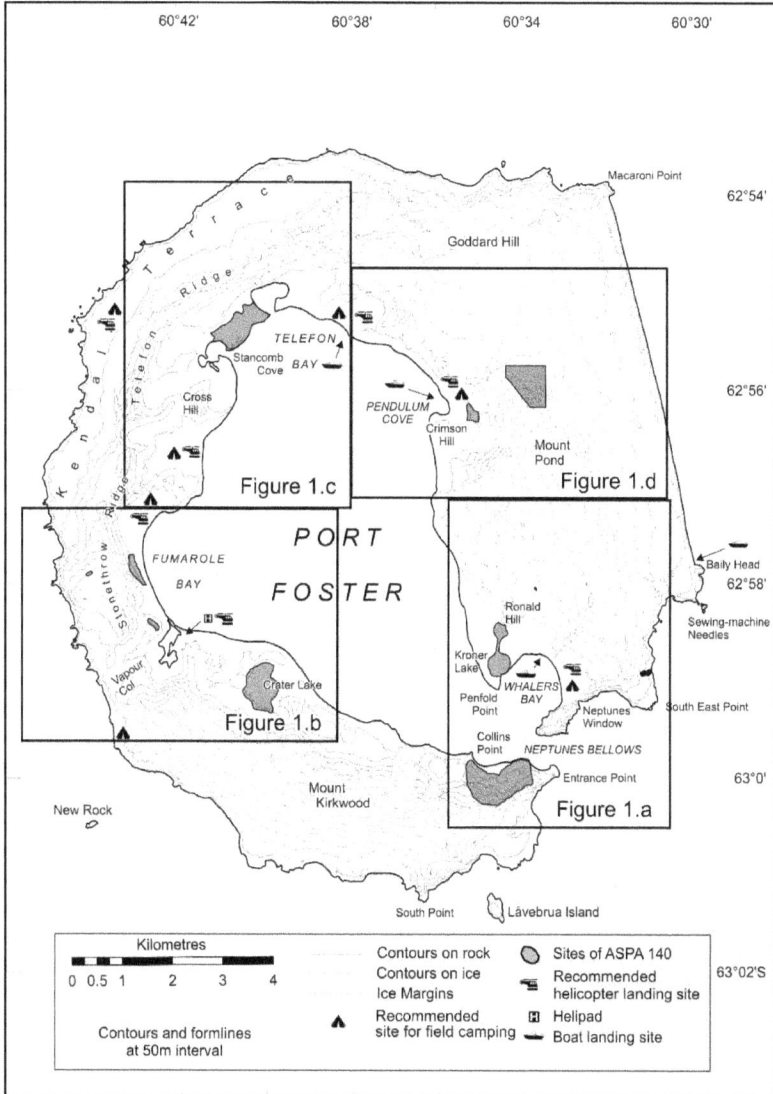

Figure 1a. Carte présentant l'emplacement des sites A, J, K et L dans la ZSPA N°140.

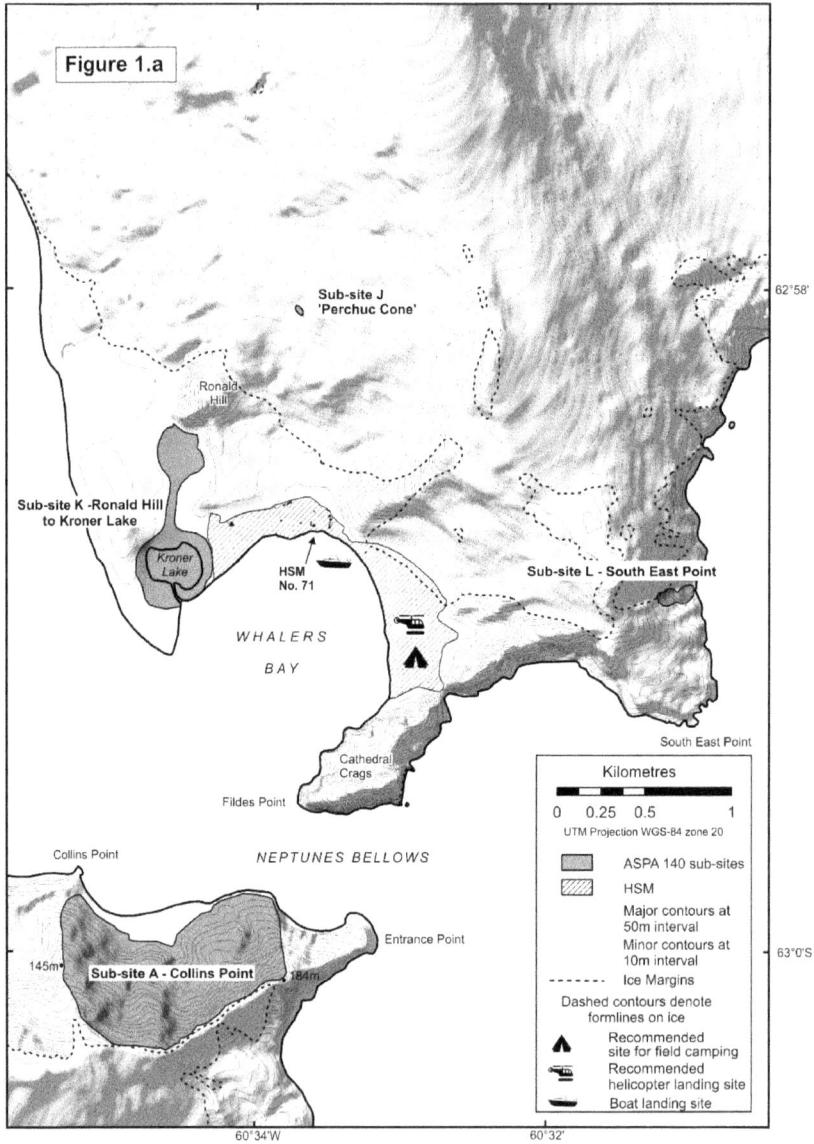

Figure 1b. Carte présentant l'emplacement des sites B, C, D et E dans la ZSPA n°140.

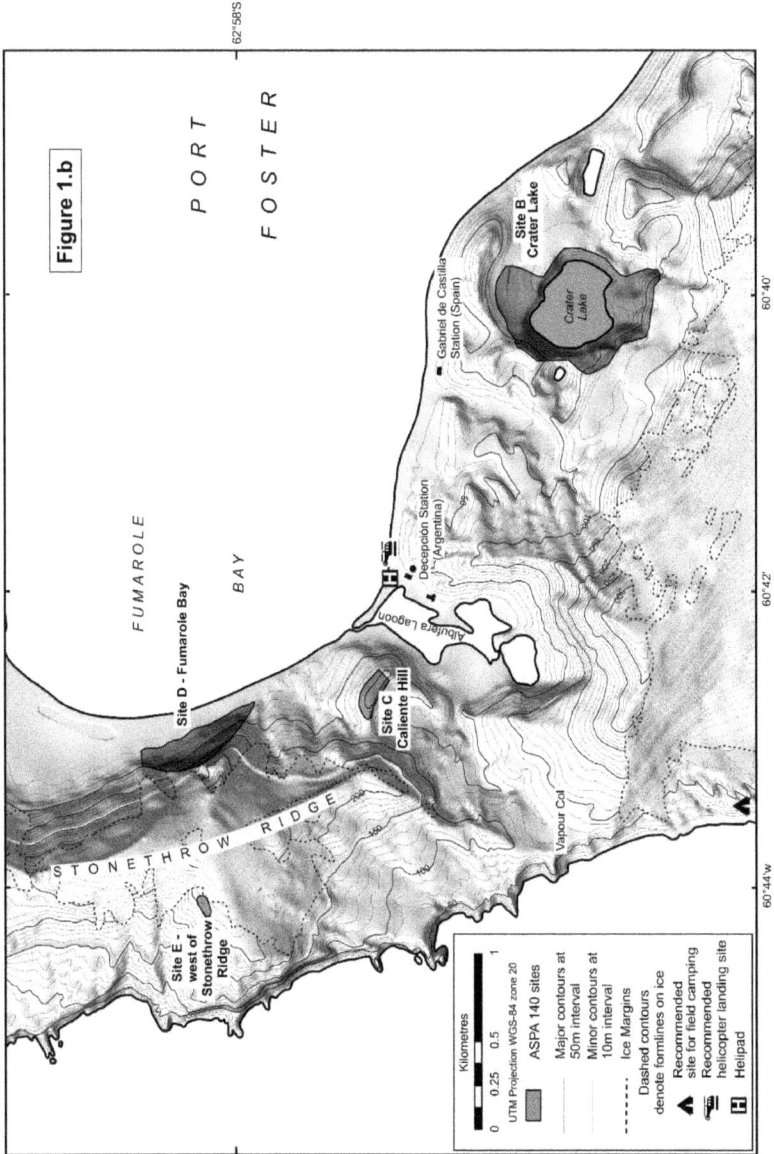

Figure 1c. Carte présentant l'emplacement du site F dans la ZSPA N°140.

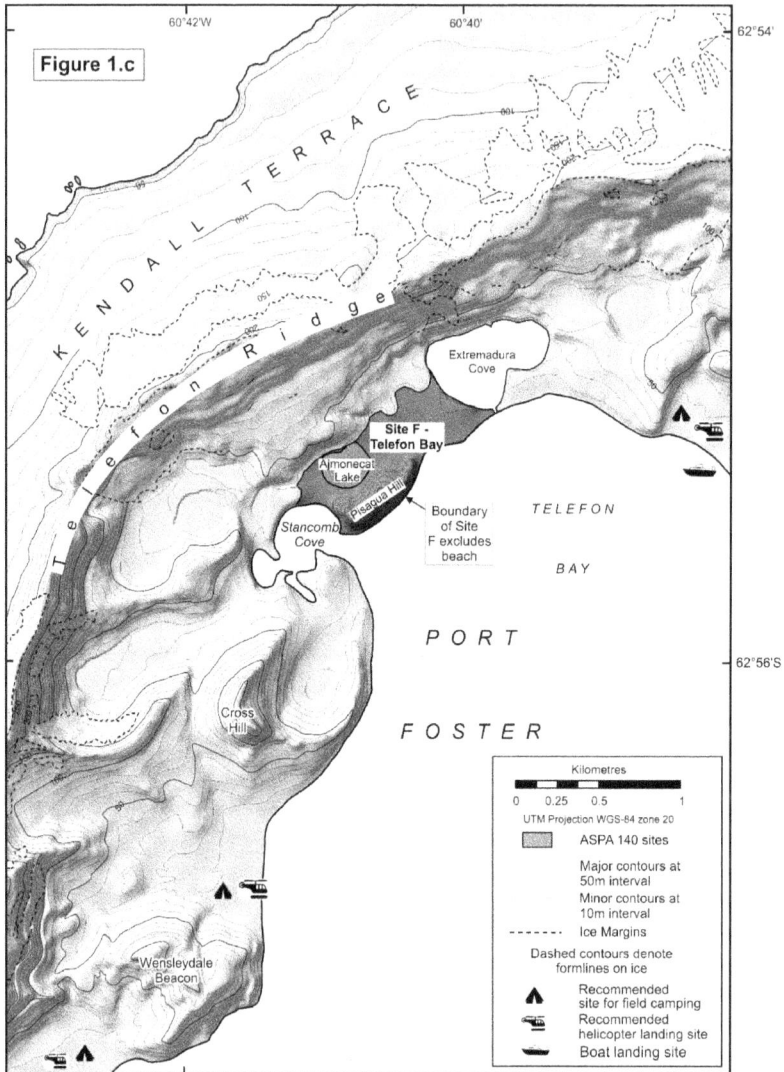

Figure 1d. Carte présentant l'emplacement des sites G et H dans la ZSPA N°140.

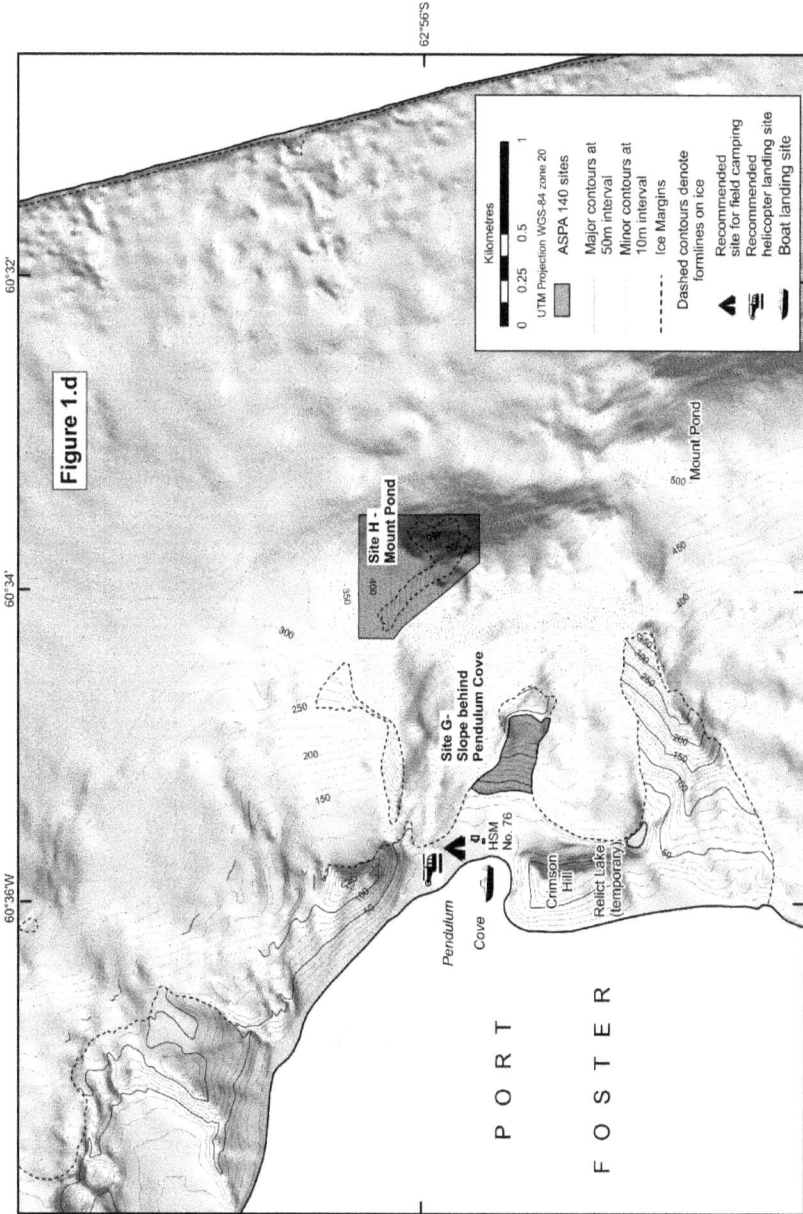

Annexe 1. Liste des espèces végétales classées comme rares ou extrêmement rares dans la zone du Traité sur l'Antarctique et qui sont présentes sur l'île de la Déception.

A. Bryophytes (L = hépatique)

Espèces	Sites où l'espèce est présente	Notes
Brachythecium austroglareosum	D	Peu d'autres sites connus en Antarctique
B. fuegianum	G	Seul site connu en Antarctique
Bryum amblyodon	C, D, G, K	Peu d'autres sites connus en Antarctique
B. dichotomum	C, E, H, J	Seul site connu en Antarctique
B. orbiculatifolium	H, K	Un autre site connu en Antarctique
B. pallescens	D	Peu d'autres sites connus en Antarctique
Cryptochila grandiflora (L)	E	Seul site connu en Antarctique
Dicranella hookeri	C, E, H	Seul site connu en Antarctique
Didymodon brachyphillus	A, D, G, H	Plus abondant localement que dans tout autre site connu de l'Antarctique
Ditrichum conicum	E	Seul site connu en Antarctique
D. ditrichoideum	C, G, J	Seul site connu en Antarctique
D. heteromallum	C, H	Seul site connu en Antarctique
D. hyalinum	G	Peu d'autres sites connus en Antarctique
D. hyalinocuspidatum	G	Peu d'autres sites connus en Antarctique
Grimmia plagiopodia	A, D, G	Espèce continentale antarctique
Hymenoloma antarcticum	B, C, D, E, G, K	Peu d'autres sites connus en Antarctique
H. crispulum	G	Peu d'autres sites connus en Antarctique
Notoligotrichum trichodon	K	Un autre site connu en Antarctique
Philonotis polymorpha	E, H	Seul site connu en Antarctique
Platyneurum jungermannioides	D	Peu d'autres sites connus en Antarctique
Polytrichastrum longisetum (L)	K	Un autre site connu en Antarctique
Pohlia wahlenbergii	C, E, H	Un autre site connu en Antarctique
Racomitrium heterostichoides	G	Seul site connu en Antarctique
R. lanuginosum	G	Seul site connu en Antarctique
R. subsecundum	C	Seul site connu en Antarctique
S. amblyophyllum	C, D, G, H	Peu d'autres sites connus en Antarctique
S. andinum	H	Peu d'autres sites connus en Antarctique
S. deceptionensis sp. nov.	C	Endémique à l'île de la Déception
S. leptoneurum sp. nov.	D	Endémique à l'île de la Déception
Schistidium praemorsum	H	Un autre site connu en Antarctique
Syntrichia andersonii	D, L	Seul site connu en Antarctique

B. Lichens

Espèces	Sites où l'espèce est présente	Notes
Acarospora austroshetlandica	A	Un autre site connu en Antarctique
Caloplaca johnstonii	B, D, F, L	Peu d'autres sites connus en Antarctique
Catapyrenium lachneoides	?	Peu d'autres sites connus en Antarctique
Cladonia galindezii	A, B, D	Plus abondant localement que dans tout autre site connu
Degelia sp.	K	Seul site connu en Antarctique
Ochrolechia parella	A, B, D	Plus abondant localement que dans tout autre site connu
Peltigera didactyla	B, K	Très rare dans l'habitat B ; une forme minuscule abondante en K
Pertusaria excludens	D	Peu d'autres sites connus en Antarctique
P. oculae-ranae	G	Seul site connu en Antarctique
Placopsis parellina	A, B, D, G, H	Plus abondant localement que dans tout autre site connu
Protoparmelia loricata	B	Peu d'autres sites connus en Antarctique
Psoroma saccharatum	D	Seul site connu en Antarctique
Stereocaulon condensatum	E	Seul site connu en Antarctique
S. vesuvianum	B, G	Peu d'autres sites connus en Antarctique

Annexe 2. Photographies des sites comprenant la ZSPA 140. Les photographies ont été prises entre les 19 et 26 janvier 2010 (K. Hughes : A, B, C, E, F, G, J, K, L ; P. Convey : D, H).

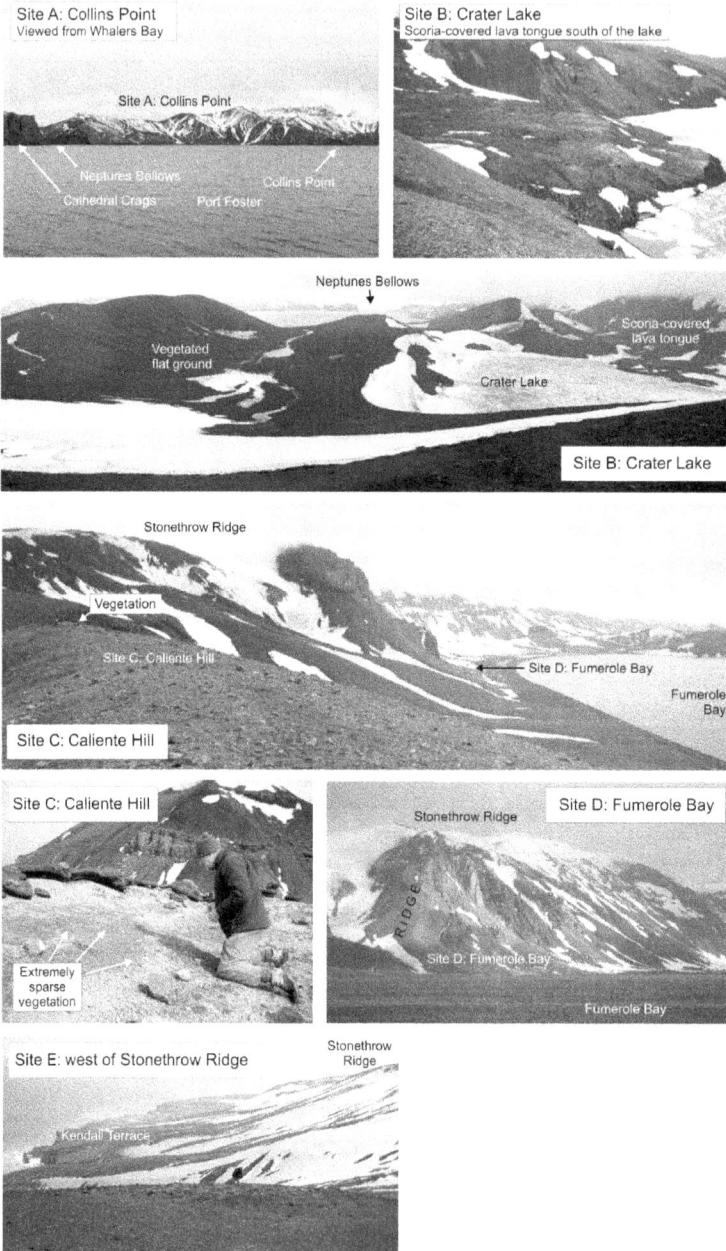

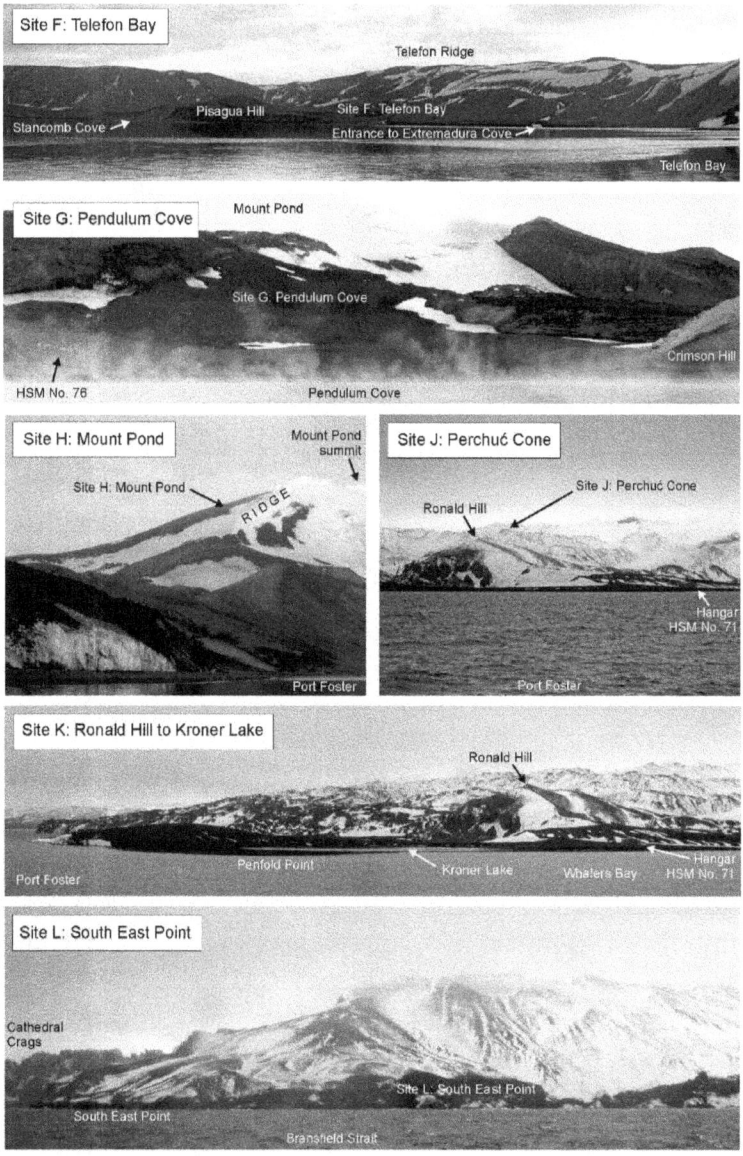

Site F: Telefon Bay

Telefon Ridge

Pisagua Hill

Site F: Telefon Bay

Stancomb Cove

Entrance to Extremadura Cove

Telefon Bay

Site G: Pendulum Cove

Mount Pond

Site G: Pendulum Cove

Crimson Hill

HSM No. 76

Pendulum Cove

Site H: Mount Pond

Mount Pond summit

Site H: Mount Pond

RIDGE

Port Foster

Site J: Perchuć Cone

Site J: Perchuć Cone

Ronald Hill

Hangar HSM No. 71

Port Foster

Site K: Ronald Hill to Kroner Lake

Ronald Hill

Port Foster

Penfold Point

Kroner Lake

Whaler's Bay

Hangar HSM No. 71

Site L: South East Point

Cathedral Crags

Site L: South East Point

South East Point

Bransfield Strait

Annexe 3. Coordonnées des limites pour les sites qui comprennent des parties de l'île de la Déception dans la ZSPA 140. Beaucoup des limites suivent des éléments naturels et des descriptions détaillées des limites figurent dans la Section 6. Les coordonnées des limites sont numérotées, avec le numéro 1 pour les coordonnées les plus au nord et d'autres coordonnées numérotées en séquence dans le sens des aiguilles d'une montre autour de chaque site.

Site	Numéro	Latitude	Longitude
A : pointe Collins	1	62°59'50'' S	060°33'55'' O
	2	63°00'06'' S	060°33'51'' O
	3	63°00'16'' S	060°34'27'' O
	4	63°00'15'' S	060°34'53'' O
	5	63°00'06'' S	060°35'15'' O
	6	62°59'47'' S	060°35'19'' O
	7	62°59'59'' S	060°34'48'' O
	8	62°59'49'' S	060°34'07'' O
B : lac Cratère	1	62°58'48'' S	060°40'02'' O
	2	62°58'50'' S	060°39'45'' O
	3	62°58'56'' S	060°39'52'' O
	4	62°59'01'' S	060°39'37'' O
	5	62°59'11'' S	060°39'47'' O
	6	62°59'18'' S	060°39'45'' O
	7	62°59'16'' S	060°40'15'' O
	8	62°59'04'' S	060°40'31'' O
	9	62°58'56'' S	060°40'25'' O
C : colline Caliente	1	62°58'33'' S	060°42'12'' O
	2	62°58'27'' S	060°42'28'' O
	3	62°58'29'' S	060°42'33'' O
	4	62°58'25'' S	060°42'51'' O
D : baie des Fumerolles	1	62°57'42'' S	060°43'05'' O
	2	62°58'04'' S	060°42'42'' O
	3	62°57'53'' S	060°43'08'' O
	4	62°57'43'' S	060°43'13'' O
E : ouest de la crête Stonethrow	1	62°57'51'' S	060°44'00'' O
	2	62°57'54'' S	060°44'00'' O
	3	62°57'54'' S	060°44'10'' O
	4	62°57'51'' S	060°44'10'' O
F : baie Telefon	1	62°55'02'' S	060°40'17'' O
	2	62°55'11'' S	060°39'45'' O
	3	62°55'35'' S	060°40'43'' O
	4	62°55'30'' S	060°41'13'' O
	5	62°55'21'' S	060°41'07'' O
G : anse Pendulum	1	62°56'10'' S	060°35'15'' O
	2	62°56'20'' S	060°34'41'' O
	3	62°56'28'' S	060°34'44'' O

	4	62°56'21'' S	060°35'16'' O
H : mont Pond	1	62°55'51'' S	060°33'30'' O
	2	62°56'12'' S	060°33'30'' O
	3	62°56'12'' S	060°33'48'' O
	4	62°55'57'' S	060°34'42'' O
	5	62°55'51'' S	060°34'42'' O
J : cône **Perchuć**	Emplacement du point	62°58'02'' S	060°33'39'' O
K : de la colline Ronald au lac Kroner	1	62°58'25'' S	060°34'22'' O
	2	62°58'32'' S	060°34'20'' O
	3	62°58'34'' S	060°34'27'' O
	4	62°58'41'' S	060°34'30'' O
	5	62°58'44'' S	060°34'18'' O
	6	62°58'50'' S	060°34'18'' O
	7	62°58'58'' S	060°34'38'' O
	8	62°58'49'' S	060°34'53'' O
	9	62°58'41'' S	060°34'40'' O
	10	62°58'24'' S	060°34'44'' O
L : pointe Sud-est	1	62°58'53'' S	060°31'01'' O
	2	62°58'56'' S	060°30'59'' O
	3	62°58'57'' S	060°31'13'' O
	4	62°58'55'' S	060°31'14'' O

Annexe 4. Accès recommandé pour les sites qui comprennent la ZSPA 140.

Site	Name	Route d'accès recommandée
A	Pointe Collins	Par embarcation : accoster sur la côte au nord du site (Port Foster)
B	Lac Cratère	Survol : traverser le versant ouest de la crête qui s'élève au sud de la station Gabriel de Castilla sur 500 m, puis se diriger vers l'est pendant 200 m jusqu'à la limite occidentale des zones.
C	Colline Caliente	Survol : accéder au site depuis la baie des Fumerolles au nord du site ou le long de la crête prédominante qui se trouve au sud-ouest du sommet de la colline Caliente.
D	Baie des Fumerolles	Par embarcation : accéder n'importe où le long de la côte de la baie des Fumerolles.
E	Ouest de la crête of Stonethrow	Survol : Depuis la baie des Fumerolles, se diriger vers le sud-ouest et dépasser le lagon Albufera, puis vers le nord, traverser la pente occidentale de la crête Stonethrow. Le site se trouve sur le versant nord de la crête orientée est-ouest qui se trouve à environ 600 m au sud-sud-ouest du point culminant de la crête Stonethrow.
F	Baie Telefon	Par embarcation : accéder au site depuis la baie Telefon ou l'anse Stancomb.
G	Anse Pendulum	Par embarcation : accéder au site depuis l'anse Pendulum, le Port Foster, puis survoler en dépassant HSM N°76.
H	Mont Pont	Survol : accéder avec précaution depuis l'anse Pendulum via la crête prédominante libre de glace à l'ouest du site.
J	Cône Perchué	Survol : accéder depuis la baie Whalers via la colline Ronald.
K	Colline Ronald et lac Kroner	Par embarcation : Accoster dans la baie Whalers, au sud du site - ne pas prendre des embarcations dans le lac Kroner pour accéder au site (consulter la Section 7(ii) pour des détails) Survol : accéder depuis la baie Whalers à l'est du site.
L	Pointe Sud-est	À pied : accéder par la terre, avec prudence, soit depuis la baie Whalers (à l'ouest du site), soit depuis le promontoire Bailey (au nord du site)

Plan de gestion pour la zone spécialement protégée de l'Antarctique n° 172

PARTIE INFERIEURE DU GLACIER TAYLOR ET BLOOD FALLS, VALLEES SECHES DE MCMURDO, TERRE VICTORIA

Introduction

Les Blood Falls sont une coulée d'eau saline riche en oxyde de fer située à l'extrémité du glacier Taylor, vallées sèches de McMurdo. La coulée semble provenir d'un réservoir contenant des dépôts de sel marin et d'eau saumâtre sous la zone d'ablation du glacier Taylor, situé à une distance estimée entre 1 et 6 km en amont des Blood Falls. Emplacement approximatif et coordonnées : zone en sous-surface 436 km^2 (coordonnées centrales 161°40.230'E, 77°50.220'S); zone subaérienne 0.11km^2 (centrée sur la coulée des Blood Falls à 162°15.809'E, 77°43.365'). La raison principale pour laquelle cette zone a été désignée tient à ses caractéristiques physiques uniques, ainsi qu'à son écologie microbienne et à sa géochimie. Cette zone est un site important pour la recherche exobiologique et fournit une occasion unique pour prélever des échantillons de l'environnement sous-glaciaire sans contact direct. L'influence des Blood Falls sur le lac Bonney avoisinant présente aussi un grand intérêt scientifique. Par ailleurs, la zone d'ablation du glacier Taylor est un important site de recherche paléoclimatique et glaciologique. Le réservoir sous-glaciaire d'eau saumâtre de la partie inférieure du glacier Taylor et les Blood Falls sont uniques au monde et représentent un site d'intérêt scientifique exceptionnel. Selon l'analyse des domaines environnementaux du continent antarctique (Résolution 3 (2008)), cette zone se situe dans l'environnement S – Géologique de McMurdo – Terre South Victoria. La désignation de cette zone permet aux chercheurs d'étudier la glace située au cœur du glacier Taylor, à condition que des mesures soient mises en place pour éviter que ces activités ne nuisent au réservoir et au système hydrologique des Blood Falls.

1. Description des valeurs à protéger

Les Blood Falls sont une caractéristique particulière du glacier située à 162°16.288'E, 77°43.329'S, à l'extrémité du glacier Taylor dans la vallée Taylor, vallées sèches de McMurdo, Terre Victoria du sud (Carte 1). Cette caractéristique consiste d'une coulée d'eau saline riche en fer qui émerge à la surface et s'oxyde rapidement, acquérant de ce fait une couleur rouge très particulière (Figure 1). Les données disponibles indiquent que la coulée provient d'un réservoir sous-glaciaire contenant des dépôts de sel marin et de l'eau saumâtre situé sous le glacier Taylor (Keys 1980; Hubbard *et al.* 2004) (Carte 1). C'est une caractéristique unique de par sa configuration physique, sa biologie microbienne et sa géochimie, qui a une influence importante sur l'écosystème local du lac Bonney. Le déversement épisodique des Blood Falls fournit par ailleurs une occasion unique d'échantillonner les propriétés du réservoir sous-glaciaire et de son écosystème.

C'est en 1911 que Griffith Taylor, le géologue principal de Robert F. Scott, avait observé pour la première fois les Blood Falls. Ses caractéristiques morphologiques et chimiques inhabituelles n'ont toutefois pas commencé à être étudiées avant la fin des années 50 (Hamilton *et al.* 1962; Angino *et al.* 1964; Black *et al.* 1965). La caractéristique que l'on a surnommée Blood Falls est le principal site d'écoulement à l'extrémité du glacier Taylor (Carte 2). On a aussi observe une coulée d'eau saline latérale secondaire à la surface de sédiments situés à environ 40 m au nord du glacier Taylor, au bord du delta du ruisseau Santa Fe (162°16.042'E, 77°43.297'S, carte 2). L'emplacement et la forme exacts du réservoir sous-glaciaire alimentant les Blood Falls ne sont pas encore connus, mais les résultats des travaux de cartographie géologique, glacio-chimique et géophysique indiquent que le réservoir se situe à une distance de 1 à 6 kilomètres du terminus (Keys 1980; Hubbard *et al.* 2004). On estime que le réservoir d'eau saumâtre a été enserre par la glace il y a environ 3 à 5 Ma BP (Mikucki *et al.* 2004) et qu'il représente peut-être la caractéristique liquide la plus ancienne de la vallée Taylor (Lyons *et al.* 2005).

La coulée des Blood Falls contient une communauté microbienne unique, qui semble d'origine marine. Les microbes qu'on y trouve peuvent survivre dans un environnement sous-glaciaire pendant des millions d'années sans aucun apport en carbone venant de l'extérieur. La haute teneur en fer et en sel de l'écosystème des Blood Falls en fait un site important pour les études exobiologiques, et pourrait fournir un analogue des conditions existant sous les calottes de glace polaires de Mars. Il est donc essentiel de protéger la communauté microbienne des Blood Falls, le réservoir d'eau saumâtre et le système hydrologique sous-glaciaire qui lui est associé.

L'écoulement épisodique des Blood Falls dans le lac Bonney avoisinant transforme la composition géochimique du lac et lui fournit des nutriments qui y sont autrement limités, faisant de ce site un site important pour étudier l'impact des écoulements sous-glaciaires sur les écosystèmes de lac.

Le glacier Taylor est un site important pour les études glaciologiques et paléoclimatiques en Antarctique. Il offre une occasion unique d'étudier la décharge des glaciers antarctiques en fonction des changements environnementaux, à partir des données paléoclimatiques de la glace du dôme Taylor, des données géologiques de la vallée Taylor et des données climatiques des sites avoisinants du programme US Long Term Ecological Research (LTER) (Kavanaugh *et al.* 2009a; Bliss *et al.* 2011). La zone d'ablation inférieure du glacier Taylor a été identifiée comme étant un site potentiellement important pour les études paléoclimatiques, car elle expose de la glace formée lors de la dernière période glaciaire et permet de mesurer avec une résolution temporelle élevée les concentrations antérieures de gaz en traces (Aciego *et al.* 2007). Le glacier Taylor a aussi une valeur scientifique importante pour les études glaciologiques, en particulier la dynamique des glaciers et la relation entre les contraintes et le flux glaciaire, ainsi que pour d'autres études glaciologiques (Kavanaugh & Cuffey 2009).

Le système des Blood Falls est un site de grande valeur pour la recherche microbiologique, hydrochimique, glaciologique et paléoclimatologique. Les aspects les plus étonnants du système des Blood Falls sont sa configuration physique, la chimie de son eau saumâtre et son écosystème microbien. Les Blood Falls ont aussi un impact considérable sur la géochimie et la microbiologie du lac Bonney. La zone possède des valeurs esthétiques exceptionnelles et une valeur pédagogique importante, ce site ayant fait l'objet de toute une série d'articles scientifiques et médiatiques au cours des dernières années. Les Blood Falls et le réservoir d'eau saumâtre du glacier Taylor méritent une protection spéciale en raison de leurs valeurs scientifiques exceptionnelles, leur configuration unique, leur origine ancienne, l'importance de leurs écosystèmes pour la zone environnante, et leur vulnérabilité aux activités humaines.

D'après les connaissances actuelles, le mécanisme de contamination éventuelle du réservoir d'eau saumâtre du glacier Taylor le plus probable serait une contamination directe du réservoir sous-glaciaire ou bien du substrat, qui pourrait par la suite libérer des fluides sous-glaciaires dans le réservoir. Mais il est difficile d'évaluer le risque de cette éventualité en raison des incertitudes sur l'emplacement du réservoir sous-glaciaire et sur la façon dont il est relié au système hydrologique sous-glaciaire, et le principe de précaution a donc été appliqué en ce qui concerne la définition des limites de la composante en sous-surface de la zone.

2. Buts et objectifs

La gestion de la partie inférieure du glacier Taylor et des Blood Falls vise à :

- éviter toute détérioration ou tout risque de détérioration des valeurs de la zone en empêchant toute perturbation humaine ou échantillonnages inutiles ;
- permettre la réalisation dans la zone de travaux de recherche scientifique, en particulier sur la communauté microbienne, la chimie de l'eau et la configuration physique de la partie inférieure du glacier Taylor et des Blood Falls ;
- permettre d'autres travaux de recherche scientifique et des visites pédagogiques ou de vulgarisation scientifique qui ne portent pas atteinte aux valeurs de la zone ;
- minimiser les risques d'introduction de plantes, d'animaux ou de microbes non indigènes dans la zone ;

permettre des visites pour des raisons de gestion à l'appui des buts du plan de gestion.

3. Activités de gestion

Les activités de gestion ci-après seront réalisées pour protéger les valeurs de la zone :

- Des bornes ou des panneaux indiquant l'emplacement et les limites de la zone et précisant clairement les restrictions d'accès devront être placés en des endroits appropriés aux limites de la zone en question afin d'éviter tout accès par inadvertance ;
- Les bornes, les panneaux et autres structures mis en place dans la zone à des fins scientifiques ou à des fins de gestion devront être solidement fixés et soigneusement entretenus et enlevés lorsqu'ils ne sont plus nécessaires ;

- Des visites devront être effectuées selon que de besoin (de préférence au moins une fois tous les cinq ans) afin de déterminer si la zone continue de répondre aux objectifs pour lesquels elle a été désignée et veiller à ce que les mesures d'entretien et de gestion soient adéquates ;

- une copie du présent plan de gestion devra être disponible dans les installations des quartiers de recherche principaux avoisinant la zone, notamment aux camps du lac Bonney, du lac Hoare, du lac Fryxell, F6 et de New Harbor, ainsi qu'à la station McMurdo et à la base Scott ;

- Les programmes antarctiques nationaux opérant dans la région devront se consulter pour faire en sorte que les mesures de gestion mentionnées soient effectivement mises en œuvre.

4. Durée de désignation

La zone est désignée pour une durée indéterminée.

5. Cartes et photographies

Carte 1 : ZSPA n° 172 : Lignes de démarcation de la zone protégée de la partie inférieure du glacier Taylor et sous-surface des Blood Falls. Projection : conique conforme de Lambert ; parallèles de référence : 1er 77°35'S; 2e 77°50'S; méridien central : 161° 30' E ; latitude d'origine ; 78° 00' S; sphéroïde et donnée horizontale : WGS84; intervalle de contour 200m.

Encadré 1 : Situation de la ZGSA n° 2 Vallées sèches de McMurdo dans la région de la mer de Ross.

Encadré 2 : Situation du glacier Taylor dans la ZGSA n° 2 Vallées sèches de McMurdo.

Carte 2 : ZSPA n° 172 : Lignes de démarcation de la zone protégée en sous-surface et subaérienne des Blood Falls et campement désigné. Projection : conique conforme de Lambert ; parallèles de référence : 1er 77°43'S; 2e 77°44'S; méridien central : 162° 16' E ; latitude d'origine ; 78°00'S; Sphéroïde et donnée horizontale: WGS84; intervalle de contour 20m.

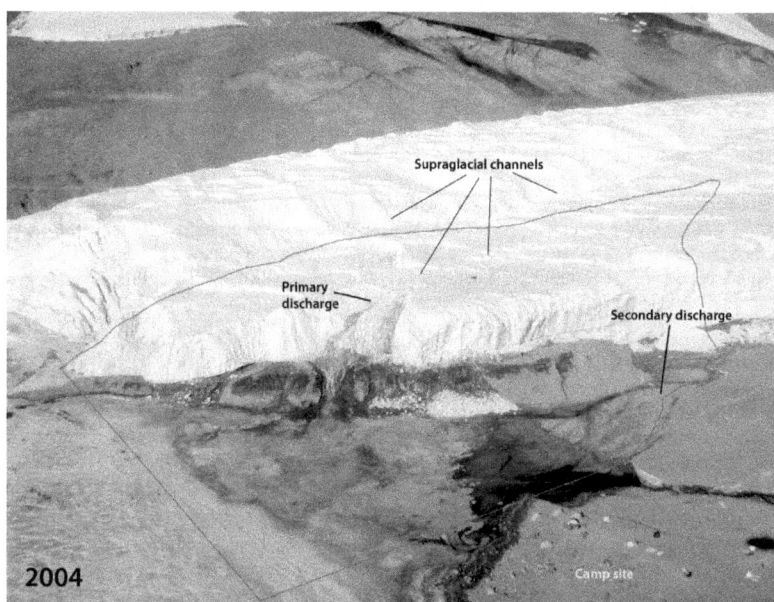

Figure 1. Vue aérienne de l'extrémité du glacier Taylor prise en 2004, avec les Blood Falls au centre et le lac Bonney en bas à gauche (Photographe inconnu : 18 novembre 2004).

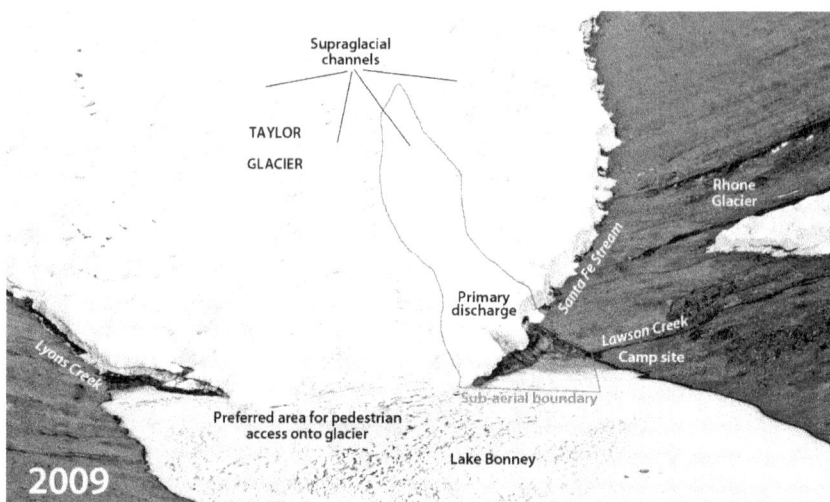

Figure 2. Vue aérienne de l'extrémité du glacier Taylor prise en 2009, indiquant l'étendue de la composante subaérienne de la zone. Si l'on compare avec la figure 1, on note combien l'écoulement varie avec le temps (C. Harris, ERA / USAP: 10 décembre 2009).

6. Description de la zone

6(i) Coordonnées géographiques, bornage et particularités naturelles

Vue d'ensemble

Les Blood Falls (situées à 162°16.288'E, 77°43.329'S) sont une coulée d'eau saline riche en oxyde de fer provenant d'une crevasse située près de l'extrémité du glacier Taylor, dans les vallées sèches de Mc Murdo, Terre Victoria du sud. L'eau saumâtre est a l'origine incolore, mais lorsqu'elle coule sur le glacier elle se transforme en glace blanche contenant des bulles d'air, et s'oxyde, produisant la couleur rouge orangé qui lui est particulière. Il reste de nombreuses traces de matière de cette couleur à l'intérieur d'anciennes crevasses et brèches du glacier, en particulier près du site principal d'écoulement. Une coulée de surface secondaire, plus petite et moins évidente, a été observée à deux reprises (958, 1976) à environ 40 m au nord du glacier Taylor au bord du delta du ruisseau Santa Fe (162°16.042'E, 77°43.297'S, carte 2). La composition physique et chimique de cette coulée secondaire est comparable à celle de la coulée principale des Blood Falls (Keys 1980).

Le volume et l'étendue physique de la coulée de surface principale des Blood Falls et le volume de glace qu'elle produit varient dans le temps, allant de quelques centaines à quelques milliers de mètres cube de glace saline, et les décharges se produisent à des intervalles de un à trois ans, voire plus (Keys 1980). Une proportion inconnue d'eau saumâtre s'écoule dans le lac Bonney avant de geler (par exemple en 1972 et en 1978). A son minimum, la coulée se présente comme une petite zone colorée à l'extrémité du glacier Taylor, mais à son maximum elle peut s'étendre à la surface du lac Bonney sur quelques dizaines de mètres (voir figures 1 et 2).

Les coulées d'eau saumâtre sont d'origine sous-glaciaire, et l'eau déchargée consiste de glace de glacier fondue, mais la nature de sa source n'est pas encore claire (Keys, communication personnelle 2012). Les analyses chimiques et isotopiques indiquent qu'un ou des dépôts de sel marin sont en train de faire fondre et / ou ont fait fondre de la glace du glacier Taylor (Keys 1980). Une dénivellation dans la topographie sous-glaciaire, située à environ un à six kilomètres de l'extrémité du glacier Taylor, indique que ce pourrait être l'emplacement du dépôt salin, mais il pourrait aussi y avoir d'autres dépôts plus en amont du glacier. La profondeur et l'étendue de l'eau saumâtre sous-glaciaire à laquelle ils donnent lieu, ainsi que l'emplacement exact et la nature du ou des réservoirs et leur voies d'écoulement, restent à être établis de façon définitive (Keys 1980; Hubbard *et al.* 2004).

Limites et coordonnées géographiques

Les limites de la zone sont définies de façon à protéger les valeurs du réservoir d'eau saumâtre sous-glaciaire et la coulée des Blood Falls, et tiennent compte de l'étendue du bassin versant, des connections hydrologiques probables et de l'aspect pratique. Il semble que les connections hydrologiques et les interactions entre la surface et le socle du glacier Taylor seraient limitées, il n'a donc pas été jugé nécessaire de limiter l'accès au bassin versant ou à la plupart de sa surface. La ligne de démarcation à la surface comprend toutefois une petite zone contenant les coulées principale et secondaire confirmées des Blood Falls, et inclut une partie de la surface du glacier Taylor se déchargeant directement dans la coulée principale, afin d'assurer une protection adéquate aux zones d'écoulement confirmées (carte 2). Les exemples de « sites d'écoulements possibles » indiqués sur la carte 1 ne sont pour le moment pas inclus dans la zone puisqu'ils n'ont toujours pas été confirmés. Ils représentent peut-être les traces de processus de base antérieurs liés dans le passé au réservoir ou à des caractéristiques qui lui sont associées, plutôt que des sites actuels de coulées. Ces caractéristiques ne se déversent d'ailleurs pas dans le réservoir ou dans la coulée principale des Blood Falls.

Par contre, l'étendue des connections sous-glaciaires pourrait être vaste, et il s'ensuit que la composante sous-glaciaire visant à protéger la partie principale du bassin versant sous-glaciaire de la partie inférieure du glacier Taylor qui pourrait être connectée avec le réservoir d'eau saumâtre est relativement grande, s'étendant sur environ 50 km vers l'amont du glacier (carte 1). L'étendue de cette zone est considérée comme suffisante pour protéger les valeurs du réservoir, bien qu'il soit reconnu que ces connections pourraient être plus extensives, puisque le bassin versant s'étend à bonne distance sur le plateau polaire ; la limite occidentale est donc une limite pratique au-delà de laquelle les risques pouvant nuire à la zone sont considérés comme minimes.

En résumé, les limites définissant l'étendue verticale et latérale de la zone visent à :

- protéger l'intégrité du réservoir sous-glaciaire et les zones des coulées principale et secondaire confirmées des Blood Falls ;

- tenir compte de l'incertitude entourant l'emplacement du réservoir et la connectivité du système hydrologique sous-glaciaire ;

- fournir des lignes de démarcation pratiques correspondant à des bassins versants faciles à cartographier et à identifier sur le terrain ; et ne pas imposer de restrictions inutiles aux activités menées à la surface du glacier Taylor et / ou au-dessus de sa surface.

Le sommaire des coordonnées clés des limites figure au tableau 1.

Tableau 1. Liste récapitulative des principales coordonnées des limites de la zone protégée (voir cartes 1 et 2)

Emplacement géographique :	Identification	Longitude (E)	Latitude (S)
Limites de la sous-surface			
Coulée principale des Blood Falls	A	162° 16.305'	77° 43.325'
Ligne de partage glaciaire des glaciers Taylor et Ferrar, marge sud des collines Kukri	B	161° 57.300'	77° 49.100'
Knobhead, au pied de la crête NE.	C	161° 44.383'	77° 52.257'
Vallée Kennar, au centre de la marge du glacier Taylor	D	160° 25.998'	77° 44.547'
Montagne Beehive, au pied de la crête SO	E	160° 33.328'	77° 39.670'
Cirque Mudrey, partie SO	F	160° 42.988'	77° 39.205'
Cirque Mudrey, partie SE	G	160° 48.710'	77° 39.525'
Limites subaériennes			
Extrémit du glacier Taylor, affleurement saillant de glace/moraine	a	162° 16.639'	77° 43.356'
Bassin versant supraglaciaire des Blood Falls, partie occidentale	b	162° 14.508'	77° 43.482'
Glacier Taylor, marge nord	c	162° 15.758'	77° 43.320'
Delta du ruisseau Santa Fe, marge occidentale	d	162° 15.792'	77° 43.315'

Lawson Creek, rocher situé sur la rive ouest	*e*	162° 16.178'	77° 43.268'
Lac Bonney, ~80m à l'est de la rive du delta du ruisseau Santa Fe	*f*	162° 16.639'	77° 43.268'

Limites de la sous-surface

La ligne de démarcation de la sous-surface comprend la zone d'ablation du glacier Taylor dans son entièreté, allant d'une profondeur de 100 m sous la surface jusqu'au socle du glacier. Afin de mieux identifier la limite à la surface, et pour des raisons pratiques liées aux données disponibles concernant la courbe des 100m au sein du glacier, la surface du glacier Taylor est utilisée pour représenter la courbe des 100 m et donc pour déterminer l'étendue latérale de la composante en sous-surface de la zone. La description ci-après définit tout d'abord l'étendue latérale de la composante en sous-surface de la zone, puis son étendue verticale.

La limite de la composante en sous-surface de la zone protégée s'étend depuis la coulée principale des Blood Falls (162°16.288'E 77°43.329'S) (identifiée par la lettre A dans le tableau et sur les cartes 1 et 2) et suit l'extrémité du glacier Taylor en direction sud sur 0,8 km jusqu'à la marge sud du glacier à Lyons Creek. Depuis là, la limite part en direction sud-ouest sur 19,3 km (carte 1), suivant la marge sud du glacier Taylor jusqu'à l'extrémité occidentale des collines Kukri. Elle continue ensuite vers l'est sur 7,8 km jusqu'à la position approximative de la ligne de partage glaciaire des glaciers Taylor et Ferrar le long de la marge sud des collines Kukri, à 161°57.30'E, 77°49.10'S ('B', tableau 1, carte 1). La limite se poursuit en direction sud-ouest sur 7,9 km, suivant la ligne approximative du partage glaciaire des glaciers Taylor et Ferrar, jusqu'à l'extrémité orientale de Knobhead, située à 161°44.383'E, 77°52.257'S ('C', tableau 1, carte 1). La limite suit ensuite en direction ouest la marge sud du glacier Taylor sur 11,8 km, jusqu'à Windy Gully, traverse Windy Gully et continue ver le nord-ouest sur 45,2 km, suivant les marges des glaciers Taylor, Beacon et Turnabout jusqu'à la vallée Kennar, située à 160°25.998'E, 77°44.547'S ('D', tableau 1, carte 1). La limite part alors en direction nord-est, traversant le glacier Taylor jusqu'à la montagne Beehive située à 160°33.328'E, 77°39.670'S ('E', tableau 1, carte 1). Comme référence visuelle, la limite de la zone protégée est parallèle à une crête distincte visible à la surface du glacier Taylor immédiatement en aval d'une zone très crevassée.

A partir de la montagne Beehive, la limite se prolonge à l'est sur 5 km jusqu'à la limite entre le cirque Mudrey et le glacier Taylor, à 160°42.988'E, 77°39.205'S ('F', tableau 1, carte 1). La limite suit alors la bordure du cirque Mudrey sur une longueur de 9,6 km avant de rejoindre le glacier Taylor à 160°48.710'E, 77°39.525'S ('G', tableau 1, carte 1), et se poursuit ensuite sur 59,6 km jusqu'au pied des cascades de glace Cavendish le long de la marge nord du glacier Taylor. La limite suit alors la marge du glacier Taylor sur 16,9 km en direction nord-est, contournant le lac Simmons et le lac Joyce, puis continue vers l'est sur 15,4 km jusqu'au site de la coulée principale des Blood Falls ('A', tableau 1, carte 2).

L'étendue verticale de la composante en sous-surface de la zone se définit en termes de profondeur sous la surface du glacier Taylor (figure 3). La limite en sous-surface va d'une profondeur de 100 m sous la surface du glacier Taylor jusqu'au socle du glacier, défini comme étant le fond rocheux sur lequel repose le glacier. Le système hydrologique sous-glaciaire, le réservoir d'eau saumâtre des Blood Falls, et toutes les couches contenant un mélange de glace et de sédiment ou des sédiments non consolidés sont inclus dans cette limite. La composante en sous-surface de la zone n'impose aucune restriction supplémentaire aux activités menées à la surface ou dans les premiers 100 m du glacier Taylor.

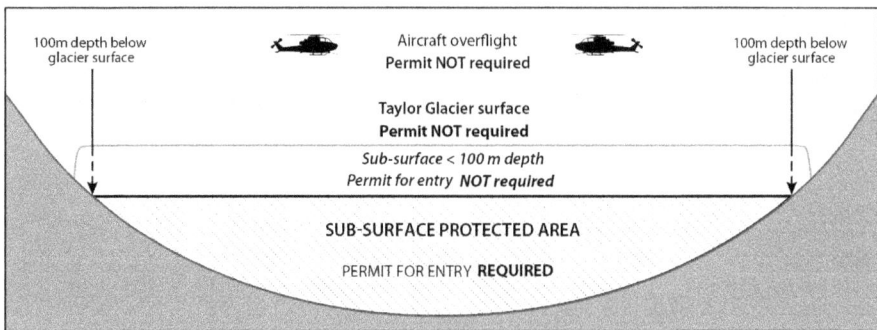

| 100m depth below glacier surface | Aircraft overflight **Permit NOT required** | 100m depth below glacier surface |

Taylor Glacier surface
Permit NOT required

Sub-surface < 100 m depth
*Permit for entry **NOT required***

SUB-SURFACE PROTECTED AREA

PERMIT FOR ENTRY **REQUIRED**

Figure 3: Définition fondée sur des critères de profondeur de l'étendue verticale de la composante en sous-surface de la zone protégée de la partie inférieure du glacier Taylor et des Blood Falls

Limites subaériennes

La composante subaérienne de la zone comprend le delta du ruisseau Santa Fe, une partie de l'extrémité occidentale du lac Bonney, et un petit bassin versant supraglacial entourant les Blood Falls délimité par un système de crêtes de glace persistant dans la morphologie locale du glacier pendant au moins des décennies. La limite sud-est de la composante subaérienne de la zone est marquée par un affleurement saillant de glace et de moraine situé dans le prolongement de l'extrémité du glacier Taylor à 162°16.639'E, 77°43.356'S (identifié par la lettre '*a*' dans le tableau 1 et sur la carte 2). La limite continue vers le sud-ouest et remonte le glacier sur 900,8 m, suivant la marge sud du bassin versant supraglaciaire entourant les Blood Falls jusqu'à la partie la plus à l'ouest du bassin versant supraglaciaire, situé à 162°14.508'E, 77°43.482'S ('*b*', tableau 1, carte 2). La limite se poursuit alors vers le nord-est sur une longueur de 594,5 m jusqu'à la marge du glacier Taylor, à 162°15.758'E, 77°43.320'S ('*c*', tableau 1, carte 2), le long de la marge septentrionale du bassin versant supraglaciaire. La limite de la zone continue en ligne directe vers le nord-est sur 16,8 m, jusqu'à la rive dominant le delta du ruisseau Santa Fe, à 162°15.792'E, 77°43.315'S ('*d*', tableau 1, carte 2). Puis elle longe la rive sur 198,7 m en direction nord-est jusqu'à ce qu'elle rejoigne Lawson Creek, à 162°16.178'E, 77°43.268'S ('*e*', tableau 1, carte 2). La limite se poursuit ensuite sur 180,5 m en ligne droite directement vers l'est jusqu'à un point du lac Bonney situé à 162°16.639'E , 77°43.268'S ('*f*', tableau 1, carte 2), avant de continuer en ligne droite plein sud sur 166,5 m jusqu'à un affleurement saillant de glace et de moraine.

Climat

Deux stations météorologiques gérées par le programme Long Term Ecological Research (LTER) des vallées sèches de Mc Murdo sont situées près des Blood Falls (*http://www.mcmlter.org/queries/avg_met_queries.jsp*): la station de « Lac Bonney » (point '*a*', 162°27.881'E, 77°42.881'S) située à ~4.5 km à l'est, et celle de « Glacier Taylor » (162°07.881'E, 77°44.401'S), située à ~ 4 km en amont du glacier. La température moyenne annuelle de l'air enregistrée à ces deux stations était d'environ −17 °C pendant la période 1995 – 2009. La température la plus basse relevée à ces stations pendant cette période était de −48,26 °C, température enregistrée au lac Bonney en août 2008, tandis que la température maximale relevée était de 10,64 °C, au lac Bonney en décembre 2001. Le mois le plus froid enregistré à ces deux stations était le mois d'août, janvier et décembre étant les mois les plus chauds au lac Bonney et au glacier Taylor respectivement.

La vitesse moyenne annuelle des vents relevée pendant la même période (1995-2009) variait entre 3,89 m/s au lac Bonney et 5,16 m/s au glacier Taylor, avec une vitesse maximale de 30,8 m/s enregistrée au glacier Taylor en août 2004. La topographie de la vallée Taylor, et notamment le verrou de Nussbaum, favorise la formation de systèmes météorologiques isolés dans le bassin du lac Bonney, et limite le flux dans la zone des vents côtiers (Fountain *et al.* 1999).

La précipitation moyenne annuelle au lac Bonney était de 340 mm d'équivalent eau entre 1995 et 2009. Les taux d'ablation du glacier Taylor sont les plus élevés de la région des cascades de glace Cavendish, atteignant un maximum à la base de Windy Gully (~ 0,4 m a^{-1}), le taux le plus faible étant en amont de la vallée Beacon (~0 a 0,125 m a^{-1}). Les taux d'ablation de la partie inférieure du glacier Taylor varient habituellement entre 0,15 et 0,3 m a^{-1} (Bliss *et al.* 2011).

Géologie et géomorphologie

La vallée Taylor est formée d'une mosaïque de tills d'âges et de types de rocher divers, notamment : roches de socle précambrien métamorphique (supergroupe de Ross), roches intrusives du Paléozoïque précoce (formation Granite Harbour), une série de roches sédimentaires datant du Dévonien au Jurassique (supergroupe de Beacon) et sills de dolérite de Ferrar datant du Jurassique (Pugh *et al.* 2003).

On pense que le réservoir sous-glaciaire des Blood Falls est une eau saumâtre d'origine marine provenant d'une incursion marine dans les vallées sèches de Mc Murdo durant le Pliocène (il y a 3 a 5 Ma) ; elle représente peut-être l'eau à l'état liquide la plus ancienne des vallées sèches (Lyons *et al.* 2005). L'une des idées avancées propose que cette eau saumâtre ait été retenue près de l'extrémité actuelle du glacier Taylor lors de la retraite des eaux de mer qui s'ensuivit, et qu'elle fut par la suite « scellée » sous le glacier au cours de l'avancée de la glace à la fin du Pliocène ou au Pléistocène. On pense que c'est ce dépôt d'eau saumâtre qui forme maintenant un réservoir sous-glaciaire émergeant à la surface de façon épisodique aux sites de la coulée principale et de la coulée secondaire latérale. On pense que l'eau saumâtre s'est modifiée depuis qu'elle a été piégée, notamment du fait des apports liés à l'altération chimique (Keys 1980; Lyons *et al.* 2005; Mikucki *et al.* 2009).

Sols et sédiments

Les sols de la vallée Taylor sont souvent peu développés et se composent largement de sable (95- 99% en poids) (Burkins *et al.* 2000; Barrett *et al.* 2004). Les concentrations en matière organique des sols de la vallée Taylor sont parmi les plus basses au monde (Campbell & Claridge 1987; Burkins *et al.* 2000), et la teneur en carbone organique des sols du bassin du lac Bonney est particulièrement faible (Barrett *et al.* 2004). La profondeur des sols de la vallée Taylor varie entre 10 et 30 cm ; en deçà, on y trouve le pergélisol (Campbell & Claridge 1987). En sus des tills glaciaires, le fond de la vallée Taylor est recouvert d'une couche de sédiments lacustres déposés par le glacier autrefois très étendu du lac Washburn allant jusqu'à environ 300 m de profondeur (Hendy *et al.* 1979; Stuiver *et al.* 1981; Hall & Denton 2000).

Les moraines déposées au front du glacier Taylor consistent de sédiments lacustres remaniés datant d'il y a à peu près 300 mA BP (Higgins *et al.* 2000). Les sédiments que l'on trouve à la marge du glacier Taylor se composent aussi de tills limoneux et sablonneux formés par la fonte de glace basale riche en débris et par l'érosion due aux ruisseaux en bordure de glace (Higgins *et al.* 2000). Une séquence épaisse de glace basale caractérisée par des sédiments fins qui contiendrait des sels provenant du réservoir sous-glaciaire des Blood Falls a été étudiée grâce à un tunnel creusé dans la marge nord du glacier Taylor (Samyn *et al.* 2005, 2008; Mager 2006; Mager *et al.* 2007). Ces observations indiquent qu'il existe une interaction entre la base du glacier Taylor et le substrat de sédiment, et il semble qu'il y ait un cycle local de fonte et de regel (Souchez *et al.* 2004; Samyn *et al.* 2005; Mager *et al.* 2007).

Glaciologie et hydrologie du glacier

Le glacier Taylor est un glacier émissaire de l'inlandsis oriental de l'Antarctique qui se termine dans le lobe occidental du lac Bonney. Une étude approfondie a récemment été menée pour examiner la dynamique glaciaire de la zone d'ablation du glacier Taylor, notamment sa géométrie et le champ de vitesse à la surface (Kavanaugh *et al.* 2009a), sa balance de forces (Kavanaugh & Cuffey 2009) et son bilan de masse actuel (Fountain *et al.* 2006; Kavanaugh *et al.* 2009b). Les résultats indiquent que l'écoulement du glacier est lié principalement à la déformation de la glace froide et que le bilan de masse du glacier Taylor est relativement équilibré. Des échantillons de glace provenant de la partie inférieure de la zone d'ablation du glacier Taylor ont été analysés par des chercheurs paléoclimatiques qui les ont datés à la dernière période glaciaire (Aciego *et al.* 2007). D'autres programmes de recherche glaciologique menés sur le glacier Taylor ont étudié l'évolution des falaises de glace sèches situées à l'extrémité du glacier (Pettit *et al.* 2006; Carmichael *et al.* 2007), mesuré la texture de la glace basale et les gaz qu'elle contient à l'intérieur d'un tunnel sous-glaciaire à proximité de la coulée principale des Blood Falls (Samyn *et al.* 2005, 2008; Mager *et al.* 2007), et estimé le bilan énergétique à la surface du glacier (Bliss *et al.* 2011). Des études de l'hydrologie supraglaciaire du glacier Taylor indiquent que les chenaux de fonte recouvrent environ 40% de la zone d'ablation de la partie inférieure du glacier Taylor, et qu'une proportion importante de la décharge totale dans le lac Bonney provient de la fonte intervenant dans les chenaux (Johnston *et al.* 2005). Deux grands chenaux traversent la coulée principale des Blood Falls, mais, en vue des températures basses de la glace près de la surface et au vu que les crevasses ne dépassent pas 100 m de profondeur, il semble peu probable qu'il puisse exister des connections entre les chenaux de fonte à la surface et le réservoir sous-glaciaire des Blood Falls (Cuffey, Fountain, Pettit and Severinghaus, communication personnelle 2010).

L'étendue de l'eau de fonte sous-glaciaire sous le glacier Taylor et ses connections avec le système des Blood Falls restent pour l'instant incertaines. Les températures basales qu'on a déduites indiquent que la température de la plus grande partie de la base du glacier Taylor est bien inférieure au point de fusion (Samyn *et al.* 2005, 2008), et une étude au radar menée par Holt *et al.* (2006) n'a pas constaté la présence généralisée d'eau liquide sous le glacier Taylor. Les mesures effectuées par Samyn *et al.* (2005) indiquent une température basale de -17 °C à côté du glacier à proximité des Blood Falls. L'épaisseur de la glace et les gradients de température intraglaciaire probables correspondent toutefois à des températures d'environ -5 à -7 °C à la base du glacier situé à 1-3 km des Blood Falls, températures proches de celles qui ont été mesurées dans l'eau saumâtre s'écoulant aux sites primaire et secondaire (Keys 1980). Des études au géoradar indiquent la présence d'eau, sans doute hypersaline, dans une dépression du substrat rocheux profonde de 80 m et située à une distance de 4 à 6 km de l'extrémité du glacier Taylor (Hubbard *et al.* 2004).

Le réservoir sous-glaciaire des Blood Falls rejette de l'eau saline de façon épisodique, la plupart du temps par la coulée principale et parfois par la coulée latérale secondaire. Des études détaillées menées grâce au VSA (véhicule sous-marin autonome) ENDURANCE (Environmentally Non-Disturbing Under-Ice Robotic Antarctic Explorer) à l'extrémité du glacier Taylor indiquent que l'eau saumâtre sous-glaciaire pourrait se déverser dans le lac Bonney sur presque toute la longueur de l'extrémité du glacier Taylor (Stone *et al.* 2010; Priscu, communication personnelle 2011). D'autre part, quelques sites ont été identifiés le long des marges nord et sud du glacier Taylor où les couches de glace contiennent des sels et présentent cette même couleur orangée (ces sites sont indiqués comme « sites d'écoulement possibles » sur la carte 1), mais la nature de ces caractéristiques reste encore à définir (Keys 1980; Nylen, communication personnelle 2010). Le déclenchement de ces rejets sous-glaciaires est encore mal compris, mais il semble que l'eau saumâtre, une fois accumulée sous pression sous le glacier, pourrait se déverser dans un conduit sous-glaciaire distinct contrôlant la coulée principale. Ce comportement ressemble à certaines débâcles glaciaires apériodiques (jökulhlaups) où les processus de fonte basale et l'évolution des contraintes (par exemple le déplacement physique du glacier Taylor) peuvent produire une brèche dans la retenue de glace basale qui permet à l'eau saumâtre de se déverser, ou bien chasser le liquide sous-glaciaire de la cuvette rocheuse (Keys 1980; Higgins *et al.* 2000; Mikucki 2005).

La coulée principale des Blood Falls est une eau froide (– 6 °C), riche en carbone organique dissous, en fer et en chlorure de sodium, ayant une conductivité à peu près 2,5 fois supérieure à celle de l'eau de mer (Mikucki *et al.* 2004; Mickuki 2005). Plusieurs sources de données géochimiques appuient la thèse de l'origine marine de la coulée des Blood Falls, dont les caractéristiques sont proches de celles de l'eau de mer. Des études ont prouvé que le volume, l'étendue et la géochimie de la coulée des Blood Falls varient dans le temps (Black *et al.* 1965; Keys 1979; Lyons *et al.* 2005) et varient aussi selon qu'il s'agisse du flux normal ou d'épisodes d'écoulement rapide (Mikucki 2005).

Écologie et microbiologie

La coulée des Blood Falls contient une communauté microbienne unique, apparemment d'origine marine (Mikucki & Priscu 2007; Mikucki *et al.* 2009). Les bactéries peuvent sans doute métaboliser les composés ferreux et sulfureux, ce qui leur a permis de survivre dans cet environnement sous-glaciaire pendant des millions d'années (Mikucki *et al.* 2009). Les bactéries semblent aussi jouer un rôle important dans le cycle du carbone, ce qui a permis à l'écosystème de survivre sans apport externe de carbone (Mikucki & Priscu 2007). Les principaux contrôles des caractéristiques de l'écosystème microbien des Blood Falls fourniront peut-être un analogue des conditions existant sous les calottes de glace polaires de Mars. Un assemblage microbien a été identifié dans des échantillons de glace basale et de sédiments prélevés dans le tunnel creusé dans la marge nord du glacier Taylor (Christner *et al.* 2010).

L'étude de ces bactéries appuie la thèse de l'origine marine du réservoir d'eau saumâtre, car les assemblages des Blood Falls sont analogues aux assemblages de bactéries que l'on trouve dans les systèmes marins (Mikucki *et al.* 2004; Mikucki & Priscu 2007). Cet écosystème est maintenant reconnu comme une analogue important pour les études exobiologiques, notamment comme analogue des masses glaciaires de la planète Mars (Mikucki *et al.* 2004; Mikucki 2005). Il semble que le passé préglaciaire de l'écosystème et du terrain environnant, la lithologie du socle et l'hydrologie du glacier soient les principaux contrôles de l'assemblage microbien des Blood Falls, mais le contact entre l'écosystème microbien et le système hydrologique glaciaire n'est pas encore bien compris (Mikucki 2005; Mikucki & Priscu 2007).

Les eaux salines sous-glaciaires des Blood Falls joignent l'eau relativement douce de la surface du lac Bonney présente dans la zone entourant le lac dans sa partie occidentale (surnommée la « douve » du lac, car c'est une zone de fonte en été). La zone de la douve est une zone de transition, sa composition géochimique se différenciant de plus en plus des Blood Falls au fur et à mesure que l'on s'éloigne du site d'écoulement principal (Mikucki 2005). Le ruisseau Santa Fe, alimenté principalement par la fonte de surface du glacier Taylor et coulant le long de sa marge septentrionale, ajoute à la dilution de la coulée des Blood Falls (Mikucki 2005). Le Lawson Creek se déverse aussi dans la zone et se jette dans le lac Bonney à environ 100 m au nord de la coulée principale des Blood Falls.

Les Blood Falls rejettent de façon épisodique de l'eau saline, ainsi que du carbone organique et des bactéries viables, dans le lobe occidental du lac Bonney, entraînant des changements géochimiques et biologiques dans les eaux du lac et lui fournissant des nutriments par ailleurs limités (Lyons *et al.* 1998, 2002, 2005; Mikucki *et al.* 2004). Ces déversements ont pu être observés dans le lac Bonney à une profondeur de 20 à 25 m, et au-delà de cette profondeur le lac Bonney a une géochimie comparable à celle des Blood Falls, notamment des teneurs en fer élevées et une chimie ionique analogue à celle de l'eau de mer (Black & Bowser 1967; Lyons *et al*. 1998, 2005; Mikucki *et al*. 2004). Certaines études ont montré que les bactéries des zones profondes de l'ouest du lac Bonney sont d'une taille comparable à celle des bactéries des Blood Falls, mais sont beaucoup plus petites que les bactéries que l'on trouve dans les eaux profondes des autres lacs des vallées sèches (Takacs 1999).

Écologie terrestre

Les communautés d'invertébrés des Blood Falls n'ont pas fait l'objet d'études exhaustives. Des échantillons de sol prélevés au bord de la partie occidentale du lac Bonney indiquent cependant que *Scottnema lindsayae* est le nématode le plus abondant dans le bassin du lac Bonney ; ils indiquent aussi la présence d'*Eudorylaimus antarcticus* et de *Plectus antarcticus* (Barrett *et al*. 2004).

Activités humaines et impact de ces activités

Les camps de base dans cette zone ont traditionnellement été situés dans deux zones principales sur la rive nord-ouest du lac Bonney, à proximité de la zone de la douve et de la coulée principale des Blood Falls (carte 2). Le camp contient un certain nombre de sites de tentes marqués par des cercles de pierres. Ceci a causé des perturbations au sol localisées, mais il est peu probable que les activités liées au camp aient un impact sur les Blood Falls (Keys, Skidmore, communications personnelles 2010). Une aire d'atterrissage des hélicoptères est située à 160 m au nord de la coulée principale des Blood Falls, et il est pareillement peu probable que son utilisation ait des effets nuisibles sur les Blood Falls (Hawes, Skidmore, communications personnelles 2010). Une piste piétonne a été établie à l'ouest de Lawson Creek, parallèle à et surmontant le ruisseau Santa Fe à environ 50-100 m de la marge septentrionale du glacier Taylor. Le trafic piétonnier a rendu la piste très évidente, et elle montre des signes de légère érosion.

Des instruments, notamment un déversoir, avaient été installés par le LTER dans la zone du delta pour la surveillance du ruisseau Santa Fe (carte 2) ; la plupart de ce matériel a été retiré en janvier 2010. Certaines parties du déversoir étaient enchâssés dans les sédiments du ruisseau et trop difficiles à retirer, ils ont donc été laissés sur place, parce que leur enlèvement aurait cause plus d'impact que de laisser le matériel en place. Du matériel glaciologique hors d'usage a été enlevé de la marge septentrionale du glacier Taylor et de la zone du delta du ruisseau Santa Fe, mais il se peut que certaines pièces aient été laissées soit dans des endroits inaccessibles et/ou enchâssées dans les sédiments au pied des falaises de glace. Il reste deux tunnels creusés dans la glace basale par des programmes scientifiques antérieurs, le long de la marge septentrionale du glacier Taylor, à ~ 600 m et 1000 m des Blood Falls respectivement, qui s'effondreront et fondront dans le temps.

6(ii) Accès à la zone

- Il n'y a pas de restrictions à l'accès au glacier Taylor, aux déplacements sur et/ou au-dessus de sa surface dans la région comprise dans la composante en sous-surface de la zone.

- L'accès à la composante subaérienne de la zone doit normalement se faire par hélicoptère atterrissant à la zone d'atterrissage désignée sur la rive nord-ouest du lac Bonney (162°16.30'E, 77°43.24'S, carte 2), et depuis là à pied. Il est aussi possible d'accéder à la zone en venant à pied en direction du lac Bonney ou de plus en aval du glacier Taylor.

- La voie piétonnière recommandée pour l'accès à la composante subaérienne de la zone depuis la zone d'atterrissage des hélicoptères désignée et le camp est celle qui vient du lac Bonney, évitant autant que faire se peut la coulée glacée d'eau saline colorée et le delta du ruisseau Santa Fe, remontant l'extrémité du glacier Taylor depuis les pentes situées au sud de la limite de la composante subaérienne (carte 2). Des falaises de glace abruptes le long des marges septentrionales du glacier Taylor empêchent d'accéder à pied à la composante subaérienne de la zone. Plus tard dans la saison, des fosses et des cuvettes le long du lac Bonney peuvent empêcher l'accès à la zone.

- Une voie piétonnière s'est développée, à une distance de 50 à 100 m et parallèle à la marge septentrionale du glacier Taylor, permettant l'accès à la zone plusieurs kilomètres en aval de l'aire d'atterrissage des hélicoptères désignée et du camp. Des falaises de glace abruptes le long des marges septentrionales du glacier Taylor empêchent d'accéder à la surface du glacier depuis cette voie.

6(iii) Structures à l'intérieur et à proximité de la zone

Il n'y a pas de structure permanente dans la zone. Deux bornes de surveillance permanentes sont encastrées dans un rocher situé à environ 175 m au nord de la zone : le repère géodésique NZAP TP01 est un tube avec filetage femelle (162°16.466'E, 77°43.175'S, élévation 72,7m) ; le repère géodésique UNAVCO TP02 est un boulon fileté de 5/8 de diamètre (162°16.465'E, 77°43.175'S, élévation 72,8m). Le rocher se situe dans une zone de terrain en pente sur la rive nord du lac Bonney, à environ 140 m au nord-est de l'aire d'atterrissage des hélicoptères. Un déversoir et une jauge de cours d'eau sont situés à environ 80 m au nord-ouest de la zone dans le cours d'eau Lawson Creek. Le camp du lac Bonney se situe à environ 4,3 km à l'est de la zone.

6 (iv) Emplacement des autres zones protégées à proximité directe de la zone

La zone fait partie de la ZGSA n° 2 Vallées sèches de McMurdo. Les zones spécialement protégées de l'Antarctique (ZSPA) les plus proches sont : Glacier Canada (ZSPA n° 131), située à 22 km au nord-est des Blood Falls dans la vallée Taylor ; Linneaus Terrace (ZSPA n° 138), située à 31 km au nord-ouest des Blood Falls dans la vallée Wright ; et Vallée Barwick (ZSPA n° 123), située à environ 43 km des Blood Falls.

6(v) Zones spéciales à l'intérieur de la zone

Il n'y a pas de zones spéciales à l'intérieur de la zone.

7. Critères de délivrance des permis

7(i) Conditions générales pour l'obtention d'un permis

L'accès aux composantes subaérienne ou sous-glaciaire de la zone est interdit sauf si un permis a été délivré à cet effet par les autorités nationales compétentes. Les critères de délivrance des permis d'accès à la zone sont les suivants :

- les permis sont uniquement délivrés pour la conduite de recherches scientifiques, pédagogiques ou de vulgarisation scientifique indispensables et ne pouvant être entreprises ailleurs, ou pour des raisons essentielles à la gestion de la zone ;
- les actions autorisées sont conformes à ce plan de gestion ;
- les activités autorisées tiendront dûment compte, via le processus d'évaluation de l'impact sur l'environnement, de la protection continue des valeurs environnementales, écologiques, scientifiques ou pédagogiques de la zone ;
- le permis sera délivré pour une période déterminée ;
- le permis ou une copie doit être conservé durant toute visite dans la zone.

7(ii) Accès à la zone et déplacements à l'intérieur de celle-ci

- Les véhicules sont interdits à l'intérieur de la zone.
- L'accès au glacier Taylor, les déplacements sur, et/ou au-dessus de sa surface dans la partie de la zone comprenant sa composante en sous-surface ne sont soumis à aucune restriction ;
- L'accès à la composante subaérienne de la zone et les déplacements à l'intérieur de celle-ci se feront normalement à pied ;
- Les hélicoptères permettant d'accéder aux Blood Falls devront, de façon générale, éviter les atterrissages dans la composante subaérienne de la zone, et devront de préférence atterrir dans l'aire d'atterrissage désignée à cet effet sur la rive nord-ouest du lac Bonney (162°16.30'E, 77°43.24'S, carte 2). Les hélicoptères peuvent être utilisés dans la composante subaérienne de la zone pour les livraisons de matériel essentiel pour des raisons scientifiques ou de gestion nécessaires pour lesquelles un permis a été délivré, mais ces livraisons doivent éviter dans toute la mesure du possible les chenaux supraglaciaires ;
- Les visiteurs ayant accédant à la composante subaérienne de la zone devront éviter les zones des coulées primaire et secondaire des Blood Falls, à moins que les activités autorisées par le permis ne requièrent l'accès à ces sites ;
- La voie préférée pour accéder à pied à la composante subaérienne de la zone depuis l'aire d'atterrissage des hélicoptères désignée prend son départ au lac Bonney, et gravit l'extrémité du glacier Taylor depuis les pentes situées au sud de la limite de la composante subaérienne (carte 2).

- Les seuls déplacements au sein de la composante subaérienne de la zone seront ceux nécessaires à la poursuite des activités pour lesquelles un permis a été délivré.

7(iii) Activités qui sont ou peuvent être menées dans la zone, y compris les restrictions à la durée et à l'endroit

- Travaux de recherche scientifique qui ne portent pas atteinte aux valeurs de l'écosystème ou scientifiques de la zone et ne nuisent pas à l'intégrité du système des Blood Falls ;
- Activités de gestion essentielles, y compris la surveillance et l'inspection ;
- Activités à des fins pédagogiques (telles que le reportage documentaire (photographique, audio ou écrit) ou la production de matériel ou de services éducatifs) auxquels il n'est pas possible de répondre ailleurs ;
- Les conditions spécifiques ci-après s'appliquent aux activités qui sont ou peuvent être menées dans les composantes en sous-surface et subaérienne de la zone :

    a) Activités qui sont ou peuvent être menées dans la composante en sous-surface de la zone

    - Tous les projets nécessitant l'accès à la composante en sous-surface de la zone devront considérer à l'avance les incertitudes quant aux caractéristiques du système hydrologique en sous-surface, et le risque que les activités envisagées aient un impact plus que mineur ou transitoire sur les valeurs de la zone. C'est dans cette perspective qu'une évaluation préalable de l'impact sur l'environnement de ces activités devra inclure un examen scientifique détaillé et robuste auquel pourront contribuer les experts concernés.
    - Ces propositions devront tenir compte du Code de conduite du SCAR sur l'accès à l'environnement aquatique sous-glaciaire et, selon le cas, d'autres protocoles et procédures sur les meilleurs pratiques développées afin que l'accès à l'environnement sous-glaciaire se fasse dans des conditions de sûreté et de respect de l'environnement (voir Committee on Principles of Environmental Stewardship for the Exploration and Study of Subglacial Environments 2007; Arctic and Antarctic Research Institute 2010; Lake Ellsworth Consortium 2011).
    - Toute les activités nécessitant l'accès à la composante en sous-surface de la zone devront inclure le suivi de l'efficacité des mesures de contrôle ou de prévention des rejets dans l'environnement mises en place.

    b) Activités qui sont ou peuvent être menées dans la composante subaérienne de la zone

    - L'échantillonnage des eaux de fonte des chenaux supraglaciaires se déversant dans la coulée principale des Blood Falls est autorisé, à condition que les mesures appropriées définies en section 7(vi) soient mises en place aux fins de réduire au minimum les contaminations possibles.

7(iv) Installation, modification ou retrait de structures ou de matériel

- Aucune structure ne peut être installée dans la zone sauf autorisation stipulée dans le permis et, à l'exception des bornes de surveillance permanentes et des signaux, aucune structure ou installation permanente ne doit être érigée à l'intérieur de la zone ;
- Toutes les structures, le matériel scientifique et les balises installés dans la zone devront être autorisés par un permis et identifier clairement le pays, le nom du chercheur responsable de l'équipe de recherche et l'année de l'installation. Tous ces éléments doivent être fabriqués à partir de matériaux posant un risque minimal de contamination de la zone.
- Toute activité liée à l'installation (y compris le choix du site), à l'entretien, à la modification ou à l'enlèvement de structures ou de matériel sera menée à bien de manière à minimiser les perturbations de l'environnement et de la faune et de la flore.
- L'enlèvement des structures ou d'équipements spécifiques dont le permis a expiré sera placé sous la responsabilité de l'autorité ayant délivré le permis original et sera une condition de délivrance du permis.
- Si des équipements doivent être laisses in situ dans la composante de sous-surface de la zone pendant des périodes prolongées, des dispositions seront prises pour réduire au minimum le risque de contamination et/ou de perte de matériel.
- Certains équipements ou matériels devront être installés dans des environnements aquatiques sous-glaciaires pour des raisons scientifiques et/ou de suivi (par exemple pour mesurer des processus géophysiques ou biogéochimiques, ou pour surveiller l'impact des activités humaines sur

l'environnement sous-glaciaire). Ces installations devront faire l'objet d'un examen spécifique dans l'évaluation de l'impact sur l'environnement de cette activité, et celle-ci inclura aussi la marche à suivre pour leur enlèvement et les risques et les bénéfices au cas où leur enlèvement ne serait pas pratique.

7(v) Emplacement des camps

- Il est interdit de camper dans la composante subaérienne de la zone.

Les campements sur le glacier Taylor dans la région comprise dans la composante en sous-surface de la zone ne sont sujets à aucune restriction.

Un camp de base désigné est situé à 77°43.24'S, 162°16.29'E, à environ 100 m au nord de la coulée principale des Blood Falls sur la rive nord-ouest du lac Bonney. Le camp est situé sur une aire en pente douce qui s'étend depuis environ 100 m du bord du lac Bonney et depuis environ 200 m au nord-est de Lawson Creek jusqu'à un repère géodésique permanent (TP02) situé à quelques 20 m de la rive du lac. Des emplacements de tente sont marqués par des cercles de pierres. Il faut utiliser, dans la mesure du possible, les emplacements de tente les plus éloignés de la rive du lac Bonney.

7(vi) Restrictions relatives aux matériaux et organismes pouvant être introduits sur le site

- L'introduction délibérée d'animaux, de végétaux, de micro-organismes ou de sols est interdite et les précautions visées ci-dessous seront prises en cas d'introductions accidentelles ;
- Les visiteurs devront prendre des précautions spéciales contre toute introduction afin de préserver les valeurs écologiques et scientifiques des Blood Falls et de réduire le risque d'introduction de microbes dans le système des Blood Falls. Les introductions particulièrement préoccupantes sont celles concernant les agents pathogènes, les microbes, les invertébrés ou les plantes issus d'autres sites antarctiques, y compris de stations, ou provenant d'autres régions hors de l'Antarctique. Les précautions qui seront prises au sein des composantes subaérienne et en sous-surface de la zone sont les suivantes :

    Composante subaérienne

    Les visiteurs devront veiller à ce que tout le matériel d'échantillonnage et de balisage soit propre. Les chaussures et autres équipements à utiliser dans la zone (sacs à dos et sacs à provision) devront aussi, dans toute la mesure du possible, être soigneusement nettoyés avant de pénétrer dans la zone. Pour réduire les risques de contamination microbienne, les surfaces exposées des chaussures, le matériel d'échantillonnage et les bornes devront être stérilisés avant de pouvoir être utilisés à l'intérieur de la zone. La stérilisation devra se faire au moyen d'une méthode acceptable comme par exemple le lavage dans une solution aqueuse d'éthanol à 70% ou dans une solution disponible sur le marché comme le « Virkon ». Des survêtements de protection stériles devront être portés pour procéder aux échantillonnages dans la partie subaérienne de la zone. Les survêtements portés devront convenir pour travailler à des températures de ou inférieures à -20 °C et devront consister au minimum d'une combinaison recouvrant les bras, les jambes et le corps, ainsi que de gants stériles pouvant être enfilés par-dessus les gants protégeant contre le froid. Des surchaussures stériles / de protection ne se prêtent pas aux déplacements sur le glacier et ne devront donc pas être utilisées ;

    Composante en sous-surface

    Pour éviter les introductions de microbes dans la plus grande mesure du possible, tout l'équipement qui sera introduit dans la composante en sous-surface de la zone devra être stérilisé avant d'être utilisé dans la sous-surface de la zone. La stérilisation devra se faire au moyen de méthodes acceptables spécifiées dans l'évaluation d'impact sur l'environnement pour cette activité ;

- Aucun herbicide ni pesticide ne doit y être introduit ;
- Tout autre produit chimique, y compris les radionucléides ou isotopes stables, susceptibles d'être introduits aux fins de la recherche scientifique ou de la gestion conformément au permis, sera retiré de la zone, au plus tard, lorsque les activités prévues au permis auront pris fin ;
- Aucun traceur chimique ne sera introduit dans la composante en sous-surface de la zone, et l'utilisation de traceurs dans la composante subaérienne de la zone se fera conformément à la section « Cours d'eau » des lignes directrices environnementales pour la recherche scientifique figurant à l'appendice B du plan de gestion de la ZGSA n° 2 Vallées sèches de McMurdo ;

- Aucun combustible ou autre produit chimique ne sera entreposé à l'intérieur de la zone, sauf pour des raisons indispensables liées à l'activité pour laquelle le permis a été délivré ;
- Tous les matériaux introduits dans la zone ne le seront que pour une période donnée et ils seront enlevés à ou avant la fin de ladite période, à moins qu'ils ne soient installés de façon permanente dans l'environnement aquatique sous-glaciaire à des fins scientifiques ou de surveillance, auquel cas les conditions imposées à leur utilisation seront justifiées et détaillées dans l'évaluation de l'impact sur l'environnement pour cette activité ;
- Tous les matériaux seront entreposés et gérés de telle sorte que les risques posés par leur introduction dans l'environnement soient réduits au minimum ;
- En cas de déversement susceptible de porter préjudice aux valeurs de la zone, les matériaux seront retirés dans la mesure où ce retrait n'entraînera pas de conséquences plus graves que de les laisser in situ.

7 (vii) Prélèvement de végétaux, capture d'animaux ou perturbations nuisibles de la faune et la flore

La prise ou l'interférence nuisible avec la flore et la faune indigènes est interdite, sauf si un permis a été délivré à cette fin au titre de l'annexe II du Protocole au Traité sur l'Antarctique relatif à la protection de l'environnement.

7 (viii) Prélèvement ou enlèvement de matériaux non introduits dans la zone par le détenteur d'un permis

- La collecte ou l'enlèvement de matériaux de la zone ne peut se faire qu'en conformité avec le permis, mais il doit se limiter au minimum requis pour les activités menées à des fins scientifiques ou de gestion.
- Les matériaux d'origine humaine susceptibles de porter atteinte aux valeurs de la zone, qui n'y ont pas été introduits par le titulaire du permis ou dont l'introduction n'a pas été autorisée, peuvent être retirés à moins que leur enlèvement soit plus préjudiciable que leur maintien in situ ; dans ce cas, l'autorité compétente doit être notifiée.

7 (ix) Évacuation des déchets

Tous les déchets, y compris les déchets d'origine humaine, seront évacués de la zone.

7(x) Mesures qui peuvent être nécessaires pour continuer de réaliser les buts du plan de gestion

Des permis peuvent être délivrés pour avoir accès à la zone aux fins de :

- mener des activités de surveillance et d'inspection de la zone, lesquelles peuvent comprendre le prélèvement d'un petit nombre d'échantillons ou de données pour analyse ou examen ;
- ériger ou maintenir des poteaux indicateurs, des bornes, des structures ou du matériel scientifique ; et
- mener à bien des mesures de protection.

7 (xi) Rapports de visite

- Le principal détenteur du permis soumettra, pour chaque visite dans la zone, un rapport à l'autorité nationale appropriée, dès que cela lui sera possible, et au plus tard six mois après la fin de ladite visite.
- Ces rapports doivent, le cas échéant, inclure les informations identifiées dans le guide pour l'élaboration des plans de gestion des zones spécialement protégées de l'Antarctique. Le cas échéant, l'autorité nationale doit également adresser un exemplaire du rapport de visite à la Partie qui a proposé le plan de gestion, afin d'aider à la gestion de la zone et à la révision du plan de gestion.
- Les Parties devront, dans la mesure du possible, déposer les originaux ou les copies de ces rapports dans des archives accessibles au public, afin de conserver un registre de fréquentation qui servira à l'examen du plan de gestion et à l'organisation de l'utilisation scientifique de la zone.
- Lorsque l'accès à la composante en sous-surface de la zone est requis, les rapports devront également inclure l'emplacement des sites de forage avec une précision de ±1m, et fournir des détails concernant la méthode de forage et le type de fluide de forage employé. Toute contamination de l'environnement de sous-surface fera l'objet d'un rapport. Les rapports feront mention des mesures de suivi mises en place aux fins de vérifier l'efficacité des mesures mises en place pour contrôler la contamination, notamment celles liées au contrôle microbien.

- L'autorité compétente doit être informée de toutes les activités ou mesures entreprises, et / ou des matériaux rejetés et non-enlevés, qui n'avaient pas été prévus par le permis.

Références

Aciego, S.M., Cuffey, K.M., Kavanaugh, J.L., Morse, D.L. & Severinghaus, J.P. 2007. Pleistocene ice and paleo-strain rates at Taylor Glacier, Antarctica. *Quaternary Research* **68**: 303–13.

Angino, E.E., Armitage, K.B. & Tash, J.C. 1964. Physicochemical limnology of Lake Bonney, Antarctica. *Limnology and Oceanography* **9** (2): 207–17.

Arctic and Antarctic Research Institute 2010.Water sampling of the subglacial Lake Vostok. Final Comprehensive Environmental Evaluation. Russian Antarctic Expedition, Arctic and Antarctic Research Institute. St Petersburg, Russia.

Barrett, J.E., Virginia, R.A., Wall, D.H., Parsons, A.N., Powers, L.E. & Burkins, M.B. 2004.   Variation in biogeochemistry and soil biodiversity across spatial scales in a polar desert ecosystem. *Ecology* **85** (11): 3105-18.

Black, R.F. & Bowser, C.J. 1967. Salts and associated phenomena of the termini of the Hobbs and Taylor Glaciers, Victoria Land, Antarctica. *International Union of Geodesy and Geophysics, Commission on Snow and Ice. Publication* **79**: 226-38.

Black, R. F., Jackson, M. L. & Berg, T. E., 1965. Saline discharge from Taylor Glacier, Victoria Land, Antarctica. *Journal of Geology* **74**: 175-81.

Bliss, A.K., Cuffey, K.M. & Kavanaugh, J.L. 2011. Sublimation and surface energy budget of Taylor Glacier, Antarctica. *Journal of Glaciology* **57** (204): 684-96.

Burkins, M.B., Virginia, R.A., Chamberlain, C.P. & Wall, D.H. 2000. Origin and Distribution of Soil Organic Matter in Taylor Valley, Antarctica. *Ecology* **81** (9): 2377-91.

Campbell, I.B. & Claridge, G.G.C. 1987. *Antarctica: soils, weathering processes and environment* (Developments in Soil Science 16). Elsevier, New York.

Carmichael, J.D., Pettit, E.C., Creager, K.C. & Hallet, B. 2007. Calving of Talyor Glacier, Dry Valleys, Antarctica. Eos Transactions AGU **88** (52), Fall Meeting Supplement, Abstract C41A-0037.

Christner, B.C., Doyle, S.M., Montross, S.N., Skidmore, M.L., Samyn, D., Lorrain, R., Tison, J. and Fitzsimons, S. 2010. A subzero microbial habitat in the basal ice of an Antarctic glacier. AGU Fall Meeting 2010, Abstract B21F-04.

Committee on the Principles of Environmental Stewardship for the Exploration and Study of Subglacial Environments, 2007. Exploration of Antarctic Subglacial Aquatic Environments: Environmental and Scientific Stewardship. Polar Research Board, National Research Council, National Academies Press, Washington D.C. (http://www.nap.edu/catalog/11886.html).

Fountain, A.G., Lyons, W.B., Burkins, M.B. Dana, G.L., Doran, P.T., Lewis, K.J., McKnight, D.M., Moorhead, D.L.,Parsons, A.N., Priscu, J.C., Wall, D.H., Wharton, Jr., R.A. & Virginia, R.A. 1999. Physical controls on the Taylor Valley ecosystem, Antarctica. *BioScience* **49** (12): 961-71.

Fountain, A.G., Nylen, T.H., MacClune, K.J., & Dana, G.L. 2006. Glacier mass balances (1993-2001) Taylor Valley, McMurdo Dry Valleys, Antarctica. *Journal of Glaciology* **52** (177): 451-465.

Lake Ellsworth Consortium 2011. Proposed exploration of subglacial Lake Ellsworth, Antarctica: Projet d'évaluation globale d'impact sur l'environnement British Antarctic Survey, Cambridge.

Hall, B.L. & Denton, G.H. 2000. Radiocarbon Chronology of Ross Sea Drift, Eastern Taylor Valley, Antarctica: Evidence for a Grounded Ice Sheet in the Ross Sea at the Last Glacial Maximum. *Geografiska Annaler: Series A, Physical Geography* **82** (2-3): 305-36.

Hamilton, W. L., Frost, I. C. & Hayes P. T. 1962. Saline Features of a Small Ice Platform in Taylor Valley, Antarctica. USGS Professional Paper **450B**. US Geological Survey: B73-76.

Hendy, C.H., Healy, T.R., Rayner, E.M., Shaw, J. & Wilson, A.T. 1979. Late Pleistocene glacial chronology of the Taylor Valley, Antarctica, and the global climate. *Quaternary Research* **11** (2): 172-84.

Higgins, S.M., Denton, G. H. & Hendy, C. H. 2000. Glacial Geomorphology of Bonney Drift, Taylor Valley, Antarctica. *Geografiska Annaler. Series A, Physical Geography* **82** (2-3): 365-89.

Holt, J.W., Peters, M.E., Morse, D.L., Blankenship, D.D., Lindzey, L.E., Kavanaugh, J.L. & Cuffey, K.M. 2006. Identifying and characterising subsurface echoes in airborne radar sounding from a high-clutter environment in the Taylor Valley, Antarctica. 11th International Conference on Ground Penetrating Radar, June 19-22, 2006, Columbus Ohio, USA.

Hubbard, A., Lawson, W., Anderson, B., Hubbard, B. & Blatter, H. 2004. Evidence of subglacial ponding across Taylor Glacier, Dry Valleys, Antarctica. *Annals of Glaciology* **39**: 79–84.

Johnston, R.R., Fountain, A.G. & Nylen, T.H. 2005. The origins of channels on lower Taylor Glacier, McMurdo Dry Valleys, Antarctica, and their implication for water runoff. *Annals of Glaciology* **40**: 1-7.

Kavanaugh. J.L.& Cuffey, K.M. 2009. Dynamics and mass balance of Taylor Glacier, Antarctica: 2. Force balance and longitudinal coupling. *Journal of Geophysical Research* **114**: F04011.

Kavanaugh. J.L., Cuffey, K.M., Morse, D.L., Conway, H. & Rignot, E. 2009a. Dynamics and mass balance of Taylor Glacier, Antarctica: 1. Geometry and surface velocities. *Journal of Geophysical Research* **114**: F04010.

Kavanaugh. J.L., Cuffey, K.M., Morse, D.L., Bliss, A.K. & Aciego, S.M. 2009b. Dynamics and mass balance of Taylor Glacier, Antarctica: 3. State of mass balance. *Journal of Geophysical Research* **114**: F04012.

Keys, J.R. 1979. The saline discharge at the terminus of Taylor Glacier. *Antarctic Journal of the United States* **14**: 82-85.

Keys, J.R 1980. Salts and their distribution in the McMurdo region, Antarctica. Chapter 8 in unpublished PhD thesis held at Victoria University of Wellington NZ, and Byrd Polar Research Center, Columbus, Ohio: 240-82.

Lyons, W.B., Nezat, C.A., Benson, L.V., Bullen, T.D., Graham, E.Y., Kidd, J., Welch, K.A. & Thomas, J.M. 2002. Strontium isotopic signatures of the streams and lakes of Taylor Valley, Southern Victoria Land, Antarctica: chemical weathering in a polar climate. *Aquatic Geochemistry* **8** (2): 75-95.

Lyons, W.B. Tyler, S.W. Wharton Jr R.A., McKnight D.M. and Vaughn B.H. 1998. A Late Holocene desiccation of Lake Hoare and Lake Fryxell, McMurdo Dry Valleys, Antarctica. *Antarctic Science* **10** (3): 247-56.

Lyons, W.B., Welch, K.A., Snyder, G., Olesik, J., Graham, E.Y., Marion, G.M. & Poreda, R.J. 2005. Halogen geochemistry of the McMurdo dry valleys lakes, Antarctica: Clues to the origin of solutes and lake evolution. *Geochimica et Cosmochimica Acta*, **69** (2): 305–23.

Mager, S., Fitzsimons, S., Frew, R. & Samyn, D. 2007. Stable isotope composition of the basal ice from Taylor Glacier, southernVictoria Land, Antarctica. U.S. Geological Survey and The National Academies; USGS OF-2007-1047, Extended Abstract 109.

Mager, S. 2006. A compositional approach to understanding the formation of basal ice in Antarctic glaciers. Unpublished PhD Thesis; University of Otago, Dunedin, New Zealand.

Marchant, D. R., Denton, G. H. & Sugden, D. E. 1993. Miocene glacial stratigraphy and landscape evolution in the western Asgard Range, Antarctica. *Geografiska Annaler* **75**:269-302.

Mikucki, J. A. 2005. *Microbial Ecology of an Antarctic Subglacial Environment.* Unpublished PhD Thesis; Montana State University, Bozeman, Montana.

Mikucki, J.A., Foreman, C.M., Sattler, B., Lyons, W.B. & Priscu, J.C. 2004. Geomicrobiology of Blood Falls: An iron-rich saline discharge at the terminus of the Taylor Glacier, Antarctica. *Aquatic Geochemistry* **10**:199-220.

Mikucki, J.A., Pearson, A., Johnston, D.T. Turchyn, A.V., Farquhar, J., Schrag, D.P., Anbar, A.D., Priscu, J.C. & Lee, P.A. 2009. A Contemporary Microbially Maintained Subglacial Ferrous 'Ocean'. *Science* **324**: 397-400.

Mikucki, J.A. & Priscu, J.C. 2007. Bacterial diversity associated with Blood Falls, a subglacial outflow from the Taylor Glacier, Antarctica. *Applied and Environmental Microbiology* **73** (12): 4029-39.

Pettit, E.C., Nylen, T.H., Fountain, A.G. & Hallet, B. 2006. Ice Cliffs and the Terminus Dynamics of Polar Glaciers. *Eos Transactions AGU* **87** (52) Fall Meeting Supplement, Abstract C41A-0312.

Pugh, H.E., Welch, K.A., Lyons, W.B., Priscu, J.C. & McKnight, D.M. 2003. The biogeochemistry of Si in the McMurdo Dry Valley lakes, Antarctica. *International Journal of Astrobiology* **1** (4): 401–13.

Samyn, D., Fitzsimmons, S.J. & Lorrain, R.D. 2005. Strain-induced phase changes within cold basal ice from Taylor Glacier, Antarctica, indicated by textural and gas analyses. *Journal of Glaciology* **51** (175): 165–69.

Samyn, D., Svensson, A. & Fitzsimons, S. 2008. Discontinuous recrystallization in cold basal ice from an Antarctic glacier: dynamic implications. *Journal of Geophysical Research* **113** F03S90, doi:101029/2006JF000600.

SCAR 2011. SCAR Code of Conduct for the exploration and research of subglacial aquatic environments. Information Paper 33, ATCM XXXIV, Buenos Aires.

Souchez, R., Samyn, D., Lorrain, R., Pattyn, F. & Fitzsimons, S. 2004. An isotopic model for basal freeze-on associated with subglacial upward flow of pore water. *Geophysical Research Letters* **31** L02401.

Stone, W., Hogan, B., Flesher, C., Gulati, S., Richmond, K., Murarka, A., Kuhlman, G., Sridharan, M., Siegel, V., Price, R.M., Doran, P.T. & Priscu, J. 2010. Design and Deployment of a Four-Degrees-of-Freedom Hovering Autonomous Underwater Vehicle for sub-Ice Exploration and Mapping. *Proceedings of the Institution of Mechanical Engineers, Part M: Journal of Engineering for the Maritime Environment* **224**: 341–61.

Stuvier, M., Denton, G. H., Hughes, T. J. & Fastook, J. L. 1981. History of the marine ice sheet in West Antarctica during the last glaciation: a working hypothesis. In Denton, G. H. and Hughes, T. H., Eds. The last great ice sheets. Wiley-Interscience, New York: 319–436.

Takacs, C.D. 1999. Temporal Change in Bacterial Plankton in the McMurdo Dry Valleys. Unpublished Ph.D. Thesis; Montana State University, Bozeman, Montana.

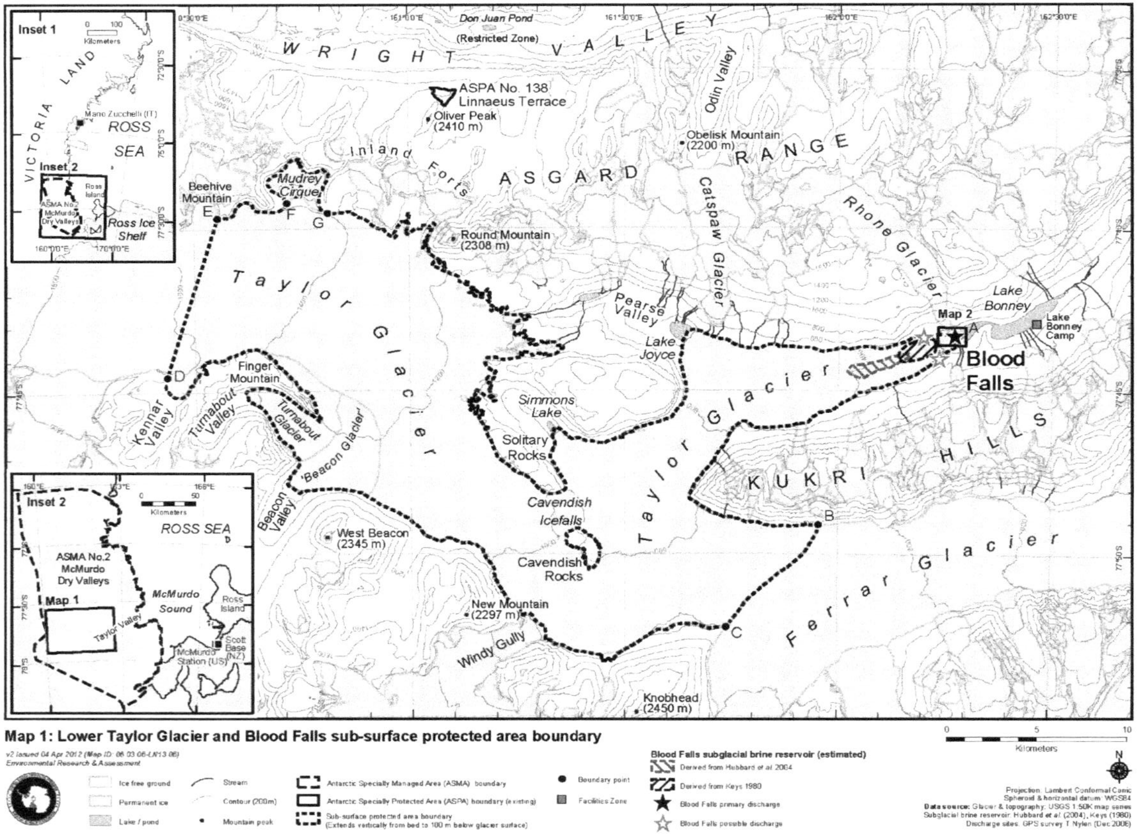

Map 1: Lower Taylor Glacier and Blood Falls sub-surface protected area boundary

v2 Issued 04 Apr 2012 (Map ID: 06.03.06-LN13.06)
Environmental Research & Assessment

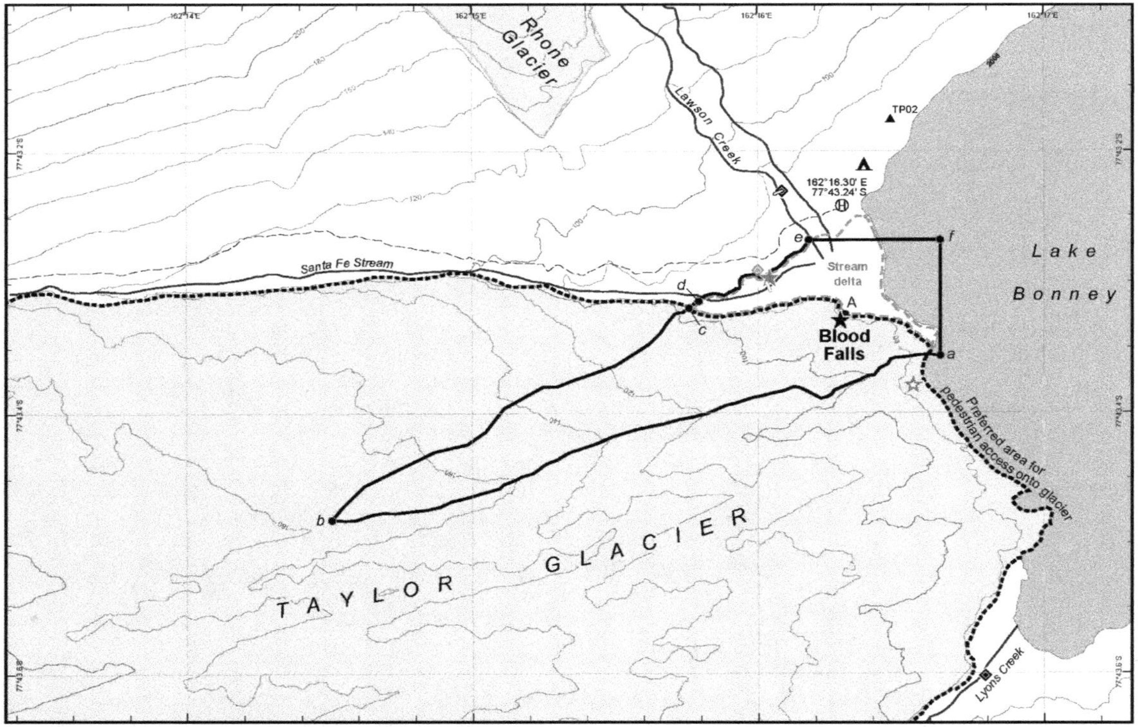

Map 2: Blood Falls sub-surface and sub-aerial protected area boundary

Île de la Déception

Ensemble de mesures de gestion

Introduction

L'île de la Décepcion est une île unique dans l'Antarctique avec d'importantes valeurs naturelles, scientifiques, historiques, éducatives et esthétiques.

Au fil des ans, différentes parties de l'île ont bénéficié d'une protection juridique en vertu du Traité sur l'Antarctique suite à des propositions irrégulières, mais aucune stratégie cohérente n'avait été formulée pour protéger l'ensemble de l'île. En 2000, une stratégie intégrée pour la gestion d'activités a été acceptée par l'Argentine, le Chili, la Norvège, l'Espagne et le Royaume-Uni.

Cette stratégie recommandait une approche tenant compte de l'ensemble de l'île. L'île de la Déception serait proposée en tant que Zone gérée spéciale de l'Antarctique (ZGSA) comprenant une matrice des zones spécialement protégées de l'Antarctique (ZSPA), des sites et monuments historiques (HSM) et d'autres zones où les activités seraient soumises à un code de conduite.

En mars 2001, l'Instituto Antártico Chileno a organisé un atelier à Santiago en vue de faire avancer le plan de gestion pour l'île de la Déception. Le groupe de travail sur l'île de la Déception s'est élargi pour inclure les États-Unis, ainsi que la Coalition sur l'Antarctique et l'océan austral (ASOC) et l'Association internationale des organisateurs de voyages (IAATO) pour conseiller le groupe.

En février 2002, la Dirreción Nacional del Antártico (Argentine) a organisé une expédition sur l'île à la station Decepción. Les représentants issus des six programmes antarctiques nationaux ainsi que de l'ASOC et de l'IAATO ont participé. L'objectif global de l'expédition consistait à entreprendre un travail d'étude de base sur le terrain pour assister la préparation conjointe d'un ensemble de mesures de gestion par les six parties consultative du Traité sur l'Antarctique pour l'île de la Déception.

Suite à une nouvelle consultation extensive, la première version de l'ensemble de mesures de gestion pour l'île de la Déception a été produite. Elle vise à conserver et protéger l'environnement unique de l'île de la Déception, tout en gérant la variété d'exigences concurrentes placées sur elle, notamment la science, le tourisme et la conservation de ses valeurs naturelles et historiques. Elle a également pour objectif de protéger ceux qui travaillent sur l'île ou qui la visitent. Les documents d'information soumis au CPE (XII SATCM/IP8, XXIV ATCM/IP63, XXV ATCM/IP28 et XXVI ATCM/IP48) donnent plus de détails sur la consultation extensive et les études du site qui ont généré la production de l'ensemble de mesures de gestion pour l'île de la Déception.

Conformément à l'Article 6 (3) de l'Annexe V au Protocole environnemental, une procédure d'examen pour le plan de gestion a été lancée en 2010 et, d'après des discussions et de nouvelles informations, un plan de gestion révisé a été produit en 2012 et soumis à la considération et l'approbation du CPE/RCTA.

Plan de gestion pour la zone gérée spéciale de l'Antarctique N°4 de l'île de la Déception dans les îles Shetland du Sud en Antarctique

1. Valeurs à protéger et activités à encadrer

L'île de la Déception (62°57' de latitude sud, 60°38' de longitude ouest) dans les îles Shetland du Sud est une île unique de l'Antarctique avec d'importantes valeurs naturelles, scientifiques, historiques, éducatives et esthétiques.

i. Valeurs naturelles

- L'île de la Déception fait partie des deux seuls volcans dans l'Antarctique où des éruptions ont été observées. Elle a été responsable de nombreuses couches de cendres dispersées à travers les îles Shetland du Sud, le détroit de Bransfield et la mer de Scotia. Des cendres de l'île ont été trouvées dans un échantillon de carotte de glace provenant du pôle sud. Au 20ème siècle, le volcan est entré en éruption au cours de deux périodes brèves, la plus récente étant de 1967 à 1970. Il contient une caldeira active qui se déforme activement. Ainsi, il est probable que l'île de la Déception connaîtra d'autres éruptions à l'avenir.

- La zone compte un ensemble de flores exceptionnellement importantes, notamment au moins 18 espèces qui n'ont pas été signalées ailleurs dans l'Antarctique. Elle n'est comparable à aucune autre zone dans l'Antarctique. Les toutes petites communautés biologiques uniques associées aux zones géothermiques de l'île sont d'une importance particulière et la communauté la plus extensive connue de la plante à fleurs sagine antarctique (*Colobanthus quitensis*).

- Neuf espèces d'oiseaux marins se reproduisent sur l'île, notamment l'une des plus grandes colonies de manchots à jugulaire (*Pygoscelis antarctica*).

- L'habitat benthique de Port Foster présente un intérêt écologique du fait des perturbations naturelles causées par l'activité volcanique.

ii. Valeurs scientifiques et activités

- La zone présente un intérêt scientifique exceptionnel, en particulier pour les études en géoscience et en science biologique. Elle offre l'opportunité rare d'étudier les effets de changements environnementaux sur un écosystème et sur les dynamiques de cet écosystème alors qu'il se remet de perturbations naturelles.

- Des ensembles de données géochimiques, séismologiques et biologiques à long terme ont été recueillies à la station Decepción (Argentine) et la station Gabriel de Castilla (Espagne)[1].

iii. Valeurs historiques

- La zone a connu une longue histoire d'activités humaines depuis les années 1820, notamment exploration, chasse aux phoques, chasse à la baleine, aviation et recherches scientifiques, et à ce titre, elle a joué un rôle considérable dans les affaires de l'Antarctiques.

- Dans la baie de Whalers, la station norvégienne de chasse à la baleine Hektor, le cimetière et d'autres artéfacts, dont certains sont antérieurs à la station de chasse à la baleine, sont les vestiges de chasse à la baleine les plus importants dans l'Antarctique. La 'Base B' britannique, qui a été établie dans la station abandonnée de chasse à la baleine, a été la première base de l'expédition secrète 'Operation Tabarin' au cours de la deuxième guerre mondiale et a ouvert la voie pour l'étude British Antarctic Survey. À ce titre, il s'agissait de l'une des toutes premières stations de recherche permanente dans l'Antarctique. Les vestiges des baleiniers et la 'Base B' figurent sur la liste des sites et monuments historiques (HSM) N°71. L'Annexe 3 contient la stratégie de conservation pour les HSM N°71.

- Les vestiges de la station chilienne Presidente Pedro Aguirre Cerda à l'anse Pendulum figurent sur la liste de HSM N°76. Des études météorologiques et volcanologiques ont été menées à la base depuis 1955 jusqu'à sa destruction par des éruptions volcaniques en 1967 et en 1969.

v. Valeurs esthétiques

- La caldeira inondée de l'île de la Déception, sa forme en fer à cheval et son littoral oriental linéaire glacé, ses pentes volcaniques stériles, ses plages à vapeur et ses glaciers recouverts de cendres fournissent un paysage unique en Antarctique.

iv. Valeurs éducatives

- L'île de la Déception est l'un des rares lieux au monde où des navires peuvent naviguer directement au centre d'une caldeira volcanique active, offrant aux visiteurs la possibilité d'en savoir plus sur les volcans et d'autres aspects du monde naturel, ainsi que sur les premières explorations, la chasse à la baleine et la science dans l'Antarctique. L'île de la Déception est également l'un des sites de l'Antarctique les plus fréquemment visités par les touristes.

---

[1] L'Espagne a recueilli des données séismologiques depuis l'ouverture de la station Gabriel de Castilla en 1989 ; les ensembles de données sont disponibles au Centre national des données polaires (NPDC) d'Espagne. Les ensembles de données biologiques ont été recueillis à intervalles irréguliers depuis 2001 et ils sont également disponibles au NPDC.

2. Buts et objectifs

Le principal objectif de cet ensemble de mesures de gestion consiste à conserver et protéger l'environnement unique et exceptionnel de l'île de la Déception, tout en encadrant les diverses exigences qui s'y imposent, notamment la science, le tourisme et la conservation de ses valeurs naturelles et historiques. Il vise également à veiller à la sécurité de ceux qui travaillent sur l'île ou qui la visitent.

Les objectifs de gestion sur l'île de la Déception sont les suivants :

- Aider à la planification et à la coordination des activités dans la zone, encourager une coopération entre les parties au Traité sur l'Antarctique et les autres parties prenantes et traiter les conflits d'intérêt potentiels ou réels entre les différentes activités, notamment la science, la logistique et le tourisme ;

- éviter la dégradation inutile par des perturbations humaines des valeurs naturelles uniques de la zone ;

- protéger en particulier les valeurs scientifiques et de la nature à l'état sauvage pour les **espaces de la zone qui** jusqu'ici n'ont pas été considérablement modifiées par des activités humaines (notamment les surfaces volcaniques récemment créées) ;

- minimiser la possibilité d'introduction d'espèces non indigènes du fait des activités humaines ;

- empêcher une perturbation, une destruction ou un retrait inutile de bâtiments, structures et artéfacts historiques ;

- protéger des risques volcaniques ceux qui travaillent dans la zone ou à proximité et ceux qui la visitent ;

- encadrer les visites dans cette île unique et promouvoir, par l'éducation, une sensibilisation à son importance.

3. Activités de gestion

Pour atteindre les buts et objectifs de ce plan de gestion, les activités de gestion suivantes seront entreprises :

- Les parties ayant un intérêt actif dans la zone doivent établir un groupe de gestion de l'île de la Déception pour :

  - coordonner les activités dans la zone ;
  - faciliter la communication entre ceux qui travaillent dans la zone ou qui la visitent ;
  - tenir à jour un dossier sur les activités dans la zone ;

- diffuser des informations et des éléments d'information sur l'importance de l'île de la Déception pour ceux qui la visitant ou qui y travaillent ;
- surveiller le site pour étudier les impacts cumulatifs issus des activités scientifiques, des installations permanentes, du tourisme/des visiteurs et de la gestion ;
- superviser la mise en œuvre de ce plan de gestion et le revoir selon de besoin.

- un Code de conduite général couvrant toute l'île pour les activités dans la zone est joint au présent plan de gestion de la ZGSA (voir Section 9). D'autres Codes de conduite spécifiques au site sont joint á la stratégie de conservation pour le SMH N°71 de la baie Whalers (Annexe 3), ainsi que le Code de conduite pour la zone des installations (Annexe 4), le Code de conduite pour les visiteurs (Annexe 5) et les Lignes directrices pour les visites de sites relatives á la baie Telefon, la baie Whalers, l'anse Pendulum et Baily Head. Ces Codes de conduite et lignes directrices pour les visites de sites doivent être utilisés pour encadrer les activités dans la zone ;

- les programmes antarctiques nationaux qui travaillent dans la zone doivent s'assurer que leur personnel est informé et a connaissance des dispositions de ce plan de gestion et des documents joints ;

- les voyagistes qui visitent la zone doivent s'assurer que leurs personnels, équipages et passagers sont informés et ont connaissance des dispositions de ce plan de gestion et des documents joints ;

- des panneaux et balisages seront érigés selon les besoins et de façon appropriée pour indiquer les limites des ZSPA et d'autres zones, comme l'emplacement d'activités scientifiques. Les panneaux et balisages seront bien conçus pour être informatifs et évidents, sans toutefois constituer des obstacles. Ils seront également fixés et maintenus en bon état et retirés lorsqu'ils ne seront plus nécessaires ;

- le plan d'alerte volcanique (présenté dans l'Annexe 6) sera mis en œuvre. Ce plan, ainsi que le plan d'évacuation d'urgence, seront régulièrement revus ;

- Les parties autorisant des activités dans la zone des îles Shetland du Sud doivent s'assurer que les responsables de l'activité sont conscients qu'il est préférable d'éviter d'utiliser l'île de la Déception comme port d'urgence en cas d'accidents/incidents maritimes du fait de la sensibilité écologique de l'île et de risques en matière de sécurité. Les parties doivent s'assurer que les responsables de l'activité se familiarisent avec les ports d'urgence alternatifs dans la zone et en encourager l'utilisation si la situation le rend possible et opportun.

- Des copies de ce plan de gestion et des documents joints, en anglais et en espagnol, seront rendus disponibles à la station Decepción (Argentine) et à la station Gabriel de Castilla (Espagne). Par ailleurs, le groupe chargé de la gestion de l'île de la Déception doit encourager les opérateurs antarctiques nationaux, les voyagistes et, dans la mesure du possible, les opérateurs de voiliers qui visitent la zone, d'avoir des copies de ce plan de gestion à disposition lorsqu'ils visitent la zone ;

- Des visites de la zone devront être conduites selon que de besoin (au moins une fois tous les 5 ans) par les membres du groupe de gestion de l'île de la Déception pour s'assurer que les exigences de ce plan de gestion sont respectées.

4.　　Durée de désignation

Désignée pour une durée indéterminée.

5.　　Description de la zone

i. Coordonnées géographiques, bornage et éléments naturels

Description générale

L'île de la Déception (62°57' de latitude sud, 60°38' de longitude ouest) se trouve dans le détroit de Bransfield à l'extrémité méridionale des îles Shetland du Sud, au large de la côte nord-ouest de la péninsule antarctique (cartes 1 et 2). La limite de la ZGSA est définie comme la ligne côtière externe de l'île au-dessus de la ligne de marée basse. Elle inclut les eaux et les fonds marins de Port Foster au nord d'une ligne qui traverse les soufflets de Neptune entre la pointe Entrance et les rochers Cathedral (carte 3). Aucun bornage n'est requis pour la ZGSA, car la côte est clairement définie et visuellement évidente.

Géologie, géomorphologie et activité volcanique

L'île de la Déception est un volcan basaltique actif. Elle a un diamètre de base submergé d'environ 30 km et s'élève à 1,5 km au-dessus du fond océanique. Le volcan a une grande caldeira inondée, conférant à l'île une forme distinctive en fer à cheval, rompue uniquement au niveau du versant sud-est par les soufflets de Neptune, un passage étroit peu profond d'environ 500 m de large.

L'éruption qui a formé la caldeira s'est déroulée il y a peut-être 10 000 ans. Une éruption explosive, violente et de grande envergure, a évacué environ 30 km^3 de roche fondue, si rapidement que la région au sommet du volcan s'est effondrée pour former la caldeira de Port Foster. Les retombées de cendre et les tsunamis qui en ont résulté ont eu un impact considérable sur l'environnement dans la région du nord de la péninsule antarctique. Le volcan était particulièrement actif à la fin des 18ème et 19ème siècles, lorsque de nombreuses éruptions ont eu lieu. En revanche, les éruptions au 20ème siècle se sont limitées à deux courtes périodes, aux alentours de 1906 à 1910 et de 1967 à 1970. En 1993, une activité sismique sur l'île de la Déception a été accompagnée d'une déformation du terrain et d'une augmentation des températures des nappes phréatiques autour de la station Decepción.

Depuis, le volcan a retrouvé son état normal, calme pour l'essentiel. Toutefois, le fond du Port Foster s'élève rapidement d'un point de vue géologique (environ 30 cm par an). Avec l'enregistrement d'éruptions historiques et la présence de longue date de zones d'activité géothermiques, cette caldeira est classée comme active avec un risque volcanique important.

Environ 57 % de l'île est recouvert de glaciers permanents, dont beaucoup sont recouverts de cendre volcanique. Des buttes et crêtes basses de débris transportés par la glace (moraines) sont présentes autour du pourtour des glaciers.

Un anneau presque complet de collines, s'élevant à 539 m au niveau du mont Pond, entoure l'intérieur effondré de Port Foster et il constitue la principale ligne de partage des eaux sur l'île. Des sources éphémères s'écoulent vers les côtes externes et intérieures. Plusieurs lacs se trouvent sur la ligne de partage intérieure du bassin.

Climat

Le climat de l'île de la Déception est maritime polaire. La température moyenne annuelle de l'air au niveau de la mer est de –2,9°C. Les températures extrêmes vont de 11°C à – 28 °C. Les précipitations, dont plus de 50 % tombent en été, sont fortes pour la région, avec une moyenne annuelle équivalente à une pluviosité d'environ 500 mm. Les vents prédominants viennent du nord-est et de l'ouest.

Écologie marine

L'écologie marine de Port Foster a été considérablement influencée par les activités volcaniques et les dépôts de sédiments. La ZSPA N°145, comprenant deux sous-sites, se trouve dans la zone. Le plan de gestion pour la ZSPA 145, contenu dans l'Annexe 2, donne plus de détails sur l'écologie marine de Port Foster.

Flore

L'île de la Déception est un site botanique unique d'importance exceptionnelle. La flore comprend au moins 18 espèces de mousses, d'hépatiques et de lichens qui n'ont pas été signalées ailleurs dans l'Antarctique. De petites communautés, qui comprennent des espèces rares et des associations uniques de taxons, poussent dans un certain nombre de zones géothermiques, dont certaines compte des fumerolles. De plus, concentration la plus extensive connue de sagine antarctique (*Colobanthus quitensis*) se trouve entre Baily Head et la pointe Sud-est.

Dans beaucoup de zones, les surfaces de terrain créées par les éruptions de 1967 à 1970 sont rapidement colonisées, probablement grâce à l'augmentation des températures estivales qui sont maintenant observées dans la péninsule antarctique sous l'effet du changement climatique régional.

La ZSPA N°140, comprenant 11 sous-sites, se trouve dans la zone. La plan de gestion pour la ZSPA N°140 est contenu dans l'Annexe 1. Il donne plus de détails sur la flore de l'île de la Déception.

Invertébrés

Les invertébrés terrestres et d'eau douce observés sur l'île de la Déception comprennent 18 espèces d'Acarina (acariens), 1 espèce de diptera (mouche), 3 espèces de tartigrada (tartigrades), 9 espèces de collembola (collemboles), 3 de crustacés d'eau douce, 14 de nématoda (nématodes), 1 de gastrotricha (gastrotriche) et 5 de rotifera (rotifères). Des colonies de tiques d'oiseaux marins (*Ixodes uriae*) sont fréquemment trouvées sous les roches à côté des roqueries de pingouins (par ex. : à la colonie du col de Vapour).

La zone intertidale des côtes de sédiments abritent un certain nombre d'espèces invertébrées, principalement dans la zone saturée : 3 espèces d'amphipodes, 3 espèces de prosobranches et un ensemble encore non identifié d'espèces oligochètes et polychètes. L'abondance et la biodiversité des invertébrés est supérieure sur les plages de galets et de gros rochers que dans les sédiments sableux. Des macro-algues rouges et vertes sont fréquemment observées dans ces lieux, soit échouées, soit fixées à des pierres.

Oiseaux

Neuf espèces d'oiseaux se reproduisent dans la zone. Les plus nombreux sont les pingouins à jugulaire (*Pygoscelis antarctica*), avec une population estimée à environ 70 000 couples au total sur l'île. La plus grande colonie se trouve à Baily Head, avec les dernières estimations indiquant 50 000 couples[2]. Au cours des 20 dernières années, la population de pingouins à jugulaire a décliné dans la zone, probablement du fait des effets du changement climatique sur l'abondance en krill. Les études les plus récentes indiquent un déclin de 50 % des couples à Baily Head depuis le recensement au cours de la saison 1986/87[3].

Bien qu'il ait été possible d'observer occasionnellement des gorfous dorés (*Eudyptes chrysolophus*) nicher en petits nombres sur l'île, aucun oiseau en phase de reproduction n'a été observé ces deux dernières décennies. Les grands labbes (*Catharacta antarctica lonnbergi*), les labbes antarctiques (*Catharacta maccormicki*), les goélands dominicains (*Larus dominicanus*), les damiers du Cap (*Daption capensis*), les océanites de Wilson (*Oceanites oceanicus*), sternes couronnées (*Sterna vittata*), les cormorants impériaux (*Phalacrocorax bransfieldensis*) et les chionis blancs (*Chionis alba*) se reproduisent également dans la zone.

---

[2] Les estimations s'appuient sur des études menées par les États-Unis au cours de la saison 2011/12. Les résultats de l'étude ont été soumis pour publication (consulter la note de bas de page 3 pour des détails sur la soumission).

[3] Naveen, R., H. J. Lynch, S. Forrest, T. Mueller et M. Polito. 2012. La première étude directe sur les pingouins à travers l'ensemble du site de l'île de la Déception dans l'Antarctique suggère des déclins considérables chez les pingouins à jugulaire qui viennent se reproduire. Actuellement soumis à l'examen de Polar Biology.
Barbosa, A., Benzal, J., De Leon, A., Moreno, J. Déclin de la population de pingouins à jugulaire (*Pygoscelis antarctica*) sur l'île de la Déception dans les îles Shetlands du Sud dans l'Antarctique. Actuellement soumis à l'examen de Polar Biology (2ème examen).

Mammifères

L'île de la Déception n'abrite aucun mammifère en reproduction. Les otaries à fourrure de l'Antarctique (*Arctocephalus gazella*), les phoques de Weddell (*Leptonychotes weddelli*), les phoques crabiers (*Lobodon carcinophagus*), les éléphants de mer du sud (*Mirounga leonina*) et les léopards de mer (*Hydrurga leptonyx*) s'échouent sur les plages de la côte intérieure et extérieure. À de rares intervalles, il est possible d'observer des baleines – principalement des baleines à bosses (*Megaptera novaeangliae*) – au Port Foster. Les baleines à bosses sont aussi régulièrement visibles dans les eaux côtières de l'île à partir de fin décembre. Un grand nombre d'otaries à fourrure de l'Antarctique (environ 500) sont normalement visibles sur la plage située entre la pointe Entrance et la pointe Collins.

ii.   Structures dans la zone

La station Decepción (Argentine) (62°58'20" de latitude sud ; 60°41'40" de longitude ouest) se trouve sur le littoral méridien de la baie des Fumerolles. La station Gabriel de Castilla (Espagne) (62°58 ' 40" de latitude sud, 60°40 ' 30" de longitude ouest) se trouve à environ 1 km au sud-est. Plus de détails sur les deux stations se trouvent dans le Code de conduite de la zone des installations (Annexe 4).

Les vestiges de la station de chasse à la baleine Hektor (Norvège) et d'autres vestiges antérieurs à la station de chasse à la baleine, le cimetière des baleiniers et l'ancienne 'Base B' britannique (site et monument historique (SMH) N°71) se trouvent dans la baie Whalers (consulter l'Annexe 3). Un certain nombre de chaudières à vapeur de la station de chasse à la baleine se sont échouées sur la côte sud-ouest de Port Foster. Les vestiges de la station chilienne Presidente Pedro Aguirre Cerda (SMH N°76) se trouve à l'anse Pendulum. Un refuge en bois abandonné se trouve à environ 1 km au sud-ouest du SMH N°76.

Une balise lumineuse, entretenue par la marine chilienne, se trouve sur la pointe Collins. Une tour de phare effondrée, datant de la période de chasse à la baleine, se trouve en dessous. Les vestiges d'une autre tour de phare datant de la période de chasse à la baleine se trouvent à la pointe Sud-est.

La poupe du *Southern Hunter*, un chasseur baleinier appartenant à la Christian Salvesen Company, qui a fait naufrage sur Ravn Rock aux soufflets de Neptunes en 1956, reste sur la plage sans nom à l'ouest de la pointe Entrance.

Un certain nombre de balises et de cairns marquant des sites utilisés pour des relevés topographiques sont présents dans la zone.

6.   Zones protégées et administrées dans la Zone

La carte 3 présente l'emplacement des ZSPA, SMH, zone d'installation et autres sites suivants avec des dispositions de gestion spéciales dans la zone.

- ZSPA N°140, comprenant 11 sites terrestres ;

- ZSPA N°145, comprenant 2 sites marins dans Port Foster ;

- SMH N°71, les vestiges de la station de chasse à la baleine Hektor et autres vestiges antérieurs à la station de chasse à la baleine, le cimetière des baleiniers et la 'Base B' dans la baie Whalers ;

- SMH N°76, les vestiges de la station Pedro Aguirre Cerda dans l'anse Pendulum ;

- Une zone d'installations, située sur le versant ouest de Port Foster, qui inclut la station Decepción et la station Gabriel de Castilla ;

- Quatre sites pour lesquels des lignes directrices pour les visites de sites ont été adoptées : Anse Pendulum, Baily Head, baie Whalers et baie Telefon.

7.   Cartes

Carte 1 : L'emplacement de la ZGSA N°4 sur l'île de la Déception relativement à la péninsule antarctique.

Carte 2 : Île de la Déception - topographie

Carte 3 : Zone gérée spéciale de l'Antarctique N°4 sur l'île de la Déception

8.   Documents joints

Ce plan de gestion comprend en annexe les documents joints suivant :

- Plan de gestion pour la Zone spécialement protégée de l'Antarctique N°140 (Annexe 1)
- Plan de gestion pour la Zone spécialement protégée de l'Antarctique N°145 (Annexe 2)
- Stratégie de conservation pour le SMH N°71 dans la baie Whalers (Annexe 3)
- Code de conduite pour la zone d'installations (Annexe 4)
- Code de conduite pour les visiteurs sur l'île de la Déception (Annexe 5)
- Plan d'alerte et stratégie d'évacuation pour les éruptions volcaniques sur l'île de la Déception (Annexe 6)
- Lignes directrices pour les visites de site : Baie Telefon (Annexe 7)
- Lignes directrices pour les visites de site : Baie Whalers (Annexe 8)
- Lignes directrices pour les visites de site : Baily Head (Annexe 9)
- Lignes directrices pour les visites de site : Anse Pendulum (Annexe 10)
- Mesures pratiques en matière de biosécurité (Annexe 11).

Ces annexes contenant les plans de gestion pour les ZSPA ou les lignes directrice pour les visiteurs de site seront tenues à jour avec les dernières versions de ces documents tels qu'adoptés par la RCTA.

9.   Code de conduite général

i. Risque volcanique

Toutes les activités entreprises dans la zone doivent être planifiées et menées en tenant compte des risques considérables pour la vie des personnes qui sont posés par la menace d'une éruption volcanique (consulter l'Annexe 6).

ii. Accès à la zone et mouvements à l'intérieur de la zone

L'accès à la Zone se fait généralement par navire ou voilier, avec des débarquements généralement par petite embarcation ou, plus rarement, par hélicoptère.

Les navires arrivant à Port Foster ou en repartant doivent annoncer sur le canal 16 de la bande marine VHF l'heure et le sens de passage à travers les soufflets de Neptune.

Les navires peuvent s'arrêter en transit dans la ZSPA 145, mais il faut éviter de jeter l'ancre dans l'un des deux sous-sites, sauf en cas d'urgence extrême.

Il n'y a aucune restriction sur les débarquements sur des plages en dehors des zones protégées couvertes dans la Section 6, bien que la carte 3 présente les sites de débarquement recommandés. Les embarcations qui accostent doivent éviter de perturber les oiseaux et les phoques. Une prudence extrême est requise lors d'une tentative de débarquement sur la côte extérieure, du fait de la houle importante et des roches submergées.

La carte 3 présente les aires d'atterrissage recommandées pour les hélicoptères. Ces derniers doivent éviter de survoler les zones abritant une haute concentration d'oiseaux (colonies de pingouins ou autres colonies d'oiseaux de mer en phase de reproduction). L'exploitation d'aéronefs au-dessus de la Zone doit être effectuée, au minimum, conformément à la Résolution 4 (2004), « Lignes directrices pour l'exploitation des aéronefs à proximité de concentrations d'oiseaux dans l'Antarctique ».

Les déplacements dans la zone doivent se faire généralement à pied. Les véhicules tout-terrain peuvent également être utilisés, avec prudence toutefois pour les activités scientifiques et logistiques le long des plages en dehors de la ZSPA 140. Tous les déplacements doivent être entrepris pour minimiser la perturbation des animaux, du sol et des zones végétales et sans endommager ou déloger la flore.

iii. Activités qui sont ou peuvent être menées dans la Zone, notamment les restrictions de temps et de lieu

- Les recherches scientifiques ou le soutien logistique des recherches scientifiques, qui ne compromettront pas les valeurs de la Zone ;

- Les activités de gestion, notamment la restauration des bâtiments historiques, le nettoyage des chantiers abandonnés et la surveillance de la mise en œuvre de ce plan de gestion ;

- Visites touristiques ou expéditions privées conformes au Code de conduite pour les visiteurs (Annexe 5) et aux dispositions de ce plan de gestion ;

Il est déconseillé de passer l'hiver sur l'île de la Déception (sauf à des fins scientifiques) en raison de ses particularités en matière de sécurité (notamment lors d'opérations de sauvetage) relativement à toute activité volcanique potentielle sur l'île.

D'autres restrictions s'appliquent aux activités au sein de la ZSPA 140 et de la ZSPA 145 (consulter les Annexes 1 et 2).

iv. Installation, modification ou retrait des structures

La sélection, l'installation, la modification ou le retrait de refuges temporaires, d'abris ou de tentes doivent être entrepris de façon à ne pas altérer les valeurs de la Zone.

Les équipements scientifiques installés dans la Zone doivent être clairement identifiés par pays, nom du chercheur principal, détails de contact et année d'installation. Tous ces éléments doivent être fabriqués à partir de matériaux posant un risque minimal de contamination de la zone. Tous les équipements et matériaux associés doivent être retirés quand ils ne sont plus utilisés.

v. Emplacement des camps

Les camps doivent se trouver sur des sites non végétalisés, comme sur des plaines de cendre, pentes ou plages arides ou sur de la neige épaisse ou un couvercle de glace dans la mesure du possible et ils doivent également éviter les concentrations de mammifères ou d'oiseaux en phase de reproduction. Les camps doivent également éviter les zones au sol géothermisé ou de fumerolles. De même, les sites de campement doivent éviter des lits de lac ou de source asséché. Les sites de campements précédemment occupés doivent être réutilisés selon les besoins.

La carte 3 présente les sites recommandés pour des camps dans la Zone.

vi. Collecte ou perturbation néfaste de la flore ou de la faune indigène

Toute collecte ou perturbation nuisible de la faune et de la flore est interdite sauf avec un permis délivré à cet effet conformément à l'Annexe II du *Protocole au Traité sur l'Antarctique relatif à la protection de l'environnement* (1998). Dans le cas de prélèvements ou de perturbations nuisibles d'animaux à des fins scientifiques, le Code de conduite du SCAR pour l'utilisation d'animaux à des fins scientifiques dans l'Antarctique (*SCAR Code of Conduct for Use of Animals for Scientific Purposes in Antarctica*) devra être utilisé comme norme minimale.

vii. Collecte ou retrait d'éléments non introduits dans la Zone

Les éléments ne doivent être retirés la zone qu'à des fins scientifiques, de gestion, de conservation ou archéologiques et ces retraits doivent se limiter au minimum nécessaire pour répondre à ces besoins.

Si des objets susceptibles de provenir de l'un des sites ou monuments historiques dans la Zone se trouvent dans d'autres zones de l'île, ils doivent être ramenés au site d'où ils proviennent et y être sécurisés pour éviter une nouvelle dispersion par le vent. Un rapport décrivant la nature des éléments et le lieu sur le site ou le monument historique où ils ont été sécurisés et entreposés doit être soumis au Président du groupe de gestion de l'île de la Déception, afin d'établir la méthode la plus appropriée pour traiter les débris (conservation pour préserver une valeur historique ou mise au rebut appropriée).

viii. Restrictions sur les matériaux et organismes qu'il est possible d'introduire dans la Zone

Il est interdit d'introduire des espèces non indigènes, sauf conformément à un permis délivré sur le fondement de l'Annexe II du Protocole au Traité sur l'Antarctique relatif à la protection de l'environnement. Les mesures recommandées visant à minimiser l'introduction involontaire d'espèces non indigènes sont mises en avant dans l'Annexe 11. Pour minimiser les risques d'introduction accidentelle ou involontaire d'espèces non indigènes, il faut consulter le 'Manuel sur les espèces non indigènes' joint à la Résolution 6 (2011).

viii. Élimination des déchets

Tous les déchets autres que les déchets humains et liquides domestiques doivent être retirés de la Zone. Les déchets humains et liquides domestiques provenant des stations ou des camps doivent être éliminés à Port Foster sous la ligne de marée basse et non pas dans les limites de la ZSPA N°145. Les cours ou lacs d'eau douce ou les zones végétalisées ne doivent pas être utilisés pour éliminer les déchets humains.

ix. Exigences relatives aux rapports

Les rapports sur les activités au sein de la Zone, qui ne sont pas déjà couverts dans le cadre d'exigences existantes relatives aux rapports, doivent être mis à la disposition du Président du groupe de gestion de l'île de la Déception.

10. Échange préalable d'informations

- Dans la mesure du possible, l'IAATO doit fournir au Président du groupe de gestion de l'île de la Déception des détails sur les visites programmées par les navires affiliés à l'IAATO. Les voyagistes non affiliés à l'IAATO doivent également informer des visites programmées le Président du groupe de gestion de l'île de la Déception.

- **Dans la mesure du possible, toutes les parties doivent informer le Président du groupe de gestion de l'île de la Déception de toute expédition gouvernementale et non gouvernementale autorisée par leur autorité nationale compétente et qui prévoit de visiter ou de mener des activités dans la Zone.**

- Dans la mesure du possible, tous les programmes antarctiques nationaux doivent informer le Président du groupe de gestion de l'île de la Déception de l'emplacement, de la durée prévue et de toute considération spéciale liée au déploiement d'équipes de terrain, d'instruments de mesure scientifiques ou de parcelles botaniques sur les quatre sites couramment visités par les touristes (baie Whalers, anse Pendulum, Baily Head ou l'extrémité orientale de la baie Telefon). Ces informations seront transmises à l'IAATO (et, dans la mesure du possible, opérateurs non-affiliés à l'IAATO).

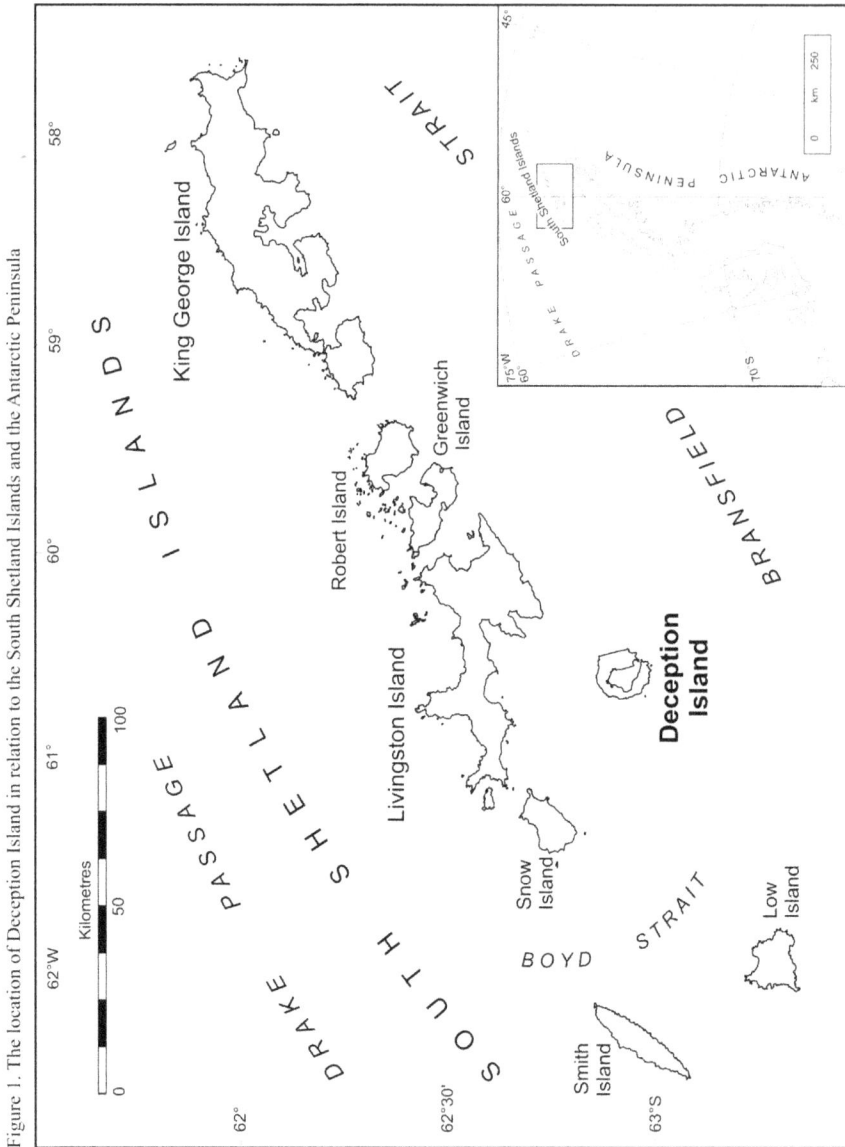

Figure 1. The location of Deception Island in relation to the South Shetland Islands and the Antarctic Peninsula

Carte 1. L'emplacement de l'île de la Déception par rapport aux îles Shetland du Sud et à la Péninsule antarctique

Figure 2. Deception Island - Topography

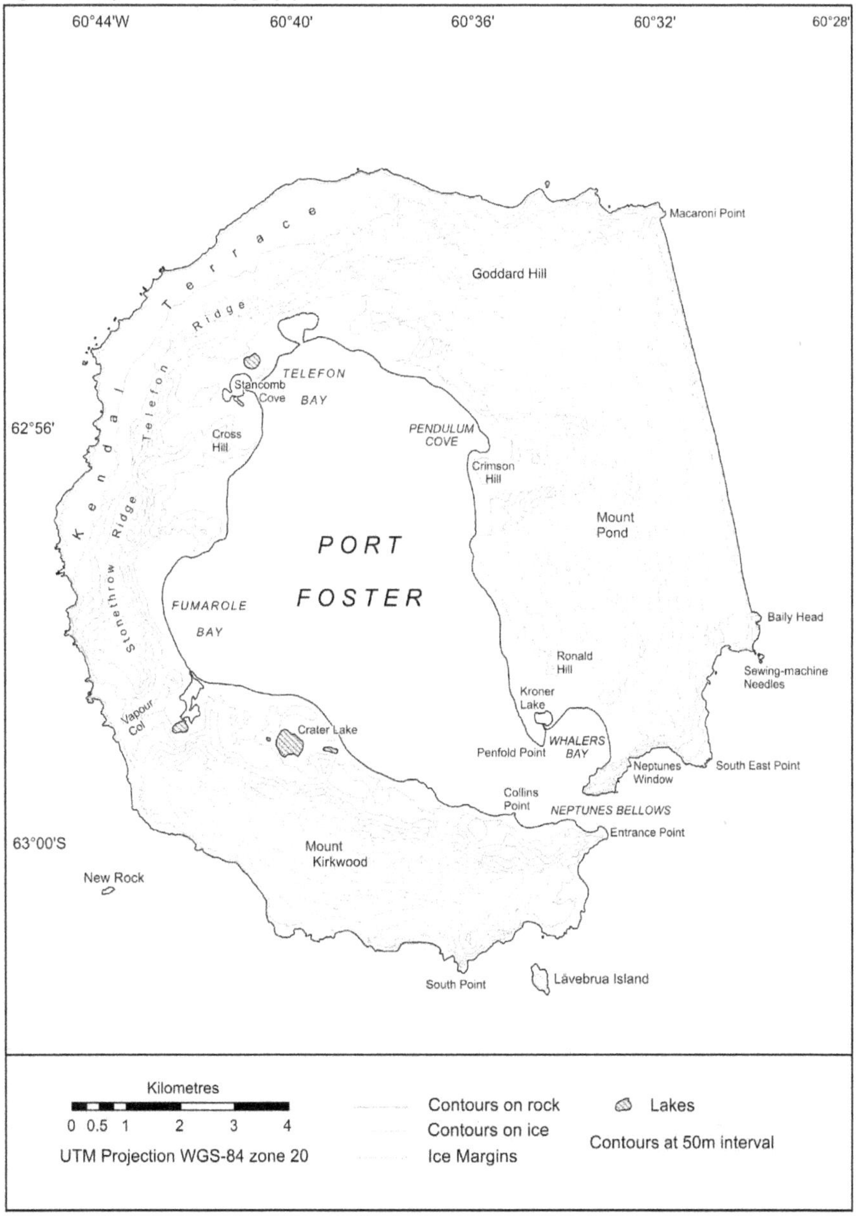

Carte 2. L'île de la Déception - Topographie

Figure 3. Deception Island Antarctic Specially Managed Area No. 4

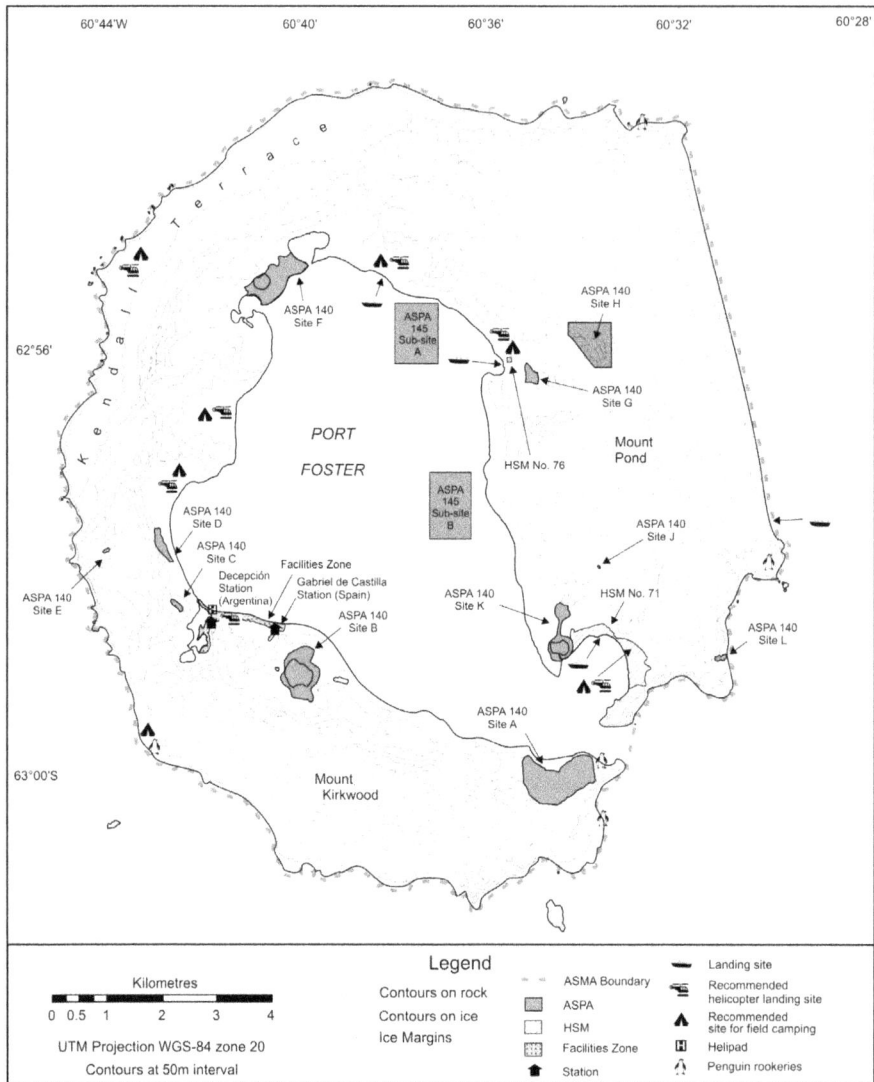

Carte 3. La zone gérée spéciale de l'Antarctique n° 4 de l'île de la Déception

Annexe 1 : ZSPA N°140

La plan actuellement en vigueur disponible à l'adresse :
http://www.ats.aq/documents/recatt/Att291_f.pdf.

Annexe 2 : ZSPA N°145

La plan actuellement en vigueur est disponible à l'adresse :
http://www.ats.aq/documents/recatt/Att284_f.pdf.

Annexe 3 : Stratégie relative à la conservation de la baie Whalers

Stratégie de conservation pour le site et le monument historique N°71 de la baie Whalers sur l'île de la Déception

1.   Introduction

1.1   Contexte général

Le site et monument historique N°71 de la baie Whalers (62° 59' de latitude sud, 60° 34' de longitude ouest) se trouve sur l'île de la Déception dans les îles Shetland du Sud en Antarctique.

Les bâtiments, structures et autres artéfacts sur le littoral de la baie Whalers, qui datent de la période de 1906 à 1931, représentent les vestiges de chasse à la baleine les plus importants dans l'Antarctique. D'autres bâtiments, structures et artéfacts de la 'Base B' britannique représentent un aspect important de l'histoire scientifique de la zone (1944-1969).

Initialement, les vestiges de la station norvégienne de chasse à la baleine *Hektor* dans la baie ont été inclus dans la liste du site et monument historique N°71 dans le cadre de la mesure 4 (1995) selon une proposition du Chili et de la Norvège. L'étendue du site historique a été agrandie en 2003 au moyen de la mesure 3 (2003) (voir Section 3).

1.2   Bref contexte historique (1906-1969)

Au cours de l'été austral 1906-07, le capitaine norvégien Adolfus Andresen, fondateur de la *Sociedad Ballenera de Magallanes* au Chili, a commencé à chasser les baleines sur l'île de la Déception. La baie Whalers servait de zone de mouillage abritée pour les navires usines qui traitaient la graisse de baleine. En 1908, un cimetière a été établi ici. Le cimetière a été partiellement enseveli et balayé au cours d'une éruption volcanique en 1969, alors qu'ils comptait 35 tombes et un monument aux morts à la mémoire de dix hommes qui avaient disparu en mer (seul un corps a été récupéré). En 1912, la société norvégienne *Aktieselskabet Hektor* a établi la station côtière de chasse à la baleine dans la baie Whalers. La station de chasse à la baleine *Hektor* est restée en service jusqu'en 1931.

Au cours de l'été austral 1943-44, le Royaume-Uni a établi une base permanente (Base B) dans une partie de la station de chasse à la baleine abandonnée. La Base B a été utilisée comme station scientifique britannique, puis par le British Antarctic Survey, jusqu'en 1969, lorsqu'elle a été gravement endommagée par un flux de boue et de cendres généré par une éruption volcanique et elle a été abandonnée.

La pièce jointe A contient plus de détails sur l'histoire de la baie Whalers, notamment une bibliographie.

1.3   Buts et objectifs de la stratégie de conservation

L'objectif général de la stratégie de conservation consiste à protéger les valeurs du site historique de la baie Whalers. Les objectifs consistent à :

- *Entretenir et préserver le patrimoine culturel et les valeurs historiques du site dans les contraintes des processus naturels.* Envisager d'effectuer des travaux de restauration et de conservation mineurs alors qu'il est acquis que les processus naturels continueront de détériorer les bâtiments, structures et autres artéfacts au fil du temps.

- *Éviter des perturbations humaines inutiles pour le site, ses caractéristiques et ses artéfacts.* Tous les efforts doivent être mis en œuvre pour assurer que les activités humaines sur le site n'altèrent pas ses valeurs historiques. Il est interdit d'endommager, de retirer ou de détruire des bâtiments ou structures conformément à l'Article 8 (4) de l'Annexe V au Protocole du Traité sur l'Antarctique relatif à la protection de l'environnement.

- *Permettre un nettoyage continu des débris.* De grandes quantités de déchets sont présentes dans les bâtiments et aux alentours dans la baie Whalers. Des débris dispersés par le vent sont présents sur le site. Il y a également des déchets dangereux, notamment du gasoil et de l'amiante. Un nettoyage majeur des débris et déchets libres, identifiés par des experts de la protection de l'environnement comme ne formant pas une part importante des vestiges historiques, a été entrepris en avril 2004. De plus, un programme de nettoyage continu des débris résultant de la détérioration progressive des structures sera lancé. Tout retrait de débris ne doit être entrepris que conformément aux conseils d'un expert du patrimoine et une information suffisante sur le sujet doit être rassemblée avant le retrait de ces débris.

- *Informer les visiteurs pour comprendre, respecter et prendre soin des valeurs historiques du site.* Le site historique de la baie Whalers est l'un des sites les plus visités de l'Antarctique. Des informations sur la signification historique du site et la nécessité de préserver ses valeurs seront à la disposition des visiteurs.

- *Protéger l'environnement naturel et culturel du site.* La baie Whalers est partie intégrante de l'environnement unique de l'île de la Déception. Les activités sur le site doivent être entreprises de façon à minimiser les impacts sur l'environnement naturel et culturel.

2. Parties chargées de la gestion

Le Chili, la Norvège et le Royaume-Uni devront se consulter dans le cadre du groupe de gestion de l'ensemble de l'île de la Déception pour s'assurer de la mise en œuvre des dispositions de cette stratégie de conservation et de l'atteinte de ses objectifs.

3. Description du site

Le site comprend tous les vestiges antérieurs à 1970 sur le littoral de la baie Whalers, y compris ceux qui datent du début de la période de chasse à la baleine (1906-12) initiée par le capitaine Adolfus Andresen de la *Sociedad Ballenera de Magallanes* au Chili ; les vestiges de la station norvégienne de chasse à la baleine Hektor établie en 1912 et tous les artéfacts associés à son exploitation jusqu'en 1931 ; le site d'un cimetière avec 35 tombes et un monument aux morts à la mémoire de dix hommes disparus en mer et les vestiges datant de la période d'activités scientifiques et cartographiques menées par les Britanniques (1944-1969). Le site illustre et rappelle également la valeur historique d'autres événements qui se sont déroulés ici, dont il ne reste rien.

3.1 Limites du site

La carte 1 présente la limite du site historique de la baie Whalers. Il comprend la plus grande partie de la plage de la baie Whalers, entre la fenêtre de Neptunes et l'ancien hangar d'avions du BAS. Des balisages, qui compromettraient la valeur esthétique du site, n'ont pas été érigés. La carte 1 présente également les principaux bâtiments et structures historiques du site.

3.2 Vestiges historiques

Le Tableau 1 dresse un récapitulatif des principaux bâtiments, installations et autres structures sur le site. Des informations plus détaillées sur ces structures historiques sont fournies dans la pièce jointe B et leur emplacement est indiqué sur la carte 1.

Tableau 1 : Vestiges historiques sur le site historique de la baie Whalers

#[4]	Structure	Carte 1[5]
Période de chasse à la baleine		
WB1	Divers vestiges issus de la période de chasse à la baleine sur l'île de la Déception (1906-1931), notamment : - Bateaux citernes et embarcations à rames - Puits et maisons de tête de puits - Entrepôt - Tonneaux en bois et en métal - Barrages	14
WB2	Cimetière (1 croix et 1 cercueil vide actuellement visibles). NB : le tas de pierres devant la croix d'origine N'INDIQUE PAS une tombe, mais il s'agit d'un nouvel ajout par des visiteurs. Une croix de monument aux morts a été introduite sur le site.	Croix
WB3	Résidence du Magistrat	3
WB4	Hôpital/Entrepôt	2
WB5	Chaudières	7
WB6	Cuisinières et équipements associés, notamment : - grills de cuisson - roue d'entraînement - treuil à vapeur	7
WB7	Fondation du bâtiment de cuisine/cantine (par la suite réutilisée pour les fondations du presbytère) et porcherie	4
WB8	Réservoirs de stockage de carburant	10, 11
WB9	Ponton semi-flottant	12
WB10	Baraques des baleiniers (par la suite renommée Biscoe House)	5
Période scientifique		
WB11	'Hunting Lodge' (société britannique Hunting Aerosurveys)	9
WB12	Hangar à avions[6]	1
WB13	Tracteur de marque Massey Ferguson	6

3.3   Environnement naturel

L'éruption volcanique de 1967 sur l'île de la Déception a entraîné le dépôt d'une couche de cendre de 1 à 5 cm sur la baie Whalers, tandis que l'éruption de 1969 a généré un lahar (glissement de boue) qui a partiellement enseveli le site. Des terrasses fluviales fragiles se trouvent au nord de la station de chasse à la baleine présentaient une importance géologique, bien qu'elles soient aujourd'hui naturellement érodées par les cours d'eau de fonte.

---

[4] Le numéro de référence renvoie aux informations contenues dans la pièce jointe B.
[5] Référence à l'emplacement sur la carte (carte 1)
[6] Un de Havilland DHC-3 Single Otter a été retiré du site en avril 2004 par le BAS pour conservation au de Havilland Aircraft Heritage Centre, London Colney, Royaume-Uni. L'intention est de le renvoyer à la baie Whalers une fois que ce sera possible de le faire en toute sécurité. Cette position doit être réexaminée en 2014.

La zone immédiate à l'ouest du site historique, notamment le lac Kroner, la plaine du cratère de la colline Ronald et la vallée qui les relie, est désignée comme faisant partie de la ZSPA 140 du fait de son importance botanique et limnologique exceptionnelle.

D'autres zones d'importance botanique se trouvent sur le site historique. Elles comprennent un affleurement de scories géothermiques à l'est de la station de chasse à la baleine, autour de la 'Hunting Lodge', à l'intérieur des deux réservoirs d'huile de baleine accessibles, autour du site du cimetière et sur les falaises et roches massives des rochers Cathedral et de la fenêtre de Neptunes. Ailleurs, des structures en bois et en fer, des briques et du mortier, sont colonisés par divers lichens crustacés, tous courants sur les substrats naturels de l'île.

Les goélands dominicains (*Larus dominicanus*), les océanites de Wilson (*Oceanites oceanicus*) et les sternes couronnées (*Sterna vittata*) se reproduisent dans la baie Whalers et les damiers du cap (*Daption capensis*) nichent aux rochers Cathedral, surplombant le site.

4. Gestion du site

4.1 Accès au site et déplacements à l'intérieur du site

Toutes les visites doivent se conformer aux lignes directrices de sites adoptées pour les visiteurs de la baie Whalers[7]. De plus, ce qui suit doit être utilisé pour guide relativement à l'accès au site et aux déplacements à l'intérieur du site :

- Les véhicules motorisés ne doivent être utilisés que dans le SMH pour des activités scientifiques, de conservation ou de nettoyage (par ex. : retrait de déchets).

- Les atterrissages d'hélicoptère, lorsqu'ils sont nécessaires à des fins de conservation ou de gestion, ne doivent être entrepris que sur l'aire d'atterrissage désignée (indiquée sur la carte 1) pour éviter les dangers associés aux débris libres et d'endommager des structures ou de perturber la vie sauvage.

- Les camps établis à des fins scientifiques ou de gestion doivent se trouver dans la zone à l'est du ponton semi-flottant indiqué sur la carte qui a été fournie dans la pièce jointe B. Il est interdit d'utiliser des bâtiments pour camper, sauf en cas d'urgence.

4.2 Installation, modification ou retrait des structures

- Conformément à l'Article 8 de l'Annexe V au Protocole du Traité sur l'Antarctique relatif à la protection de l'environnement (1998), les structures, installations et artéfacts historiques sur le site ne doivent pas être endommagés, retirés ou détruits. Les graffitis considérés avoir une

---

[7] Les lignes directrices de sites sont disponibles sur le site internet du STA : www.ats.aq/siteguidelines/documents/Whalers_bay_f.pdf

importance historique ne doivent pas être retirés. Il ne faut pas ajouter de nouveaux graffitis.

- Les travaux de conservation et/ou de restauration acceptés par les parties chargées de la gestion peuvent être accomplis. Des travaux sur les bâtiments et structures peuvent être nécessaires pour les sécuriser ou empêcher d'endommager l'environnement.

- Aucun nouveau bâtiment ni aucune nouvelle structure (en dehors des éléments de vulgarisation acceptés par le Chili, la Norvège et le Royaume-Uni en consultation avec le groupe de gestion de l'île de la Déception) ne doit être érigé sur le site.

- Les vestiges et artéfacts historiques qui se trouvent à d'autres endroits de l'île de la Déception ou ailleurs et qui proviennent de la baie Whalers peuvent être renvoyés sur le site après que cela ait été dûment étudié par les parties chargées de la gestion.

4.3 Lignes directrices applicables aux visiteurs

Les lignes directrices de site pour les visiteurs de la baie Whalers (adoptées par la RCTA) s'appliquent à tous les visiteurs, notamment dans le cadre de visites par des voyagistes commerciaux (affiliés ou non à l'IAATO) et d'expéditions privées ainsi qu'au personnel d'un programme antarctique national qui entreprendrait des visites d'agrément[8].

4.4 Informations

- Un panneau d'information, agréé par les parties chargées de la gestion, sera placé sur l'aire d'atterrissage/de débarquement recommandée. Il conviendra également d'étudier la pose de panneaux appropriés et nécessaires pour informer les visiteurs sur les dangers en matière d'hygiène et de sécurité.

- Des plaques commémoratives (par ex. : listant les noms des personnes enterrées dans le cimetière ou à la mémoire du capitaine Adolfus Andresen) peuvent également être placées dans le site.

- Les balisages ne sont pas considérés comme nécessaires, car ils altèreraient la valeur esthétique du site. Les limites suivent généralement des éléments naturels clairement visibles.

- Les parties chargées de la gestion diffuseront d'autres informations sur l'importance du site historique et la nécessité d'en préserver les valeurs.

---

[8] Les lignes directrices sont disponibles sur le site internet du STA :
www.ats.aq/siteguidelines/documents/Whalers_bay_f.pdf

4.5   Établissement de rapports et dossiers

Les dossiers suivants doivent être tenus à jour par les parties chargées de la gestion :

- nombre de touristes débarquant sur le site ;
- nombre de scientifiques et d'employés qui les accompagnent pour la logistique visitant le site ;
- travail de conservation et de nettoyage effectué et
- rapports d'inspection du site, notamment des rapports et photographies sur l'état des vestiges historiques.

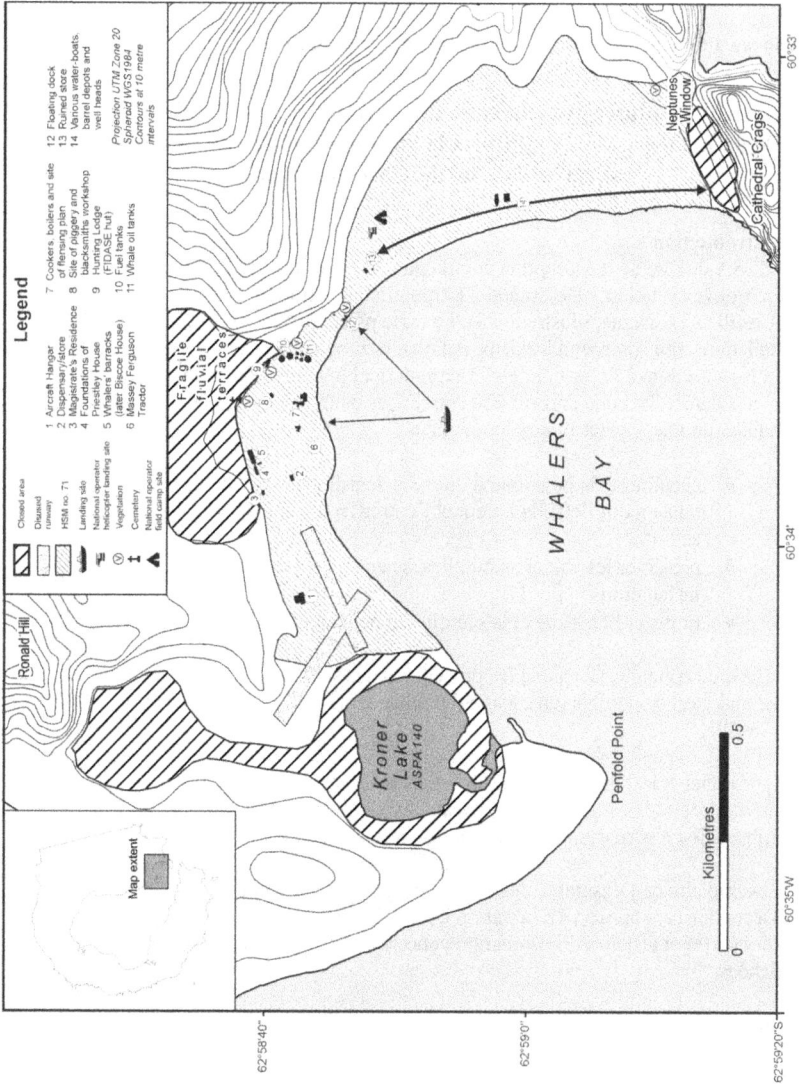

Legend

Ronald Hill

⬚		Closed area
▨		Disused runway
▨		HSM no. 71
▤		Landing site
⊗		National operator helicopter landing site
▨		Vegetation
✝		Cemetery
▲		National operator field camp site

1 Aircraft Hangar
2 Dispensary/store
3 Magistrate's Residence
4 Foundations of Priestley House
5 Whalers barracks (latter Biscoe House)
6 Massey Ferguson Tractor
7 Cookers, boilers and site of flensing plan
8 Site of piggery and blacksmiths workshop Hunting Lodge (FIDASE hut)
9 Hunting Lodge (FIDASE hut)
10 Fuel tanks
11 Whale oil tanks
12 Floating dock
13 Ruined store
14 Various water-boats, barrel depots and well heads

Projection UTM Zone 20
Spheroid WGS1984
Contours at 10 metre intervals

Fragile fluvial terraces

Kroner Lake
ASPA140

Pentfold Point

WHALERS BAY

Neptunes Window

Cathedral Crags

Map extent

Kilometres
0   0.5

60°35'W   60°34'   60°33'

62°58'40"

62°59'0"

62°59'20"S

Annexe 4 : Code de conduite sur la zone des installations

Code de conduite pour la zone des installations de la ZGSA n°4 sur l'île de la Déception, y compris la station Decepción (Argentine) et la station Gabriel de Castilla (Espagne)

1. Introduction

La ZGSA de l'île de la Déception comprend une zone des installations (illustration 1) où se trouve la station « Decepción » (Argentine, illustration 2) et la station « Gabriel de Castilla » (Espagne, illustration 3). La carte présente l'étendue de la zone des installations, qui comprend les deux stations, la zone de la plage avoisinante et un petit lac sans nom à l'ouest du lac Cratère, duquel on extrait de l'eau douce. Les activités dans cette zone doivent être entreprises conformément à ce Code de conduite, dont les objectifs sont les suivants :

- encourager la poursuite d'études scientifiques sur l'île de la Déception, notamment l'établissement et l'entretien d'une infrastructure adaptée à ces activités ;
- préserver les valeurs naturelles, scientifiques et culturelles de la zone des installations ;
- protéger l'hygiène et la sécurité du personnel des stations.

Ce Code de conduite récapitule les procédures des stations existantes, dont un exemplaire est disponible (en espagnol uniquement) aux stations Decepción et Gabriel de Castilla.

Le personnel et les visiteurs seront informés du contenu de ce Code de conduite au cours de programmes de formation préalables à leur départ et de sessions d'information à bord des navires avant l'arrivée à la station.

Un exemplaire de l'ensemble de mesures de gestion complet de la ZGSA sur l'île de la Déception sera conservé à la station Decepción et à la station Gabriel de Castilla, où des cartes et affiches d'information concernant la ZGSA seront également affichées.

2. Bâtiments et services

2.1   Bâtiments

- Une Évaluation d'impact environnemental (EIE) doit être réalisée pour la construction de nouveaux bâtiments permanents dans les stations conformément à l'Annexe I du Protocole relatif à la protection de l'environnement.
- Une EIE doit également être réalisée pour l'extraction de roches dans le but d'entretenir les bâtiments existants, conformément à l'Annexe I au Protocole relatif à la protection de l'environnement, ainsi qu'avec l'accord

préalable des autorités nationales d'Argentine (station Decepción) ou d'Espagne (station Gabriel de Castilla).

- Il conviendra d'étudier la réutilisation des sites existants dans la mesure du possible, afin de minimiser les perturbations occasionnées.
- Les bâtiments doivent être maintenus en bon état. Les bâtiments qui ne sont pas actuellement utilisés doivent être régulièrement contrôlés et leur retrait éventuel doit être évalué.
- Les chantiers doivent être maintenus aussi propres que possible.

2.2   Production d'électricité

- Maintenir les générateurs en bon état et entreprendre des inspections régulières de façon à minimiser les émissions et les risques de fuites de carburant.
- S'assurer d'une consommation d'énergie économe et donc d'une utilisation et d'émissions de carburant réduites.
- L'utilisation de sources d'énergie renouvelable sera encouragée, selon les besoins.

2.3   Alimentation en eau

- Il est interdit de manipuler ou d'éliminer des déchets, du carburant ou d'autres substances chimiques dans la zone de captage d'eau des stations.
- L'utilisation de véhicules dans la zone de captage d'eau ne sera permise qu'à des fins essentielles.
- Assurer la conduite de tests réguliers de la qualité de l'eau ainsi que le nettoyage des réservoirs d'eau.
- Réglementer la consommation en eau de façon à éviter une extraction inutile.

3. Manipulation du carburants

- Le bon état des installations de stockage de carburants en vrac, des conduites d'alimentation, des pompes, des dérouleuses et autres appareils de manutention de carburants sera régulièrement inspectée.
- Dans les deux stations, le stockage de carburants comprend un confinement secondaire. Le carburant en barils doit être entreposé en intérieur. Dans la mesure du possible, les zones de stockage doivent être correctement aérées et situées à l'écart des systèmes électriques. Les installations de stockage doivent également se situer à l'écart des installations d'hébergement pour des raisons de sécurité.
- Toutes les mesures possibles seront prises pour éviter des déversements de carburants, en particulier lors de son transport (par ex. : transfert d'un navire vers le rivage par oléoduc ou zodiac, ravitaillement en carburant des réservoirs journaliers).
- Tout déversement de carburants, d'huile ou de lubrifiant sera immédiatement signalé au responsable de station puis à l'autorité nationale.

- S'assurer que des équipements adaptés à la lutte contre les fuites de carburants (par exemple des absorbants) sont stockés dans un endroit clairement identifié et sont immédiatement disponibles pour lutter contre toute fuite qui surviendrait.
- Le personnel des stations sera formé à l'utilisation des équipements de lutte contre les fuites. Des exercices d'entraînement seront conduits au début de chaque saison.
- En cas de fuite de carburants, des mesures d'intervention devront être prises conformément au plan d'urgence relatif aux fuite de carburants disponible dans chacune des stations.
- Les déchets d'hydrocarbures seront conditionnés dans des conteneurs adaptés et éliminés conformément aux procédures des stations.

4. Prévention et lutte contre les incendies

- Des panneaux indiquant les zones non-fumeur et les substances inflammables seront apposés selon que de besoin.
- Les équipements de lutte contre les incendies seront disponibles dans les sites de stockage de carburants et ailleurs. Ces équipements seront clairement identifiés.

5. Gestion des déchets

- La gestion des déchets, y compris la réduction du volume de déchets et la disponibilité d'équipements et de matériels de conditionnement adaptés, sera prise en compte dans la planification et la conduite de toutes les activités dans les stations Decepción et Gabriel de Castilla.
- Tout le personnel des stations sera dûment informé des dispositions de l'Annexe III au Protocole relatif à la protection de l'environnement.
- Un coordinateur de gestion des déchets sera désigné dans chaque station.
- Les déchets seront triés à la source et entreposés de manière sécurisée sur le site avant leur retrait. Après chaque saison estivale, les déchets générés aux stations Decepción et Gabriel de Castilla seront retirés de la zone du Traité sur l'Antarctique.
- Des tests réguliers des effluents d'eau déversés dans le Port Foster seront entrepris.
- Toute substance susceptible de nuire au fonctionnement du système de traitement des effluents des stations ne sera pas éliminée via le système de d'evacuation des eaux (y compris les toilettes et les lavabos).
- Le nettoyage autour des sites d'elimination des déchets sur le sol et dans les chantiers abandonnés sera considéré comme une priorité, sauf lorsque le retrait entraînerait des impacts pour l'environnement plus néfastes que de laisser la structure ou les déchets sur place.
- Le personnel des deux stations doit régulièrement participer à des activités de nettoyage dans la zone des installations, de façon à minimiser la dispersion de déchets autour des stations.
- À la fin de chaque saison estivale, les activités liées au nettoyage et au retrait des déchets seront signalées à l'autorité nationale appropriée.

6.   Autres questions opérationnelles

6.1   Communications

- L'installation d'antennes permanentes ou temporaires doit être étudiée avec prudence par le biais des procédures d'évaluation environnementales en place.
- Le canal 16 de la bande marine VHF sera surveillé.
- Tout le personnel des stations quittant la zone des installations doit être équipé d'une radio VHF.

6.2   Utilisation de véhicules et de petites embarcations

- Des véhicules ne doivent être utilisés qu'autour des stations et entre elles selon les besoins.
- Dans la mesure du possible, entretenir les pistes établies dans la zone des stations.
- Le ravitaillement en carburants et l'entretien des véhicules seront effectués au installations prévues à cet effet. Tous les efforts doivent être mis en œuvre pour éviter des déversements au cours du ravitaillement en carburants et durant les opérations de maintenance.
- Ne pas utiliser des véhicules à proximité d'équipements scientifiques sensibles, à travers des flores ou près de concentrations de faune ou de façon inutile dans la zone de captage d'eau.
- Les petites embarcations qui sont utilisées en dehors de la station Decepción ou Gabriel de Castilla ne doivent l'être que dans Port Foster, lorsque les conditions météorologiques le permettent, et principalement pour des raisons scientifiques et logistiques. Aucune petite embarcation ne sera utilisée en dehors de Port Foster. Éviter d'utiliser de petites embarcations à proximité de falaises et/ou glaciers afin d'éviter des chutes de rochers ou de glace.
- Lors de l'utilisation d'une embarcation, une deuxième embarcation sera en attente à la station pour intervenir immédiatement en cas d'urgence.
- Les petites embarcations seront utilisées par au moins deux personnes. Les équipements essentiels comprendront des combinaisons de survie de mer, des gilets de sauvetage et des liaisons radio appropriées (par exemple, radios VHF).

6.3 Exploitation d'aéronefs

- Les hélicoptères décolleront généralement depuis l'héliport de la station Decepción et y atterriront. Occasionnellement, des motifs opérationnels peuvent rendre nécessaire de les faire décoller depuis d'autres lieux appropriés dans la zone d'installations ou de les y faire atterrir.

6.4 Déplacements sur le terrain

- Tous les déchets des camps, sauf pour les déchets humains (fèces, urine et eau usée) seront renvoyés aux stations pour être éliminés en toute sécurité. Les déchets humains et liquides domestiques doivent être éliminés dans Port Foster sous la ligne de marée basse.

- Le responsable de la station et/ou le membre de la station chargé de l'environnement informera les équipes de terrain de la manière de protéger l'environnement sur le terrain, de l'emplacement des zones protégées et des dispositions du plan de gestion de la ZGSA.
- Aucun produit de volaille crue ne sera utilisé par les parties sur le terrain.
- Toutes les équipes de terrain seront équipées de radios VHF.

7. Zones protégées

- Trois sous-sites terrestres de la ZSPA N°140 (Site B – lac Cratère, Site C – colline sans nom, extrémité méridionale de la baie des Fumerolles et Site D – baie des Fumerolles) se trouvent à proximité de la zone des installations. Le personnel des stations sera informé de l'emplacement de toutes les zones protégées sur l'île de la Déception et des restrictions pour y accéder. Les informations sur ces zones protégées, notamment une carte indiquant leur emplacement, seront affichées bien en évidence aux deux stations.

8. Flore et faune

- Toute activité impliquant un prélèvement ou une perturbation nuisible de la flore ou de la faune indigène (définie dans l'Annexe II au Protocole) est interdite à moins d'obtenir une autorisation par un permis délivré par l'autorité appropriée.
- Une distance de précaution appropriée d'au moins 10 mètres doit être maintenue par rapport aux oiseaux ou phoques présents dans la zone des installations.
- Le personnel et les visiteurs doivent marcher lentement et prudemment lorsqu'ils sont proches d'animaux sauvages, en particulier pour éviter les oiseaux qui se nichent, muent, s'occupent de leur progéniture ou qui reviennent après avoir cherché de la nourriture. Accorder systématiquement la priorité à la vie sauvage.
- Ne pas nourrir les oiseau avec des restes de nourriture issus des stations. Les déchets alimentaires seront sécurisés pour éviter que les oiseaux ne viennent s'en nourrir.
- Toutes les précautions raisonnables seront prises pour éviter d'introduire des micro-organismes et d'autres espèces non indigènes ou des espèces provenant d'autres sites de l'Antarctique. Les mesures recommandées visant à minimiser l'introduction involontaire d'espèces non indigènes se trouvent dans l'Annexe 11 au plan de gestion de l'île de la Déception.
- L'introduction d'herbicides, de pesticides ou d'autres substances nuisibles est interdite.
- À la fin de chaque saison estivale, un rapport sur les activités impliquant des prélèvements ou des perturbations nuisibles de la flore et de la faune sera transmis aux autorités nationales appropriées.

9. Visites touristiques dans la zone des installations

- Toutes les visites de la station Decepción (Argentine) ou de la station Gabriel de Castilla (Espagne) ne peuvent être entreprises qu'à la discrétion du responsable de la station concernée. Il est possible d'établir un contact par le canal 16 de la bande marine VHF. Les visites ne seront autorisées que si elles ne perturbent pas les travaux scientifiques ou logistiques.
- Les visites doivent être entreprises conformément à la Recommandation XVIII-1, Mesure 15 (2009) « Débarquement de personnes de navires à passagers dans la zone du Traité sur l'Antarctique », Résolution 7 (2009) « Principes généraux du tourisme en Antarctique » et Résolution 3 (2011) « Lignes directrices générales pour les visiteurs en Antarctique ».
- Les responsables des stations coordonneront les visites aux stations avec les responsables d'expédition.
- Les visiteurs seront informés sur les principes de ce Code de conduite, ainsi que sur le plan de gestion de la ZGSA.
- Le responsable de station désignera un guide (anglophone, selon les besoins et dans la mesure du possible) pour escorter les visiteurs autours de la station, afin d'assurer la conformité aux mesures incluses dans ce Code de conduite.
- Les autorités nationales qui exploitent la station Decepción ou Gabriel de Castilla informeront le Secrétariat du Traité sur l'Antarctique, le COMNAP et l'IAATO en cas de risque évident d'éruption volcanique. Les stations devront informer tout navire se trouvant dans la zone de tout danger immédiat.

10. Coopération et mise en commun des ressources

- Les deux stations coordonneront et mèneront régulièrement et conjointement des exercices d'évacuation d'urgence, et de lutte contre des fuites d'hydrocarbures et contre les incendies.

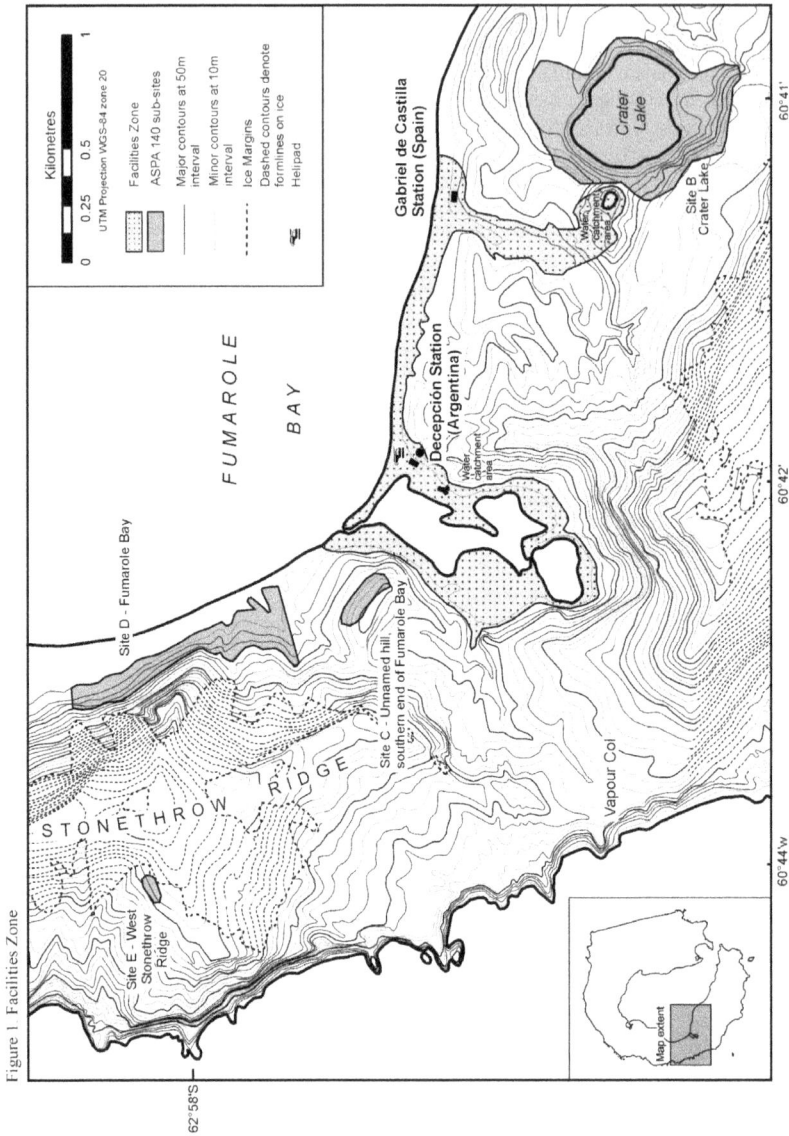

Figure 1 Facilities Zone

Illustration 1. Zone des installations

Figure 2. Base argentine *Decepción* en Antarctique

Figure 3. Base espagnole *Gabriel de Castilla* en Antarctique

Annexe 5 : Code de conduite des sites ouverts aux visiteurs

Code of de conduite pour les visiteurs de l'île de la Déception

1.   Introduction

Ce Code de conduite a été rédigé pour les voyagistes commerciaux (affiliés ou non à l'IAATO), les expéditions privées et le personnel des programmes antarctiques nationaux qui entreprendraient des visites d'agrément sur l'île de la Déception.

Il est généralement possible de visiter quatre sites sur l'île de la Déception : Baie Whalers, Baily Head, anse Pendulum et baie Telefon (est). L'anse Stancomb dans la baie Telefon est également utilisée en tant que zone de mouillage pour les voiliers. Les visites de la station Decepción (Argentine) et de la station Gabriel de Castilla (Espagne) ne sont autorisées que sur accord préalable avec les responsables des stations concernées. Les visites touristiques ou d'agrément d'autres sites sur l'île sont déconseillées.

2.   Lignes directrices générales

Les lignes directrices générales qui suivent s'appliquent à tous les sites précités susceptibles d'être visités sur l'île de la Déception :

- Les visites doivent être entreprises conformément au plan de gestion pour la ZGSA n° 4 de l'île de la Déception, aux lignes directrices générales pour les visiteurs en Antarctique (Résolution 3 (2011)) et à la Recommandation XVIII-1.

- Toutes les visites doivent être planifiées et menées en tenant compte des risques considérables pour la vie des personnes qui sont posés par la menace d'une éruption volcanique.

- Les responsables d'expédition de navires de croisière et les commandants de navires de sutien des programmes nationaux sont encouragés à échanger leurs itinéraires afin d'éviter la convergence involontaire simultanée de deux navires sur un site.

- Les navires arrivant à Port Foster ou en repartant doivent annoncer sur le canal 16 de la bande marine VHF l'heure et le sens de passage prévus dans les soufflets de Neptune.

- Pour les exploitants de croisières commerciales, un maximum de 100 passagers peu être débarqué sur le site à tout moment, accompagné au minimum un membre du personnel de l'expédition pour 20 passagers.

- Ne pas marcher sur la végétation comme les mousses ou les lichens. La flore de l'île de la Déception est d'une importance scientifique exceptionnelle. Il est permis de marcher sur l'algue *Prasiola crispa* (associée aux colonies de pingouins) car cela n'entraîne pas de perturbation indésirable.

- Se tenir à une distance appropriée et sûre des oiseaux ou des phoques de façon à éviter de les perturber. En règle générale, maintenir une distance de 5 mètres. Dans la mesure du possible, rester à au moins 15 mètres des otaries à fourrure.

- Pour empêcher des introductions biologiques, laver les bottes et nettoyer les vêtements, sacs, trépieds et cannes avec grand soin avant de débarquer.

- Ne pas laisser de détritus.

- Ne pas prélever des souvenirs de nature biologique ou géologique ni perturber les artéfacts.

- Ne pas écrire ou dessiner des graffitis sur des structures artificielles ou des surfaces naturelles.

- Des équipements scientifiques sont régulièrement déployés pendant l'été austral par les programmes antarctiques nationaux dans un certain nombre d'emplacements sur l'île de la Déception. Le programme antarctique espagnol déploie des équipements pour un contrôle sismique important et nécessaire. Ces équipements sont très sensibles aux perturbations. Il faut rester à au moins 20 mètres des équipements de contrôle sismique, qui seront marqués d'un fanion rouge. La distance est à l'étude – des révisions seront fournies selon les besoins.

- Ne pas toucher ou perturber d'autres types d'instruments de mesure ou de balises scientifiques (par ex. : pieux en bois marquant les balises botaniques).

- Ne pas toucher ou perturber les dépôts sur le terrain ou d'autres équipements entreposés par les programmes antarctiques nationaux.

3. Lignes directrices spécifiques au site

3.1 Baie Whalers (62°59' de latitude sud, 60°34' de longitude ouest)

La baie Whalers est le site le plus visité sur l'île de la Déception et il s'agit de l'un des sites les plus visités de l'Antarctique. C'est une petite baie immédiatement à l'est après avoir traversé Port Foster par les soufflets de Neptune. Elle a été baptisée par l'explorateur français Jean-Baptiste Charcot en raison de la chasse à la baleine qui s'y déroulait. Le site comprend les vestiges de la station norvégienne de chasse à la baleine Hektor, le site du cimetière et la 'Base B' britannique abandonnée, ainsi que les vestiges de chasse à la baleine le long de la plage, dont certains sont antérieurs à la station de chasse à la baleine. L'Annexe 3, Stratégie de conservation pour le site et monument historique N°71 de la baie Whalers, contient des informations complémentaires sur la baie Whalers.

- Les visites de la baie Whalers doivent être conduites conformément au Guide pour les visites de sites de la baie Whalers (Annexe 8).

3.2 Anse Pendulum (62°56' de latitude sud, 60°36' de longitude ouest)

L'anse Pendulum (voir carte 1) est une petite anse sur le versant nord-est de Port Foster. Elle a été nommée par Henry Foster du navire de la marine royale britannique HMS *Chanticleer* qui, en 1828, y a réalisé des observations magnétiques à l'aide de pendules. La plage de cendre et de scories en pente douce mène aux vestiges de la station abandonnée Presidente Pedro Aguirre Cerda (Chili), le site et monument historique N°76, qui a été détruit par une éruption volcanique en 1967. Les sources thermales le long du littoral étroit de l'anse Pendulum offrent aux visiteurs la possibilité de se baigner dans de l'eau chaude.

Les visites de l'anse Pendulum doivent être entreprises conformément au Guide pour les visites de sites de l'anse Pendulum (Annexe 10).

3.3 Baily Head (62°58' de latitude sud, 60°30' de longitude ouest)

Baily Head (voir carte 2) est un promontoire rocheux exposé au niveau du détroit de Bransfield sur la côte sud-est de l'île de la Déception. Il a été nommé en mémoire de Francis Baily, l'astronome anglais qui a établi des rapports sur les observations magnétiques de Foster à l'anse Pendulum. Le site comprend l'extrémité méridionale d'une longue plage linéaire qui longe la plus grande partie du flanc oriental de l'île de la Déception et une vallée étroite qui s'élève brusquement vers l'intérieur des terres jusqu'à une ligne de crête semi-circulaire, donnant l'impression d'un 'amphithéâtre' naturel. Il est limité au nord par un gros glacier et au sud, par les falaises de Baily Head. Un cours d'eau de fonte substantiel s'écoule à travers le centre de la vallée a cours de l'été austral.

Dans cette vallée sans nom et au sud se trouve l'une des plus grandes colonies de manchots à jugulaire (*Pygoscelis antarctica*) de l'Antarctique – bien que des études récentes indiquent une réduction considérable de la population ici. Les grands labbes (*Catharacta antarctica lonnbergi*), les damiers du cap (*Daption capensis*) et les chionis blancs (*Chionis alba*) nichent également sur Baily Head. Les otaries à fourrure de l'Antarctique (*Arctocephalus gazella*) s'échouent en grand nombre le long de la plage au cours de l'été austral.

Les visites de Baily Head doivent être entreprises conformément au Guide pour les visites de sites de Baily Head (Annexe 9).

3.4   **Baie Telefon (est) (62°56' de latitude sud, 60°40' de longitude ouest)**

La baie Telefon (voir carte 3) a été baptisée à la mémoire du navire baleinier *Telefon* qui a été amarré dans la baie pour des réparations en 1909 par Adolfus Amandus Andresen, fondateur de la société Sociedad Ballenera de Magallanes. À l'extrémité est de la baie Telefon, une plage en pente douce mène à une vallée peu profonde qui s'élève brusquement jusqu'à la couronne d'un cratère volcanique sans nom.

Les visites de la baie Telefon doivent être entreprises conformément au Guide pour les visites de sites de la baie Telefon (Annexe 7).

3.5   **Station Decepción (Argentine) et station Gabriel de Castilla (Espagne)**

Les visites de la station Decepción (Argentine) et de la station Gabriel de Castilla (Espagne) ne peuvent être entreprises qu'avec l'accord préalable du responsable de la station concernée. Les visites des stations doivent être entreprises conformément au Code de conduite pour la zone des installations de l'île de la Déception (Annexe 4).

Annexe 6 : Alerte volcanique et évacuation

Plan d'alerte et stratégie d'évacuation pour les éruptions volcaniques sur l'île de la Déception

Le volcanisme de l'île de la Déception

Dans la zone qui englobe les îles Shetland du Sud, la péninsule antarctique et la mer de Bransfield, seule l'île de la Déception a connu des éruptions récentes (en 1842, 1967, 1969 et 1970, avec d'autres événements non confirmés en 1912 et 1917).

Entre 1967 et 1970, l'activité volcanique intense sur l'île de la Déception a entraîné la destruction des stations scientifiques du Chili à l'anse Pendulum et du Royaume-Uni dans la baie Whalers. L'activité volcanique intense a changé la morphologie de l'île ; une petite île a été créée à Port Foster qui, avec le temps, a rejoint le reste de l'île de la Déception dans la zone de la baie Telefon. La grande quantité de cendres, roches et débris volcaniques expulsés a recouvert une partie des îles environnantes, ce que l'on peut encore observer au Glacier Johnson sur l'île Livingston.

Une conséquence immédiate de l'activité volcanique en 1967-1970 a été la fin temporaire des activités scientifiques sur l'île, avec seulement un nombre limité d'études d'observation du déroulement de la période après les éruptions.

Aujourd'hui, le seul indice d'activité volcanique de surface sur l'île de la Déception est la présence de zones où il y a une activité sismique considérable, du fait de l'expansion tectonique du rift de Bransfield et de l'activité volcanique locale qui génère, lorsqu'on mesure au cours de la saison estivale sur le terrain, une moyenne de 1 000 tremblements de terre de surface à de faible énergie (magnitudes inférieures à 2 sur l'échelle de Richter).

Des tremblements de terres tectoniques-volcaniques de magnitude supérieure, de 3 à 4 sur l'échelle de Richter, ont été enregistrés au cours de deux période sismiques-volcaniques particulièrement actives (1991-92 et 1998-99). Au cours de ces périodes, des groupes scientifiques sur la station Gabriel de Castilla ont senti, enregistré et décrit des événements sismiques.

Entre le 31 décembre 1991 et le 25 janvier 1992, l'île a connu une augmentation importante de l'activité sismique avec jusqu'à 900 tremblements de terre enregistrés, dont quatre ont été directement ressentis pas le personnel sur l'île. Ces activités ont été interprétées comme un processus de réactivation, probablement dû à une petite intrusion située dans la baie des Fumerolles.

Après les périodes d'activité volcanique accrue en 1994-95 et 1995-96, le 3 janvier 1999, une nouvelle période importante d'activité sismique-volcanique a démarré, avec deux tremblements de terre d'une magnitude de 2,9 (le 11 janvier) et de 3,4 (le 20 janvier). Ces activités sismiques-volcaniques se trouvaient entre la baie des Fumerolles et la baie Whalers. Elles incluaient des tremblements de terre volcano-tectoniques qui ont libéré une quantité considérable d'énergie, dont l'intensité n'avait jamais été enregistrée auparavant.

Après cette période d'activité sismique plus intense, les études géophysiques et géodésiques multidisciplinaires ont augmenté dans l'île. Les activités incluaient : Nouvelle étude du réseau géodésique, établissement d'un nouvel affichage de sismographe, prélèvement de gaz dans les fumerolles et tenue à jour des enregistrements de données géomagnétiques, gravimétriques et bathymétriques. Une étude géophysique importante a été menée, produisant un modèle tomographique de la vitesse et de l'atténuation en propagation d'ondes, notamment un modèle pour expliquer la relation entre l'activité sismique enregistrée et la dynamique du volcan.

À présent, l'activité volcanique sur l'île de la Déception pourrait être considérée comme typique d'un modèle de volcan andésitique (basaltique), avec un mécanisme d'éruption effusive de type Surtsey, avec un volume magmatique et une activité faibles, principalement concentré dans la baie des Fumerolles, la baie Telefon, l'anse Pendulum et la baie Whalers.

L'activité volcanique de surface actuelle sur l'île de la Déception est liée à d'importantes zones d'anomalie géothermiques où a été relevé un grand nombre de zones dans lesquelles l'énergie des activités sismiques-volcaniques de surface est significativement faible (magnitude de moins de 2).

Système d'alerte
Chaque année, pendant environ quatre mois au cours de l'été austral, les scientifiques espagnols et argentins enregistrent continuellement l'activité volcanique sur l'île (généralement de fin novembre à début mars). Ces périodes coïncident également avec la présence humaine maximale sur l'île.

Les instruments de mesure déployés sur l'île de la Déception incluent un réseau local de sismographes et un ensemble sismologique, des sismographes télémétriques, des stations thermométriques et un réseau géodésique entretenu et enregistré par la station Gabriel de Castilla. Les données géochimiques sont recueillies et les équipements sont entretenus par la station Decepción.

Les capitaines de navires qui entrent à Port Foster et les pilotes d'aéronefs ou d'hélicoptères qui survolent l'île doivent consulter de près les diffusions de bulletins sur les activités volcaniques depuis les stations Gabriel de Castilla (Espagne) et Decepción (Argentine) sur le canal 16 de la bande marine VHF.

Pour communiquer ces informations, il est considéré pratique d'utiliser un système de feu tricolore qui décrit de façon simple et accessible le risque volcanique présent du volcan de l'île de la Déception (Tableau 1).

Tableau I

Systèmes d'alerte pour les éruptions volcaniques sur l'île de la Déception conseillés par l'IAVCEI (Association internationale de volcanologie et de chimie de l'intérieur de la Terre)

Code couleur	État d'alerte	Description	Modes opératoires
VERT	Aucune éruption prévue	Paramètres volcaniques enregistrés normaux. Ceci est l'état normal de l'île	Contrôle
JAUNE	Quelques anomalies dans le système volcanique. Une crise volcanique pourrait survenir à l'avenir	Il y a des anomalies de fiable ampleur mais néanmoins notables dans les paramètres volcaniques enregistrés	Contrôle. Augmenter les enregistrements des paramètres volcaniques. Vérifier les paramètres
ORANGE	Probabilité accrue d'éruption volcanique	Augmentation considérable des anomalies dans les paramètres volcaniques enregistrés. Apparition de nouveaux changements dans les paramètres volcaniques	Augmenter le niveau de préparation pour intervenir. Commencer à préparer le plan d'évacuation. Recommander de restreindre l'accès à l'île. Recommander l'évacuation temporaire de l'île, y compris pour les navires et hélicoptères
ROUGE	Probabilité élevée d'éruption volcanique imminente	Probabilité élevée d'éruption volcanique confirmée avec un changement considérable du nombre d'anomalies des paramètres volcaniques	Le personnel sur l'île doit se rendre aux campements d'urgence ou évacuer toute l'île selon l'emplacement de l'éruption. Interdire aux navires et hélicoptères d'accéder à l'île.

Remarque : L'enregistrement et l'évaluation des risques volcaniques doivent être continus, au moins pendant la période d'activité des bases. Les volcanologues doivent mettre à jour l'état du système de code couleur, selon la variabilité des paramètres volcaniques enregistrés.

Stratégie d'évacuation en cas d'éruption volcanique sur l'île de la Déception

La stratégie d'évacuation actuelle repose sur le présupposé que les futures éruptions seront similaires à celles qui ont eu lieu de 1967 à 1970 et que l'activité volcanique aura un impact géographique limité sur l'île.

Un effondrement soudain de toute la caldeira pourrait générer un événement bien plus grave avec des effets mortels pour tout le personnel sur l'île. Dans un tel cas de figure une évacuation serait très probablement impossible. La probabilité d'un tel événement est certainement faible et serait certainement précédée de nombreux signes avant-coureurs comme une augmentation de l'altitude en surface ainsi que de la fréquence et de l'intensité des tremblements pendant plusieurs jours, voire des semaines, avant l'événement. Néanmoins, un événement pourrait survenir soudainement, sans aucun signe d'avertissement.

Si un état d'alerte orange est déclaré, tous les navires doivent immédiatement quitter Port Foster après avoir embarqué tous l'équipage et les passagers qui sont à terre.

Les capitaines des navires doivent être extrêmement prudents lors de la traversée des soufflets de Neptune en tenant compte de la possibilité de courants forts, le rocher Ravn au milieu du détroit étroit et tout matériau susceptible d'être tombé des falaises abruptes de chaque côté du canal.

Si une éruption est considérée comme probable, certaines mesures de précautions doivent être prises.

En premier lieu, les navires doivent être informés qu'il ne faut pas accéder à Port Foster, afin de réduire les éventuels problèmes d'évacuation. Ces mesures seraient temporaires.

Malgré sa petite taille, l'île pourrait être suffisamment grande pour comporter des zones où de petits groupes pourraient être relativement à l'abri en cas d'événement volcanique. Compte-tenu des éruptions récentes sur l'île de la Déception, des lieux à des distances de 7 à 10 kilomètres du centre de l'activité volcanique pourraient être relativement sûrs.

Il faut noter que l'évacuation de tout le personnel des stations de recherche existantes pourrait être plus difficile et avoir des conséquences pires que de déplacer le personnel vers des camps d'urgence sélectionnés en cas d'événement volcanique. L'utilisation opportune de lieux de campement d'urgence préalablement évalués pourrait réduire les risques liés à une évacuation rapide et complète du personnel de l'île en cas d'événement volcanique.

En conséquence, il est important d'avoir préalablement désigné des lieux pour servir de campements d'urgence, en tenant compte des différents lieux possibles d'éruptions volcaniques et d'autres processus. En règle générale, les différentes options doivent donc être étudiées avant d'entamer une évacuation.

Voies d'évacuation

En cas d'événement volcanique, toutes les zones côtières intérieures peuvent être considérées comme dangereuses, du fait de la chute de dépôts pyroclastiques, de rochers et d'autres matières et de la possibilité de vagues hautes, rapides et irrégulières produites par les seiches à Port Foster, qui pourraient menacer les navires qui naviguent ou jettent l'ancre dans le lagon de l'île.

Avant une évacuation, il faut comprendre que les voies d'évacuation peuvent être situées sur des terrains difficiles et que la descente sur les plages du littoral extérieur de l'île peut être raide et difficile à suivre.

Par ailleurs, en raison des difficultés substantielles à traverser des glaciers (surfaces brisées et glissantes, lahars soudains possibles), il est conseillé d'éviter ces zones, à moins de disposer de guides spécialisés et d'équipements adéquats. Il est toutefois vrai que de tels guides et équipements ne sont pas toujours disponibles dans des situations d'urgence.

L'évacuation par hélicoptères peut être la meilleure solution, en tenant compte du fait que les plages extérieures sont raides et étroites, avec de gros massifs rocheux et qu'elles sont adjacentes à des eaux profondes où se forment souvent des vagues importantes, même dans de bonnes conditions météorologiques. Certaines plages (par exemple, près de Punta de la Descubierta) comptent des rochers submergés qui peuvent être dangereux pour les petites embarcations.

Si le temps est au beau fixe, il pourrait être possible d'essayer d'évacuer par hélicoptère depuis certains endroits autour de Port Foster, bien que des hélicoptères intervenant dans une évacuation doivent éviter de voler à travers des nuages volcaniques, car la chute de dépôts pyroclastiques et de cendres peut endommager leurs moteurs.

Ces facteurs augmentent le danger d'une évacuation à partir des plages de Port Foster et il convient de considérer qu'une évacuation ne sera possible qu'à partir des plages extérieures ou depuis certaines zones spécifiques qui pourraient permettre l'utilisation d'hélicoptères.

Pour évaluer les difficultés qui pourraient être rencontrées lors de l'évacuation du personnel, la plupart des voies d'évacuation ont été préalablement testées par du personnel expérimenté. Ces études ont permis de conclure que seules trois des plages extérieures de l'île sont practicables en cas de mauvais temps : le versant nord de Kendall Terrace, la pointe Macaroni et Baily Head. Toutes les autres plages identifiées étaient rocheuses et avec un accès practicable par hélicoptère uniquement. La voie vers Punta de la Descubierta pourrait être utilisée, mais seulement lorsque la marée est très basse.

D'après ces études, les principales voies d'évacuation disponibles sont les suivantes :

- Depuis la zone des installations (stations Gabriel de Castilla, Decepcion) vers la pointe Descubierta (1)

- Depuis la zone des installations vers la pointe Entrance (la voie proposée comporte une évacuation depuis la plage) (2)
- Depuis la zone des installations vers la pointe Entrance (évacuation par hélicoptère) (2)
- Depuis la baie Whalers vers Baily Head (3)
- Depuis la zone des installations vers Kendall Terrace (par le passage à 168 m d'altitude au-dessus de la baie Telefon) (4)
- Depuis la zone des installations vers Kendall Terrace (par le passage à 158 m d'altitude près des Obsidiennes) (5)
- Depuis la zone des installations vers la plage du lac Escondido jusqu'à Kendall Terrace (6)

Le Tableau 2 comprend des détails sur les voies d'évacuation, notamment la distance, le dénivelé et une estimation de la durée du trajet.

Tableau 2. Voies d'évacuation

Voie d'évacuation	Distances totales	Altitude maximale[9]	Durée estimée
•Zone des installations jusqu'à Punta de la Descubierta (figure 2)	3 920 m	130 m à Espolon	1 heure 11 minutes
• Zone des installations jusqu'à la pointe Entrance (zone d'évacuation par la plage) ;	6 800m	180 m à Espolon	2 heures 9 minutes
• Zone des installations jusqu'à la pointe Entrance (zone d'évacuation par hélicoptère) ;	7 237 m	172 m	2 heures
• Baie Whalers jusqu'à Baily Head	3 954 m	295 m dans le passage de Collado	1 heure 37 minutes
• Zone des installations jusqu'à Kendall Terrace (par le passage de Collado 168 de la baie Telefon)	9 400 m	168 m dans le passage de Collado	2 heures 31 minutes
• Zone des installations jusqu'à Kendall Terrace (par Collado 158 dans les obsidiennes)	6 400 m	169 m dans le passage de Collado	1 heure 46 minutes
Lago Escondido jusqu'à Kendall Terrace	5 980 m	180 m traversée dans le passage de Vaguada	1 heure 30 minutes

---

[9] Les altitudes données renvoient au point le plus élevé de la voie.

Figure 1 Suggested escape routes on Deception Island during a volcanic crisis
corresponding to no more than a code orange alert state

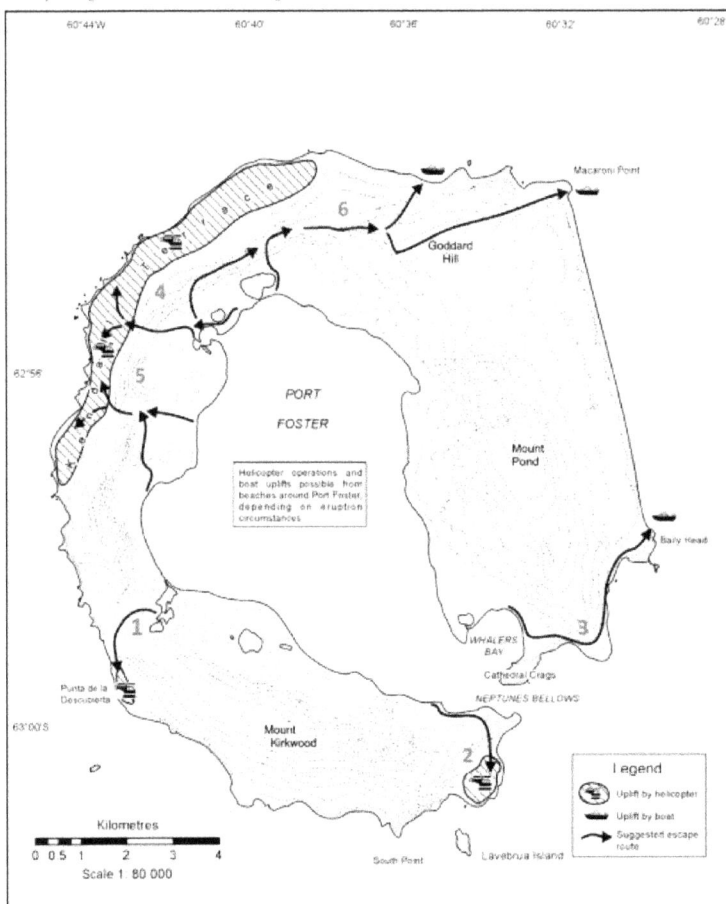

Carte 1. Routes d'évacuation proposées sur l'île de la Déception en cas de crise volcanique
correspondant à un état d'alerte de niveau orange au maximum

Annexe 7 : Lignes directrices pour les visites de sites: Baie Telefon

Les lignes directrices en vigueur sont sur le site :
http://www.ats.aq/siteguidelines/documents/Telefon_bay_f.pdf

Annexe 8 : Lignes directrices pour les visites de sites: Baie Whalers

Les lignes directrices en vigueur sont sur le site :
http://www.ats.aq/siteguidelines/documents/Whalers_bay_f.pdf

Annexe 9 : Lignes directrices pour les visites de sites: Baily Head

Les lignes directrices en vigueur sont sur le site :
http://www.ats.aq/siteguidelines/documents/baily_head_f.pdf

Annexe 10 : Lignes directrices pour les visites de sites: Anse Pendulum

Les lignes directrices ont été soumises à l'approbation du CPE XV/RCTA XXXV pour adoption. Le lien vers les lignes directrices adoptées sera mis à jour dès qu'elles seront disponibles.

Annexe 11 : Mesures pratiques en matière de biosécurité

Lignes directrices visant à réduire le risque d'introductions d'espèces non indigènes dans l'île de la Déception (Zone gérée spéciale de l'Antarctique N°4)

Introduction

L'île de la Déception dans les îles Shetland du Sud (Zone gérée spéciale de l'Antarctique N°4) est exceptionnellement vulnérable aux conséquences qui résulteraient de l'introduction d'espèces non indigènes. Le niveau élevé d'occupation humaine et de visites signifie que la probabilité d'introduction involontaire d'espèces non indigène est élevée. Le climat doux par rapport à d'autres zones de l'Antarctique et la présence de sites géothermiques peuvent être plus favorable à l'établissement d'espèces marines et terrestres introduites que dans d'autres lieux de l'Antarctique. L'île de la Déception a déjà été soumise à des introductions d'espèces non indigènes : six espèces d'invertébrés non indigènes ont été signalées sur l'île et un plante introduit a été découverte puis éradiquée.

Reconnaissant :

    (i)   la valeur des ensembles biologiques uniques et isolés de la zone et

    (ii)   la vulnérabilité exceptionnelle des écosystèmes terrestres et marins sur l'île de la Déception aux impacts potentiels d'espèces non indigènes en raison du climat doux de l'île, du sol chauffé par la géothermie et du niveau élevé de présence humaine ;

les lignes directrices suivantes visent à minimiser l'introduction involontaire d'espèces non indigènes et de matières susceptibles d'introduire de telles espèces (sols et écorce non traitée) sur l'île de la Déception et décrivent les activités de surveillance et d'intervention appropriées.

Mesures de protection

SENSIBILISATION

Les programmes, opérateurs et organisations ayant des activités sur l'île de la Déception devront :

1. Former le personnel (y compris le personnel des stations, les scientifiques, les personnels techniques, les équipages des navires chargés des débarquements, le personnel des voyagistes et les touristes) sur les risques potentiels posés à l'environnement par l'introduction d'espèces non indigènes.

2. Rappeler au personnel qu'il est interdit d'introduire des sols non stériles dans la zone du Traité sur l'Antarctique comme le prévoit le Protocole au Traité sur l'Antarctique relatif à la protection de l'environnement. De même, les plantes

cultivées et leurs propagules reproductives ne peuvent être importées que pour une utilisation contrôlée et conformément à un permis.

3. Rappeler au personnel que, conformément au Protocole au Traité sur l'Antarctique relatif à la protection de l'environnement, les déchets alimentaires doivent être incinérés, retirés de la zone du Traité sur l'Antarctique (Annexe III) ou jetés à la mer à au moins 12 milles nautiques de la terre ou de la plateforme glaciaire la plus proche de l'île (Annexe IV).

PROCÉDURES OPÉRATIONNELLES

Les programmes, opérateurs et organisations ayant des activités sur l'île de la Déception devront en outre :

4. Etudier la mise en œuvre des lignes directrices en matière de biosécurité à l'égard : (a) des navires qui voyagent jusqu'à l'île de la Déception, (b) des entrepôts qui fournissent des aliments et des marchandises à l'île et (c) des vêtements des visiteurs et des effets personnels et équipements scientifiques. De façon plus spécifique :

- Dans la mesure du possible, s'assurer que le personnel pénétrant dans la ZGSA et la quittant porte des souliers propres, par exemple, avec des procédures de nettoyage des bottes (à accomplir de préférence avant le départ pour l'Antarctique ainsi qu'à l'arrivée et au départ de la ZGSA). Une attention similaire doit être accordée aux vêtements et autres effets personnels sur lesquels des graines et d'autres propagules d'espèces non indigènes peuvent être fixés, comme des sacs, des cannes et des trépieds d'appareils photo.
- Réduire, dans la mesure du possible, l'importation de sable non traité, de granulat et de gravier dans la ZGSA.
- Réduire, dans la mesure du possible, l'importation de bois non traité dans la ZGSA.
- Interdire l'importation de bois non traité sur lequel de l'écorce est fixée, car il est susceptible de contenir beaucoup d'espèces non indigènes résilientes comme des micro-invertébrés, des micro-algues, des mousses, des lichens et des micro-organismes.
- Empêcher les animaux sauvages d'accéder aux aliments et aux déchets alimentaires.
- Interdire la culture de plantes pour se nourrir, par exemple grâce à des cultures hydroponiques, dans les bâtiments des stations de l'île de la Déception.
- Recueillir et incinérer ou retirer de la région tout sol ou toute matière biologique dont il est établi qu'ils ne proviennent pas de la ZGSA.
- Prendre un soin particulier pour réduire les risques de transfert de sols et de matières biologiques entre des sites chauffés par la géothermie distincts géographiquement (par ex. : s'assurer que les souliers sont propres).
- Prendre des mesures pour réduire les risques de contaminations biologiques ou de contaminations croisées des plans d'eau douce de l'île.
- Mettre en œuvre des mesures pour empêcher un transfert intrarégional d'espèces non indigènes déjà présents sur l'île de la Déception vers d'autres

parties de l'Antarctique (par ex. : en empêchant le transfert de sols de l'île de la Déception vers d'autres lieux de l'Antarctique).

Les directives ci-dessus s'appuient sur les conseils fournis dans le *Manuel sur les espèces non indigènes* du CPE, dans lequel les deux documents essentiels sont les *listes de vérifications pour les gestionnaires de la chaîne d'approvisionnement des programmes antarctiques nationaux visant à réduire les risques de transfert d'espèces non indigènes* et le *Code de conduite environnemental pour les recherches scientifiques terrestres en Antarctique*.

ENREGISTREMENT, SURVEILLANCE ET INTERVENTION

Les programmes, opérateurs et organisations ayant des activités sur l'île de la Déception devront en outre :

5. Entreprendre une surveillance des espèces introduites par le biais d'études de la biodiversité terrestre et marine, notamment par la réalisation d'études de référence, autant que possible dans le cadre d'un programme de recherche international.

6. Informer le groupe de gestion de l'île de la Déception et les autres parties, selon que de besoins, de la découverte d'espèces non indigènes dans la ZGSA. Informer le SCAR de la découverte par l'intermédiaire de la base de données sur les espèces non-indigènes du SCAR :
http://data.aad.gov.au/aadc/biodiversity/index.cfm.

7. Partager les nouvelles informations les relatives aux espèces non indigènes sur l'île avec le groupe de gestion de l'île de la Déception et avec les autres parties, selon que de besoin, dans la perspective d'une réaction coordonnée et rapide (par ex. : mesures d'éradication ou de confinement).

8. Entreprendre en priorité la réaction à une introduction d'espèces non-indigènes pour empêcher un élargissement de l'aire de répartition desdites espèces et pour que l'éradication soit plus simple, réalisée au meilleur coût et pour en maximiser les chances de réussite[10].

9. Évaluer régulièrement l'efficacité des programmes de contrôle ou d'éradication, notamment des études de suivi.

COOPÉRATION ET PROTECTION FUTURE

Les programmes, opérateurs et organisations ayant des activités sur l'île de la Déception devront en outre :

10. Tenir compte de la vulnérabilité exceptionnelle de l'île de la Déception aux introductions d'espèces non indigènes dans toutes les évaluations d'impact sur l'environnement entreprises pour des activités se déroulant dans la ZGSA.

11. Envisager la mise en œuvre conjointe de ces lignes directrices par le groupe de gestion de l'île de la Déception et les autres parties concernées, selon que de besoins.

12. S'engager à améliorer et à réviser continuellement ces lignes directrices.

---

[10] Note : dans ce contexte les directives pour les *visiteurs et les gestionnaires de l'environnement suivant la découverte d'espèces soupçonnées non indigènes dans l'environnement antarctique des eaux douces et terrestres* référé dans le manuel du CPE *sur les espèces non indigènes*

TROISIÈME PARTIE

Discours d'ouverture et de clôture et rapports

1. Rapports des gouvernements dépositaires et des observateurs

Rapport annuel du Comité scientifique pour la recherche en Antarctique (SCAR) 2011-2012

1.   Contexte

Le Comité scientifique pour la recherche en Antarctique (SCAR) est un organe scientifique interdisciplinaire et non-gouvernemental du Conseil international pour la science (CIUS) et il participe au Traité sur l'Antarctique et à la Convention-cadre des Nations unies sur les changements climatiques en qualité d'observateur.

Le SCAR joue le rôle de principal facilitateur et coordinateur indépendant et non-gouvernemental, et sa mission est d'encourager l'excellence dans la recherche et la science relatives à l'Antarctique et à l'océan austral. Deuxièmement, il incombe au SCAR de fournir au système du Traité sur l'Antarctique et à d'autres décideurs politiques des conseils de bonne qualité axés sur la science et indépendants, y compris concernant l'utilisation de la science en vue d'identifier les tendances émergentes et de sensibiliser les décideurs à ces questions.

2.   Introduction

Les recherches scientifiques du SCAR renforcent les efforts nationaux en permettant aux chercheurs de chaque pays de collaborer dans le cadre de programmes scientifiques à grande échelle afin d'atteindre des objectifs difficilement réalisables par un seul pays. Les membres du SCAR comptent actuellement les académies scientifiques issues de 36 nations et 9 unions scientifiques du CIUS.

Le SCAR fournit des conseils scientifiques indépendants en faveur de la gestion sage de l'environnement antarctique, en partenariat avec les Parties du Traité sur l'Antarctique et d'autres organes tels que le CPE, la CCAMLR et le COMNAP.

La réussite du SCAR dépend de la qualité et des délais de ses résultats scientifiques. Une description des programmes de recherche et des résultats scientifiques du SCAR est disponible sur le site www.scar.org. Dans le présent document, le SCAR présente un bref résumé des faits saillants passés (depuis le dernier rapport annuel) et les réunions futures qui devraient intéresser les Parties du Traité.

Le SCAR présente dans un bulletin électronique trimestriel les questions scientifiques ou autres pertinentes au SCAR (http://www.scar.org/news/newsletters/). Veuillez écrire à l'adresse électronique info@scar.org pour faire partie de la liste d'envoi. Outre son site (www.scar.org), le SCAR est également présent sur Facebook, LinkedIn et Twitter.

3.   Faits saillants du SCAR (2011-2012)

3.1   Prochaine génération de programmes de recherche du SCAR

En juillet 2012, les délégués du SCAR devront approuver cinq nouveaux Programmes de recherche scientifique (PRS). Les nouveaux PRS, tout en s'axant toujours sur les aspects scientifiques importants du SCAR, élargissent également les recherches à des domaines hautement prioritaires récemment identifiés, en mettant notamment plus l'accent sur le rôle du SCAR en qualité de conseiller scientifique du Traité. Pour plus de renseignements, veuillez consulter le site : http://www.scar.org/researchgroups/progplanning/. Les nouveaux PRS suivants sont proposés :

- **État de l'écosystème antarctique (AntECO)**

La diversité biologique est la somme de tous les organismes présents dans un écosystème, qui régissent le fonctionnement des écosystèmes et qui sont à la base de la vie sur Terre. Ce programme a été conçu dans le but d'étudier les modèles de biodiversité des environnements terrestres, limnologiques, glaciaires et marins des régions de l'Antarctique, du Subantarctique et de l'océan austral, et de fournir des connaissances scientifiques sur la biodiversité pouvant servir à des fins de conservation et de gestion. Nous proposons essentiellement d'expliquer ce qu'est la biodiversité dans ces régions, comment elle y est arrivée, ce qu'elle y fait et ce qui la menace. Ce programme produirait principalement des recommandations à des fins de gestion et de conservation de ces régions.

- **Seuils de l'Antarctique – résilience et adaptation de l'écosystème (AnT-ERA)**

AnT-ERA examinera les processus biologiques qui se produisent actuellement dans les écosystèmes antarctiques afin de définir leurs seuils et par là même de déterminer leur résistance et leur résilience face aux changements. Ces processus dépendent d'une cascade de réactions depuis le génome et la physiologie en passant par les organismes et les populations jusqu'au niveau de l'écosystème. En raison de l'environnement extrême et des différences marquées de la complexité des communautés entre les régions polaires et la majeure partie de la planète, les conséquences du stress sur la fonction et les services de l'écosystème, de même que sa résistance et résilience, seront différentes de celles d'autres parties du monde. Les processus de l'écosystème polaire jouent donc un rôle central car ils éclairent le débat écologique au sens plus large quant à la nature de la stabilité et des changements qui se produisent dans les écosystèmes. AnT-ERA a pour but premier de définir et de faciliter la science requise pour déterminer la résistance, la résilience et la vulnérabilité des systèmes biologiques antarctiques face aux changements. La science doit par-dessus tout déterminer la probabilité de bouleversements cataclysmiques ou « points de basculement » dans les écosystèmes antarctiques.

- **Changements climatiques en Antarctique au 21e siècle (AntClim21)**

AntClim21 a pour buts de fournir des prévisions régionales de meilleure qualité sur les éléments clés de l'atmosphère, l'océan et la cryosphère antarctiques sur la période des 20 à 200 années à venir, et de comprendre les réactions des systèmes physiques et biologiques face aux facteurs de forçage d'origine naturelle et anthropogène. AntClim21 s'appuie principalement sur les données issues de l'exécution du modèle mondial couplé atmosphère-océan, à partir desquelles le GIEC a établi son cinquième Rapport d'évaluation. Les paléo-reconstructions de plusieurs périodes temporelles déterminées, reconnues comme périodes analogues passées pour les prévisions climatiques futures, serviront à valider les performances du modèle pour la région antarctique.

- **Dynamique de la plateforme glaciaire passée (PAIS)**

PAIS vise à mieux comprendre la dynamique de la plateforme glaciaire durant les conditions chaudes du passé à l'échelle mondiale, et ce des manières suivantes :

- cibler l'étude des zones vulnérables à travers le continent (tant à l'extrémité occidentale qu'orientale de l'Antarctique) ;
- rapprocher les données juxtaglaciaires et les données côtières et maritimes, y compris les données du niveau de la mer et paléocéanographiques des zones éloignées ;
- intégrer les données dans la dernière génération de modèles climat-plateforme glaciaire-rebond post-glaciaire.

- **Réactions terrestres et évolution de la cryosphère (SERCE)**

SERCE vise à mieux comprendre les réactions terrestres face aux forçages cryosphérique et tectonique. SERCE servira à :

- Identifier et développer les composantes scientifiques disciplinaires et interdisciplinaires fondamentales d'un programme scientifique ayant pour objectif de mieux comprendre les interactions entre la terre et la cryosphère ;

- Communiquer et assurer la coordination conjointement avec d'autres groupes internationaux qui étudient l'évolution de la masse glaciaire, la contribution de la plateforme glaciaire dans l'élévation du niveau de la mer à l'échelle planétaire, les modèles de rebond post-glaciaire du Groenland et d'autres calottes de glace, etc. ;
- Collaborer avec les groupes d'experts / d'action et les programmes de recherche du SCAR afin de promouvoir la science interdisciplinaire à l'aide des données du réseau POLENET ;
- Fournir un cadre international permettant de maintenir, et potentiellement d'augmenter, l'autonomie à distance de l'infrastructure POLENET au terme de l'Année polaire internationale (API).

3.2 Système d'observation de l'océan austral (SOOS)

L'océan austral joue un rôle central dans le fonctionnement du climat et de l'écosystème de la planète mais le manque de données a jusqu'ici entravé la compréhension à ce sujet. La communauté scientifique, dirigée par le SCAR et le SCOR (Comité scientifique pour les recherches océaniques), a créé le Système d'observation de l'océan austral (SOOS) pour combler ces lacunes. Un Bureau international des projets, établi en Australie avec l'appui du nouvel Institut des études marines et antarctiques de l'université de Tasmanie à Hobart, a été créé en août 2011. Il s'agit là d'une étape décisive de la mise en œuvre du SOOS. Pour plus de détails, y compris un document pdf du plan initial relatif à la science et la mise en œuvre, veuillez consulter le site www.soos.aq ou le document joint.

3.3 Groupe « Bilan massique des couches de glace et niveau de la mer » (ISMASS)

Le groupe Bilan massique des couches de glace et niveau de la mer, coparrainé par le Comité international pour les sciences de l'Arctique (IASC), organise un atelier en conjonction avec le projet « Climat et cryosphère » du Programme mondial de recherches sur le climat et d'autres organisations, qui se tiendra le 14 juillet. Cet atelier a plusieurs buts (voir http://www.climate-cryosphere.org/en/events/2012/ISMASS/Home.html) mais il vise principalement à évaluer les connaissances actuelles sur la contribution des plateformes glaciaires de l'Antarctique et du Groenland dans l'élévation du niveau de la mer à l'échelle régionale et mondiale, en tenant compte des projets actuels et proposés.

3.4 Conservation en Antarctique au 21ᵉ siècle

Le SCAR, en association avec plusieurs partenaires, a organisé une réunion et un tour d'horizon en Afrique du Sud pour lancer la préparation d'une nouvelle stratégie en faveur de la conservation en Antarctique au 21ᵉ siècle. Pour plus de détails, veuillez consulter le document joint.

3.5 Médailles et prix

- Dr José Xavier, de l'Institut de la recherche sur la vie marine de l'Université de Coimbra, au Portugal, s'est vu attribuer le prix prestigieux *Martha T. Muse Prize for Science and Policy in Antarctica* 2011. Dr Xavier a mené des recherches remarquables sur la dynamique prédateur-proie qui permet à des populations d'albatros, de manchots et d'autres grands prédateurs de prospérer dans l'océan austral. Le Comité de sélection, composé d'éminents scientifiques spécialistes de l'Antarctique et décideurs politiques, a également salué ses capacités de direction dans la création réussie d'un nouveau programme de recherche sur l'Antarctique au Portugal durant l'Année polaire internationale (API, 2007-2008).

- Le Président du SCAR remettra à Prof. Diana H. Wall la *Medal for Excellence in Antarctic Research* 2012. Prof. Wall a plus de vingt ans d'expérience des recherches dans les Dry Valleys de l'Antarctique, où elle examine la réaction de la biodiversité des sols et des processus de l'écosystème face aux changements environnementaux. Elle fait activement partie du Groupe scientifique permanent du SCAR sur les sciences de la vie et a participé au développement de la prochaine génération de Programmes de recherche scientifique du SCAR ainsi qu'à l'initiative de Conservation au 21e siècle.

3.6   Nouveau responsable de projets du SCAR

Dr Eoghan Griffin a été recruté pour une durée d'un an, un jour par semaine, afin de travailler sur les Communications climatiques. Le Royaume-Uni, la Norvège et l'ASOC ont généreusement alloué les fonds nécessaires pour recruter Dr Griffin. Voir document joint.

4.   *SCAR : Réunions à venir*

Cette année, le SCAR participe à plusieurs rencontres importantes (http://www.scar.org/events/), dont notamment :

- API Montréal. Avril 2012. Le SCAR participe activement à la troisième et dernière conférence de l'Année polaire internationale, axée sur le thème « De la connaissance à l'action ».
- Conférence scientifique publique (*Open Science Conference*), séances de travail et réunions des délégués du SCAR. Juillet 2012. (voir http://scar2012.geol.pdx.edu/). Près de 1 000 résumés ont été soumis à l'occasion de la Conférence scientifique publique du SCAR, qui s'axe sur le thème de la science antarctique et des conseils politiques dans un monde en évolution (« *Antarctic Science and Policy Advice in a Changing World* »). Plusieurs Observateurs et Experts du Traité participent activement aux divers colloques et séances, ce qui annonce des débats des plus intéressants.
- *Biology Symposium* du SCAR. Le SCAR organisera son colloque quadriennal sur la biologie à Barcelone, en Espagne, durant l'été 2013.

Pour plus de détails concernant les activités du SCAR, veuillez consulter le site www.scar.org ou écrire un courrier électronique à l'adresse info@scar.org.

Rapport annuel 2011 du Conseil des directeurs des programmes antarctiques nationaux (COMNAP)

Le COMNAP est l'organisation en charge des Programmes antarctiques nationaux. Il réunit en particulier les directeurs de ces programmes, c'est-à-dire les responsables nationaux qui programment, dirigent et gèrent les soutiens apportés à la recherche scientifique en Antarctique, au nom de leur gouvernement respectif, lesquels sont tous des Parties consultatives au Traité sur l'Antarctique.

Le COMNAP est devenu une association internationale avec, pour membres, les 28 Programmes antarctiques nationaux des Parties au Traité sur l'Antarctique : Argentine, Australie, Belgique, Brésil, Bulgarie, Chili, Chine, Équateur, Finlande, France, Allemagne, Inde, Italie, Japon, République de Corée, Pays-Bas, Nouvelle-Zélande, Norvège, Pérou, Pologne, Fédération russe, Afrique du Sud, Espagne, Suède, Royaume-Uni, Ukraine, Uruguay et États-Unis d'Amérique.

La constitution du COMNAP définit sa finalité : élaborer et promouvoir les meilleures pratiques dans la gestion des soutiens à la recherche scientifique dans l'Antarctique. En tant qu'organisation, le COMNAP agit pour apporter une valeur ajoutée aux efforts déployés par les Programmes antarctiques nationaux, en servant de forum à l'élaboration des pratiques qui améliorent, d'une manière écologiquement responsable, l'efficacité des activités, en facilitant et promouvant les partenariats internationaux, et en fournissant des occasions et des systèmes d'échange d'informations.

Le COMNAP s'efforce également de donner au Système du Traité sur l'Antarctique des avis objectifs, pratiques, techniques et apolitiques, lesquels s'appuient sur le vaste vivier de compétences des Programmes antarctiques nationaux, et de leurs connaissances directes de l'Antarctique.

Les questions scientifiques émergentes sont de plus en plus complexes et ne peuvent être résolues que par des équipes scientifiques pluridisciplinaires, et, le plus souvent, multinationales. La complexité de ces questions, qui va de pair avec des normes environnementales plus exigeantes et, dans certains cas, une source de financement réduite, contribue à accroître les pressions pesant sur les Programmes antarctiques nationaux, et rend plus impérieuse la nécessité des collaborations internationales. Le COMNAP s'efforce d'accroître la collaboration entre les Programmes antarctiques nationaux et reconnaît la nécessité de créer de solides partenariats avec les organisations ayant des objectifs similaires. Le COMNAP a, en outre, assumé des responsabilités plus nombreuses en matière de production d'un certain nombre d'outils pratiques pour la sécurité et l'échange d'informations.

Lors de la réunion générale annuelle (RGA) du COMNAP (août 2011, Stockholm, Suède), Dr Jose Retamales (INACH) est arrivé au terme de son mandat de quatre ans en sa qualité de Président du COMNAP et Dr Heinrich Miller (AWI) a été élu Président pour un mandat de trois ans.

Points saillants et réalisations du COMNAP 2011

Lancement du nouveau site Web du COMNAP

La mission principale du COMNAP est de partager les informations, d'élaborer des lignes directrices et de fournir des conseils pratiques. C'est dans cet esprit nous avons mis à jour notre nouveau site Web, lancé en février 2012, qui servira d'outil à cet égard. Le site comporte des espaces accessibles au public mais également des espaces privés réservés aux membres et sa structure vise à faciliter l'accès à l'information. L'adresse du site reste inchangée :

www.comnap.aq. Le nouveau site met à la disposition du public de nombreux documents pertinents pour la communauté antarctique, comme par exemple le compte-rendu de chaque colloque COMNAP / SCALOP (Comité permanent sur la logistique et les opérations en Antarctique) et une liste des installations du COMNAP en Antarctique. De plus, vous trouverez prochainement des informations sur chaque Programme antarctique national membre du COMNAP sur la page dédiée à nos membres.

Atelier « Effets des changements de l'Antarctique sur la gestion »

Au vu des débats qui ont eu lieu lors de la XXXIII RCTAᵉ et du XIIIᵉ CPE, et des discussions et recommandations émanant de la RCTA sur les changements climatiques et leurs effets sur la gestion et la gouvernance de l'Antarctique (Svolvær, Norvège, 7-9 avril 2010), le COMNAP a organisé l'atelier intitulé « Effets des changements de l'Antarctique sur la gestion », ouvert aux membres du COMNAP et à d'autres participants sur invitation, qui s'est tenu dimanche 31 juillet 2011 en marge de la RGA du COMNAP (Stockholm, Suède). Les directeurs des Programmes antarctiques nationaux se penchent sur cette question au quotidien car les Programmes antarctiques nationaux ont pour mission de surveiller les changements afin d'y réagir de manière appropriée et par là même de soutenir les activités scientifiques en Antarctique. Un document d'information du COMNAP présente à l'occasion de cette RCTA les points saillants tirés des débats qui ont eu lieu lors de l'atelier.

Atelier « *Inland Traversing in Antarctica* »

Les vice-présidents du Comité exécutif du COMNAP, Kazuyuki Shiraishi (NIPR) et Yuansheng Li (PRIC), ont organisé l'atelier du COMNAP intitulé « *Inland Traverses in Antarctica* », qui s'est déroulé le 31 juillet 2011, en marge de la RGA du COMNAP (Stockholm, Suède). L'atelier a été l'occasion de partager les expériences avec les membres et d'apprendre des techniques pratiques visant à traverser les terres de l'Antarctique dans danger et avec succès. Dix exposés ont été présentés et une série de posters a été affichée. Des représentants de l'industrie des opérations et de la logistique y ont également participé.

Bourses de recherche en Antarctique du COMNAP

Notant que l'éducation et le renforcement des capacités constituent un domaine mutuellement avantageux pour le SCAR et le COMNAP, et reconnaissant l'étendue des talents existant parmi les Programmes antarctiques nationaux, le COMNAP a annoncé l'attribution des bourses de recherche inaugurales en Antarctique du COMNAP en mai 2011. Ms Amelia Marks, du Royaume-Uni, s'est vu octroyer ce prix afin de mener des recherches s'inscrivant dans le Programme antarctique italien à la station Mario Zucchelli. Le nom du bénéficiaire des bourses de recherche en Antarctique du COMNAP 2012 sera annoncé en juillet 2012 lors de la RGA du COMNAP, qui se tiendra à Portland.

Participation du COMNAP aux Groupes de contact intersessions (GCI) 2011-2012

Le COMNAP a été ravi de participer au GCI de la RCTA qui a été convoqué par le Secrétariat du Traité sur l'Antarctique concernant la révision des recommandations de nature opérationnelle. Nous avons également eu l'honneur de pouvoir exprimer des suggestions dans le cadre des discussions informelles modérées par le SCAR sur le document du SCAR relatif aux mesures visant à réduire le risque d'introduction d'espèces non-indigènes.

Produits et outils du COMNAP

Déclaration d'accidents, d'incidents et de quasi-accidents (AINMR)

L'échange d'informations sur les problèmes rencontrés en Antarctique a toujours eu lieu. La toute première RCTA a convenu, dans sa recommandation I-VII sur l'*Échange d'informations sur les problèmes logistiques*, qu'il en soit ainsi (à compter du 30 avril 1962). Les réunions générales annuelles du COMNAP offrent à ses membres l'occasion d'échanger ces informations. Par ailleurs, un système en ligne complet AINMIR contenant des ressources issues du *Australian Antarctic Division* (AAD) a été lancé cette année. Ce système en ligne permet aux membres du COMNAP de déclarer les accidents et incidents en temps opportun. L'objectif principal de l'AINMR est de : recueillir les informations générales sur les évènements qui ont eu, ou auraient pu avoir, de graves conséquences ; et / ou divulguer les enseignements à tirer ; et / ou diffuser les informations sur les évènements rares ou inédits. L'idée est que les Programmes antarctiques nationaux puissent apprendre les uns des autres et réduire les risques de conséquence grave au cours de leurs activités. Avec le lancement du nouveau site Web du COMNAP, le système en ligne sera transféré de l'AAD à ce nouveau site Web, qui sera disponible à l'adresse : www.comnap.aq/membersonly/AINMR/SitePages/Home.aspx.

Système de report des positions de navire (SPRS) du COMNAP

Le SPRS (www.comnap.aq/sprs) est un système optionnel et volontaire d'échange d'informations sur les opérations des navires engagés dans les Programmes antarctiques nationaux. Son principal objectif est de faciliter la collaboration entre les Programmes antarctiques nationaux mais il peut également contribuer utilement à la sécurité, par le biais de la transmission de ses informations aux Centres de coordination et de sauvetage (RCC), lesquels couvrent la région antarctique, en tant que source d'informations complémentaire aux systèmes nationaux et internationaux déjà en place.

Manuel d'information de vol en Antarctique (AFIM)

L'AFIM est un manuel d'informations aéronautiques publié par le COMNAP en tant qu'outil de sécurité pour les opérations aériennes en Antarctique, comme préconisé par la recommandation XV-20 de la RCTA intitulée *Sécurité aérienne en Antarctique*. Un examen approfondi de l'AFIM a conclu qu'il serait utile de pouvoir y accéder sous format électronique. Le manuel sera continûment mis à jour grâce aux informations reçues des Programmes antarctiques nationaux et des révisions seront préparées et diffusées régulièrement. Le COMNAP a fait part de son projet de reformatage de l'AFIM inspiré des discussions du GCI sur la révision des recommandations de nature opérationnelle.

Manuel des opérateurs de télécommunications dans l'Antarctique (ATOM)

L'ATOM émane du manuel de télécommunications mentionné par la Recommandation X-3 de la RCTA intitulé *Amélioration des télécommunications dans l'Antarctique et collecte et distribution des données météorologiques antarctiques*. Les membres du COMNAP et les autorités de recherche et de sauvetage ont accès à la dernière version (février 2012) par le biais du site Web du COMNAP.

Pour en savoir plus, merci de consulter le site Web du COMNAP (www.comnap.aq) ou de nous adresser un courriel à info@comnap.aq. Voir également les pièces jointes du présent Rapport annuel : Appendice 1 et Appendice 2.

Appendice 1. Administrateurs, projets et groupes d'experts du COMNAP

Comité exécutif (EXCOM)

Le Président et les vice-présidents du COMNAP sont des administrateurs élus du COMNAP.
Le Comité exécutif du COMNAP se compose des administrateurs élus et du Secrétaire exécutif tel que suit :

Poste occupé	Administrateur	Fin du mandat
Président	Heinrich Miller (AWI) heinrich.miller@awi.de	RGA 2014
Vice-présidents	Maaike Vancauwenberghe (BELSPO) maaike.vancauwenberghe@belspo.be	RGA 2012
	Yuansheng Li (PRIC) lysh@pric.gov.cn	RGA 2013
	Mariano Memolli (DNA) drmemolli@gmail.com	RGA 2013
	Juan Jose Dañobeitia (CSIC) jjdanobeitia@cmima.csic.es	RGA 2014
	Brian Stone (USAP/NSF) bstone@nsf.gov	RGA 2014
Secrétaire exécutif	Michelle Rogan-Finnemore michelle.finnemore@comnap.aq	30 septembre 2015

Tableau 1 – Comité exécutif du COMNAP.

Projets

Projet	Gestionnaire de projet	Responsable EXCOM (supervision)
Lexique sur l'Antarctique	Valerie Lukin	Mariano Memolli
Manuel d'information de vol en Antarctique (AFIM) – Mise en application du nouveau format		Brian Stone
Déclaration d'accidents, d'incidents et de quasi-accidents (AINMR) – Système et application en ligne	Robert Culshaw	Maaike Vancauwenberghe
Risque des cendres volcaniques pour les opérations en Antarctique	Robert Culshaw	Maaike Vancauwenberghe
Antarctic Peninsula Advanced Science Information (APASI)	Jose Retamales	Heinz Miller
Livre *COMNAP 25th Anniversary*	Christo Pimpirev	Tout l'EXCOM
Energy Management Guidelines and their application – Survey ; Base de données des fournisseurs privilégiés	David Blake	Yuansheng Li & Juan Jose Dañobeitia
Plans d'urgence et actions à prendre en cas de déversement – Étude	Veronica Vlasich	Mariano Memolli

Tableau 2 – Projets du COMNAP actuellement en cours.

Groupes d'experts

Groupe d'experts (domaine)	Responsable du groupe d'experts	Responsable EXCOM (supervision)
Science	Jose Retamales	Heinz Miller
Vulgarisation	Eva Gronlund	Maaike Vancauwenberghe
Air	Giuseppe De Rossi	Brian Stone
Environnement	Sandra Potter	Maaike Vancauwenberghe

Formation	Veronica Vlasich	Mariano Memolli
Médical	Jeff Ayton	Mariano Memolli
Navigation	Miki Ojeda	Juan Jose Dañobeitia
Sûreté	Robert Culshaw	Maaike Vancauwenberghe
Énergie & technologie	David Blake	Yuansheng Li & Juan Jose Dañobeitia
Gestion des données	Michelle Rogan-Finnemore	Heinz Miller
Relations extérieures	Michelle Rogan-Finnemore	Tout l'EXCOM
Cadre stratégique	Michelle Rogan-Finnemore	Heinz Miller

Tableau 3 – Groupes d'experts du COMNAP.

Appendice 2. Réunions

12 derniers mois

31 juillet 2011, Atelier du COMNAP : « Effets des changements de l'Antarctique sur la gestion », Stockholm, Suède.

31 juillet 2011, Atelier du COMNAP : « *Inland Traversing in Antarctica* », Stockholm, Suède.

1-3 août 2011, Réunion générale annuelle du COMNAP (COMNAP XXIII), Stockholm, Suède, organisée par le *Swedish Polar Research Secretariat*.

17-18 octobre 2011, Réunion du Comité exécutif du COMNAP (EXCOM), Barcelone, Espagne, organisée par le vice-président du COMNAP, Juan Jose Dañobeitia, au *Centro Mediterráneo de Investigaciones Marinas y Ambientales* (CMIMA, CSIC).

12 prochains mois

14 juillet 2012, Réunion conjointe de l'exécutif COMNAP / SCAR, Portland, Oregon, États-Unis.

15 juillet 2012, Colloque du COMNAP : « *Sustainable Solutions to Antarctic Challenges: Supporting Polar Research in the 21st Century* ».

16-19 juillet 2012, Réunion générale annuelle du COMNAP (COMNAP XXIV), Portland, Oregon, États-Unis.

Rapport soumis à la XXXVème Réunion consultative du Traité sur l'Antarctique par le gouvernement dépositaire de la Convention pour la conservation des phoques de l'Antarctique conformément au paragraphe 2(D) de la recommandation XIII-2

Présenté par le Royaume-Uni

Le présent rapport couvre les faits concernant la Convention pour la conservation des phoques de l'Antarctique (CCAS) pour l'année de référence s'étendant du 1er mars 2010 au 28 février 2011.

Le résumé figurant à l'annexe A énumère les captures et les destructions de phoques de l'Antarctique par les Parties contractantes de la CCAS durant la période de référence. Un rapport des faits ayant eu lieu en 2011-2012 sera soumis à la RCTA XXXVI une fois que la date-limite de juin 2012 sur l'échange d'informations aura expirée.

Le Royaume-Uni souhaite rappeler aux Parties contractantes de la CCAS que la période de référence applicable à l'échange d'informations s'étend, chaque année, du 1er mars à la fin du mois de février. Cette période de référence a été changée, selon les dates ci-dessus, durant la Réunion d'examen du fonctionnement de la Convention de septembre 1988. Ce fait est étayé au paragraphe 19(a) du rapport de cette réunion.

L'échange d'informations, mentionné au paragraphe 6(a) de l'annexe à la Convention doit être soumis, tous les ans, aux autres Parties contractantes et au SCAR avant le **30 juin, y compris communications « néant »**. Le Royaume-Unis tient à remercier toutes les Parties contractantes du CCAS d'envoyer ces informations dans les délais lui permettant de soumettre un rapport complet à la RCTA XXXV. Le Royaume-Uni souhaite toutefois continuer à encourager toutes les Parties contractantes du CCAS à soumettre leurs retours avant la date-limite du 30 juin afin d'assurer la réception de toutes les informations pertinentes.

Depuis la RCTA XXXIII, aucune nouvelle accession à la CCAS n'a eu lieu. Le Royaume-Uni estime toutefois que le Pakistan souhaite accéder à la Convention. Conformément aux dispositions de l'article 12, le Royaume-Uni s'efforcera de solliciter le consentement des Parties contractantes pour inviter le Pakistan à accéder à la Convention. Une liste des pays signataires, dès l'origine, de la Convention, et des pays ayant ultérieurement accédé à cette Convention est jointe au présent rapport (annexe B).

Avril 2012

CONVENTION POUR LA CONSERVATION DES PHOQUES DE L'ANTARCTIQUE (CCAS)

Synthèse du rapport conforme à l'article 5 et à l'annexe de la Convention : Capture et destruction des phoques durant la période s'étendant du 1er mars 2010 au 28 février 2011.

Partie contractante	Nombre de phoques de l'Antarctique capturés	Nombre de phoques de l'Antarctique tués
Argentine	49 [a]	Néant
Australie	67 [b]	2 [c]
Belgique	Néant	Néant
Brésil	Néant	Néant
Canada	Néant	Néant
Chili	Néant	Néant
France	600 [d]	Néant
Allemagne	Néant	Néant
Italie	Néant	Néant
Japon	Néant	Néant
Norvège	Néant	Néant
Pologne	Néant	Néant
Russie	Néant	Néant
Afrique du Sud	Néant	Néant
Royaume-Uni	24 [e]	1 [f]
États-Unis d'Amérique	3760 [g]	2 [h]

[a] 10 Éléphants de mer, 20 éléphants de mer du Sud, 19 léopards de mer
[a] 21 Éléphants de mer, 28 léopards de mer, 20 phoques de Weddell
[a] 1 phoque de Weddell, 1 léopard de mer
[a] 160 phoques de Weddell, 275 éléphants de mer et 165 otaries de l'Antarctique
[e] 24 Phoques de Weddell
[f] 1 Phoque de Weddell
[g] 600 otaries de l'Antarctique, 50 léopards de mer, 50 éléphants de mer du Sud, 1430 phoques de Weddell
[h] 2 Phoques de Weddell

La totalité des captures signalées concernaient des recherches scientifiques.

ANNEXE B

CONVENTION POUR LA CONSERVATION DES PHOQUES DE L'ANTARCTIQUE (CCAS)

Londres, 1er juin - 31 décembre 1972

(La Convention est entrée en vigueur le 11 mars 1978)

État	Date de la signature	Date du dépôt (ratification ou acceptation)
Argentine[1]	9 juin 1972	7 mars 1978
Australie	5 octobre 1972	1er juillet 1987
Belgique	9 juin 1972	9 février 1978
Chili[1]	28 décembre 1972	7 février 1980
France[2]	19 décembre 1972	19 février 1975
Japon	28 décembre 1972	28 août 1980
Norvège	9 juin 1972	10 décembre 1973
Russie[1,2,4]	9 juin 1972	8 février 1978
Afrique du Sud	9 juin 1972	15 août 1972
Royaume-Uni[2]	9 juin 1972	10 septembre 1974[3]
États-Unis d'Amérique[2]	28 juin 1972	19 janvier 1977

ACCESSIONS

État	Date de dépôt de l'instrument d'accession
Brésil	11 février 1991
Canada	4 octobre 1990
Allemagne, République fédérale d'	30 septembre 1987
Italie	2 avril 1992
Pologne	15 août 1980

[1] Déclaration or Réserve
[2] Objection
[3] L'instrument de ratification incluait les îles anglo-normandes et l'île de Man
[4] L'ancienne URSS

Rapport du gouvernement dépositaire de la Convention sur la Conservation des ressources vivantes marines de l'Antarctique (CCAMLR)

Document de travail présenté par l'Australie

Résumé

L'Australie présente un rapport en sa qualité de gouvernement dépositaire de la Convention sur la conservation des ressources vivantes marines de l'Antarctique adoptée en 1980.

Historique

L'Australie, en sa qualité de gouvernement dépositaire de la Convention sur la conservation ressources vivantes marines de l'Antarctique (la Convention), adoptée en 1980, a le plaisir de faire rapport de l'évolution de la Convention à la trente-cinquième Réunion consultative du Traité sur l'Antarctique.

L'Australie informe les Parties au Traité sur l'Antarctique que, depuis la trente-quatrième Réunion consultative, le Pakistan a accédé à la Convention le 24 janvier 2012. Le Pakistan a mis en vigueur la Convention le 22 février 2012.

Un exemplaire de la liste des Parties à la Convention est disponible, par l'Internet, sur la Base de données des traités australiens, à l'adresse suivante : http://www.austlii.edu.au/au/other/dfat/treaty_list/depository/CCAMLR.html

Cette liste est également disponible, sur demande, auprès du Secrétariat des traités du Ministère australien des Affaires étrangères et du Commerce. Ces demandes peuvent être transmises par les missions diplomatiques australiennes.

Rapport du gouvernement dépositaire de l'Accord sur la conservation des albatros et des pétrels (ACAP)

Document d'information présenté par l'Australie

Résumé

L'Australie présente un rapport en sa qualité de gouvernement dépositaire de l'Accord sur la conservation des albatros et des pétrels adopté en 2001.

Rappel des faits

L'Australie, en sa qualité de gouvernement dépositaire de l'Accord sur la conservation des albatros et des pétrels (l'Accord), adopté en 2001, a le plaisir de faire rapport de l'évolution de l'Accord à la trente-cinquième Réunion consultative du Traité sur l'Antarctique.

L'Australie informe les Parties au Traité sur l'Antarctique que, depuis la trente-quatrième Réunion consultative, aucun État n'a accédé à cet Accord.

Un exemplaire de la liste des Parties à l'Accord est disponible, par l'Internet, sur la Base de données des traités australiens, à l'adresse suivante :

http://www.austlii.edu.au/au/other/dfat/treaty_list/depository/consalbnpet.html

Cette liste est également disponible, sur demande, auprès du Secrétariat des traités du Ministère australien des Affaires étrangères et du Commerce. Ces demandes peuvent être transmises par les missions diplomatiques australiennes.

Rapport du Gouvernement dépositaire du Traité sur l'Antarctique et son Protocole, conformément à la recommandation XIII-2

Un document de travail soumis par les États-Unis

Ce rapport couvre les événements en ce qui concerne le traité sur l'Antarctique et le Protocole sur la protection de l'environnement.

L'année dernière, il y a eu deux adhésions au Traité sur l'Antarctique. La Malaisie a adhéré au Traité sur l'Antarctique relatif le 31 octobre 2011, et le Pakistan a adhéré au Traité le 1er mars 2012.

Il y avait une adhésion au Protocole sur la protection de l'environnement du Traité sur l'Antarctique. Le Pakistan a adhéré le 1er mars 2012, et le Protocole y est entré en vigueur le 31 mars 2012. Il y a cinquante (50) Parties au Traité et trente-cinq (35) Parties au Protocole.

Les pays suivants ont fourni la notification qu'ils ont désigné les personnes ci-mentionnées comme arbitres conformément à l'article 2 (1) de l'annexe au Protocole sur la protection de l'environnement :

Bulgarie	Mme Guenka Beleva	30 juillet 2004
Chili	Amb. María Teresa Infante	Juin 2005
	Amb. Jorge Berguño	Juin 2005
	Dr. Francisco Orrego	Juin 2005
Finlande	Amb. Holger Bertil Rotkirch	14 juin 2006
Inde	Prof. Upendra Baxi	6 octobre 2004
	M. Ajai Saxena	6 octobre 2004
	Dr. N. Khare	6 octobre 2004
Japon	Juge Shunji Yanai	18 juillet 2008
République de Corée	Prof. Park Ki Gab	21 octobre 2008
États-Unis	Prof. Daniel Bodansky	1er mai 2008
	M. David Colson	1er mai 2008

Listes des Parties au Traité, au Protocole, et aux recommandations et mesures et leurs approbations sont ci-jointes.

Date de l'action la plus récente : 1er mars 2012

- Le traité sur l'Antarctique

Fait : Washington; le 1er décembre 1959

Entrée en vigueur : 23.06.61

Conformément à l'article XIII, le traité a été soumis à la ratification par les États signataires et est ouvert à l'adhésion de tout État qui est membre de l'Organisation des Nations Unies, ou par tout autre État qui pourrait être invité à adhérer au Traité avec le consentement de toutes les Parties contractantes dont les représentants sont habilités à participer aux réunions prévues à l'article IX du Traité; les instruments de ratification et les instruments d'adhésion seront déposés auprès du gouvernement des États-Unis d'Amérique. Dès le dépôt des instruments de ratification par tous les États signataires, le Traité entrera en vigueur pour ces États et pour les États qui avaient déposé leurs instruments d'adhésion au Traité. Par la suite, le traité entrera en vigueur pour tout État adhérent au moment du dépôt de son instrument d'adhésion.

Légende : (aucune marque) = ratification; a = adhésion; d = succession; w = retrait ou action équivalente

Participant	Signature	Consentement pour être lié		Autre action	Notes
Argentine	01.12.59	23.06.61			
Australie	01.12.59	23.06.61			
Autriche		25.08.87	a		
Biélorussie		27.12.06	a		
Belgique	01.12.59	26.07.60			
Brésil		16.05.75	a		
Bulgarie		11.09.78	a		
Canada		04.05.88	a		
Chili	01.12.59	23.06.61			
Chine		08.06.83	a		
Colombie		31.01.89	a		
Cuba		16.08.84	a		
Czech Republic		01.01.93	d		i
Danemark		20.05.65	a		
Equateur		15.09.87	a		
Estonie		17.05.01	a		
Finlande		15.05.84	a		
France	01.12.59	16.09.60			
Allemagne		05.02.79	a		ii
Grèce		08.01.87	a		
Guatemala		31.07.91	a		
Hongrie		27.01.84	a		
Inde		19.08.83	a		

Italie		18.03.81	a		
Japon	01.12.59	04.08.60			
Corée (DPRK)		21.01.87	a		
Corée (ROK)		28.11.86	a		
Malaisie		31.10.11	a		
Monaco		31.05.08	a		
Pays-Bas		30.03.67	a		iii
Nouvelle-Zélande	01.12.59	01.11.60			
Norvège	01.12.59	24.08.60			
Pakistan		01.03.12	a		
Papouasie-Nouvelle-Guinée		16.03.81	d		iv
Pérou		10.04.81	a		
Pologne		08.06.61	a		
Portugal		29.01.10	a		
Roumanie		15.09.71	a		v
Fédération de Russie	01.12.59	02.11.60			vi
République slovaque*		01.01.93	d		vii
Afrique du Sud	01.12.59	21.06.60			
Espagne		31.03.82	a		
Suède		24.04.84	a		
Suisse		15.11.90	a		
Turquie		24.01.96	a		
Ukraine		28.10.92	a		
Royaume-Uni	01.12.59	31.05.60			
États-Unis	01.12.59	18.08.60			
Uruguay		11.01.80	a		viii
Venezuela		24.03.99	a		

[i] Date d'entrée en vigueur de la succession par la République tchèque. La Tchécoslovaquie a déposé un instrument d'adhésion au traité le 14 juin 1962. Le 31 décembre 1992, à minuit, la Tchécoslovaquie a cessé d'exister et a été remplacée par deux États distincts et indépendants, la République tchèque et la République Slovaque.

[ii] L'Ambassade de la République fédérale d'Allemagne à Washington a transmis au Département d'État une note diplomatique, datée du 2 octobre 1990, dont la teneur est comme suit :

« L'ambassade de la République fédérale d'Allemagne présente ses compliments au Département d'État et a l'honneur d'informer le gouvernement des États-Unis d'Amérique comme Gouvernement dépositaire du Traité sur l'Antarctique que, qu'à travers l'adhésion de la République démocratique allemande à la République fédérale d'Allemagne avec effet à partir du 3 octobre 1990, les deux États allemands se sont unis pour former un seul État souverain qui, en tant que partie contractante au Traité sur l'Antarctique, restera lié par les dispositions du traité et soumis à ces recommandations adoptées lors des 15 réunions consultatives que la République fédérale d'Allemagne a approuvées. À partir de la date de l'unité allemande, la République fédérale d'Allemagne agira sous la désignation de l' « Allemagne » dans le cadre du Système [A]ntarctique.
«L'Ambassade serait gré au gouvernement des États-Unis d'Amérique s'il pourrait informer toutes les parties contractantes au Traité sur l'Antarctique du contenu de cette note.

« L'ambassade de la République fédérale d'Allemagne saisit cette occasion pour renouveler au Département d'État, les assurances de sa très haute considération. »

Avant l'unification, la République démocratique allemande a déposé un instrument d'adhésion au traité, accompagnée d'une déclaration, le 19 novembre 1974, et la République fédérale d'Allemagne a déposé un instrument d'adhésion au traité, accompagnée d'une déclaration, le 5 février 1979.

[iii] L'instrument d'adhésion au Traité par les Pays-Bas déclare que l'adhésion est pour le Royaume en Europe, le Suriname et les Antilles néerlandaises, à partir du 1er janvier 1986, Aruba comme entité distincte.

[iv] Date de dépôt de la notification de succession par la Papouasie-Nouvelle-Guinée; en vigueur le 16 septembre 1975, la date de son indépendance.

[v] L'instrument d'adhésion au Traité par la Roumanie a été accompagné d'une note de l'ambassadeur de la République socialiste de Roumanie aux États-Unis d'Amérique, datée du 15 septembre 1971, dont la teneur est comme suit :

« Monsieur le Secrétaire :

« En soumettant l'instrument d'adhésion de la République socialiste de Roumanie au Traité sur l'Antarctique, signé à Washington le 1er décembre 1959, j'ai l'honneur de vous informer de ce qui suit :

« Le Conseil d'État de la République socialiste de Roumanie déclare que les dispositions du premier alinéa de l'article XIII du Traité sur l'Antarctique ne sont pas en conformité avec le principe selon lequel les traités multilatéraux dont l'objet et les fins concernant la communauté internationale, dans son ensemble, doivent être ouvert pour une participation universelle.'

« Je vous demande, Monsieur le Secrétaire, de transmettre à toutes les parties concernées le texte de l'instrument d'adhésion à la Roumanie au Traité sur l'Antarctique, ainsi que le texte de cette lettre contenant la déclaration mentionnée ci-dessus du gouvernement roumain.

« Je saisis cette occasion pour vous renouveler, Monsieur le Secrétaire, les assurances de ma très haute considération. »

Des copies de la lettre de l'ambassadeur et l'instrument roumain d'adhésion au Traité ont été transmises aux parties au Traité sur l'Antarctique par la circulaire du secrétaire d'État en date du 1er octobre 1971.

[vi] Le traité a été signé et ratifié par l'ex-Union des Républiques socialistes soviétiques. Par une note datée du 13 janvier 1992, la Fédération de Russie a informé le gouvernement des États-Unis qu'elle « continue d'exercer les droits et s'acquittent des obligations découlant des accords internationaux signés par l'Union des Républiques socialistes soviétiques. »

[vii] La date d'entrée en vigueur de la succession par la République Slovaque. La Tchécoslovaquie a déposé un instrument d'adhésion au traité le 14 juin 1962. Le 31 décembre 1992, à minuit, la Tchécoslovaquie a cessé d'exister et a été remplacée par deux États distincts et indépendants, la République tchèque et la République Slovaque.

[viii] L'instrument d'adhésion au Traité de l'Uruguay a été accompagnée d'une déclaration, une traduction en anglais du Département d'État dont la teneur est comme suit :

« Le Gouvernement de la République Orientale de l'Uruguay estime que, grâce à son adhésion au Traité de l'Antarctique signé à Washington (États-Unis d'Amérique), le 1er décembre 1959, il contribue à affirmer les principes de l'utilisation de l'Antarctique à des fins exclusivement pacifiques, d'interdire toute explosion nucléaire ou l'élimination des déchets radioactifs dans cette zone, de liberté de la recherche scientifique dans l'Antarctique au service de l'humanité, et de la coopération internationale pour atteindre ces objectifs, qui sont établis dans ledit traité.

« Dans le cadre de ces principes l'Uruguay propose, à travers une procédure basée sur le principe de l'égalité juridique, la mise en place d'un statut général et définitif sur l'Antarctique dans lequel, respectant les droits des États tels qu'ils sont reconnus en droit international, les intérêts de tous les États impliqués et de la communauté internationale dans son ensemble serait considéré comme équitable.

« La décision du gouvernement de l'Uruguay d'adhérer au Traité sur l'Antarctique est fondée non seulement sur l'intérêt qui, comme tous les membres de la communauté internationale, l'Uruguay a en Antarctique, mais aussi sur un intérêt spécial, direct, et substantiel qui se pose à partir de son emplacement géographique, du fait que son littoral Atlantique fait face au continent de l'Antarctique, de l'influence qui en résulte sur son climat, l'écologie et la biologie marine, à partir des liens historiques qui remontent aux premières expéditions qui s'aventuraient à explorer ce continent et ses eaux , et aussi des obligations assumées en conformité avec le traité interaméricain d'assistance mutuelle qui inclut une partie du territoire antarctique dans la Zone décrite à l'article 4, en vertu de laquelle l'Uruguay partage la responsabilité de défendre la région.

« En communiquant sa décision d'adhérer au Traité sur l'Antarctique, le Gouvernement de la République orientale de l'Uruguay déclare qu'il se réserve ses droits dans l'Antarctique en conformité avec le droit international. »

PROTOCOLE SUR LA PROTECTION DE L'ENVIRONNEMENT AU TRAITÉ SUR L'ANTARCTIQUE

Signé à Madrid le 4 octobre 1991*

PARTIES CONSULTATIVES

État	Date de Signature	Date de dépôt de la ratification, Acceptation (A) ou Approbation (AA)	Date de dépôt de l'adhésion	Date d'entrée en vigueur	Date d'acceptation ANNEXE V**	Date d'entrée en vigueur de l'annexe V
Argentine	4 octobre 1991	Oct. 28, 1993 [3]		14 janvier 1998	8 septembre 2000 (A) 4 août 1995 (B)	24 mai 2002
Australie	4 octobre 1991	6 avril 1994		14 janvier 1998	6 avril 1994 (A) 7 juin 1995 (B)	24 mai 2002
Belgique	4 octobre 1991	26 avril 1994		14 janvier 1998	26 avril 1994 (A) 23 octobre 1991 (B)	24 mai 2002
Brésil	4 octobre 1991	15 août 1995		14 janvier 1998	20 mai 1998 (B)	24 mai 2002
Bulgarie	4 octobre 1991		21 avril 1998	21 mai 1998	5 mai 1999 (AB)	24 mai 2002
Chili	4 octobre 1991	11 janvier 1998		14 janvier 1998	25 mars 1998 (B)	24 mai 2002
Chine	4 octobre 1991	2 août 1994		14 janvier 1998	26 janvier 1995 (AB)	24 mai 2002
Équateur	4 octobre 1991	4 janvier 1993		14 janvier 1998	11 mai 2001 (A) 15 novembre 1998 (B)	24 mai 2002
Finlande	4 octobre 1991	1 novembre 1996 (A)		14 janvier 1998	1 novembre 1996 (A) 2 avril 1997 (B)	24 mai 2002
France	4 octobre 1991	5 février 1993 (AA)		14 janvier 1998	26 avril 1995 (B) 18 novembre 1998 (A)	24 mai 2002
Allemagne	4 octobre 1991	25 novembre 1994		14 janvier 1998	25 novembre 1994 (A) 1 septembre 1998 (B)	24 mai 2002
Inde	2 juillet 1992	26 avril 1996		14 janvier 1998	24 mai 2002 (B)	24 mai 2002
Italie	4 octobre 1991	31 mars 1995		14 janvier 1998	31 mai 1995 (A) 11 février 1998 (B)	24 mai 2002
Japon	29 septembre 1992	15 décembre 1997 (A)		14 janvier 1998	15 décembre 1997 (AB)	24 mai 2002
République de Corée	2 juillet 1992	2 janvier 1996		14 janvier 1998	5 juin 1996 (B)	24 mai 2002
Pays-Bas	4 octobre 1991	14 avril 1994 (A) [6]		14 janvier 1998	18 mars 1998 (B)	24 mai 2002
Nouvelle-Zélande	4 octobre 1991	22 décembre 1994		14 janvier 1998	21 octobre 1992 (B)	24 mai 2002
Norvège	4 octobre 1991	16 juin 1993		14 janvier 1998	13 octobre 1993 (B)	24 mai 2002
Pérou	4 octobre 1991	8 mars 1993		14 janvier 1998	8 mars 1993 (A) 17 mars 1999 (B)	24 mai 2002
Pologne	4 octobre 1991	1er novembre 1995		14 janvier 1998	20 septembre 1995 (B)	24 mai 2002
Fédération de Russie	4 octobre 1991	6 août 1997		14 janvier 1998	19 juin 2001 (B)	24 mai 2002
Afrique du Sud	4 octobre 1991	3 août 1995		14 janvier 1998	14 juin 1995 (B)	24 mai 2002
Espagne	4 octobre 1991	1er juillet 1992		14 janvier 1998	8 décembre 1993 (A) 18 février 2000 (B)	24 mai 2002
Suède	4 octobre 1991	30 mars 1994		14 janvier 1998	30 mars 1994 (A) 7 avril 1994 (B)	24 mai 2002
Ukraine	4 octobre 1991		25 mai 2001	24 juin 2001	25 mai 2001 (A)	24 mai 2002
Royaume-Uni	4 octobre 1991	25 avril 1995 [5]		14 janvier 1998	21 mai 1996 (B)	24 mai 2002
États-Unis	4 octobre 1991	17 avril 1997		14 janvier 1998	17 avril 1997 (A) 6 mai 1998 (B)	24 mai 2002
Uruguay	4 octobre 1991	11 janvier 1995		14 janvier 1998	15 mai 1995 (B)	24 mai 2002

** Ce qui suit dénote aux dates associées soit à l'acceptation de l'Annexe V ou à l'approbation de la Recommandation XVI-10

(A) Acceptation de l'Annexe V   (B) Approbation de la Recommandation XVI-10

Rapport Final de la XXXVe RCTA

PARTIES NON CONSULTATIVES

État	Date de Signature	Ratification Acceptation ou Approbation	Date de dépôt de l'adhésion	Date d'entrée en vigueur	Date d'acceptation ANNEXE V**	Date d'entrée en vigueur de l'annexe V
Autriche	4 octobre 1991					
Biélorussie						
Canada	4 octobre 1991	13 novembre 2003				
Colombie	4 octobre 1991					
Cuba			16 juillet 2008	15 août 2008		
Rép. Tchèque 1,2	1er janvier 1993	25 août 2004 4		24 septembre 2004		
Danemark	2 juillet 1992					
Estonie				13 décembre 2003		
Grèce	4 octobre 1991	23 mai 1995		14 janvier 1998		
Guatemala	4 octobre 1991					
Hongrie	4 octobre 1991					
République de Corée	4 octobre 1991					
Malaisie						
Monaco			1er juillet 2009	31 juillet 2009		
Pakistan			1er mars 2012	31 mars 2012		
Papouasie-Nouvelle-Guinée						
Portugal						
Roumanie	4 octobre 1991	3 février 2003		5 mars 2003	3 février 2003	5 mars 2003
Rép. de Slovaquie 1,2	1er janvier 1993					
Suisse	4 octobre 1991					
Turquie						
Venezuela						

* Signé à Madrid le 4 octobre, 1991, et ensuite à Washington jusqu'au 3 octobre 1992.
Le Protocole entrera en vigueur initialement le trentième jour suivant la date de dépôt des instruments de ratification, d'acceptation, d'approbation ou d'adhésion par tous les États qui étaient Parties consultatives au Traité sur l'Antarctique à la date à laquelle le présent Protocole a été adopté. (Article 23)

**Adopté à Bonn le 17 Octobre 1991, à la XVIe réunion consultative sur l'Antarctique.

1. Signé pour la République fédérale tchèque et slovaque, le 2 octobre 1992 - La Tchécoslovaquie accepte la compétence de la Cour internationale de Justice et le Tribunal arbitral pour le règlement des différends conformément à l'article 19, paragraphe 1. Le 31 décembre 1992, à minuit, la Tchécoslovaquie a cessé d'exister et a été remplacée par deux États distincts et indépendants, la République tchèque et la République slovaque.
2. Entrée en vigueur de la succession à l'égard de la signature par la Tchécoslovaquie qui est soumise à ratification par la République tchèque et la République slovaque.
3. Accompagné par une déclaration, avec une traduction informelle fournie par l'ambassade de l'Argentine, qui se lit comme suit : « La République argentine déclare que dans la mesure où le Protocole au Traité sur l'Antarctique relatif à la protection de l'environnement est un accord complémentaire du Traité sur l'Antarctique et que son article 4, respecte ainsi pleinement ce qui a été indiqué dans l'article IV, paragraphe 1, alinéa A) dudit traité, aucune de ses stipulations ne doit être interprétée ou être utilisée comme atteinte à ses droits, basé sur les titres, actes de possession, contiguité et continuité de la géologie dans la région Sud du parallèle 60, dans laquelle il a proclamé et a maintenu sa souveraineté. »
4. Accompagné par une déclaration, avec une traduction informelle fournie par l'ambassade de la République tchèque, qui se lit comme suit : « La République tchèque accepte la compétence de la Cour internationale de Justice et du Tribunal arbitral en vertu de l'article 19, paragraphe 1, du protocole sur protection de l'environnement du Traité sur l'Antarctique, signé à Madrid le 4 Octobre 1991. »
5. Ratification au nom du Royaume-Uni de Grande-Bretagne et d'Irlande du Nord, le baillage de Guernesey, l'île de Man, Anguilla, les Bermudes, le Territoire antarctique britannique, les îles Caïmans, îles Falkland, Montserrat, Sainte-Hélène et Dependances, la Géorgie du Sud et les Îles Sandwich du Sud, îles Turques et Caïques et les îles Vierges britanniques.
6. L'acceptation est pour le Royaume en Europe. Au moment de son acceptation, le Royaume des Pays-Bas a déclaré qu'il choisit à la fois des moyens pour le règlement des différends mentionnés à l'article 19, paragraphe 1, du protocole, à savoir la Cour internationale de Justice et le Tribunal arbitral. Une déclaration par le Royaume des Pays-Bas acceptant: le Protocole pour les Antilles néerlandaises a été déposée le 27 Octobre 2004, avec une déclaration confirmant qu'elle choisit les deux moyens pour le règlement des différends mentionnés à l'article 19, paragraphe 1 du Protocole.

Département d'État,
Washington, 10 avril 2012.

Approbation, notifiée au Gouvernement des États-Unis, des mesures liées à la progression des principes et objectifs du Traité sur l'Antarctique

	16 recommandations adoptées lors de la première réunion (Canberra 1961) Approuvées	10 recommandations adoptées lors de la deuxième réunion (Buenos Aires 1962) Approuvées	11 recommandations adoptées lors de la troisième réunion (Bruxelles 1964) Approuvées	28 recommandations adoptées lors de la quatrième réunion (Santiago 1966) Approuvées	9 recommandations adoptées lors de la cinquième réunion (Paris 1968) Approuvées	15 recommandations adoptées lors de la sixième réunion (Tokyo 1970) Approuvées
Argentine	TOUTES	TOUTES	TOUTES	TOUTES	TOUTES	TOUTES
Australie	TOUTES	TOUTES	TOUTES	TOUTES	TOUTES	TOUTES
Belgique	TOUTES	TOUTES	TOUTES	TOUTES	TOUTES	TOUTES
Brésil (1983)+	TOUTES	TOUTES	TOUTES	TOUTES	TOUTES	TOUTES (exc. la 10)
Bulgarie (1998)+						
Chili	TOUTES	TOUTES	TOUTES	TOUTES	TOUTES	TOUTES
Chine (1985)+	TOUTES	TOUTES	TOUTES	TOUTES	TOUTES	TOUTES (exc. la 10)
Équateur (1990)+						
Finlande (1989)+						
France	TOUTES	TOUTES	TOUTES	TOUTES	TOUTES	TOUTES
Allemagne (1981)+	TOUTES	TOUTES	TOUTES (exc. la 8)	TOUTES (exc. les 16-19)	TOUTES (exc. 6)	TOUTES (exc. la 9)
Inde (1983)+	TOUTES	TOUTES	TOUTES (exc. la 8***)	TOUTES (exc. la 18)	TOUTES	TOUTES (exc. la 9 et 10)
Italie (1987)+	TOUTES	TOUTES	TOUTES	TOUTES	TOUTES	TOUTES
Japon	TOUTES	TOUTES	TOUTES	TOUTES	TOUTES	TOUTES
Rép. de Corée (1989)+	TOUTES	TOUTES	TOUTES	TOUTES	TOUTES	TOUTES
Pays-Bas (1990)+	TOUTES (exc. la 11 et 15)	TOUTES (exc. la 3, 5, 8 et 10)	TOUTES (exc. la 3, 4, 6 et 9)	TOUTES (exc. la 20, 25, 26 et 28)	TOUTES (exc. la 1, 8 et 9)	TOUTES (exc. la 15)
Nouvelle-Zélande	TOUTES	TOUTES	TOUTES	TOUTES	TOUTES	TOUTES
Norvège	TOUTES	TOUTES	TOUTES	TOUTES	TOUTES	TOUTES
Pérou (1989)+	TOUTES	TOUTES	TOUTES	TOUTES	TOUTES	TOUTES
Pologne (1977)+	TOUTES	TOUTES	TOUTES	TOUTES	TOUTES	TOUTES
Fédération de Russie	TOUTES	TOUTES	TOUTES	TOUTES	TOUTES	TOUTES
Afrique du Sud	TOUTES	TOUTES	TOUTES	TOUTES	TOUTES	TOUTES
Espagne	TOUTES	TOUTES	TOUTES	TOUTES	TOUTES	TOUTES

Rapport Final de la XXXVᵉ RCTA

(1988)+							
Suède (1988)+							
Royaume-Uni	TOUTES	TOUTES	TOUTES	TOUTES	TOUTES	TOUTES	TOUTES
Uruguay	TOUTES	TOUTES	TOUTES	TOUTES	TOUTES	TOUTES	TOUTES
(1985)+							
États-Unis	TOUTES	TOUTES	TOUTES	TOUTES	TOUTES	TOUTES	TOUTES

* IV-6, IV-10, IV-12 et V-5 clos par VIII-2

*** Acceptées en tant que lignes directrices de transition

+ Année d'obtention du statut consultatif. Acceptation par l'État tenu de faire appliquer les recommandations ou mesures des réunions à partir de cette année-là.

220

Approbation, notifiée au Gouvernement des États-Unis, des mesures liées à la progression des principes et objectifs du Traité sur l'Antarctique

	9 recommandations adoptées lors de la septième réunion (Wellington 1972) Approuvées	14 recommandations adoptées lors de la huitième réunion (Oslo 1975) Approuvées	6 recommandations adoptées lors de la neuvième réunion (Londres 1977) Approuvées	9 recommandations adoptées lors de la dixième réunion (Washington 1979) Approuvées	3 recommandations adoptées lors de la onzième réunion (Buenos Aires 1981) Approuvées	8 recommandations adoptées lors de la douzième réunion (Canberra 1983) Approuvées
Argentine	TOUTES	TOUTES	TOUTES	TOUTES	TOUTES	TOUTES
Australie	TOUTES	TOUTES	TOUTES	TOUTES	TOUTES	TOUTES
Belgique	TOUTES	TOUTES	TOUTES	TOUTES	TOUTES	TOUTES
Brésil (1983)+	TOUTES (exc. la 5)	TOUTES	TOUTES	TOUTES	TOUTES	TOUTES
Bulgarie (1998)+						
Chili	TOUTES	TOUTES	TOUTES	TOUTES	TOUTES	TOUTES
Chine (1985)+	TOUTES (exc. la 5)	TOUTES	TOUTES	TOUTES	TOUTES	TOUTES
Équateur (1990)+						
Finlande (1989)+						
France	TOUTES	TOUTES	TOUTES	TOUTES	TOUTES	TOUTES
Allemagne (1981)+	TOUTES	TOUTES (exc. la 2 et 5)	TOUTES	TOUTES	TOUTES	TOUTES
Inde (1983)+	TOUTES	TOUTES	TOUTES	TOUTES (exc. la 1 et 9)	TOUTES	TOUTES
Italie (1987)+	TOUTES (exc. la 5)	TOUTES	TOUTES	TOUTES (exc. la 1 et 9)		
Japon	TOUTES	TOUTES	TOUTES	TOUTES	TOUTES	TOUTES
Ré. de Corée (1989)+	TOUTES	TOUTES	TOUTES	TOUTES	TOUTES	TOUTES
Pays-Bas (1990)+	TOUTES	TOUTES	TOUTES (exc. la 3)	TOUTES (exc. la 9)	TOUTES (exc. la 2)	TOUTES
Nouvelle-Zélande	TOUTES	TOUTES	TOUTES	TOUTES	TOUTES	TOUTES
Norvège	TOUTES	TOUTES	TOUTES	TOUTES	TOUTES	TOUTES
Pérou (1989)+	TOUTES	TOUTES	TOUTES	TOUTES	TOUTES	TOUTES
Pologne (1977)+	TOUTES	TOUTES	TOUTES	TOUTES	TOUTES	TOUTES
Fédération de Russie	TOUTES	TOUTES	TOUTES	TOUTES	TOUTES	TOUTES
Afrique du Sud	TOUTES	TOUTES	TOUTES	TOUTES	TOUTES	TOUTES
Espagne (1988)+	TOUTES	TOUTES	TOUTES	TOUTES (exc. la 1 et 9)	TOUTES (exc. la 1)	TOUTES

Rapport Final de la XXXVe RCTA

Suède (1988)+								
Royaume-Uni	TOUTES	TOUTES	TOUTES	TOUTES	TOUTES	TOUTES	TOUTES	TOUTES
Uruguay (1985)+								
États-Unis	TOUTES	TOUTES	TOUTES	TOUTES

* IV-6, IV-10, IV-12 et V-5 clos par VIII-2

*** Acceptées en tant que lignes directrices de transition

+ Année d'obtention du statut consultatif. Acceptation par l'État requis de faire appliquer les recommandations ou mesures des réunions à partir de cette année-là.

Approbation, notifiée au Gouvernement des États-Unis, des mesures
liées à la progression des principes et objectifs du Traité sur l'Antarctique

	16 recommandations adoptées lors de la treizième réunion (Bruxelles 1985) Approuvées	10 recommandations adoptées lors de la quatorzième réunion (Rio de Janeiro 1987) Approuvées	22 recommandations adoptées lors de la quinzième réunion (Paris 1989) Approuvées	13 recommandations adoptées lors de la seizième réunion (Bonn 1991) Approuvées	4 recommandations adoptées lors de la dix-septième réunion (Venise 1992) Approuvées	1 recommandation adoptée lors de la dix-huitième réunion (Kyoto 1994) Approuvée
Argentine	TOUTES	TOUTES	TOUTES	TOUTES	TOUTES	TOUTES
Australie	TOUTES	TOUTES	TOUTES	TOUTES	TOUTES	TOUTES
Belgique	TOUTES	TOUTES	TOUTES	TOUTES	TOUTES	TOUTES
Brésil (1983)+	TOUTES	TOUTES	TOUTES	TOUTES XVI-10	TOUTES	TOUTES
Bulgarie (1998)+						
Chili	TOUTES	TOUTES	TOUTES	TOUTES	TOUTES	TOUTES
Chine (1985)+	TOUTES	TOUTES	TOUTES	TOUTES XVI-10	TOUTES	TOUTES
Équateur (1990)+						
Finlande (1989)+			TOUTES	TOUTES	TOUTES	TOUTES
France	TOUTES	TOUTES	TOUTES	TOUTES	TOUTES	TOUTES
Allemagne (1981)+	TOUTES	TOUTES	TOUTES (exc. la 3, 8, 10, 11 et 22)	TOUTES	TOUTES	TOUTES
Inde (1983)+	TOUTES	TOUTES	TOUTES	TOUTES	TOUTES	TOUTES
Italie (1987)+	TOUTES	TOUTES	TOUTES	TOUTES	TOUTES	TOUTES
Japon	TOUTES	TOUTES	TOUTES	TOUTES (exc. la 1, 3-9, 12 et 13)	TOUTES (exc. la 1-2 et 4)	TOUTES
Rép. de Corée (1989)+	TOUTES	TOUTES	TOUTES (exc. la 1-11, 16, 18 et 19)	TOUTES (exc. la 12)	TOUTES (exc. la 1)	TOUTES
Pays-Bas (1990)+	TOUTES	TOUTES (exc. la 9)	TOUTES (exc. la 22)	TOUTES	TOUTES	TOUTES
Nouvelle-Zélande	TOUTES	TOUTES	TOUTES	TOUTES	TOUTES	TOUTES
Norvège	TOUTES	TOUTES	TOUTES	TOUTES	TOUTES	TOUTES
Pérou (1989)+	TOUTES	TOUTES	TOUTES (exc. la 22)	TOUTES (exc. la 13)	TOUTES	TOUTES
Pologne (1977)+	TOUTES	TOUTES	TOUTES	TOUTES	TOUTES	TOUTES
Fédération de Russie	TOUTES	TOUTES	TOUTES	TOUTES	TOUTES	TOUTES
Afrique du Sud	TOUTES	TOUTES	TOUTES	TOUTES	TOUTES	TOUTES

Rapport Final de la XXXVe RCTA

Espagne (1988)+	TOUTES	TOUTES	TOUTES	TOUTES	TOUTES
Suède (1988)+	TOUTES	TOUTES	TOUTES	TOUTES	TOUTES
Royaume-Uni	TOUTES (exc. la 2)	TOUTES (exc. la 3, 4, 8, 10, 11)	TOUTES (exc. la 4, 6, 8 et 9)	TOUTES	TOUTES
Uruguay (1985)+	TOUTES	TOUTES	TOUTES	TOUTES	TOUTES
États-Unis	TOUTES	TOUTES (exc. la 1-4, 10, 11)	TOUTES	TOUTES	TOUTES

* IV-6, IV-10, IV-12 et V-5 clos par VIII-2

*** Acceptées en tant que lignes directrices de transition

+ Année d'obtention du statut consultatif. Acceptation par l'État requis de faire appliquer les recommandations ou mesures des réunions à partir de cette année-là.

1. Rapports des gouvernements dépositaires et des observateurs

Approbation, notifiée au Gouvernement des États-Unis, des mesures liées à la progression des principes et objectifs du Traité sur l'Antarctique

	5 mesures adoptées lors de la quinzième réunion (Séoul 1995) <u>Approuvées</u>	2 mesures adoptées lors de la vingtième réunion (Utrecht 1996) <u>Approuvées</u>	5 mesures adoptées lors de la vingt-et-unième réunion (Christchurch 1997) <u>Approuvées</u>	2 mesures adoptées lors de la vingt-deuxième réunion (Tromso 1998) <u>Approuvées</u>	1 mesure adoptée lors de la vingt-troisième réunion (Lima 1999) <u>Approuvée</u>
Argentine	TOUTES	TOUTES	TOUTES	TOUTES	TOUTES
Australie	TOUTES	TOUTES	TOUTES	TOUTES	TOUTES
Belgique	TOUTES	TOUTES	TOUTES	TOUTES	TOUTES
Brésil (1983)+	TOUTES	TOUTES	TOUTES	TOUTES	TOUTES
Bulgarie (1998)+					
Chili	TOUTES	TOUTES	TOUTES	TOUTES	TOUTES
Chine (1985)+	TOUTES	TOUTES	TOUTES	TOUTES	TOUTES
Équateur (1990)+					
Finlande (1989)+	TOUTES	TOUTES	TOUTES	TOUTES	TOUTES
France	TOUTES	TOUTES	TOUTES	TOUTES	TOUTES
Allemagne (1981)+	TOUTES	TOUTES	TOUTES	TOUTES	TOUTES
Inde (1983)+	TOUTES	TOUTES	TOUTES	TOUTES	TOUTES
Italie (1987)+	TOUTES	TOUTES	TOUTES	TOUTES	TOUTES
Japon	TOUTES (exc. la 2 et 5)	TOUTES (exc. la 1)	TOUTES (exc. la 1-2 et 5)	TOUTES	TOUTES
Rép. de Corée (1989)+	TOUTES	TOUTES	TOUTES	TOUTES	TOUTES
Pays-Bas (1990)+	TOUTES	TOUTES	TOUTES	TOUTES	TOUTES
Nouvelle-Zélande	TOUTES	TOUTES	TOUTES	TOUTES	TOUTES
Norvège	TOUTES	TOUTES	TOUTES	TOUTES	TOUTES
Pérou (1989)+	TOUTES	TOUTES	TOUTES	TOUTES	TOUTES
Pologne (1977)+	TOUTES	TOUTES	TOUTES	TOUTES	TOUTES
Fédération de Russie	TOUTES	TOUTES	TOUTES	TOUTES	TOUTES
Afrique du Sud	TOUTES	TOUTES	TOUTES	TOUTES	TOUTES
Espagne (1988)+	TOUTES	TOUTES	TOUTES	TOUTES	TOUTES
Suède (1988)+	TOUTES	TOUTES	TOUTES	TOUTES	TOUTES
Royaume-Uni	TOUTES	TOUTES	TOUTES	TOUTES	TOUTES
Uruguay (1985)+	TOUTES	TOUTES	TOUTES	TOUTES	TOUTES
États-Unis	TOUTES	TOUTES	TOUTES	TOUTES	TOUTES

« + Année d'obtention du statut consultatif. Acceptation par l'État tenu de faire appliquer les recommandations ou mesures des réunions à partir de cette année-là. »

Approbation, notifiée au Gouvernement des États-Unis, des mesures liées à la progression des principes et objectifs du Traité sur l'Antarctique

	2 mesures adoptées lors de la douzième réunion spéciale (La Hague 2000) Approuvées	3 mesures adoptées lors de la vingt-quatrième réunion (Saint-Pétersbourg 2001) Approuvées	1 mesure adoptée lors de la vingt-cinquième réunion (Varsovie 2002) Approuvée	3 mesures adoptées lors de la vingt-sixième réunion (Madrid 2003) Approuvées	4 mesures adoptées lors de la vingt-septième réunion (Le Cap 2004) Approuvées
Argentine	TOUTES	TOUTES	*	XXVI-1, XXVI-2 *, XXVI-3 **	XXVII-1 *, XXVII-2 *, XXVII-3 **
Australie	TOUTES	TOUTES	TOUTES	XXVI-1, XXVI-2 *, XXVI-3 **	XXVII-1 *, XXVII-2 *, XXVII-3 **
Belgique	TOUTES	TOUTES	TOUTES	TOUTES	TOUTES
Brésil (1983)+	TOUTES	TOUTES	TOUTES	TOUTES	XXVII-1, XXVII-2, XXVII-3
Bulgarie (1998)+					
Chili	TOUTES	TOUTES	TOUTES	XXVI-1, XXVI-2 *, XXVI-3 **	XXVII-1 *, XXVII-2 *, XXVII-3 **
Chine (1985)+	TOUTES	TOUTES	TOUTES	TOUTES	TOUTES
Équateur (1990)+			*	XXVI-1, XXVI-2 *, XXVI-3 **	XXVII-1 *, XXVII-2 *, XXVII-3 **
Finlande (1989)+	TOUTES	TOUTES	*	XXVI-1, XXVI-2 *, XXVI-3 **	XXVII-1, XXVII-2 *, XXVII-3 **, XXVII-4
France	TOUTES (exc. la RCSTA XII-2)	TOUTES	*	XXVI-1, XXVI-2 *, XXVI-3 **	XXVII-1, XXVII-2 *, XXVII-3, XXVII-4
Allemagne (1981)+	TOUTES	TOUTES	TOUTES	TOUTES	XXVII-1 *, XXVII-2 *, XXVII-3 **
Inde (1983)+	TOUTES	TOUTES	TOUTES	TOUTES	XXVII-1 *, XXVII-2 *, XXVII-3 **
Italie (1987)+	TOUTES	TOUTES	*	XXVI-1, XXVI-2 *, XXVI-3 **	XXVII-1 *, XXVII-2 *, XXVII-3 **
Japon	TOUTES	TOUTES	*	TOUTES	XXVII-1 *, XXVII-2 *, XXVII-3 **, XXVII-4
Rép. de Corée (1989)+	TOUTES	TOUTES	*	XXVI-1, XXVI-2 *, XXVI-3 **	XXVII-1 *, XXVII-2 *, XXVII-3 **
Pays-Bas (1990)+	TOUTES	TOUTES	TOUTES	TOUTES	TOUTES
Nouvelle-Zélande	TOUTES	TOUTES	TOUTES	TOUTES	XXVII-1 *, XXVII-2 *, XXVII-3 **, XXVII-4
Norvège	TOUTES	TOUTES	*	XXVI-1, XXVI-2 *, XXVI-3 **	XXVII-1 *, XXVII-2 *, XXVII-3 **
Pérou (1989)+	TOUTES	TOUTES	*	XXVI-1, XXVI-2 *, XXVI-3 **	XXVII-1 *, XXVII-2 *, XXVII-3 **
Pologne (1977)+	TOUTES	TOUTES	TOUTES	TOUTES	TOUTES

Fédération de Russie	TOUTES	TOUTES	TOUTES	XXVI-1, XXVI-2, XXVI-3 **	XXVII-1 *, XXVII-2 *, XXVII-3 **
Afrique du Sud	TOUTES	TOUTES	TOUTES	TOUTES	TOUTES
Espagne (1988)+			*	XXVI-1, XXVI-2 *, XXVI-3 **	XXVII-1 *, XXVII-2 *, XXVII-3 **
Suède (1988)+	TOUTES	TOUTES	TOUTES	TOUTES	XXVII-1 *, XXVII-2 *, XXVII-3 **
Ukraine (2004)+					XXVII-1 *, XXVII-2 *, XXVII-3 **
Royaume-Uni	TOUTES (exc. la RCSTA XII-2)	TOUTES (exc. la XXIV-3)	TOUTES	TOUTES	XXVII-1 *, XXVII-2 *, XXVII-3 **, XXVII-4
Uruguay (1985)+	TOUTES	TOUTES	*	XXVI-1, XXVI-2 *, XXVI-3	XXVII-1 *, XXVII-2 *, XXVII-3 **, XXVII-4
États-Unis	TOUTES	TOUTES	*	XXVI-1, XXVI-2 *, XXVI-3 **	XXVII-1 *, XXVII-2 *, XXVII-3 **

« + Année d'obtention du statut consultatif. Acceptation par l'État tenu de faire appliquer les recommandations ou mesures des réunions à partir de cette année-là. »

* Les Plans de gestion annexés à cette Mesure ont été considérés avoir été approuvés conformément à l'Article 6(1) de l'Annexe V au Protocol sur la protection de l'environnement du Traité sur l'Antarctique et la Mesure ne spécifiant pas une méthode d'approbation différente.

** La liste révisée et mise à jour des sites et monuments historiques annexée à cette Mesure a été considérée avoir été approuvée conformément à l'Article 8(2) de l'Annexe V du Protocole au Traité sur l'Antarctique relatif à la protection de l'environnement et la Mesure ne spécifiant pas une méthode d'approbation différente.

Approbation, notifiée au Gouvernement des États-Unis, des mesures liées à la progression des principes et objectifs du Traité sur l'Antarctique

	5 mesures adoptées lors de la vingt-huitième réunion (Stockholm 2005) Approuvées	4 mesures adoptées lors de la vingt-neuvième réunion (Édimbourg 2006) Approuvées	3 mesures adoptées lors de la trentième réunion (New Delhi 2007) Approuvées	14 mesures adoptées lors de la trente-et-unième réunion (Kiev 2008) Approuvées	16 mesures adoptées lors de la trente-deuxième réunion (Baltimore 2009) Approuvées
Argentine	XXVIII-2 *, XXVIII-3 *, XXVIII-4 *, XXVIII-5 **	XXIX-1 *, XXIX-2 *, XXIX-3 **, XXIX-4 ***	XXX-1 *, XXX-2 *, XXX-3 **	XXXI-1 *, XXXI-2 *, ….. XXXI-14 *	XXXII-1 *, XXXII-2 *, ….. XXXII-14 **
Australie	XXVIII-2 *, XXVIII-3 *, XXVIII-4 *, XXVIII-5 **	XXIX-1 *, XXIX-2 *, XXIX-3 **, XXIX-4 ***	XXX-1 *, XXX-2 *, XXX-3 **	XXXI-1 *, XXXI-2 *, ….. XXXI-14 *	XXXII-1 *, XXXII-2 *, ….. XXXII-14 **
Belgique	TOUTES exc. la Mesure 1	TOUTES	TOUTES	XXXI-1 *, XXXI-2 *, ….. XXXI-14 *	XXXII-1 *, XXXII-2 *, ….. XXXII-14 **
Brésil (1983)+	TOUTES exc. la Mesure 1	XXIX-1 *, XXIX-2 *, XXIX-3 **, XXIX-4 ***	XXX-1 *, XXX-2 *, XXX-3 **	XXXI-1 *, XXXI-2 *, ….. XXXI-14 *	XXXII-1 *, XXXII-2 *, ….. XXXII-14 **
Bulgarie (1998)+	XXVIII-2 *, XXVIII-3 *, XXVIII-4 *, XXVIII-5 **	XXIX-1 *, XXIX-2 *, XXIX-3 **, XXIX-4 ***	XXX-1 *, XXX-2 *, XXX-3 **	XXXI-1 *, XXXI-2 *, ….. XXXI-14 *	XXXII-1 *, XXXII-2 *, ….. XXXII-14 **
Chili	TOUTES exc. la Mesure 1	XXIX-1 *, XXIX-2 *, XXIX-3 **, XXIX-4 ***	XXX-1 *, XXX-2 *, XXX-3 **	XXXI-1 *, XXXI-2 *, ….. XXXI-14 *	XXXII-1 *, XXXII-2 *, ….. XXXII-14 **
Chine (1985)+	XXVIII-2 *, XXVIII-3 *, XXVIII-4 *, XXVIII-5 **	XXIX-1 *, XXIX-2 *, XXIX-3 **, XXIX-4 ***	XXX-1 *, XXX-2 *, XXX-3 **	XXXI-1 *, XXXI-2 *, ….. XXXI-14 *	XXXII-1 *, XXXII-2 *, ….. XXXII-14 **
Équateur (1990)+	XXVIII-2 *, XXVIII-3 *, XXVIII-4 *, XXVIII-5 **	XXIX-1 *, XXIX-2 *, XXIX-3 **, XXIX-4 ***	XXX-1 *, XXX-2 *, XXX-3 **	XXXI-1 *, XXXI-2 *, ….. XXXI-14 *	XXXII-1 *, XXXII-2 *, ….. XXXII-14 **
Finlande (1989)+	XXVIII-1, XXVIII-2 *, XXVIII-3 *, XXVIII-4 *, XXVIII-5 **	XXIX-1 *, XXIX-2 *, XXIX-3 **, XXIX-4 ***	XXX-1 *, XXX-2 *, XXX-3 **	XXXI-1 *, XXXI-2 *, ….. XXXI-14 *	XXXII-1 *, XXXII-2 *, ….. XXXII-14 **, XXXII-16
France	XXVIII-2 *, XXVIII-3 *, XXVIII-4 *, XXVIII-5 **	XXIX-1 *, XXIX-2 *, XXIX-3 **, XXIX-4 ***	XXX-1 *, XXX-2 *, XXX-3 **	XXXI-1 *, XXXI-2 *, ….. XXXI-14 *	XXXII-1 *, XXXII-2 *, ….. XXXII-14 **, XXXII-15
Allemagne (1981)+	XXVIII-2 *, XXVIII-3 *, XXVIII-4 *, XXVIII-5 **	XXIX-1 *, XXIX-2 *, XXIX-3 **, XXIX-4 ***	XXX-1 *, XXX-2 *, XXX-3 **	XXXI-1 *, XXXI-2 *, ….. XXXI-14 *	XXXII-1 *, XXXII-2 *, ….. XXXII-14 **
Inde (1983)+	XXVIII-2 *, XXVIII-3 *, XXVIII-4 *, XXVIII-5 **	XXIX-1 *, XXIX-2 *, XXIX-3 **, XXIX-4 ***	XXX-1 *, XXX-2 *, XXX-3 **	XXXI-1 *, XXXI-2 *, ….. XXXI-14 *	XXXII-1 *, XXXII-2 *, ….. XXXII-14 **
Italie (1987)+	XXVIII-2 *, XXVIII-3 *, XXVIII-4 *, XXVIII-5 **	XXIX-1 *, XXIX-2 *, XXIX-3 **, XXIX-4 ***	XXX-1 *, XXX-2 *, XXX-3 **	XXXI-1 *, XXXI-2 *, ….. XXXI-14 *	XXXII-1 *, XXXII-2 *, ….. XXXII-14 **
Japon	XXVIII-2 *, XXVIII-3 *, XXVIII-4 *, XXVIII-5 **	XXIX-1 *, XXIX-2 *, XXIX-3 **, XXIX-4 ***	XXX-1 *, XXX-2 *, XXX-3 **	XXXI-1 *, XXXI-2 *, ….. XXXI-14 *	XXXII-1 *, XXXII-2 *, ….. XXXII-14 **
Rép. de Corée (1989)+	XXVIII-2 *, XXVIII-3 *, XXVIII-4 *, XXVIII-5 **	XXIX-1 *, XXIX-2 *, XXIX-3 **, XXIX-4 ***	XXX-1 *, XXX-2 *, XXX-3 **	XXXI-1 *, XXXI-2 *, ….. XXXI-14 *	XXXII-1 *, XXXII-2 *, ….. XXXII-14 **, XXXII-15
Pays-Bas	TOUTES exc. la Mesure 1	TOUTES	TOUTES	TOUTES	XXXII-1, XXXII-2,

Pays	XXVIII	XXIX	XXX	XXXI	XXXII
Nouvelle-Zélande (1990)+	XXVIII-2*, XXVIII-3*, XXVIII-4*, XXVIII-5**	XXIX-1*, XXIX-2*, XXIX-3**, XXIX-4 ***	XXX-1*, XXX-2*, XXX-3**	XXXI-1*, XXXI-2*, …, XXXI-14*	XXXII-1*, XXXII-2*, …, XXXII-14
Norvège	XXVIII-2*, XXVIII-3*, XXVIII-4*, XXVIII-5**	XXIX-1*, XXIX-2*, XXIX-3**, XXIX-4 ***	XXX-1*, XXX-2*, XXX-3**	XXXI-1*, XXXI-2*, …, XXXI-14*	XXXII-1*, XXXII-2*, …, XXXII-14**
Pérou (1989)+	XXVIII-1, XXVIII-2*, XXVIII-3*, XXVIII-4*, XXVIII-5**	XXIX-1*, XXIX-2*, XXIX-3**, XXIX-4 ***	XXX-1*, XXX-2*, XXX-3**	XXXI-1*, XXXI-2*, …, XXXI-14*	XXXII-1*, XXXII-2*, …, XXXII-14**
Pologne (1977)+	TOUTES	TOUTES	TOUTES	XXXI-1*, XXXI-2*, …, XXXI-14*	XXXII-1*, XXXII-2*, …, XXXII-14**
Fédération de Russie	XXVIII-2*, XXVIII-3*, XXVIII-4*, XXVIII-5**	XXIX-1*, XXIX-2*, XXIX-3**, XXIX-4 ***	TOUTES	XXXI-1*, XXXI-2*, …, XXXI-14*	XXXII-1*, XXXII-2*, …, XXXII-14**
Afrique du Sud	XXVIII-2*, XXVIII-3*, XXVIII-4*, XXVIII-5**	TOUTES	TOUTES	XXXI-1*, XXXI-2*, …, XXXI-14*	XXXII-1*, XXXII-2*, …, XXXII-14**
Espagne (1988)+	XXVIII-1, XXVIII-2*, XXVIII-3*, XXVIII-4*, XXVIII-5**	TOUTES	XXX-1*, XXX-2*, XXX-3**	XXXI-1*, XXXI-2*, …, XXXI-14*	XXXII-1*, XXXII-2*, …, XXXII-14**
Suède (1988)+	XXVIII-1, XXVIII-2*, XXVIII-3*, XXVIII-4*, XXVIII-5**	XXIX-1*, XXIX-2*, XXIX-3**, XXIX-4 ***	XXX-1*, XXX-2*, XXX-3**	XXXI-1*, XXXI-2*, …, XXXI-14*	XXXII-1*, XXXII-2*, …, XXXII-14**
Ukraine (2004)+	XXVIII-2*, XXVIII-3*, XXVIII-4*, XXVIII-5**	XXIX-1*, XXIX-2*, XXIX-3**, XXIX-4 ***	XXX-1*, XXX-2*, XXX-3**	XXXI-1*, XXXI-2*, …, XXXI-14*	XXXII-1*, XXXII-2*, …, XXXII-14**
Royaume-Uni	XXVIII-2*, XXVIII-3*, XXVIII-4*, XXVIII-5**	XXIX-1*, XXIX-2*, XXIX-3**, XXIX-4 ***	XXX-1*, XXX-2*, XXX-3**	XXXI-1*, XXXI-2*, …, XXXI-14*	XXXII-1*, XXXII-2*, …, XXXII-14**
Uruguay (1985)+	XXVIII-2*, XXVIII-3*, XXVIII-4*, XXVIII-5**	XXIX-1*, XXIX-2*, XXIX-3**, XXIX-4 ***	XXX-1*, XXX-2*, XXX-3**	XXXI-1*, XXXI-2*, …, XXXI-14*	XXXII-1*, XXXII-2*, …, XXXII-14**, XXXII-15
États-Unis	XXVIII-2*, XXVIII-4*, XXVIII-5**	XXIX-1*, XXIX-2*, XXIX-3**, XXIX-4 ***	XXX-1*, XXX-2*, XXX-3**	XXXI-1*, XXXI-2*, …, XXXI-14*	XXXII-1*, XXXII-2*, …, XXXII-14**

« + Année d'obtention du statut consultatif. Acceptation par l'État tenu de faire appliquer les recommandations ou mesures des réunions à partir de cette année-là. »

* Les Plans de gestion annexés à cette Mesure ont été considérés avoir été approuvés conformément à l'Article 6(1) de l'Annexe V au Protocol sur la protection de l'environnement du Traité sur l'Antarctique et la Mesure ne spécifiant pas une méthode d'approbation différente.

** La liste révisée et mise à jour des sites et monuments historiques annexée à cette Mesure a été considérée avoir été approuvée conformément à l'Article 8(2) de l'Annexe V du Protocole au Traité sur l'Antarctique relatif à la protection de l'environnement et la Mesure ne spécifiant pas une méthode d'approbation différente.

*** La modification de l'Annexe A à l'Annexe II du Protocole au Traité sur l'Antarctique relatif à la protection de l'environnement est considérée avoir été approuvée conformément à l'Article 9(1) de l'Annexe II du Protocole au Traité sur l'Antarctique relatif à la protection de l'environnement ne la Mesure spécifiant pas une méthode d'approbation différente.

Approbation, notifiée au Gouvernement des États-Unis, des mesures
liées à la progression des principes et objectifs du Traité sur l'Antarctique

	15 mesures adoptées lors de la trente-troisième réunion (Punta del Este 2010) Approuvées	12 mesures adoptées lors de la trente-quatrième réunion (Buenos Aires 2011) Approuvées
Argentine	XXXIII-1 - XXXIII-14* et XXXIII-15**	XXXIV-1 - XXXIV-10* et XXXIV-11 - XXXIV-12**
Australie	XXXIII-1 - XXXIII-14* et XXXIII-15**	XXXIV-1 - XXXIV-10* et XXXIV-11 - XXXIV-12**
Belgique	XXXIII-1 - XXXIII-14* et XXXIII-15**	XXXIV-1 - XXXIV-10* et XXXIV-11 - XXXIV-12**
Brésil (1983)+	XXXIII-1 - XXXIII-14* et XXXIII-15**	XXXIV-1 - XXXIV-10* et XXXIV-11 - XXXIV-12**
Bulgarie (1998)+	XXXIII-1 - XXXIII-14* et XXXIII-15**	XXXIV-1 - XXXIV-10* et XXXIV-11 - XXXIV-12**
Chili	XXXIII-1 - XXXIII-14* et XXXIII-15**	XXXIV-1 - XXXIV-10* et XXXIV-11 - XXXIV-12**
Chine (1985)+	XXXIII-1 - XXXIII-14* et XXXIII-15**	XXXIV-1 - XXXIV-10* et XXXIV-11 - XXXIV-12**
Équateur (1990)+	XXXIII-1 - XXXIII-14* et XXXIII-15**	XXXIV-1 - XXXIV-10* et XXXIV-11 - XXXIV-12**
Finlande (1989)+	XXXIII-1 - XXXIII-14* et XXXIII-15**	XXXIV-1 - XXXIV-10* et XXXIV-11 - XXXIV-12**
France	XXXIII-1 - XXXIII-14* et XXXIII-15**	XXXIV-1 - XXXIV-10* et XXXIV-11 - XXXIV-12**
Allemagne (1981)+	XXXIII-1 - XXXIII-14* et XXXIII-15**	XXXIV-1 - XXXIV-10* et XXXIV-11 - XXXIV-12**
Inde (1983)+	XXXIII-1 - XXXIII-14* et XXXIII-15**	XXXIV-1 - XXXIV-10* et XXXIV-11 - XXXIV-12**
Italie (1987)+	XXXIII-1 - XXXIII-14* et XXXIII-15**	XXXIV-1 - XXXIV-10* et XXXIV-11 - XXXIV-12**
Japon	XXXIII-1 - XXXIII-14* et XXXIII-15**	XXXIV-1 - XXXIV-10* et XXXIV-11 - XXXIV-12**
Rép. de Corée (1989)+	XXXIII-1 - XXXIII-14* et XXXIII-15**	XXXIV-1 - XXXIV-10* et XXXIV-11 - XXXIV-12**
Pays-Bas (1990)+	TOUTES	XXXIV-1 - XXXIV-10* et XXXIV-11 - XXXIV-12**
Nouvelle-Zélande	XXXIII-1 - XXXIII-14* et XXXIII-15**	XXXIV-1 - XXXIV-10* et XXXIV-11 - XXXIV-12**
Norvège	XXXIII-1 - XXXIII-14* et XXXIII-15**	XXXIV-1 - XXXIV-10* et XXXIV-11 - XXXIV-12**
Pérou (1989)+	XXXIII-1 - XXXIII-14* et XXXIII-15**	XXXIV-1 - XXXIV-10* et XXXIV-11 - XXXIV-12**
Pologne (1977)+	XXXIII-1 - XXXIII-14* et XXXIII-15**	XXXIV-1 - XXXIV-10* et XXXIV-11 - XXXIV-12**
Fédération de Russie	XXXIII-1 - XXXIII-14* et XXXIII-15**	XXXIV-1 - XXXIV-10* et XXXIV-11 - XXXIV-12**
Afrique du Sud	XXXIII-1 - XXXIII-14* et XXXIII-15**	XXXIV-1 - XXXIV-10* et XXXIV-11 - XXXIV-12**
Espagne (1988)+	XXXIII-1 - XXXIII-14* et XXXIII-15**	XXXIV-1 - XXXIV-10* et XXXIV-11 - XXXIV-12**
Suède (1988)+	XXXIII-1 - XXXIII-14* et XXXIII-15**	XXXIV-1 - XXXIV-10* et XXXIV-11 - XXXIV-12**
Ukraine (2004)+	XXXIII-1 - XXXIII-14* et XXXIII-15**	XXXIV-1 - XXXIV-10* et XXXIV-11 - XXXIV-12**
Royaume-Uni	XXXIII-1 - XXXIII-14* et XXXIII-15**	XXXIV-1 - XXXIV-10* et XXXIV-11 - XXXIV-12**
Uruguay (1985)+	XXXIII-1 - XXXIII-14* et XXXIII-15**	XXXIV-1 - XXXIV-10* et XXXIV-11 - XXXIV-12**
États-Unis	XXXIII-1 - XXXIII-14* et XXXIII-15**	XXXIV-1 - XXXIV-10* et XXXIV-11 - XXXIV-12**

« + Année d'obtention du statut consultatif. Acceptation par l'État tenu de faire appliquer les recommandations ou mesures des réunions à partir de cette année-là. »

* Les Plans de gestion annexés à cette Mesure ont été considérés avoir été approuvés conformémerit à l'Article 6(1) de l'Annexe V au Protocol sur la protection de l'environnement du Traité sur l'Antarctique et la Mesure ne spécifiant pas une méthode d'approbation différente.

** Les modifications et/ou ajouts à la liste des sites et monuments historiques ont été considérés avoir été approuvés conformément à l'Article 8(2) de l'Annexe V du Protocole au Traité sur l'Antarctique relatif à la protection de l'environnement et la Mesure ne spécifiant pas une méthode d'approbation différente.

Bureau de l'Adjoint au Conseiller juridique des Affaires du Traité
Département d'État
Washington, le 10 avril 2012.

Rapport de l'observateur de la CCAMLR à la Trente-cinquième réunion consultative du Traité sur l'Antarctique

(Soumis par le secrétariat de la CCAMLR dans les quatre langues officielles)

1.   La trentième réunion annuelle de la Commission pour la conservation de la faune et la flore marines de l'Antarctique s'est tenue à Hobart (Tasmanie, Australie), du 24 octobre au 4 novembre 2011, sous la présidence de M. Terje Løbach (Norvège). Le rapport de la réunion est disponible à l'adresse suivante : http://www.ccamlr.org/pu/f/f_pubs/cr/drt.htm.

Rapport du président

2.   Le président déclare que la Commission compte 25 Membres et que neuf autres États sont parties à la Convention.

3.   Pendant la saison 2010/11, les membres de la CCAMLR ont participé activement à 14 pêcheries de la zone de la Convention. Les navires menant des opérations de pêche en vertu des mesures de conservation en vigueur en 2010/11 ont déclaré, au 24 septembre 2011, une capture totale de 179 131 tonnes de krill, 11 254 tonnes de légine et 11 tonnes de poisson des glaces. Plusieurs autres espèces faisaient partie des captures accessoires.[1]

Finances et administration

4.   La Commission a adopté son propre budget, ainsi que des recommandations portant sur :

*   un plan stratégique du secrétariat

*   une révision du Règlement financier.

Comité scientifique

5.   Sept Membres ont adressé, pour un total de 15 navires et une capture prévue de 401 000 tonnes, des notifications de projets de pêche au krill pour 2011/12.

6.   La Commission a noté que des activités de pêche au krill ont eu lieu à l'intérieur de la ZSGA N° 1 dans la baie de l'Amirauté en 2010 et que ces activités pourraient aller à l'encontre des objectifs de gestion de la ZSGA.

7.   Outre les 11 254 tonnes de légine déclarées provenir de la zone de la Convention, les captures déclarées dans le cadre du système de documentation des captures (SDC) indiquent que 9 190 tonnes de *Dissostichus* spp. ont été capturées en dehors de la zone de la Convention en 2010/11 (jusqu'au 26 septembre 2011) par rapport à 12 441 tonnes en 2009/10.

8.   En 2010/11, un Membre a pêché du poisson des glaces dans la sous-zone 48.3 et déclaré une capture de 10 tonnes et un Membre en a pêché dans la division 58.5.2 et déclaré une capture totale de 1 tonne.

9.   La Commission se félicite des délibérations du Comité scientifique sur le changement climatique et note les recommandations émises par l'atelier parrainé par l'UE et les Pays-Bas sur « le krill antarctique et le changement climatique ».

Président et vice-président

---

[1]   Total des captures déclarées à la fin de la saison de pêche 2010/2011 (30 novembre 2011) : 181 511 t de krill, 14 572 t de légine et 12 t de poisson des glaces.

10.   Christopher Jones (États-Unis) a été élu président du Comité scientifique et Xiangyong Zhao (Chine), Vice-président.

Pêche de fond

11.   La Commission souscrit à l'avis du Comité scientifique sur, entre autres, l'interdiction de la pêche de fond dans la sous-zone 88.1 (SSRU G) pour la protection des VME enregistrés contre les effets directs de l'interaction avec les engins de pêche.

Évaluation de la mortalité accidentelle

12.   La Commission a noté que la mortalité aviaire totale obtenue par extrapolation dans la sous-zone 58.6 et la division 58.5.1 était estimée à 220 oiseaux, alors qu'ailleurs dans la zone de la Convention, la mortalité accidentelle était similaire aux niveaux pratiquement nuls de ces dernières années.

Aires marines protégées

13.   La Commission a noté les résultats de l'atelier sur les aires marines protégées et a exprimé sa reconnaissance à la France pour l'avoir accueilli.

14.   La Commission se félicite de la mise en place de domaines de planification pour les systèmes représentatifs d'AMP qui remplacent les zones prioritaires définies en 2008 comme base de planification des AMP dans la zone de la Convention.

Région de la mer de Ross

15.   La Commission est reconnaissante à la Nouvelle-Zélande et aux États-Unis pour deux scénarios concernant une AMP dans le domaine de planification de la mer de Ross, notant l'avis du Comité scientifique selon lequel les scénarios reposent sur les meilleures preuves scientifiques disponibles et qu'aucune autre analyse ou discussion n'est plus nécessaire au sein de ce Comité.

16.   La Nouvelle-Zélande et les États-Unis ont confirmé leur intention de présenter des propositions d'établissement officiel d'une AMP en 2012.

Antarctique de l'Est

17.   La Commission a remercié l'Australie et la France qui ont présenté ensemble la proposition de système représentatif d'AMP (RSMPA) pour l'ensemble du domaine de planification de l'Antarctique de l'Est.

18.   L'Australie et la France ont fait part de leur intention de préparer une mesure de conservation qu'elles soumettront à la Commission en 2012.

Protection d'habitats nouvellement exposés par l'effondrement de plates-formes glaciaires

19.   La Commission a pris note de la proposition du Royaume-Uni concernant la protection d'habitats marins qui pourraient devenir exposés du fait de l'effondrement des plates-formes glaciaires.

Proposition de mesure de conservation générale relative aux AMP

20.   La Commission a adopté une mesure de conservation pour l'adoption des AMP.

Application et respect de la réglementation

Système de contrôle

21.   Aucun cas de non-respect des mesures de conservation n'a été signalé à la suite d'un contrôle en mer entrepris dans le cadre du système de contrôle.

Mesures environnementales et d'atténuation de la mortalité accidentelle

22.   La Commission note qu'à la suite d'une enquête sur des cas de non-conformité à toutes les dispositions des MC 26-01 et 25-02 en 2010/11, aucune infraction n'a été avérée.

Procédure d'évaluation de la conformité

23.   La Commission note qu'une procédure d'évaluation de la conformité sera élaborée en vue d'une adoption possible à la XXXIᵉ réunion de la CCAMLR.

Système de documentation des captures

24.   La Commission a révoqué le statut de Singapour en tant que Partie non contractante coopérant avec la CCAMLR et demandé au président d'écrire à Singapour à cet égard.

25.   La Commission a chargé le président de demander au secrétariat du STA de faire part des efforts déployés par la CCAMLR pour tenter d'obtenir de la Malaisie qu'elle combatte la pêche INN. La lettre exigera que la question soit soulevée officiellement avec la Malaisie dès que l'occasion se présentera.

Pêche INN dans la zone de la Convention

26.   Il est rapporté que cinq navires auraient mené des activités de pêche INN dans la zone de la Convention et que trois autres navires de pêche inscrits sur la liste INN ont été repérés en dehors de la zone de la Convention en 2010/11. Selon les déclarations, six des navires identifiés emploieraient des filets maillants.

27.   La Commission a noté que rien ne semblait indiquer que la pêche INN soit en déclin, alors qu'elle se poursuit en fait à un niveau peu important et qu'il n'est pas impossible qu'elle soit en hausse et que la répartition spatiale de la pêche INN soit en évolution.

28.   La Commission a inscrit le *Koosha 4*, navire battant pavillon iranien, sur la Liste des navires INN-PNC en 2011.

29.   La Commission a supprimé de la Liste des navires INN-PC le *West Ocean* et le *North Ocean*.

Système international d'observation scientifique

30.   Conformément au Système international d'observation scientifique de la CCAMLR, des observateurs scientifiques ont été placés sur tous les navires, dans toutes les pêcheries de poisson de la zone de la Convention en 2010/11.

Mesures de conservation

31.   Les mesures de conservation et résolutions adoptées à la XXXᵉ réunion de la CCAMLR ont été publiées dans la *Liste officielle des mesures de conservation en vigueur – 2011/12*.

Pêcheries de krill

32.   La Commission décide que les navires pêchant le krill doivent veiller à ce qu'un observateur ait accès à un nombre suffisant d'échantillons pour permettre un taux d'observation visé d'au moins 20% des traits ou unités de traits durant la période pendant laquelle un observateur se trouve à bord du navire par saison de pêche.

33.   La Commission a décidé de conserver la répartition provisoire du seuil déclencheur dans la pêcherie d'*E. superba* des sous-zones 48.1 à 48.4 (MC 51-07) pendant trois ans encore, en attendant que le Comité scientifique et le WG-EMM terminent la mise au point la procédure de gestion de cette pêcherie par retour d'expérience.

Nouvelles mesures de conservation

Réglementation des engins et pêche de fond

34.   La Commission a décidé d'interdire toutes les activités de pêche de fond dans le secteur défini des VME enregistrés, à l'exception des activités de recherche scientifique convenues par

elle-même dans le but d'un suivi ou pour d'autres raisons qu'aura décidées le Comité scientifique.

Saisons de pêche, zones fermées et interdiction de pêche

35.   La pêche dirigée de *Dissostichus* spp. dans la sous-zone 48.5 a été interdite en 2011/12.

Limites de capture accessoire

36.   La Commission a décidé de reconduire en 2011/12 les limites de capture accessoire existantes dans la division 58.5.2.

37.   La Commission a décidé de reconduire les limites de capture accessoire des pêcheries exploratoires en 2011/12, compte tenu des limites de capture révisées de Dissostichus spp. dans les sous-zones 88.1 et 88.2 et de la nouvelle délimitation des SSRU dans la sous-zone 88.2.

Légine

38.   La Commission a révisé les limites de capture, limites de capture accessoire, nombres de navires, règles de déplacement, plans de recherche, taux de marquage compris, restrictions relatives aux engins de pêche et interdictions de pêche, pour la pêcherie de *D. eleginoides* dans chaque sous-zone.

Poisson des glaces

39.   La Commission a révisé les limites applicables à la pêcherie de *C. gunnari* de la sous-zone 48.3 et la division 58.5.2 pour 2011/12 à 0 tonne, avec une limite de 30 tonnes pour la recherche et la capture accessoire.

Crabe

40.   Notant que le crabe n'a pas été exploité en 2010/11, la Commission a fermé la pêcherie.

Autres questions

41.   La Commission a adopté une résolution encourageant les Membres et les navires battant leur pavillon à présenter les informations pertinentes au centre de coordination du sauvetage en mer compétent avant l'entrée des navires dans la zone de la Convention.

42.   La Commission a également adopté une résolution visant à rehausser la sécurité des navires de pêche dans la zone de la Convention.

Capacité et effort de pêche dans les pêcheries exploratoires

43.   La Commission s'est accordée sur la nécessité d'examiner la gestion de la capacité et demande de faire preuve de modération dans les pêcheries exploratoires pendant que cette question est étudiée, afin d'éviter d'exacerber les problèmes de surcapacité.

Coopération avec d'autres éléments du système du traité sur l'antarctique

44.   La Commission a décidé que la CCAMLR serait représentée à XXXVe RCTA par le secrétaire exécutif. Le président du Comité scientifique et le directeur scientifique représenteront la Commission et le Comité scientifique au XIVe CPE.

Mise en œuvre des objectifs de la Convention

Structure des prochaines réunions de la Commission

45.   La Commission a pris la décision de faire l'essai d'une réunion d'une durée de huit jours en 2012 et 2013.

Élection du vice-président

46.   La Commission élit les États-Unis à la vice-présidence.

Dates et lieu de la prochaine réunion

47.   La trente et unième réunion de la Commission se tiendra du 23 octobre au 1er novembre 2012 à Hobart. La trente et unième réunion du Comité scientifique se tiendra du 22 au 26 octobre 2012 à Hobart.

Proposition de Fonds pour l'environnement mondial

48.   L'Afrique du Sud cherche à obtenir le soutien du FEM pour améliorer la capacité des États Membres de la CCAMLR en développement à s'engager dans les processus de la CCAMLR.

Adoption du rapport

49.   Le rapport de la réunion est adopté.

2. Rapports d'experts

Rapport 2011-2012 de l'Association internationale des organisateurs de voyages dans l'Antarctique Conformément à l'Article III (2) du Traité sur l'Antarctique

Introduction

L'Association internationale des organisateurs de voyages (IAATO) se félicite de présenter son rapport sur ses activités à la XXXVe RCTA, conformément à l'Article III (2) du Traité sur l'Antarctique.

IAATO continue de concentrer ses activités pour étayer sa mission visant à garantir :
- Une gestion quotidienne efficace des activités de ses membres dans l'Antarctique ;
- Une diffusion pédagogique, y compris une coopération scientifique ; et
- Le développement et la promotion des meilleures pratiques dans le secteur touristique dans l'Antarctique.

Pour obtenir de plus amples renseignements concernant la mission, les activités principales et les développements récents de l'IAATO, consultez la *fiche des données 2012-13*, et le site Internet suivant : www.iaato.org. www.iaato.org.

Les nombres d'adhérents à l'IAATO et de visiteurs au cours de l'année 2011-12

L'IAATO comprend 111 membres, associés et affiliés. Il existe des bureaux des membres de l'IAATO partout dans le monde, représentant 57% des Parties consultatives du Traité sur l'Antarctique et transportant chaque année vers l'Antarctique des ressortissants de la quasi-totalité des Parties au Traité.

Concernant les visites en 2011-2012 pour la saison touristique en Antarctique, le nombre total de visiteurs a enregistré une baisse de 22 % par rapport à la saison précédente avec 26 519 visiteurs contre 33 824 en 2010-2011. Ces chiffres ne reflètent que les visiteurs voyageant avec les opérateurs membres de l'IAATO. Pour obtenir de plus amples renseignements sur les statistiques touristiques, consulter le document ATCM XXXIV IP39 *IAATO Overview of Antarctic Tourism : 2011-12 Season and Preliminary Estimates for 2012-13*. Le Répertoire des membres et des statistiques supplémentaires sur les activités des membres de l'IAATO se trouve à *www.iaato.org*.

Travaux récents et activités

En ligne avec le Plan stratégique de l'IAATO, des progrès ont été réalisés en ce qui concerne un certain nombre d'initiatives. Il s'agit notamment :

- Renforcer le Secrétariat par le biais d'une réorganisation des rôles et des responsabilités du directeur et la création d'un autre poste à mi-temps.

- Lancement d'un nouveau site Web interactif et d'un système basé sur le Web pour la gestion de contenu afin de faciliter l'accès à la fois aux membres et au public. Un accès unique aux zones des opérations sur le terrain du site Web est disponible pour les représentants des Parties au traité sur demande.

- La campagne de sensibilisation des yachts a continué au cours de la saison, avec les opérateurs de bateaux de l'IAATO consacrant des efforts considérables au niveau des passerelles de départ pour informer les opérateurs de bateaux non-IAATO.

- Tous les navires de passagers de l'IAATO SOLAS ont participé au système de suivi par satellite basé sur le Web, qui est partagé avec les centres de coordination de sauvetage. Cet effort continue à être utile non seulement pour améliorer la réponse aux urgences, mais également pour la gestion journalière.

- Les essais du processus d'observation améliorée de l'IAATO en trois temps (Se reporter à RCTA XXXIV/IP107 pour plus de détails) ont été menés, en fournissant des informations utiles sur le processus et aussi sur les différents processus d'autorisation des autorités compétentes. Le processus continuera d'être mis à l'essai, sur une base volontaire, pendant les trois prochaines saisons.

- L'évaluation et la certification en ligne du personnel sur le terrain ont été développées afin d'inclure les différentes activités, les niveaux de personnel, et les zones géographiques. À ce jour, 77 membres du personnel de terrain ont été certifiés.

Réunion annuelle et participation de l'IAATO à d'autres réunions en 2011-12

Les membres du Secrétariat et les représentants des membres de l'IAATO ont participé à des réunions internes et externes, en créant des liens avec les Programmes antarctiques nationaux et les organisations gouvernementales, scientifiques et environnementales.

- La 23e réunion annuelle de l'IAATO s'est tenue du 1er au 3 mai 2012, à Providence aux États-Unis avec plus de 100 participants. Les représentants des Parties au Traité venus du Canada, Chili, Allemagne, Norvège, Royaume-Uni et des États-Unis et du COMNAP y ont assisté. En plus de signaler les progrès mentionnés ci-dessus, les résultats notables incluaient :
  - Adoption des Règles de procédure pour la conformité et le règlement des différends;
  - L'établissement des conseillers de sécurité de l'IAATO (Se reporter à ATCMXXXV/IP38)
  - L'établissement d'un Groupe de travail hydrographique;
  - Développer une conférence générique IAATO sur le changement climatique pour tous les opérateurs de l'IAATO par le Groupe de travail sur les changements climatiques (Se reporter à ATCM XXXIV/IP103). En outre, de nouvelles mesures pour évaluer et atténuer l'empreinte CO_2 des membres ont été déposées, et l'engagement de poursuivre ce travail renouvelé.

- Comme par le passé, les membres de l'IAATO et des représentants de Parties au Traité ont participé à une table ronde informelle après la 23e réunion de l'IAATO. Cette discussion annuelle s'est tenue en vertu des règles de Chatham House et fournit une occasion inestimable d'avoir une discussion libre sur les questions relatives au tourisme en Antarctique. Un rapport de synthèse sera prochainement publié.

- L'IAATO s'est félicité de la possibilité de participer à la XXIIIe réunion COMNAP à Stockholm, en Suède (Août, 2012). La réunion a également constitué un forum pour l'IAATO et leurs opérateurs de terrain pour s'entretenir avec la NSF afin d'assurer une bonne communication et collaboration à la station Pôle Sud en prévision de la saison du centenaire de haut niveau. L'IAATO place un grand mérite à une bonne coopération et collaboration entre ses membres et les programmes antarctiques nationaux.

- Des représentants de l'IAATO ont participé à la 11e réunion de l'Organisation hydrographique internationale / Commission hydrographique sur l'Antarctique (OHI/CHA) à Hobart, Australie. En plus d'appuyer le travail continu de l'HCA, l'IAATO a été heureux de commencer à travailler avec l'UKHO et HCA dans le développement d'un système d'externalisation ouverte, grâce aux progrès technologiques, pour améliorer la viabilité des navires de l'IAATO comme navires d'opportunité.

- En tant que conseiller de Cruise Lines International Association (CLIA), l'IAATO continue d'être actif dans le développement du Code polaire obligatoire de l'Organisation maritime internationale (OMI). Cette participation inclue dans l'atelier parrainé par la Norvège sur les aspects environnementaux du Code polaire, le groupe de travail dédié au cours de la 56e session de la réunion du sous-comité de la conception et l'équipement de l'OMI, et les discussions intersessions du groupe de correspondance. En outre, l'IAATO a continué à travailler avec un consultant de la sécurité maritime indépendant sur une étude en profondeur d'évaluation des risques, et il commence maintenant le développement d'un cadre d'évaluation des risques des voyages pour aider les Membres à appliquer le code une fois adopté.

- La 24e réunion de l'IAATO est prévue pour la période du 22 au 25 avril, 2013, soit à Punta Arenas, au Chili ou Providence, à Rhode Island aux États-Unis. Les Parties au Traité intéressées sont invitées à y assister et doivent contacter l'IAATO à l'adresse iaato@iaato.org.

Surveillance de l'environnement

L'IAATO continue a fournir des renseignements détaillés sur les activités de ses membres en Antarctique à la RCTA et au CPE. Pour plus de renseignements, consulter les documents ATCM XXXV/IP39 intitulé *IAATO Overview of Antarctic Tourism: 2011-12 Season and Preliminary Estimates for 2012-13 Antarctic Season* et ATCM XXXV IP37 *Report on IAATO Operator use of Antarctic Peninsula Landing Sites et ATCM Visitor Site Guides, 2011-12 Season.*

L'IAATO continue de travailler en collaboration avec des institutions scientifiques pour aborder les questions spécifiques sur la surveillance de l'environnement. Cela inclut le travail avec Oceanites, l'inventaire des sites antarctiques, la Londres Zoological Society et les IPY Aliens dans l'étude de l'Antarctique.

En outre, l'effort continue à être fait pour assurer la sensibilisation par l'éducation à travers les deux médias éducatifs et les institutions (par exemple BBC Frozen Planet / Open University, Royaume-Uni et l'Université d'Édimbourg, Royaume-Uni)

L'IAATO accueille favorablement les possibilités de collaboration future avec d'autres organisations.

Les incidents touristiques en 2011-20121 et le point sur les incidents touristiques en 2008-2009

L'IAATO continue de suivre une politique de divulgation des incidents afin d'assurer que les risques sont compris et les leçons qui s'imposent ont été tirées pour tous les opérateurs antarctiques. Les incidents qui sont survenus pendant la saison 2011-12 sont les suivants :

- Le MV *Sea Spirit* temporairement ancré dans Whalers Bay, île de la Déception le 9 décembre 2011, flottait librement à la marée haute suivante. Les rapports n'ont indiqué aucune menace pour la vie humaine et aucun dommage à l'environnement. Une inspection ultérieure par des plongeurs a indiqué que le navire n'avait subi aucun dommage. L'incident a été signalé au DIMG (Deception Island Management Group), et par la suite le Comité Maritime de l'IAATO a émis un avis de sécurité sur Whalers Bay (Se reporter à ATCMXXXV/IP38).

- Bien qu'ayant participé à la séance d'information obligatoire sur le code de conduite, deux membres d'un groupe d'évangélistes à bord du MS Expedition ont été vus dispersant des graines d'orge lors d'une randonnée à la baie Telefon le 14 décembre 2011.

- Les graines dispersées ont été recueillies et de la gravité de l'infraction a été expliquée aux passagers. D'autres semences ont été confisquées. Le groupe a été très surveillé lors des débarquements suivants. Le DIMG a été informé.

- Le 17 janvier 2012 lors d'un exercice de sauvetage en crevasse le personnel d'Antarctic Logistics and Expeditions, un tracteur à piston-Bully a franchi un pont de neige qui a cédé et est tombé dans une crevasse. Deux membres du personnel ont reçu des contusions mineures. L'analyse de l'incident a été effectuée par l'opérateur afin d'en tirer les leçons.

- Lors d'une visite à Neko Harbour le 11 février 2012, un poussin manchot papou qui s'était approché d'un passager a été blessé quand un trépied a été renversé. Après avoir suivi le poussin pendant un certain temps au cours duquel le poussin ne pouvait plus marcher et était attaqué à plusieurs reprises par ses congénères, le personnel de terrain l'a euthanasié. Comme l'expédition avait été autorisée par les États-Unis, l'incident est en cours d'enquête aux États-Unis.

Le point sur les incidents des saisons précédentes:

Le Comité maritime de l'IAATO a examiné le résumé du rapport 2011 sur l'État du pavillon des Bahamas concernant l'échouage du MV Ocean Nova en 2009. Sur la base du rapport et les mesures d'atténuation suivantes qui ont été adoptées par l'opérateur, le Comité a émis des recommandations supplémentaires visant à améliorer la sécurité maritime.

Soutien aux activités scientifiques et de conservation

Pendant la saison 2011-12, les membres de l'IAATO ont transporté, à des coûts préférentiels ou sur une base bénévole, plus de 150 membres du personnel scientifique et du personnel de soutien et du Heritage Trust, ainsi que les équipements utilisés par ceux-ci, à destination et en provenance de stations, de sites de terrain et de ports d'accès.

En outre, les Membres de l'IAATO et leurs passagers ont contribué 478 848 USD aux organisations scientifiques et de conservation actives dans l'Antarctique et le sub-antarctique (par exemple Save the Albatross, Antarctic Heritage Trust, Last Ocean, Mawson's Huts Foundation, Oceanites et le World Wildlife Fund). Au cours des huit dernières années, ces dons ont totalisé plus de 2,5 millions USD en dons en espèces.

Avec nos remerciements

L'IAATO se félicite de l'opportunité de travailler en coopération avec les Parties au Traité sur l'Antarctique, le COMNAP, le SCAR, la CCAMLR, l'OHI/CHA, l'ASOC et d'autres en vue de protéger, à long terme, l'Antarctique.

Rapport de l'Organisation hydrographique internationale (OHI) sur la coopération en matière de levés hydrographiques et de cartographie des eaux antarctiques »

Introduction

L'Organisation hydrographique internationale (OHI) est une organisation intergouvernementale de nature consultative et technique qui a été créée en 1921. L'OHI à laquelle a été octroyé le statut d'observateur aux NU est reconnue comme l'autorité internationale compétente, dans le domaine de l'hydrographie et de la cartographie marine. Sa compétence est également citée dans la Convention des Nations Unies sur le droit de la mer. L'Organisation coordonne sur une base mondiale l'établissement de normes pour la production de données hydrographiques et la fourniture de services hydrographiques à l'appui de la sécurité de la navigation ainsi que de la protection et de l'utilisation durable de l'environnement marin. La mission de l'OHI consiste à créer un environnement global au sein duquel les Etats fournissent des données, produits et services hydrographiques appropriés et en temps voulu pour assurer leur plus large utilisation possible.

Le BHI encourage la création de Commissions hydrographiques régionales (CHR) afin de coordonner les activités et la coopération hydrographiques au niveau régional. Les CHR sont constituées essentiellement d'Etats membres de l'OHI qui ont des intérêts dans une région particulière. Les CHR travaillent au plus près de l'Organisation afin de contribuer à renforcer ses idéaux et ses programmes. Les CHR se réunissent à intervalles réguliers afin de discuter de questions comme par exemple les problèmes communs en matière de production hydrographique et cartographique, de prévoir des opérations de levés conjoints et de résoudre les plans pour la couverture en cartes INT à moyenne et à grande échelle dans leurs régions.

L'une de ces Commissions est la Commission hydrographique sur l'Antarctique (CHA) dédiée à la promotion de la coopération technique dans les domaines des levés hydrographiques, de la cartographie marine et des informations nautiques au sein de la région Antarctique.

L'OHI et la CHA en particulier travaillent en étroite relation avec différentes organisations concernées et intéressées par l'Antarctique, avec pour objectif de renforcer la coopération pour améliorer la sauvegarde de la vie humaine en mer, la sécurité de la navigation, la protection de l'environnement marin et pour contribuer à la recherche marine scientifique dans l'Antarctique.

Ce rapport fournit un bref résumé des principales activités de coopération depuis la dernière RCTA.

11ème réunion de la commission hydrographique de l'OHI sur l'Antarctique

La 11ème réunion de la Commission hydrographique sur l'Antarctique (CHA) s'est déroulée à Hobart, Tasmanie, Australie, du 5 au 7 octobre 2011. La réunion était organisée par le Service hydrographique australien (AHS) avec l'aide de l'Australian Antarctic Division (AAD). Sur 23 Etats membres de la CHA[2], quinze étaient représentés à cette réunion, plus des observateurs du COMNAP, de l'IAATO, de l'AISM, de la GEBCO et du SCAR, ainsi qu'un collaborateur expert (Fugro-Pelagos). Au total, 29 délégués y ont assisté.

Les participants ont été accueillis par le Dr. Tony FLEMING, Directeur d'AAD, qui a souligné l'important engagement d'AAD dans la protection de l'environnement dans l'Antarctique et le changement climatique.

Le discours introductif a été fait par le Commodore Rod NAIRN, Directeur du SH australien et vice-président de la CHA, qui a souligné l'amélioration nécessaire des cartes et de la couverture cartographique dans l'Antarctique. Il a souligné que les travaux de la CHA étaient essentiels pour mieux soutenir les opérations de transport maritime et faire progresser les connaissances scientifiques dans l'Antarctique.

---

[2] Australie, Brésil, Chili, Equateur, France, Allemagne, Corée (Rép. de), Nouvelle-Zélande, Norvège, Afrique du Sud, Espagne, Royaume-Uni, USA, Uruguay et Venezuela.

Il a remercié AAD pour son soutien dans l'organisation de cette réunion et a fait savoir que le Japon et le Secrétariat du Traité sur l'Antarctique étaient absents et excusés.

La CHA compte actuellement 23 Etats membres de l'OHI et aucun changement n'a été signalé depuis le dernier rapport. (**Voir Annexe A**).

La Commission a réélu le Commodore NAIRN (Australie) en tant que vice-président de la CHA et a examiné toutes les actions qui découlent de la 10ème réunion de la CHA en concluant que la plupart des actions ont été menées à bien. Les points suivants méritent une attention particulière :

- Les membres de la CHA du Brésil, du Chili, de la France, de l'Allemagne, de l'Afrique du Sud, de l'Espagne et du RU ont fait savoir qu'ils ont informé leurs délégués nationaux de l'importance d'améliorer l'hydrographie et la cartographie marine pour la sécurité de la navigation dans l'Antarctique. La réunion a convenu que l'amélioration de la coordination au niveau national devrait être une pratique courante.

- Compte tenu du statut unique de l'Antarctique et de l'introduction imminente du code polaire de l'OMI, la Commission a décidé qu'il était nécessaire de définir comment la sécurité de la navigation, y compris l'hydrographie et les aides à la navigation, devraient être gérées dans l'Antarctique.

- La Commission a estimé qu'une nouvelle approche stratégique était requise pour accroître la prise de conscience de l'importance de la sécurité de la navigation et de la protection de l'environnement dans l'Antarctique, par la soumission d'une série de recommandations à la XVIIIème Conférence hydrographique internationale. Ceci a été fait et le programme de travail de l'OHI pour la période 2013-2017 comporte les tâches suivantes appropriées :
  a) conduire une évaluation des risques pour la région Antarctique et développer un programme de travail pour améliorer la cartographie dans l'Antarctique (2013/2014)
  b) soumettre par le biais du BHI à la RCTA l'évaluation des risques réalisée par la CHA pour la région Antarctique avec un programme de travail de la CHA proposé pour améliorer la cartographie dans l'Antarctique, aux fins d'examen, d'approbation et de soutien de la RCTA. (2015)

- La Commission a chargé le président de la CHA de contacter la RCTA en expliquant que les obligations SOLAS (limitées au chapitre V, Règles 2, 4, 9, 27) [et les mécanismes de protection environnementale] et les efforts y relatifs dans l'Antarctique dépendent des efforts des nations parties au Traité sur l'Antarctique pour répondre à ces obligations. La Commission a également chargé le président de la CHA de rechercher l'appui de la RCTA pour que l'OMI encourage la participation volontaire pour que les activités de collecte des données soient incluses dans le code polaire (code obligatoire de l'OMI pour les navires opérant dans les eaux polaires), en notant que la nature éloignée et les contraintes environnementales de la région Antarctique associées à des ressources appropriées limitées pour l'exécution des levés incitent à ce concentrer sur la recherche de méthodes alternatives pour le recueil des données.

- Suite à l'aimable invitation du Servicio Oceanografico, Hidrografico y Meteorologico de la Armada del Uruguay, la Commission a décidé d'organiser la 12ème réunion de la CHA en Uruguay, (lieu à fixer) du 10 au 12 octobre 2012.

Etat des levés hydrographiques

Sur les 15 rapports nationaux soumis à la dernière réunion de la CHA, 8 indiquaient que des levés hydrographiques systématiques ont été exécutés pendant la saison 2010/2011. Il n'y a pas encore d'évaluation pour la saison 2011/2012.

Le groupe de travail de la CHA chargé de l'établissement des priorités en matière de levés, avec la coopération du COMNAP et de l'IAATO, a révisé et produit de nouvelles versions du plan de levés à long terme de la CHA et de la courte liste de levés de la CHA pour refléter les nouvelles demandes hydrographiques émanant des données de l'IAATO à partir des statistiques touristiques de la saison précédente.

La CHA a tout fait pour se conformer au cadre de la Résolution 2/2010 de la RTCA et au moins 9 membres de la CHA ont créé des liens et passé des accords *avec les institutions scientifiques nationales appropriées pour la collecte des informations bathymétriques.* Quatre autres membres de la CHA, directement responsables de la collecte d'informations sur les données bathymétriques, ont indiqué que la création de ces liens n'était pas appropriée. Néanmoins, dès que de nouvelles données seront disponibles, le BHI est prêt à recevoir ces données et à les diffuser aux SH concernés.

L'IAATO a communiqué certaines données passées au BHI qui les a mises à la disposition du pays producteur des cartes qui pourrait tirer parties de ces données. La CHA encourage les membres de l'IAATO à poursuivre cette pratique qui permet l'amélioration de la couverture cartographique dans l'Antarctique.

Forte des expériences acquises à ce jour, la CHA a convenu de développer plus avant les directives pour les navires d'opportunité de l'IAATO prêts à collecter les données hydrographiques et pour les représentants des Services hydrographiques visitant les navires de l'IAATO afin de faciliter le déroulement des visites et les programmes de participation. Malgré l'impression qu'à ce jour peu de résultats concrets sont ressortis de ces visites en raison de difficultés liées à leur mise en œuvre, la réunion a décidé de continuer à organiser la visite d'hydrographes à bord des navires de l'IAATO, lorsqu'ils font escale avant de reprendre leur route vers l'Antarctique, ou dans l'Antarctique, afin de leur fournir des conseils sur la collecte et sur la restitution des données hydrographiques.

La Commission a pris note d'un projet impliquant le SH du RU et d'une société hydrographique visant à améliorer la couverture de données dans l'Antarctique (principalement dans l'Antarctique) pour tous les navires. Le système de surveillance sous-marine globale autonome à distance est connu sous le nom d'ARGUS (« Autonomous Remote Global Underwater Surveillance ») et permettra des levés en coopération par l'acquisition et le traitement groupé de données GPS et d'échosondage à bord des navires, via un enregistreur de boîte noire. Le coût d'une boîte serait d'approximativement 2000 US$.

Etat de la production de cartes marines

Six nouvelles cartes INT ont été approuvées en vue de leur inclusion dans le programme, et seront produites par l'Equateur (INT 9129), l'Espagne (INT 9128), l'Australie (INT 9022 et INT 9038) et le RU (INT 9117 et INT 9133). Ainsi le nombre total de cartes INT du programme est de 108 parmi lesquelles, 67 cartes INT ont été publiées en avril 2012, 27 sont prévues pour publication d'ici à 2014, soit en tant que nouvelle publication soit en tant que nouvelle édition. (**voir Annexe B**).

L'élément clé de la progression de la production de cartes INT est la disponibilité de données relatives aux levés hydrographiques de bonne qualité pour les zones concernées. Dans de nombreuses zones non encore couvertes, soit il n'existe pas de données soit on détient des données anciennes de qualité non satisfaisante. Toute progression significative en vue de mener à bien la production du programme complet dépendra donc de la capacité d'exécuter des levés hydrographiques en fonction de normes modernes.

Les très couteuses opérations hydrographiques dans l'Antarctique auxquelles s'ajoute la priorité accordée par les Etats membres de l'OHI à l'hydrographie de leurs propres eaux nationales sont deux facteurs de limitation à la progression de la production de cartes INT dans l'Antarctique.

La production de cartes électroniques de navigation (ENC) de l'Antarctique a continué de s'accroître. A ce jour, 60 cellules ENC sont disponibles (**Voir Annexe C**) basées sur différentes cartes nationales et sur 32 cartes INT. Celles-ci incluent 13 cartes « d'aperçu », 7 cartes « générales », 15 cartes « côtières », 13 cartes « d'approche », 11 cartes « portuaires » et 1 carte d' « accostage ».

Le programme de production actuel porte principalement sur les mêmes zones que celles couvertes par les cartes papier et semble prometteur, mais finalement la production d'ENC dépendra de la disponibilité de nouvelles données hydrographiques. Par conséquent si de réels progrès doivent être accomplis, un accroissement des opérations de levés hydrographiques semble nécessaire.

La CHA/OHI a déjà convenu d'un programme d'ENC à petite et moyenne échelle couvrant les eaux antarctiques et travaille avec le BHI sur le développement d'un programme d'ENC à grande échelle, à partir des cartes papier existantes et d'autres demandes.

Autres

L'OHI a contribué aux travaux de la RCTA en fournissant des commentaires sur les travaux effectués par :

a) ICG sur les « lignes directrices pour la plaisance pour les navires dans l'Antarctique »

b) ICG sur les « questions en suspens sur le tourisme dans l'Antarctique » et

c) ICG sur l'« examen des recommandations de la RCTA sur les questions opérationnelles »

Conclusions

- Tandis que plusieurs Services hydrographiques progressent dans la production de cartes INT et d'ENC couvrant les eaux antarctiques, cette activité demeure dépendante de la disponibilité de données hydrographiques fiables. L'OHI/CHA reconnaît et apprécie la coopération et la contribution de plusieurs organisations internationales, notamment de l'IAATO, du COMNAP et d'instituts de recherche, qui ont mis à disposition d'anciennes séries de données bathymétriques instructives. Cet effort collectif vient directement à l'appui de la production des cartes INT et des ENC qui couvrent les eaux antarctiques.

- Améliorer la coordination au niveau national entre les délégués nationaux de la RCTA et leur hydrographe national respectif facilite la compréhension de l'importance d'améliorer l'hydrographie et la cartographie marine pour la sécurité de la navigation et la protection de l'environnement marin en Antarctique.

- Notant le statut unique de l'Antarctique et l'introduction imminente du Code polaire de l'OMI, il est nécessaire de définir au sein de la RCTA la manière dont la sécurité de la navigation, y compris l'hydrographie et les aides à la navigation, sera gérée dans l'Antarctique.

- Les obligations de la Convention SOLAS (limitées au Chap.V, Règ. 2, 4, 9, 27) et les travaux y relatifs en Antarctique reposent sur les efforts des pays qui sont parties au Traité sur l'Antarctique en vue de remplir ces obligations. Il est important que la RCTA invite l'OMI à encourager une participation volontaire aux activités de recueil des données, qui devront être incluses dans le Code polaire (Code obligatoire de l'OMI pour les navires évoluant dans les eaux polaires).

- Le programme de travail de l'OHI approuvé pour 2013-2017 inclut les tâches appropriées suivantes qui devront être développées par la CHA, et dont le résultat contribuera aux objectifs de la RCTA:

  a) mener une évaluation des risques pour la région Antarctique et développer un programme de travail aux fins d'améliorer la cartographie en Antarctique (2013/2014) ;

  b) soumettre à la RCTA *via* le BHI l'évaluation des risques menée en conjonction avec un programme de travail de la CHA proposé aux fins d'améliorer la cartographie en Antarctique, pour examen, approbation et appui (2015).

Recommandations

Il est recommandé que la XXXVème RCTA:

  a) Prenne bonne note du rapport de l'OHI

  b) Envisage d'adopter les dispositions administratives requises pour implémenter les obligations de la Convention SOLAS (limitées au Chap. V, Rég. 2, 4, 9, 27)

  c) Envisage d'inviter l'OMI à encourager la participation volontaire aux activités de recueil des données à inclure dans le Code polaire et envisage la manière d'implémenter les provisions contenues dans le Code polaire de l'OMI mentionné en Antarctique.

Monaco, Mai 2012.

ANNEXES (en anglais seulement):

A: HCA Membership.

B: INT Chart Production Status (April 2012).

C: ENC Production Status (April 2012)

ANNEX A

HCA MEMBERSHIP

(March 2012)

MEMBERS:

Argentina	Korea, Republic of
Australia	New Zealand
Brazil	Norway
Chile	Peru
China	Russian Federation
Ecuador	South Africa
France	Spain
Germany	United Kingdom
Greece	Uruguay
India	USA
Italy	Venezuela
Japan	

===

OBSERVER ORGANIZATIONS:

Antarctic Treaty Secretariat (ATS)

Council of Managers of National Antarctic Programmes (COMNAP)

Standing Committee on Antarctic Logistics and Operations (SCALOP)

International Association of Antarctic Tour Operators (IAATO)

Scientific Committee on Antarctic Research (SCAR)

International Maritime Organization (IMO)

Intergovernmental Oceanographic Commission (IOC)

General Bathymetric Chart of the Oceans (GEBCO)

International Bathymetric Chart of the Southern Ocean (IBCSO)

IHO Data Center for Digital Bathymetry (DCDB)

Australian Antarctic Division

Antarctica New Zealand

ANNEX B

INT CHART PRODUCTION STATUS

(April 2012)

STATUS OF INTERNATIONAL CHART PRODUCTION IN ANTARCTICA
(1 of 2)

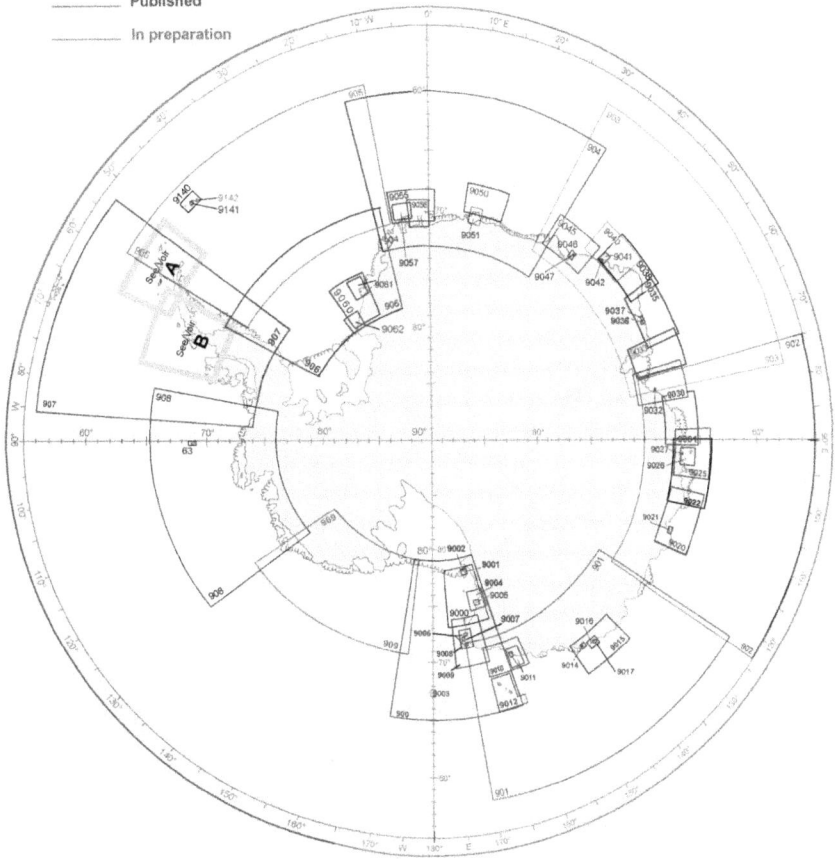

STATUS OF INTERNATIONAL CHART PRODUCTION IN ANTARCTICA
(2 of 2)

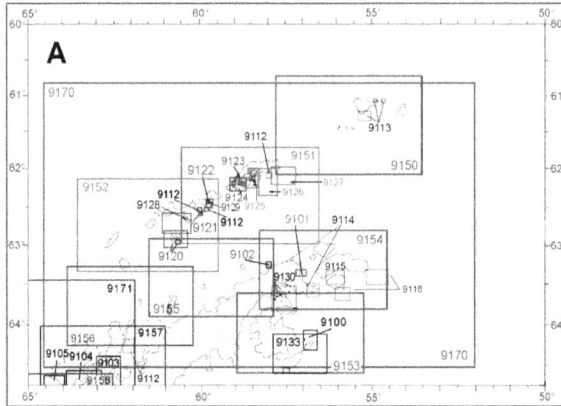

Not published
Published
In preparation

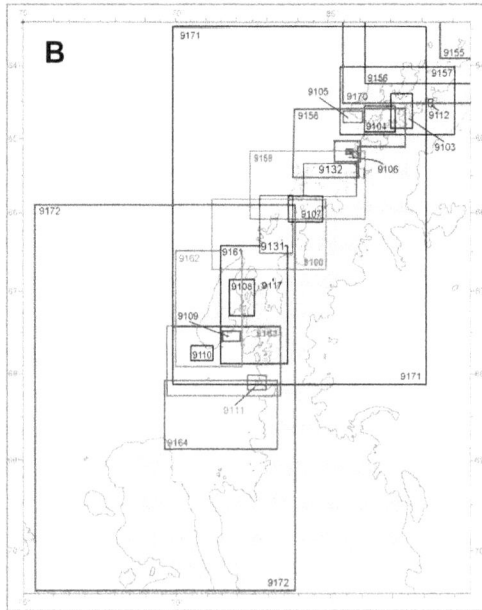

ANNEX C

ENC PRODUCTION STATUS

(April 2012)

STATUS OF ENC PRODUCTION IN ANTARCTICA
«OVERVIEW» ENCs
(based on the 1: 10M and 1: 2M INT Chart Series)

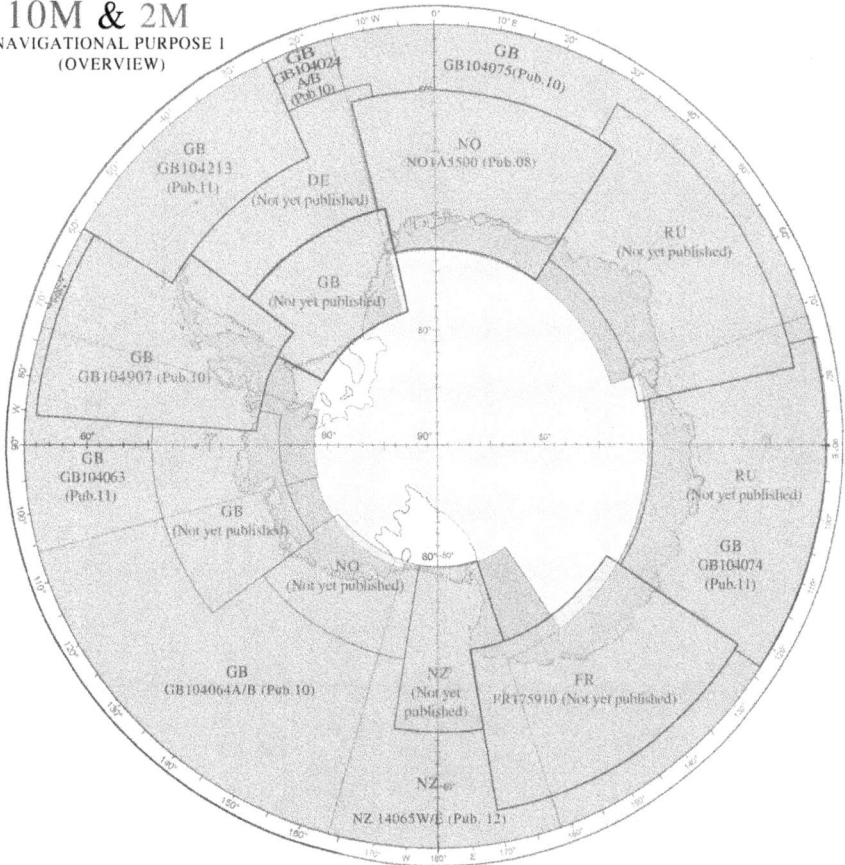

10M & 2M
NAVIGATIONAL PURPOSE 1
(OVERVIEW)

STATUS OF ENC PRODUCTION IN ANTARCTICA (2 of 3)
MEDIUM-SCALE « GENERAL» and «COASTAL» ENCs

(*) Not yet published

STATUS OF ENC PRODUCTION IN ANTARCTICA (3 of 3)
MEDIUM-SCALE «COASTAL» ENCs
(based on the medium-scale INT Chart Series)

Antarctic Peninsula

From :1 : 90 000
to : 1 : 350 000
NAVIGATIONAL PURPOSE 3
(COASTAL)

(*) Not yet published

Note: Additionally, 25 large-scale ENCs have been published by Australia (3 ENCs), Brazil (2 ENCs), Chile (3 ENCs), France (3 ENCs), Italy (1 ENC), Japan (6 ENCs), United Kingdom (6 ENCs) and USA (1 ENC).

Rapport de la coalition sur l'Antarctique et l'océan Austral

1. Introduction

L'ASOC est heureux d'être en Australie pour la Réunion consultative du Traité sur l'Antarctique. Le présent rapport décrit brièvement les travaux de l'ASOC au cours de l'année écoulée et souligne certaines questions clés pour cette RCTA.

Le secrétariat de l'ASOC se trouve à Washington DC, Etats-Unis et son site Web est le suivant http://www.asoc.org). Elle a 20 groupes membres à part entière dans 8 pays et des groupes de soutien dans ceux-ci et plusieurs autres pays. Ses campagnes sont menées par des équipes d'experts en Argentine, Australie, Brésil, Chili, France, Japon, Pays-Bas, Nouvelle-Zélande, Norvège, Afrique du Sud, Corée du Sud, Espagne, Russie, Ukraine, Royaume-Uni et États-Unis.

2. Activités intersessions de l'ASOC depuis la XXXIVe RCTA

Depuis la XXXIVe RCTA, l'ASOC et les représentants de ses groupes membres ont participé à des discussions intersessions aux forums de la RCTA et du CEP, à surveiller tous les GIC et à contribuer activement aux discussions. En outre, l'ASOC et les représentants de ses groupes membres ont assisté à :

- La réunion de la Commission CBI (St. Helier, Jersey 11-14 juillet, 2011).

- La sixième réunion du Comité consultatif de l'ACAP et des réunions des groupes de travail (Guayaquil, Équateur 25 août au 2 septembre 2011).

- L'atelier de la CCAMLR MPA (Brest, France 29 août au 2 septembre 2011).

- L'atelier de code polaire organisé par l'OMI (Cambridge, Royaume-Uni du 27 au 30 septembre, 2011).

- 30e réunion de la CCAMLR, l'introduction de documents sur la gestion du krill, les aires marines protégées et de la réserve marine de la mer de Ross, la pêche INN, et les impacts du changement climatique. (Hobart, Australie du 24 octobre au 4 novembre, 2011

- Symposium de l'Institut polaire Willem Barents (Utrecht, Pays-Bas, 14 décembre, 2011)

- Les réunions de l'Organisation maritime internationale, y compris les 62e et 63e séances du Comité de protection de l'environnement marine, la 56e session du sous-comité de la conception de navire et l'équipement et un atelier Identification des dangers du code polaire.

- Symposium des baleines Australes (Puerto Varas, Chili, 27 au 29 mars, 2012).

- Quatrième session de la Réunion des Parties à l'ACAP (Lima, Pérou, 23 au 27 avril, 2012).

- Atelier sur l'identification des domaines prioritaires pour les désignations d'AMP du domaine n ° 1, - la péninsule antarctique et la mer du Scotia (Valparaíso, Chili, 28 mai au 1er juin, 2012)

3. Documents d'information pour la XXXVe RCTA

L'ASOC a présenté 11 documents d'information, qui contiennent des recommandations pour la RCTA et le CPE qui aideront à accomplir une protection plus efficace de l'environnement et la conservation de l'Antarctique :

Annexe V : Domaines inviolés et référence : Pratiques de gestion actuelles (IP 49). Mettant de côté les zones inviolées pour préserver les zones de référence pour de futures recherches est un outil spécifiquement mentionné à l'annexe V du Protocole, mais il est sous-utilisé, avec des zones inviolées ne couvrant qu'une très faible proportion de la zone du Traité. La désignation de zones inviolées de taille significative fournira des sites de référence qui resteront vierges et disponibles pour différents domaines d'intérêt scientifique à l'avenir et contribueront à la protection des valeurs sauvages de l'Antarctique.

Héritage de l'océan antarctique : Une réserve marine pour la mer de Ross (IP 50) résume ce rapport de l'alliance de l'océan Antarctique (AOA). Le rapport, annexé à ce document d'information, décrit la proposition de l'AOA et la justification pour la désignation.

Data Sources for Mapping the Human Footprint in Antarctica (IP 52). La première étape dans la construction d'un modèle de l'empreinte humaine dans l'Antarctique et l'océan Austral est de compiler des données à partir de référentiels d'information différents dans un format commun. Cela aiderait à remplir l'obligation du CPE visant à informer la RCTA sur l'état de l'environnement en Antarctique et de faciliter les Parties au Traité et les membres de la CCAMLR en prenant des mesures cohérentes dans le temps afin de limiter l'empreinte humaine.

Le système de suivi du Traité sur l'Antarctique des incidents de navires dans les eaux antarctiques (IP 53) procède à une évaluation préliminaire de rapporter les incidents de navires suivants. Il identifie les lacunes dans le système actuel et recommande que la RCTA et la CCAMLR (Commission pour la conservation de la faune et la flore marines de l'Antarctique) résolvent celles-ci de toute urgence. L'annexe 1 fournit une liste d'incidents dans les eaux antarctiques lors des 6 dernières années impliquant des navires de croisière, des bateaux de pêche et des yachts.

Implications de la pêche du krill antarctique dans la zone spécialement gérée de l'Antarctique (ASMA) n° 1 - baie de l'Amirauté (IP 54) passe en revue le cadre de coopération entre la RCTA et la CCAMLR à la lumière de la pêche du krill qui a eu lieu qui n'est pas prévu dans le Plan de gestion. Le document propose une série de recommandations au CPE, à la RCTA et à la CCAMLR pour prévenir à l'avenir de tels événements.

Questions clés sur une approche stratégique de revue des politiques du tourisme (IP 55) concluent que la surveillance accrue du tourisme, grâce à des inspections ou d'autres moyens, est nécessaire pour répondre à l'ampleur de cette activité. Certains aspects du tourisme, en particulier l'expansion, la diversification et l'occupation du nouveau site, doivent être résolues d'une manière proactive grâce à une réglementation juridiquement contraignante. Identifier les impacts du tourisme nécessite des efforts supplémentaires de surveillance. A défaut de répondre à ces questions en temps opportun mettra en péril les valeurs que le Protocole cherche à protéger.

Progrès sur le développement d'un code polaire obligatoire (IP 56) fournit une mise à jour sur le développement du Code polaire par l'Organisation maritime internationale (OMI). Il met en évidence les domaines où des travaux supplémentaires sont nécessaires, identifie les prochaines étapes vers l'achèvement du Code, et soulève des inquiétudes quant à l'impact possible minimal du Code sur les navires de l'Antarctique, s'il y a un leadership insuffisant par les États du traité sur l'Antarctique à l'OMI. Il recommande que les Parties au Traité sur l'Antarctique assure que le Code comporte un chapitre sur la protection de l'environnement, appliqué aux navires neufs et existants, et exige des normes de classe polaire pour tous les navires susceptibles de rencontrer de la glace.

Réparation ou réhabilitation des dommages environnementaux (IP 57) passe en revue plusieurs questions clés liées à la réparation et la réhabilitation des dommages environnementaux. Le document conclut qu'il y a une compréhension générale de ce qui constitue des dommages environnementaux dans l'Antarctique, que la réparation ou la réhabilitation des dommages à l'environnement doit être effectuée dans la mesure du possible, et qu'une évaluation minimale, un suivi des dommages et des rapports appropriés devraient être fait.

Heure pour la Terre Antarctique 2013 (IP 58). Une heure pour la terre du Fonds mondial pour la nature (WWF) est la plus grande initiative mondiale de l'environnement au cours de laquelle les personnes, les entreprises et les gouvernements du monde entier éteignent les lumières pendant une heure pour prendre position contre le changement climatique et montrer que tout le monde peut agir pour changer le monde où ils vivent. L'ASOC, l'Australie et le Royaume-Uni proposent une approche coordonnée à l'échelle continentale d'éteindre toutes les lumières non essentielles dans les stations de recherche en Antarctique lors de l'Heure pour la Terre le 30 mars 2013, ceci compte tenu des contraintes opérationnelles et de sécurité.

Revue de la mise en œuvre du Protocole de Madrid : Inspections par les Parties (article 14) (IP 59). Ce document commun avec le PNUE (Programme des Nations Unies pour l'environnement) examine la pratique des inspections menées par les Parties effectuées en vertu de l'article 14 du Protocole de Madrid. Quatorze inspections ont été effectuées depuis 1998, de 83 installations ou de sites. Sur les 101 installations sur la liste de la COMNAP, 56 (55 %) ont été inspectées et 45 (45 %) n'ont jamais été inspectées. Sept navires, dont six étaient des navires de tourisme, ont été inspectés au cours de la même période.

Héritage de l'océan antarctique : Une vision pour la protection circumpolaire (IP 90). En Octobre 2011, l'AOA a proposé la création d'un réseau d'aires marines protégées et de réserves marines sans prise dans 19 domaines spécifiques dans l'océan Austral autour de l'Antarctique. Le rapport, joint à ce document d'information, élabore cette vision. Le rapport couvre les domaines qui, collectivement, capturent une large gamme représentative des habitats et des écosystèmes, y compris les fonds marins et écorégions pélagiques, les différents types d'environnement, les caractéristiques biologiques rares et insolites et les zones critiques pour les écosystèmes et la protection des espèces.

4. *Autres questions importantes pour la XXXVe RTCA*

- **Changement climatique :** Il est impératif pour la RCTA d'informer le reste du monde sur les effets de ce qui se passe dans l'Antarctique et ses implications pour le système climatique mondial, et faire davantage pour réduire les impacts de ses activités dans l'Antarctique.

- **Annexe VI sur la responsabilité découlant de situations critiques pour l'environnement : Mettre** la présente annexe importante en vigueur aussi rapidement que possible devrait être une priorité élevée. L'ASOC exhorte toutes les parties à redoubler d'efforts au cours de la prochaine année pour résoudre les problèmes de mise en œuvre restants, de sorte que l'annexe VI puisse être ratifiée et entrée en vigueur le plus rapidement possible.

- **Prospection biologique :** L'ASOC soutient un cadre qui inclut le partage plus transparent des données et des informations par les Parties, fondé sur le respect intégral de la résolution 9 (2009). L'ASOC exhorte les parties à reprendre les discussions de fond sur la bio-prospection basée sur les informations découlant de traité et des informations du protocole partageant les exigences nécessitant que les données et informations fournies par l'Université des Nations Unies, la base de données Belge, et les rapports du SCAR.

- **Planification stratégique :** L'ASOC soutient le développement d'un plan stratégique pluriannuel pour la RCTA, ce qui aidera les Parties à gérer les activités humaines de façon durable sur le long terme.

- **Recherche et sauvetage :** Améliorer la recherche et la coordination des sauvetages et des capacités, y compris le développement d'un système de communications en temps réel d'échange d'informations doit être une priorité importante pour les Parties.

- **Lacs sous-glaciaires :** L'ASOC continue d'être préoccupé par le sort du superbe lac Vostok, et exhorte les Parties à examiner les activités menées durant l'année écoulée dans la tentative de pénétrer dans le lac, et les prochaines étapes, avec une vue de minimiser les risques pour l'écosystème du lac ainsi que fournir des leçons pour explorer d'autres lacs sous-glaciaires en Antarctique

5. *Remarques finales*

L'Antarctique est confrontée à de nombreuses pressions compte tenu du changement climatique mondial et d'un large éventail d'activités humaines. L'ASOC attend avec impatience que les Parties consultatives ayant la vision prennent des mesures concrètes à Hobart qui aideront à protéger les écosystèmes de l'Antarctique et les valeurs intrinsèques à plus long terme.

QUATRIÈME PARTIE

Documents Additionels de la XXXVe RCTA

1. Documents Additionnels

Résumé de la conférence du SCAR: « Espèces étrangères en Antarctique »

L'un des principaux objectifs du Comité scientifique pour les recherches antarctiques (SCAR) est de coordonner et de faciliter la coopération internationale des recherches sur l'Antarctique qui vont contribuer à la préservation et à la gestion de la région. Deux exemples récents soulignent le succès récent que le SCAR a eu dans la réalisation de cet objectif.

Le premier est le programme sur les Espèces étrangères dans l'Antarctique, qui a été lancé en 2007-08 comme programme de l'Année polaire internationale et a culminé en 2012 avec une évaluation très médiatisée sur les risques à l'échelle continentale sur l'établissement d'espèces non indigènes. Le programme Espèces étrangères dans l'Antarctique est une collaboration internationale qui a impliqué plus de 20 pays, et qui a le soutien à la fois du Conseil des directeurs des programmes antarctiques nationaux (COMNAP) et de l'Association internationale des voyagistes de l'Antarctique (IATTO). Dans cette étude, le nombre de débarquements effectués par chaque catégorie de visiteurs a été enregistré, on a calculé le nombre moyen de graines, déterminé les voies les plus probables d'introduction et quantifié la probabilité de l'établissement des propagules. En utilisant ces informations avec une mesure de l'aptitude environnementale du milieu récepteur a permis d'entreprendre l'évaluation des risques à l'échelle continentale. Il s'agissait de la première évaluation des risques de cette nature à l'échelle de ce continent. De plus, la plupart des données et des recommandations associées résultant du projet sur les espèces étrangères de l'Antarctique ont joué un rôle déterminant dans le développement, le raffinement et l'amélioration des protocoles de biosécurité à la fois pour les scientifiques et les touristes qui visitent l'Antarctique.

Le deuxième exemple de recherche coordonné réussie par le SCAR est les analyses récentes de biorégionalisation de l'Antarctique terrestre. Cette étude a commencé en 2008 et a abouti à la publication récente du papier intitulé « Conservation de l'unité biogéographique de l'Antarctique». Dans cette étude, une équipe internationale de chercheurs utilise les cadres existants et spatiaux ainsi que des dizaines de milliers d'enregistrements sur la biodiversité, pour délimiter la biodiversité terrestre de l'Antarctique en 15 biorégions ou régions biogéographiques de conservation de l'Antarctique. Ces zones ont non seulement des implications importantes pour la prise en compte des mouvements dans l'Antarctique, mais aussi de fournir un cadre pour l'évaluation et le développement du réseau de zones spécialement protégées de l'Antarctique.

Ces programmes ont été discutés en détail lors de la conférence du SCAR, et leurs implications ont été décrites, en particulier dans le contexte de l'élaboration de politiques sur l'Antarctique. On a souligné l'importance de se baser sur de bonnes données scientifiques fiables lors de l'élaboration de ces politiques.

Rapport Final de la XXXVe RCTA

2. Liste des documents

2. Liste des documents

Documents de travail								
No.	Points de l'ordre du jour	Titre	Soumis par	A	F	R	E	Pièces jointes
WP001	RCTA 5	Communiqué de la Réunion consultative du Traité sur l'Antarctique	Australie					
WP002	CPE 7a	Plan de gestion révisé de la zone spécialement protégée de l'Antarctique (ZSPA) n° 151, Lions Rump, île du roi Georges, Shetland du Sud	Pologne					ASPA 151 Map 1 ASPA 151 Map 2 ASPA 151 Map 3 ASPA 151 Map 4 Plan de gestion révisé de la ZSPA 151
WP003	CPE 7a	Plan de gestion révisé de la zone spécialement protégée de l'Antarctique (ZSPA) n° 128 : Littoral Ouest de la Baie de l'Amirauté, Île du Roi Georges, Shetland du Sud	Pologne					ASPA 128 Map 1 ASPA 128 Map 2 Plan de gestion révisé de la ZSPA 128
WP004	RCTA 10	Évaluation des activités terrestres en Antarctique	Royaume-Uni					
WP005	CPE 8a	Résultats du programme de l'Année polaire internationale : « Aliens in Antarctica »	SCAR					Continent-wide risk assessment for the establishment of nonindigenous species in Antarctica
WP006	CPE 8a	Réduction du risque d'introduction involontaire d'espèces non-indigènes associée à l'importation de fruits et légumes frais en Antarctique	SCAR					
WP007	CPE 9	Télédétection pour la surveillance des zones spécialement protégées en Antarctique : utilisation de données multispectrales et hyperspectrales pour surveiller la végétation antarctique	Royaume-Uni					
WP008	CPE 7a	Plan de gestion révisé pour la zone spécialement protégée de l'Antarctique (ZSPA) n° 129, pointe Rothera, île Adélaïde	Royaume-Uni					Plan de gestion révisé de la ZSPA 129
WP009	CPE 7a	Plan de gestion révisé pour la zone spécialement protégée de l'Antarctique (ZSPA) n° 109, île Moe, Orcades du Sud	Royaume-Uni					Plan de gestion révisé de la ZSPA 109
WP010	CPE 7a	Plan de gestion révisé pour la zone spécialement protégée de l'Antarctique (ZSPA) n° 111, île Powell du Sud et îles adjacentes, Orcades du Sud	Royaume-Uni					Plan de gestion révisé de la ZSPA 111
WP011	CPE 7a	Plan de gestion révisé pour la zone spécialement protégée de l'Antarctique (ZSPA) n° 115, île Lagotellerie, baie Marguerite, terre de Graham	Royaume-Uni					Plan de gestion révisé de la ZSPA 115
WP012	CPE 7a	Plan de gestion révisé pour la zone spécialement protégée de l'Antarctique (ZSPA) n° 110, île Lynch, Orcades du Sud	Royaume-Uni					Plan de gestion révisé de la ZSPA 110
WP013	RCTA 10	Comprendre le risque de tsunami pour les opérations et le personnel des programmes antarctiques nationaux sur le littoral de l'Antarctique	COMNAP SCAR					COMNAP Preliminary Research Report: Understanding Risk to National Antarctic Program Operations and Personnel in Coastal Antarctica from Tsunami Events.
WP014	CPE 7a	Groupe subsidiaire sur les plans de gestion – Rapport sur les travaux intersessions pour 2011/12	Australie					Plan de gestion révisé de la ZSPA 140
WP015	CPE 7c	Directives pour les sites de l'île D'Hainaut, du port Mikkelsen, et l'île de la Trinité	**Royaume-Uni** Argentine Etats-Unis d'Amérique					Directives de site pour l'île D'Hainaut
WP016	CPE 7c	Les directives de site pour Port Charcot, île de Booth	**Royaume-Uni** Argentine France Ukraine Etats-Unis d'Amérique					Directives de site pour port Charcot
WP017 rev.1	RCTA 11	Élaboration de lignes directrices relatives aux yachts pour compléter les normes de sécurité du trafic maritime autour de l'Antarctique	Allemagne Royaume-Uni Etats-Unis					Coordonnées des autorités compétentes nationales Lignes directrices relatives aux

Documents de travail								
No.	Points de l'ordre du jour	Titre	Soumis par	A	F	R	E	Pièces jointes
			d'Amérique					yachts dans le cadre des croisières en Antarctique Liste de contrôle des éléments spécifiques aux yachts pour la préparation de voyages sûrs en Antarctique
WP018	CPE 9	Surveillance des manchots par télédétection	Allemagne	🔧	🔧	🔧	🔧	
WP019	CPE 7a	Proposition de désignation d'une zone spécialement protégée de l'Antarctique (ZSPA) pour les zones géothermiques de haute altitude de la région de la mer de Ross	Nouvelle-Zélande	🔧	🔧	🔧	🔧	Projet de plan de gestion pour la ZSPA YYY
WP020	CPE 9	Établissement d'un programme de surveillance évaluant les changements survenus dans la végétation de deux zones spécialement protégées de l'Antarctique	Nouvelle-Zélande	🔧	🔧	🔧	🔧	
WP021	CPE 12	Manuel pour le nettoyage en Antarctique	Australie Royaume-Uni	🔧	🔧	🔧	🔧	Comité pour la protection de l'environnement - Manuel pour le nettoyage en Antarctique
WP022	CPE 6b	Aspects et impacts environnementaux du tourisme et des activités non gouvernementales en Antarctique	Nouvelle-Zélande	🔧	🔧	🔧	🔧	
WP023 rev.1	CPE 7f	Régions de conservation biogéographiques de l'Antarctique	Australie Nouvelle-Zélande SCAR	🔧	🔧	🔧	🔧	Régions de conservation biogéographiques de l'Antarctique
WP024	RCTA 6	Guide pour les systèmes et les sources d'information du Secrétariat	Australie	🔧	🔧	🔧	🔧	
WP025 rev.1	CPE 8a	Directives pour réduire au minimum les risques liés aux espèces non indigènes et aux maladies dans les installations hydroponiques antarctiques	Australie France	🔧	🔧	🔧	🔧	
WP026	CPE 12	Problèmes environnementaux liés à l'aspect pratique de la réparation des dégâts causés à l'environnement ou de la réhabilitation de l'environnement	Australie	🔧	🔧	🔧	🔧	
WP027 rev.1	RCTA 11	Rapport du Groupe de contact intersessions sur les « questions non réglées » du tourisme en Antarctique	Pays-Bas	🔧	🔧	🔧	🔧	
WP028	RCTA 5	La juridiction en Antarctique	France	🔧	🔧	🔧	🔧	
WP029	RCTA 17	Amélioration du fonctionnement du Système électronique d'échange d'informations (SEEI) concernant les activités non-gouvernementales en Antarctique	France	🔧	🔧	🔧	🔧	
WP030	RCTA 7	Élaboration d'un plan de travail stratégique pluriannuel pour la Réunion consultative du Traité sur l'Antarctique	Australie Belgique Pays-Bas Nouvelle-Zélande Norvège Afrique du Sud Suède Royaume-Uni Etats-Unis d'Amérique	🔧	🔧	🔧	🔧	Plan de travail stratégique pluriannuel - Format Plan de travail stratégique pluriannuel - Principes
WP031	RCTA 5	Renforcement du soutien au Protocole au Traité sur l'Antarctique relatif à la protection de l'environnement	Australie France Espagne	🔧	🔧	🔧	🔧	
WP032	RCTA 14	Intérêts de la RCTA dans les discussions internationales sur le changement climatique – options pour un engagement renforcé	Australie	🔧	🔧	🔧	🔧	
WP033	CPE 5	RACER 1 - « Évaluation rapide de la résilience des écosystèmes circum-arctiques » : un outil de la région arctique axé sur l'évaluation de la résilience des écosystèmes et des zones	Royaume-Uni Norvège	🔧	🔧	🔧	🔧	

No.	Points de l'ordre du jour	Titre	Soumis par	A	F	R	E	Pièces jointes
		importantes pour la conservation, et sa mise en application possible en A						
WP034	CPE 6b	Technologie pour l'étude de la couche d'eau du lac sous-glaciaire Vostok par le trou de forage de glace 5G à la station antarctique russe Vostok	Fédération de Russie					
WP035	CPE 7f	Propositions pour l'élaboration de plans de gestion révisés pour les zones spécialement protégées de l'Antarctique et les zones gérées spéciales de l'Antarctique	Fédération de Russie					
WP036	CPE 7b	Proposition de révision des Sites et monuments historiques gérés par la Fédération de Russie	Fédération de Russie					
WP037	RCTA 11	Considérations sur le camping côtier	Etats-Unis d'Amérique Norvège					
WP038	CPE 7f	Instaurer la protection des zones géothermiques : les glacières volcaniques du mont Erebus sur l'île Ross	Etats-Unis d'Amérique Nouvelle-Zélande					
WP039	RCTA 14	Invitation destinée à l'OMM	Norvège Royaume-Uni					
WP040	CPE 7a	Proposition pour une nouvelle zone spécialement protégée de l'Antarctique Cap Washington et Baie Silverfish, Baie Terra Nova, Mer de Ross	Italie Etats-Unis d'Amérique					ASPA XYZ Cape Washington & Silverfish Bay Map 1 ASPA XYZ Cape Washington & Silverfish Bay Map 2 Plan de gestion pour la ZSPA XYZ Cap Washington et Baie Silverfish
WP041	CPE 7a	Proposition d'une nouvelle zone spécialement protégée de l'Antarctique pour le Glacier Taylor et les Blood Falls, Vallée Taylor, Vallées Sèches de McMurdo, Terre Victoria	Etats-Unis d'Amérique					ASPA 172 Lower Taylor Glacier and Blood Falls Map 1 ASPA 172 Lower Taylor Glacier and Blood Falls Map 2 Plan de gestion de la ZSPA 172 Partie inférieure du glacier Taylor et Blood Falls
WP042	CPE 7a	Examen du plan de gestion pour la ZGSA N°4 : Île de la Déception	Argentine Chili Norvège Espagne Royaume-Uni Etats-Unis d'Amérique					Plan de gestion révisé de la ZGSA 4
WP043	RCTA 11	Rapport final du groupe de contact intersessions sur la supervision du tourisme dans l'Antarctique	Argentine					Pièce jointe : Liste de contrôle pour les activités sur le terrain avec des visiteurs
WP044	CPE 7a	Plan de gestion révisé pour la Zone spécialement protégée de l'Antarctique N°132 (Péninsule Potter)	Argentine					Plan de gestion révisé pour ZSPA 132
WP045	CPE 7c	Lignes directrices de site pour les visiteurs de l'anse Pendulum sur l'île de la Déception dans les îles Shetland du Sud	Argentine Chili Norvège Espagne Royaume-Uni Etats-Unis d'Amérique					Lignes directrices de site pour l'anse Pendulum
WP046	CPE 7b	Rapport final sur les discussions informelles concernant les sites et monuments historiques	Argentine					
WP047	RCTA 7	Hiérarchisation des problèmes dans un plan de travail stratégique pluriannuel de la RCTA	Nouvelle-Zélande					
WP048	RCTA 11	Expédition commerciale non autorisée répétée : Nilaya/Berserk	Nouvelle-Zélande					
WP049	RCTA 10	Réponse de la RCTA aux incidents de navire de pêche de la CCAMLR	Nouvelle-Zélande					

Documents de travail								
No.	Points de l'ordre du jour	Titre	Soumis par	A	F	R	E	Pièces jointes
WP050	CPE 7d	Concepts pour la protection de la nature sauvage dans l'Antarctique à l'aide des outils dans le Protocole	Nouvelle-Zélande Pays-Bas					
WP051	RCTA 10	Coordination d'opérations de recherche et sauvetage (SAR) maritimes et aéronautiques – Proposition de considération de moyens pour améliorer la coordination du SAR dans l'Antarctique	Etats-Unis d'Amérique					
WP052	CPE 7a	Révision du Plan de gestion pour la Zone spécialement protégée de l'antarctique N°133 Pointe Harmonie	Argentine Chili					Plan de gestion révisé de la ZSPA 133
WP053	CPE 6b	Station Comandante Ferraz : Plan proposé pour la démolition et la construction de modules d'urgence en Antarctique	Brésil					
WP054	CPE 7a	Plan de gestion révisé pour la Zone spécialement protégée de l'Antarctique (ZSPA) N°145 Port Foster, île de la Déception dans les îles Shetland du Sud	Chili					Map 1 Plan de gestion révisé pour ZSPA 145
WP055	CPE 9	Nouveaux enregistrements de la présence de micro-organismes humain-associés dans l'environnement marin en Antarctique	Chili					
WP056 rev.1	CPE 7b	Modification proposée au site historique N° 37	Chili					
WP057	CPE 3	Portail des environnements en Antarctique	Nouvelle-Zélande Australie SCAR					
WP058	CPE 7a	Plan de gestion pour la Zone spécialement protégée de l'Antarctique N°112, péninsule Coppermine, île Robert, dans les îles Shetland du Sud	Chili					ASPA 112 Table toponyms in four languages Plan de gestion révisé de la ZSPA 112
WP059	CPE 7c	Lignes directrices révisées pour les sites visités Îles Aitcho	Equateur Espagne					Lignes directrices révisées pour les sites visités : Îles Aitcho Mapa Isla Barrientos
WP060	CPE 7a	Plan de gestion pour la Zone spécialement protégée de l'Antarctique N° 146, South Bay, île Doumer, archipel Palmer	Chili					Plan de Gestion révisé pour la ZSPA N° 146
WP061	CPE 7a	Plan de gestion pour la Zone spécialement protégée de l'Antarctique N° 144, péninsule Coppermine, île Robert, dans les îles Shetland du Sud	Chili					Plan de Gestion révisé pour la ZSPA N° 144
WP062	CPE 12	Réparation ou remédiation des dégâts environnementaux : rapport du COMNAP sur ses expériences	COMNAP					List of Papers
WP063	RCTA 17	Echange d'informations en temps réel sur le trafic maritime dans l'Antarctique	Chili					
WP064	RCTA 5	Etablissement d'un groupe de travail sur la coopération dans l'Antarctique	Chili					

No.	Points de l'ordre du jour	Titre	Soumis par	A	F	R	E	Pièces jointes
		Documents d'information						
IP001	RCTA 4 CPE 11	Rapport annuel du Comité scientifique pour la recherche en Antarctique (SCAR) 2011-2012	SCAR	☑	☑	☑	☑	
IP002	RCTA 13 CPE 9	The Southern Ocean Observing System (SOOS)	SCAR	☑				
IP003	RCTA 4 CPE 11	Rapport annuel 2011 du Conseil des directeurs des programmes antarctiques nationaux (COMNAP)	COMNAP	☑	☑	☑	☑	
IP004	RCTA 14	Effets des changements de l'Antarctique sur la gestion - Atelier du COMNAP	COMNAP	☑	☑	☑	☑	
IP005	RCTA 4	Rapport soumis à la XXXVème Réunion consultative du Traité sur l'Antarctique par le gouvernement dépositaire de la Convention pour la conservation des phoques de l'Antarctique conformément au paragraphe 2(D) de la recommandation XIII-2	Royaume-Uni	☑	☑	☑	☑	
IP006	CPE 12	Résumé thématique : les discussions du CPE sur le nettoyage	Australie	☑	☑	☑	☑	
IP007	RCTA 15	Examen des documents de travail et d'information du COMNAP présentés aux RCTA 1988-2011	COMNAP	☑	☑	☑	☑	Attachments 1 and 2: Lists of COMNAP papers 1988-2011
IP008	RCTA 5	Contemporary opportunities for weather and related Polar Observations, Research and Services - leading to improved mitigation of risk	OMM	☑				
IP009 rev.1	RCTA 4	Rapport du gouvernement dépositaire de la Convention sur la Conservation des ressources vivantes marines de l'Antarctique (CCAMLR)	Australie	☑	☑	☑	☑	
IP010	RCTA 4	Rapport du gouvernement dépositaire de l'Accord sur la conservation des albatros et des pétrels (ACAP)	Australie	☑	☑	☑	☑	
IP011	RCTA 7	Résumé thématique de l'élaboration d'un Plan de travail stratégique pluriannuel pour la Réunion consultative du Traité sur l'Antarctique	Australie	☑	☑	☑	☑	
IP012	RCTA 7	Exemples illustrant la proposition de mise en application du Plan de travail stratégique pluriannuel	Australie	☑	☑	☑	☑	
IP013	CPE 8a	Colonisation status of the non-native grass Poa pratensis at Cierva Point, Danco Coast, Antarctic Peninsula	**Espagne** Argentine Royaume-Uni	☑				
IP014	CPE 7b	Brief Introduction of the Maintenance and Conservation Project of No.1 Building at Great Wall Station	Chine	☑				
IP015	RCTA 10	The Crash and Rescue of Chinese Ka-32 Helicopter	Chine	☑				
IP016	RCTA 7	Hiérarchisation des problèmes de la RCTA : Tableau illustratif	Nouvelle-Zélande	☑	☑	☑	☑	
IP017	RCTA 10	Incidents de recherche et sauvetage au cours de la saison 2011/12 : FV SPARTA et FV JEONG WOO 2	Nouvelle-Zélande	☑	☑	☑	☑	
IP018	RCTA 13	Contribuciones chilenas al conocimiento científico de la Antártica: Expedición 2011/12	Chili				☑	

Documents d'information								
No.	Points de l'ordre du jour	Titre	Soumis par	A	F	R	E	Pièces jointes
IP019	RCTA 4	Rapport du Gouvernement dépositaire du Traité sur l'Antarctique et son Protocole, conformément à la recommandation XIII-2	Etats-Unis d'Amérique	▨	▨	▨	▨	Liste de Recommandations/Mesures et leurs approbations Tableau de l'état du Protocole Tableau de l'état du Traité sur l'Antarctique
IP020	CPE 8c	Evaluation of the "Strategic assessment of the risk posed to marine mammals by the use of airguns in the Antarctic Treaty area"	Allemagne	▨				
IP021	RCTA 13 CPE 8c	Anthropogenic Sound in the Southern Ocean: an Update	SCAR	▨				
IP022	RCTA 18	Report on the bioprospecting activities carried out by Belgian scientists since 1998	Belgique	▨				
IP023	CPE 6b	Final Comprehensive Environmental Evaluation (CEE) for the Proposed Construction and Operation of the Jang Bogo Station, Terra Nova Bay, Antarctica	Corée République de	▨				
IP024	CPE 7a	Management Report of Narebski Point (ASPA 171) and Ardley Island (ASPA 150) during the 2011/2012 period	Corée République de	▨				
IP025	CPE 12	Examples to illustrate key environmental issues related to the practicality of repair or remediation of environmental damage	Australie	▨				
IP026	CPE 7f	Analyses of the Antarctic protected areas system using spatial information	Australie	▨				
IP027	RCTA 4	Rapport de l'observateur de la CCAMLR à la Trente- cinquième réunion consultative du Traité sur l'Antarctique	CCAMLR	▨	▨	▨	▨	
IP028	CPE 11	Rapport de l'observateur du SC-CAMLR à la quinzième réunion du Comité pour la protection de l'environnement	CCAMLR	▨	▨	▨	▨	
IP029	CPE 8a	Colonisation status of known non-native species in the Antarctic terrestrial environment (updated 2012)	Royaume-Uni	▨				
IP030	CPE 6b	The Final Comprehensive Environmental Evaluation (CEE) for the Proposed Exploration of Subglacial Lake Ellsworth, Antarctica	Royaume-Uni	▨				Proposed Exploration of Subglacial Lake Ellsworth, Antarctica - Final Comprehensive Environmental Evaluation
IP031	RCTA 14 CPE 5	Best Practice for Energy Management – Guidance and Recommendations	COMNAP	▨				Survey questions and summary of results
IP032	RCTA 10 CPE 13	COMNAP Survey of National Antarctic Programs on Oil Spill Contingency Planning	COMNAP	▨				
IP033	CPE 6b	Environmental Aspects and Impacts of Tourism and Non-governmental Activities in Antarctica	Nouvelle-Zélande	▨				CEP Tourism Study Tourism and Non-governmental Activities in the Antarctic: Environmental Aspects and Impacts Tourism Study Supporting Tables and Data Sets
IP034	CPE 7e	Using ASMAs and ASPAs when necessary to complement CCAMLR MPAs	UICN	▨				
IP035	RCTA 13 CPE 8c	Antarctic Conservation for the 21st Century: Background, progress, and future directions	SCAR UICN Nouvelle-Zélande	▨				
IP036	RCTA 4	Rapport 2011-12 de l'Association internationale des organisateurs de voyages dans l'Antarctique	IAATO	▨	▨	▨	▨	

Documents d'information								
No.	Points de l'ordre du jour	Titre	Soumis par	A	F	R	E	Pièces jointes
IP037	RCTA 11 CPE 7c	Report on IAATO Operator use of Antarctic Peninsula Landing Sites and ATCM Visitor Site Guidelines, 2011-2012 Season	IAATO					
IP038	RCTA 11 CPE 7a	Establishing IAATO Safety Advisories	IAATO					
IP039	RCTA 11	IAATO Overview of Antarctic Tourism: 2011-12 Season and Preliminary Estimates for 2012-13 Season	IAATO					
IP040 rev.1	RCTA 13 CPE 9	SCAR Products available to support the deliberations of the ATCM	SCAR					
IP041	CPE 6b	Starting a feasibility study for the realization of a gravel runway near Mario Zucchelli Station	Italie					
IP042	RCTA 11	Data Collection and Reporting on Yachting Activity in Antarctica in 2011-12	**Royaume-Uni** IAATO					
IP043	CPE 6b	Establishment and Operation of New Indian Research Station "Bharati" at Larsemann Hills	Inde					
IP044	RCTA 16 CPE 5	Communicating the Science of Climate Change	SCAR					
IP045	RCTA 14 CPE 5	Antarctic Climate Change and the Environment: an Update	SCAR					
IP046	CPE 9	Pilot study on monitoring climate-induced changes in penguin colonies in the Antarctic using satellite images	Allemagne					
IP047	RCTA 12 CPE 10	United States-Russian Federation Report of Inspection	**Etats-Unis d'Amérique** Fédération de Russie					U.S.-Russian Federation Report of Inspection
IP048	RCTA 13	Japan's Antarctic Research Highlights in 2011–2012	Japon					
IP049	CPE 7f	Annex V Inviolate and Reference Areas: Current Management Practices	ASOC					
IP050	CPE 7e	Antarctic Ocean Legacy: A Marine Reserve for the Ross Sea	ASOC					Report "Antarctic Ocean Legacy: A Marine Reserve for the Ross Sea"
IP051	CPE 7e	Antarctic Ocean Legacy: A Vision for Circumpolar Protection	ASOC					Report "Antarctic Ocean Legacy: A Vision for Circumpolar Protection"
IP052	CPE 7d	Data Sources for Mapping the Human Footprint in Antarctica	ASOC					
IP053	RCTA 10 CPE 9	Follow-up to Vessel Incidents in Antarctic Waters	ASOC					
IP054	CPE 7e	Implications of Antarctic krill fishing in ASMA No. 1 - Admiralty Bay	ASOC					
IP055	RCTA 11	Key Issues for a Strategic Approach to Review Tourism Policies	ASOC					

No.	Points de l'ordre du jour	Titre	Soumis par	A	F	R	E	Pièces jointes
		Documents d'information						
IP056	RCTA 10	Progress on the Development of a Mandatory Polar Code	ASOC	A				
IP057	CPE 12	Repair or Remediation of Environmental Damage	ASOC	A				
IP058 rev.1	CPE 5	Earth Hour Antarctica (2013)	**ASOC** Australie Royaume-Uni	A				
IP059	RCTA 12 CPE 10	Review of the Implementation of the Madrid Protocol: Inspections by Parties (Article 14)	**PNUE** ASOC	A				
IP060	CPE 7d	Further information about wilderness protection in Antarctica and use of tools in the Protocol	**Nouvelle-Zélande** Pays-Bas	A				
IP061	CPE 7a	Report of the Larsemann Hills Antarctic Specially Managed Area (ASMA) Management Group	Australie Chine Inde Roumanie Fédération de Russie	A				
IP062	RCTA 15	The Dirck Gerritsz Laboratory at the UK's Rothera Research Station	Pays-Bas Royaume-Uni	A				
IP063	RCTA 18	An Update on Biological Prospecting in Antarctica and Recent Policy Developments at the International Level	**Pays-Bas** Belgique Finlande Suède PNUE	A				
IP064	RCTA 10	Brésilian Yacht Accident	Brésil	A				
IP065	RCTA 10	Comandante Ferraz Station: Oil Barge Incident	Brésil	A				
IP066	CPE 7a	Working Plan Proposal for the Review of the Admiralty Bay Antarctic Specially Managed Area Management Plan (ASMA No. 1)	Brésil	A				
IP067	RCTA 11	'Outstanding Questions' on Antarctic Tourism: An Inventory and Discussion	Pays-Bas	A				
IP068	CPE 7e	Progress of Ukraine on Designation of Broad-scale Management System in the Vernadsky Station Area	Ukraine	A		R		
IP069	RCTA 15	Proyecto para que la Estación Científica Ecuatoriana "Pedro Vicente Maldonado", tenga el carácter de permanente	Equateur				E	
IP070	RCTA 4	Rapport de l'Organisation hydrographique internationale (OHI) sur la "coopération en matière de levés hydrographiques et de cartographie des eaux antarctiques"	OHI	A	F	R	E	
IP071	RCTA 9	On preparation for ratification of Annex VI of the Protocol on Environmental Protection to the Antarctic Treaty	Fédération de Russie	A		R		
IP072	RCTA 11	Activity of the international air program DROMLAN and its interaction with non-governmental activity in the Antarctic	Fédération de Russie	A		R		
IP073	RCTA 10	Russian experience of applying automatic aids to	Fédération de	A		R		

No.	Points de l'ordre du jour	Titre	Soumis par	A	F	R	E	Pièces jointes
		approach of heavy Tradport aircraft at the Antarctic aerodromes using satellite navigation systems	Russie					
IP074	CPE 6b	Results of Russian activity for penetrating subglacial Lake Vostok in the season 2011–12	Fédération de Russie	☑		☑		
IP075	RCTA 11	Relation of activities performed by Chili regarding Nilaya / berserk yacht situation	Chili	☑			☑	
IP076	CPE 9	Antarctic Environmental Monitoring Centre	Chili	☑			☑	
IP077	RCTA 10	Maritime support tasks performed by Chili in the Antarctic area during season 2011/2012	Chili	☑			☑	
IP078	CPE 7a	Amundsen-Scott South Pole Station, South Pole Antarctica Specially Managed Area (ASMA No. 5) 2012 Management Report	Etats-Unis d'Amérique	☑				
IP079	RCTA 10	Apoyo aéreos efectuados por Chili en la Antártica durante los años 2011 y 2012	Chili				☑	
IP080	CPE 7e	Report of The CEP Observer To The CCAMLR Workshop On Marine Protected Areas Brest, France, 29 August to 2 September 2011	CCAMLR	☑				
IP081	RCTA 11	The Nilaya/Berserk Expedition	Norvège	☑				
IP082	CPE 7a	Deception Island Specially Managed Area (ASMA) Management Group Report	Argentine Chili Norvège Espagne Royaume-Uni Etats-Unis d'Amérique	☑				
IP083	RCTA 13	Medical scientific cooperation between Romania and UK within the SCAR for the study of biometeorological human adaptation in a changing climate	Roumanie	☑				
IP084	RCTA 18	Management Plan for Romanian Biological Prospecting Activities in Antarctica	Roumanie	☑				
IP085	RCTA 4	Rapport de la coalition sur l'Antarctique et l'océan Austral (ASOC)	ASOC	☑	☑	☑	☑	
IP086	RCTA 11	Areas of tourist interest in the Antarctic Peninsula and Orcadas del Sur Islands (South Orkney Islands) region. 2011/2012 austral summer season	Argentine	☑			☑	
IP087	RCTA 11	Antarctic tourism through Ushuaia. Comparison of the last four Austral summer seasons	Argentine	☑			☑	
IP088	RCTA 11	Report on Antarctic tourist flows and cruise ships operating in Ushuaia during the 2011/2012 austral summer season	Argentine	☑			☑	

Documents du Secrétariat								
No.	Points de l'ordre du jour	Titre	Soumis par	A	F	R	E	Pièces jointes
SP001 rev.1	RCTA 1 CPE 1	XXXVe RCTA et XVe CPE Ordre du jour et calendrier des travaux	STA	☑	☑	☑	☑	
SP002 rev.1	RCTA 6	Rapport du Secrétariat 2011/12	STA	☑	☑	☑	☑	Contributions reçues par le Secrétariat du Traité sur l'Antarctique 2011-2012 Estimation des recettes et des dépenses 2011/12 Rapport financier vérifié 2010/2011
SP003 rev.1	RCTA 6	Programme du Secrétariat pour 2012/2013	STA	☑	☑	☑	☑	Barème des contributions 2013/2014 Échelle des salaires 2012/2013 Programme du Secrétariat pour 2012/2013 Rapport prévisionnel 2011/2012, Prévisions 2012/2013, Budget 2012/13, Budget Prévisionnel 2013/2014
SP004	RCTA 6	Contributions reçues par le Secrétariat du Traité sur l'Antarctique pour 2009-2012	STA	☑	☑	☑	☑	
SP005	RCTA 6	Budget prévisionnel sur cinq ans pour 2012 - 2017	STA	☑	☑	☑	☑	Appendice 1: Scénario 1 Appendice 2: Scénario 2
SP006 rev.1	CPE 6b	Liste annuelle des évaluations préliminaires (EPIE) et globales (EGIE) d'impact sur l'environnement établies entre le 1er avril 2011 et le 31 mars 2012	STA	☑	☑	☑	☑	
SP007	CPE 7a	Registre de l'état des plans de gestion pour les Zones Spécialement Protégées de l'Antarctique et les Zones Gérées Spéciales de l'Antarctique	STA	☑	☑	☑	☑	
SP008	RCTA 14 CPE 5	Mesures prises par le CPE et la RCTA par rapport aux recommandations proposées par la RETA sur le changement climatique	STA	☑	☑	☑	☑	
SP009	RCTA 5	Rapport du Groupe de contact intersessions sur l'examen des Recommandations de la RCTA sur les questions opérationnelles	STA	☑	☑	☑	☑	Annexe à la Décision 1 (2012)
SP010	RCTA 17 CPE 4	Rapport du groupe de contact informel sur l'amélioration du SEEI et autres questions relatives à l'échange d'informations	STA	☑	☑	☑	☑	
SP012	RCTA 1	Summary of Papers - Legal & Institutional Working Group	STA	☑				
SP013	RCTA 11	Annotated Agenda and Summary of Papers Tourism Working Group	STA	☑				
SP014	RCTA 15	Operations WG - Summary of Papers	STA	☑				
SP015	CPE 1	CEP XV: Summary of Papers	STA	☑				Work of the CEP during the 2011-2012 intersession period
SP016	RCTA 10	Joint Session Operations WG and Tourism WG Summary of Papers	STA	☑				
SP017 rev.1	RCTA 19	XXXVIe RCTA et XVIe CPE - Ordre du jour provisoire et projet de calendrier	STA	☑	☑	☑	☑	Ordre du jour provisoire pour la XXXVIe RCTA

No.	Points de l'ordre du jour	Titre	Soumis par	A	F	R	E	Pièces jointes
		documents de référence						
BP001	CPE 8a	Continent-wide risk assessment for the establishment of nonindigenous species in Antarctica	SCAR	📄				
BP002	RCTA 16	Estrategias para acercar la Antártica a los ciudadanos	Chili				📄	
BP003	RCTA 11 CPE 7c	Antarctic Site Inventory: 1994-2012	Etats-Unis d'Amérique	📄				
BP004	RCTA 13	Report on Scientific Activity of Ukraine for 2011/2012 Season	Ukraine	📄				
BP005	RCTA 15	Renaming of an Argentine Antarctic Base	Argentine	📄			📄	
BP006	RCTA 13	La base Belgrano II: un punto aventajado para observaciones científicas en el extremo austral del Mar de Weddell	Argentine				📄	
BP007	RCTA 13	Evaluación institucional del Instituto Antártico Argentino	Argentine				📄	
BP008	RCTA 15	The Second Antarctic Expedition of Araon (2011/2012)	Corée République de	📄				
BP009	RCTA 13	Scientific & Science-related Collaborations with Other Parties During 2011-2012	Corée République de	📄				
BP010	CPE 9	Assessment of Environmental impacts arising from sewage discharge at Davis Station	Australie	📄				Marine Environment and Survey Design
BP011	CPE 12	Clean-up Techniques for Antarctica	Australie	📄				
BP012	CPE 12	Clean-up of a fuel spill near Lake Dingle, Vestfold Hills	Australie	📄				
BP013	CPE 12	Development of environmental quality standards for the management of contaminated sites in Antarctica	Australie	📄				
BP014	CPE 12	Assessment, monitoring and remediation of old Antarctic waste disposal sites: the Thala Valley example at Casey station	Australie	📄				
BP015	CPE 9	Summary information on improvements and modernizations done on Polish Antarctic Station "Arctowski"	Pologne	📄				
BP016	RCTA 11	Natación en aguas antárticas	Chili				📄	
BP017	RCTA 14 CPE 5	Energy Efficiency and Carbon Reduction Initiatives	Nouvelle-Zélande	📄				
BP018	RCTA 9	Australie's progress on the implementation of Measure 4 (2004), Measure 1 (2005), and Measure 15 (2009)	Australie	📄				

documents de référence								
No.	Points de l'ordre du jour	Titre	Soumis par	A	F	R	E	Pièces jointes
BP019	RCTA 20	Minimising the environmental impacts of the 35th Antarctic Treaty Consultative Meeting	Australie	🔍				
BP020	RCTA 16	Australie's Antarctic Centenary celebrations	Australie	🔍				
BP021	RCTA 13	Icebreaker Oden and her Southern Ocean missions	Suède	🔍				
BP022	CPE 10	Measures Adopted at Maitri Station on the Recommendations of Recent Visit of Japanese Inspection Team	Inde	🔍				
BP023	RCTA 16	A Hundred Years of the South Pole Conquest: events organized by Uruguay	Uruguay	🔍			🔍	
BP024	RCTA 16	Educational, cultural and outreach activities of the Uruguayan Antarctic Institute in 2011-2012	Uruguay	🔍			🔍	
BP025	RCTA 14	Energy Efficiency project in Antarctic Research Station Artigas	Uruguay	🔍			🔍	
BP026	RCTA 13	XI Meeting of Iberoamerican Antarctic Historians Playa Hermosa, Piriapolis-Uruguay – November 24 - 25th 2011	Uruguay	🔍			🔍	
BP027	RCTA 13	Actividades de investigación y proyectos científicos coordinados por el Instituto Antártico Uruguayo en la campaña 2011 - 2012	Uruguay				🔍	
BP028	RCTA 15	Renovación del Parque de Tanques de combustible de la Base Científica Antártica Artigas (BCAA)	Uruguay				🔍	
BP029	RCTA 15	Maintenance of the Scientific Station T/N Ruperto Elichiribehety, Hope Bay, Antarctica Peninsula	Uruguay	🔍			🔍	
BP030	RCTA 16	Re-Edición del "Acta Antártica Ecuatoriana", publicación científica oficial del Ecuador sobre investigación antártica	Equateur				🔍	
BP031	RCTA 16	II Concurso Intercolegial sobre Temas Antárticos, CITA2011	Equateur				🔍	
BP032	RCTA 16	Seminario Taller "Ecuador en la Antártida: Historia, Perspectivas y Proyecciones"	Equateur				🔍	
BP033	RCTA 13	Programa de cooperación binacional en asuntos antárticos "Ecuador-Venezuela"	Equateur				🔍	
BP034	RCTA 18	Paleo-ecología de las diatomeas en el Río Culebra y Puntas Fort William y Hermosilla, Isla Greenwich (Islas Shetland del Sur)-Antártida y el comportamiento climático	Equateur				🔍	
BP035	RCTA 13	Biorremediación con microorganismos antárticos	Equateur				🔍	
BP036	CPE 6b	Resumen de la Auditoria Ambiental de Cumplimiento de la Estación Científica Ecuatoriana Pedro Vicente Maldonado	Equateur				🔍	

documents de référence								
No.	Points de l'ordre du jour	Titre	Soumis par	A	F	R	E	Pièces jointes
BP037	RCTA 13	Scientific results of Russian studies in the Antarctic in 2011	Fédération de Russie	📄		📄		
BP038	RCTA 15 CPE 12	Retiro de chatarra desde la base Presidente Eduardo Frei Montalva, isla Rey Jorge	Chili				📄	
BP039	RCTA 13	Law-Racovita-Negoita Base. An example of cooperation in Antarctica	Roumanie	📄				
BP040	RCTA 13	ERICON Aurora Borealis Icebreaker. A new era in the polar research	Roumanie	📄				
BP041	CPE 7b	Antarctic Heritage Trust Conservation Update	Nouvelle-Zélande	📄				
BP042	RCTA 13	Report on the Research Activities: Czech Research Station J. G. Mendel, James Ross Island, January - March 2012	République tchèque	📄				

3. Liste des participants

3. Liste des participants

Participants: Consultative Parties				
Party	Title	Contact	Position	Email
Afrique du Sud	ADv	Dwarika, Yolande	Délégué	DwarikaY@dirco.gov.za
Afrique du Sud	Melle	Jacobs, Carol	Représentant du CPE	cjacobs@environment.gov.za
Afrique du Sud	M.	Janse Van Noordwyk, Christo	Remplaçant	JanseVanNoordwykC@dirco.gov.za
Afrique du Sud	Dr	Mphepya, Jonas	Délégué	jmphepya@environment.gov.za
Afrique du Sud	Dr	Siko, Gilbert	Délégué	Gilbert.Siko@dst.gov.za
Afrique du Sud	M.	Valentine, Henry	Chef de délégation	hvalentine@environment.gov.za
Allemagne	Dr	Hain, Stefan	Conseiller	Stefan.Hain@awi.de
Allemagne	Dr	Herata, Heike	Représentant du CPE	heike.herata@uba.de
Allemagne	Melle	Heyn, Andrea	Délégué	Andrea.Heyn@bmbf.bund.de
Allemagne	Dr	Läufer, Andreas	Conseiller	andreas.laeufer@bgr.de
Allemagne		Liebschner, Alexander	Délégué	alexander.liebschner@bfn-vilm.de
Allemagne		Lindemann, Christian	Délégué	christian.lindemann@bmu.bund.de
Allemagne	M.	Lorenz, Sönke	Chef de délégation	504-0@diplo.de
Allemagne	Prof. Dr	Miller, Heinrich	Délégué	heinrich.miller@awi.de
Allemagne	Dr	Nixdorf, Uwe	Délégué	Uwe.Nixdorf@awi.de
Argentine	Mr	Castro Lacroze, Gustavo	Conseiller	gacastrolacroze@ara.mil.ar
Argentine	Mr	Conde Garrido, Rodrigo	Délégué	xgr@mrecic.gov.ar
Argentine	Lic.	Daverio, María Elena	Conseiller	medaverio@arnet.com.ar
Argentine	Mr	Mansi, Ariel	Chef de délégation	digea@mrecic.gov.ar
Argentine	Dr	Marenssi, Sergio	Délégué	smarenssi@dna.gov.ar
Argentine	Dr	Memolli, Mariano A.	Représentant du CPE	drmemolli@gmail.com
Argentine	Mme	Ortúzar, Patricia	Délégué	portuzar@dna.gov.ar
Argentine	Lic.	Vereda, Marisol	Conseiller	marisol.vereda@speedy.com.ar
Argentine	Melle	Vlasich, Verónica	Délégué	veronicavlasich@hotmail.com
Australie	Melle	Broweleit, Jane	Conseiller	jane.broweleit@ona.gov.au
Australie	M.	Clifton, Robb	Délégué	robb.clifton@aad.gov.au
Australie	Melle	Curtis, Rebecca	Délégué	rebecca.curtis@dfat.gov.au
Australie	Dr	Fleming, Tony	Remplaçant	tony.fleming@aad.gov.au
Australie	Dr	French, Greg	Chef de délégation	greg.french@dfat.gov.au
Australie	Dr	Gales, Nick	Délégué	nick.gales@aad.gov.au
Australie	M.	Graham, Alistair	Conseiller	alistairgraham1@bigpond.com
Australie	Melle	Matley, Holly	Délégué	holly.matley@ag.gov.au
Australie	M.	McIvor, Ewan	Représentant du CPE	ewan.mcivor@aad.gov.au
Australie	Dr	Miller, Denzil	Conseiller	denzil.miller@development.tas.gov.au
Australie	M.	Mundy, Jason	Délégué	Jason.Mundy@aad.gov.au
Australie	M.	Parker, David	Conseiller	david.parker@environment.gov.au
Australie	Dr	Potter, Sandra	Délégué	sandra.potter@aad.gov.au
Australie	Melle	Ralston, Kim	Délégué	Kim.Ralston@dfat.gov.au
Australie	Dr	Riddle, Martin	Délégué	martin.riddle@aad.gov.au
Australie	M.	Rowe, Richard	Président RCTA	Richard.Rowe@dfat.gov.au
Australie	M.	Rudkin, Tobin	Délégué	tobin.rudkin@amsa.gov.au
Australie	M.	Sulikowski, Edward	Délégué	edward.sulikowski@dfat.gov.au
Australie	Melle	Taylor, Hannah	Délégué	hannah.taylor@aad.gov.au
Australie	Dr	Tracey, Phillip	Délégué	phil.tracey@aad.gov.au
Australie	Melle	Trousselot, Chrissie	Conseiller	chrissie.trousselot@development.tas.gov.au
Australie	Melle	Werner, Stephanie	Délégué	Stephanie.Werner@dfat.gov.au
Australie	Dr	Wooding, Rob	Délégué	rob.wooding@aad.gov.au
Belgique	M.	Andre, François	Représentant du CPE	francois.andre@environnement.belgique.be
Belgique	M.	Jordens, David	Personnel	david.jordens@diplobel.fed.be
Belgique	M.	Marsia, Luc	Personnel	luc.marsia@diplobel.fed.be
Belgique	M.	Régibeau, Jean-Arthur	Chef de délégation	jean-arthur.regibeau@diplobel.fed.be
Belgique	Son Excellence	Renault, Patrick	Délégué	patrick.renault@diplobel.fed.be
Belgique	Melle	Vancauwenberghe, Maaike	Délégué	maaike.vancauwenberghe@belspo.be

Participants: Consultative Parties				
Party	Title	Contact	Position	Email
Belgique	Melle	Wilmotte, Annick	Conseiller	awilmotte@ulg.ac.be
Brésil	Comander	Corrêa Paes Filho, José	Délégué	paes@secirm.mar.mil.br
Brésil	Comander	do Amaral Silva, Marco Antonio	Délégué	amaral.silva@secirm.mar.mil.br
Brésil	Melle	Leal Madruga, Jaqueline	Représentant du CPE	jaqueline.madruga@mma.gov.br
Brésil	PhD	S.Campos, Lucia	Délégué	campos-lucia@biologia.ufrj.br
Brésil	Vice-amiral	Silva Rodrigues, Marcos	Remplaçant	proantar@secirm.mar.mil.br
Brésil	Mr le Ministre	Vaz Pitaluga, Fábio	Chef de délégation	dmae@itamaraty.gov.br
Bulgarie	Prof.	Pimpirev, Christo	Remplaçant	polar@gea.uni-sofia.bg
Bulgarie	Amb.	Stefanov, Krassimir	Chef de délégation	stefanovkd@yahoo.com
Chili	M.	Cariceo Yutronic, Yanko Jesús	Délégué	ycariceo.12@mma.gob.cl
Chili	Melle	Carvallo, María Luisa	Délégué	mlcarvallo@minrel.gov.cl
Chili	M.	Ferrada, Luis Valentín	Délégué	lferrada@ssdefensa.gov.cl
Chili	M.	Figueroa, Miguel	Délégué	mfigueroa@fach.cl
Chili	M.	Prado, Carlos	Délégué	prado.antartica@gmail.com
Chili	Dr.	Retamales, José	Remplaçant	jretamales@inach.cl
Chili	M.	Sainz, Manuel	Délégué	msainz@fach.cl
Chili	Conseiller	Sanhueza, Camilo	Chef de délégation	csanhueza@minrel.gov.cl
Chili	M.	Sepulveda, Victor	Délégué	vsepulveda@armada.cl
Chili	M.	Soto, Juan Luis	Délégué	jsoto@inach.cl
Chili	Melle	Vallejos, Verónica	Représentant du CPE	vvallejos@inach.cl
Chili	M.	Velasquez, Ricardo	Délégué	rvelasquezo@dgtm.cl
Chine	M.	Gao, Feng	Chef de délégation	gao_feng@mfa.gov.cn
Chine	Deuxième Secrétaire	Kong , Xiangwen	Délégué	kong_xiangwen@mfa.gov.cn
Chine	Directeur Général	Qu, Tanzhou	Délégué	chinare@263.net.cn
Chine	M.	Wei, Long	Délégué	chinare@263.net.cn
Chine	Directeur de programme	Yang, Lei	Délégué	chinare@263.net.cn
Chine	Directeur	Zhu, Jiangang	Délégué	chinare@263.net.cn
Corée (ROC)	Dr	Ahn, In-Young	Représentant du CPE	iahn@kopri.re.kr
Corée (ROC)	Melle	An, Heeyoung	Délégué	1234567@Corée.kr
Corée (ROC)	Melle	Cho, Ji I	Délégué	jicho07@mofat.go.kr
Corée (ROC)	Dr	Choi, Jaeyong	Représentant du CPE	jaychoi@cnu.ac.kr
Corée (ROC)	Dr	Chung, Hosung	Conseiller	hchung@kopri.re.ke
Corée (ROC)	Dr	Jin, Dongmin	Délégué	dmjin@kopri.re.kr
Corée (ROC)	M.	Kang, Jiwon	Délégué	jwkang515@gmail.com
Corée (ROC)	Dr	Kim, Ji Hee	Conseiller	jhalgae@kopri.re.kr
Corée (ROC)	Dr	Kim, Yeadong	Délégué	ydkim@kopri.re.kr
Corée (ROC)	M.	Kim, Young-won	Chef de délégation	youngwon05@hotmail.com
Corée (ROC)	Dr	Lee, Yoo Kyung	Délégué	yklee@kopri.re.kr
Corée (ROC)	Dr	Seo, Hyun kyo	Délégué	shkshk@kopri.re.kr
Corée (ROC)	M.	Shin, Maengho	Chef de délégation	mhshin85@mofat.go.kr
Corée (ROC)	Dr	Shin, Hyoung Chul	Délégué	hcshin@kopri.re.kr
Équateur	CPFG-EM	Gomez, Humberto	Délégué	mhgomezp@yahoo.com
Équateur	Capitaine	Olmedo Morán, José	Chef de délégation	pinguino.olmedo@gmail.com
Équateur	Amb.	Suarez, Alejandro	Délégué	cartografia@mmrree.gob.ec
Espagne	M.	Catalan, Manuel	Représentant du CPE	cpe@mineco.es
Espagne	Dr	Dañobeitia, Juan Jose	Conseiller	jjdanobeitia@cmima.csic.es
Espagne	Ambassadeur	Gomez Martinez, Marcos	Chef de délégation	marcos.gomez@maec.es
Espagne	Mme	Puig, Roser	Conseiller	rpuigmar@ub.edu
Espagne	Mme	Ramos, Sonia	Conseiller	sonia.ramos@mineco.es
États-Unis	M.	Bloom, Evan T.	Chef de délégation	bloomet@state.gov

Participants: Consultative Parties				
Party	Title	Contact	Position	Email
États-Unis	Melle	Cooper, Susannah	Remplaçant	cooperse@state.gov
États-Unis	Melle	Dahood, Adrian	Délégué	adahood@nsf.gov
États-Unis	M.	Edwards, David	Délégué	david.l.edwards@uscg.mil
États-Unis	Dr	Falkner, Kelly	Délégué	kfalkner@nsf.gov
États-Unis	M.	Gilanshah, Bijan	Délégué	bgilansh@nsf.gov
États-Unis	Melle	Hessert, Aimee	Délégué	hessert.aimee@epamail.epa.gov
États-Unis	M.	Israel, Brian	Délégué	israelbr@state.gov
États-Unis	Dr	Karentz, Deneb	Conseiller	karentzd@usfca.edu
États-Unis	M.	Naveen, Ron	Conseiller	oceanites.mail@verizon.net
États-Unis	Dr	Penhale, Polly A.	Représentant du CPE	ppenhale@nsf.gov
États-Unis	M.	Smith, Lowell	Conseiller	lowsmith@mail2Scientist.com
États-Unis	M.	Stone, Brian	Délégué	bstone@nsf.gov
États-Unis	Melle	Toschik, Pamela	Délégué	pamela.toschik@noaa.gov
États-Unis	M.	Watters, George	Délégué	George.Watters@noaa.gov
États-Unis	Melle	Wheatley, Victoria	Conseiller	vewheatley@gmail.com
Fédération de Russie	Melle	Antonova, Anna	Délégué	avant71@yandex.ru
Fédération de Russie	M.	Gonchar, Dmitry	Chef de délégation	dp@mid.ru
Fédération de Russie	M.	Lukin, Valery	Représentant du CPE	lukin@aari.nw.ru
Fédération de Russie	M.	Pomelov, Victor	Délégué	pom@aari.nw.ru
Fédération de Russie	Melle	Stetsenko, Ksenia	Délégué	dp@mid.ru
Finlande	Melle	Mähönen, Outi	Représentant du CPE	outi.mahonen@ely-keskus.fi
Finlande	Melle	Pohjanpalo, Maria	Remplaçant	maria.pohjanpalo@formin.fi
Finlande	Melle	Valjento, Liisa	Chef de délégation	liisa.valjento@formin.fi
France	Mme	Belna, Stéphanie	Représentant du CPE	stephanie.belna@developpement-durable.gouv.fr
France	Dr.	Choquet, Anne	Délégué	annechoquet@orange.fr
France		Dalmas, Dominique	Représentant du CPE	dominique.dalmas@interieur.gouv.fr
France	Dr	Frenot, Yves	Représentant du CPE	yves.frenot@ipev.fr
France	M.	Lebouvier, Marc	Représentant du CPE	marc.lebouvier@univ-rennes1.fr
France	M.	Maxime, Reynaud	Délégué	maxime.reynaud@diplomatie.gouv.fr
France	M.	Mayet, Laurent	Conseiller	laurent.mayet@diplomatie.gouv.fr
France	M.	Reuillard, Emmanuel	Délégué	emmanuel.reuillard@taaf.fr
France	Ambassadeur	Rocard, Michel	Chef de délégation	laurent.mayet@diplomatie.gouv.fr
France	M.	Segura, Serge	Chef de délégation	serge.segura@diplomatie.gouv.fr
France	M.	Trouyet, Marc	Délégué	marc.trouyet@diplomatie.gouv.fr
Inde	Dr	Bhat, Kajal	Délégué	bhatkajal@yahoo.com
Inde	Dr	Gupta, Vasudha	Délégué	vasudha.gupta@nic.in
Inde	Dr	Ravindra, Rasik	Chef de délégation	rasik@ncaor.org
Inde	Dr	Tiwari, Anoop	Délégué	anooptiwari@ncaor.org
Italie	Amb.	Fornara, Arduino	Chef de délégation	arduino.fornara@esteri.it
Italie	Dr sa	Mecozzi, Roberta	Délégué	roberta.mecozzi@enea.it
Italie	Professeur	Moze, Oscar	Remplaçant	adscien.canberra@esteri.it
Italie	Dr	Tamburelli, Gianfranco	Conseiller	gtamburelli@pelagus.it
Italie	Melle	Tomaselli, Maria Stefania	Délégué	tomaselli.stefania@minambiente.it
Italie	Dr	Torcini, Sandro	Délégué	sandro.torcini@casaccia.enea.it
Japon	M.	Amada, Shinichi	Délégué	shinichi_amada@env.go.jp
Japon	Melle	Fujimoto, Masami	Délégué	masami.fujimoto@mofa.go.jp
Japon	M.	Hasegawa, Shuichi	Représentant du CPE	SHUICHI_HASEGAWA@env.go.jp
Japon	M.	Kawashima, Tetsuya	Délégué	tetsuya_kawashima@nm.maff.go.jp
Japon	M.	Sasaki, Hideki	Délégué	ssk@mext.go.jp
Japon	Prof.	Shiraishi, Kazuyuki	Chef de délégation	kshiraishi@nipr.ac.jp
Japon	Prof.	Watanabe, Kentaro	Délégué	kentaro@nipr.ac.jp
Nouvelle Zélande	Melle	Bird, Rebecca	Délégué	rbird@wwf.org.nz
Nouvelle Zélande	M.	Gaston, David	Conseiller	david.gaston@mfat.govt.nz
Nouvelle Zélande	Dr	Gilbert, Neil	Remplaçant	n.gilbert@antarcticanz.govt.nz
Nouvelle Zélande	Dr	Keys, Harry	Conseiller	hkeys@doc.govt.nz

Participants: Consultative Parties

Party	Title	Contact	Position	Email
Nouvelle Zélande	M.	Kingston, Charles	Conseiller	charles.kingston@mfat.govt.nz
Nouvelle Zélande	M.	MacKay, Don	Conseiller	don_maria_mackay@msn.com
Nouvelle Zélande	Melle	Newman, Jana	Conseiller	j.newman@antarcticanz.govt.nz
Nouvelle Zélande	Melle	Ng, Jocelyn	Conseiller	jocelyn.ng@mfat.govt.nz
Nouvelle Zélande	M.	Sanson, Lou	Conseiller	l.sanson@antarcticanz.govt.nz
Nouvelle Zélande	Mme	Schwalger, Carolyn	Chef de délégation	carolyn.schwalger@mfat.govt.nz
Nouvelle Zélande	Dr	Sharp, Ben	Conseiller	ben.sharp@mpi.govt.nz
Nouvelle Zélande	M.	Zuur, Bob	Délégué	bzuur@wwf.org.nz
Norvège	Melle	Gaalaas, Siv Christin	Conseiller	scg@nhd.dep.no
Norvège	M.	Halvorsen, Svein Tore	Conseiller	sth@md.dep.no
Norvège	Melle	Njaastad, Birgit	Représentant du CPE	njaastad@npolar.no
Norvège	Melle	Nygaard, Kristina	Conseiller	krny@mfa.no
Norvège	M.	Rognhaug, Magnus H.	Conseiller	mar@md.dep.no
Norvège	M.	Rosenberg, Stein Paul	Chef de délégation	stro@mfa.no
Pays-Bas	Prof. Dr	Bastmeijer, Kees	Conseiller	c.j.bastmeijer@uvt.nl
Pays-Bas		Elstgeest, Marlynda	Conseiller	marlynda@waterproof-expeditions.com
Pays-Bas	M.	Hernaus, Reginald	Remplaçant	Reggie.hernaus@minienm.nl
Pays-Bas	Prof. Dr	Lefeber, René J.M.	Chef de délégation	rene.lefeber@minbuza.nl
Pays-Bas	drs. ir.	Martijn, Peijs	Délégué	w.f.peijs@minlnv.nl
Pérou	AMB.	Quesada, Luis	Chef de délégation	lquesada@embaperu.org.au
Pérou	Dr	Sueldo, Jaime	Conseiller	jaimesueldo@yahoo.com
Pologne	Dr	Kidawa, Anna	Délégué	akidawa@arctowski.pl
Pologne	Directeur	Sarkowicz, Ryszard	Chef de délégation	ryszard.sarkowicz@msz.gov.pl
Pologne	Dr	Tatur, Andrzej	Délégué	tatura@interia.pl
Pologne	Amb.	Wolski, Jakub T.	Remplaçant	jakub.wolski@msz.gov.pl
Royaume-Uni	M.	Burgess, Henry	Représentant du CPE	henry.burgess@fco.gov.uk
Royaume-Uni	Melle	Clarke, Rachel	Délégué	racl@bas.ac.uk
Royaume-Uni	M.	Downie, Rod	Délégué	rhd@bas.ac.uk
Royaume-Uni	M.	Drakeford, Jonathan	Délégué	jonathan.drakeford@fco.gov.uk
Royaume-Uni	Dr	Hughes, Kevin	Délégué	kehu@bas.ac.uk
Royaume-Uni	M.	Madden, Paul	Délégué	paul.madden@fco.gov.uk
Royaume-Uni	Melle	Rumble, Jane	Chef de délégation	Jane.Rumble@fco.gov.uk
Royaume-Uni	Dr.	Shears, John	Délégué	jrs@bas.ac.uk
Suède	Coordinateur de recherche	Jonsell, Ulf	Remplaçant	ulf.jonsell@polar.se
Suède	Ambassadeur	Ödmark, Helena	Chef de délégation	helena.odmark@foreign.ministry.se
Suède	Mme	Selberg, Cecilia	Représentant du CPE	cecilia.selberg@polar.se
Ukraine		Fedchuk, Andrii	Représentant du CPE	andriyf@gmail.com
Ukraine	Dr	Gurzhii, Andrii	Chef de délégation	valery_sav@ukr.net
Uruguay	M.	Abdala, Juan	Représentant du CPE	jabdala@iau.gub.uy
Uruguay	M.	Alonzo, Ismael	Chef de délégation	presidente@iau.gub.uy
Uruguay	Amb.	Fajardo, Alberto	Remplaçant	urucan@iimetro.com.au
Uruguay	M.	Fontes, Waldemar	Délégué	dirsecretaria@iau.gub.uy
Uruguay	M.	González Otero, Alvaro	Délégué	politica@mrree.gub.uy
Uruguay	M.	Saravia, Ricardo	Délégué	rsaravia@iau.gub.uy
Uruguay	M.	Vignali, Daniel	Conseiller	dvignal@adinet.com.uy

Participants : Parties non consultatives

Party	Title	Contact	Position	Email
Canada		Sadar, Kamuran	Chef de délégation	kamuran.sadar@ec.gc.ca
Colombie		Bula, Olga	Chef de délégation	olenabula@gmail.com
Malaisie	Prof.	Abu Samah, Azizan	Remplaçant	azizans@um.edu.my
Malaisie	Dr	Goh, Hong Ching	Délégué	gohhc@um.edu.my
Malaisie	Dr	Hamzah, B.Ahmad	Délégué	bahamzah@pd.jaring.my
Malaisie	M.	Hashim, Eldeen	Délégué	ehusaini@hotmail.com
Malaisie	M.	Leman, Wan Ashbi	Délégué	ashbi@mosti.gov.my

Participants : Parties non consultatives

Party	Title	Contact	Position	Email
Malaisie	Dr	Mohd Nor, Salleh	Délégué	salleh.mohdnor@gmail.com
Malaisie	Prof.	Mohd Shah, Rohani	Délégué	rohanimohdshah@yahoo.com
Malaisie	Dr	Syed Ahmad, Sharifah Zarah	Chef de délégation	zarah@mosti.gov.my
Monaco	Dél.	Van Klaveren, Céline	Délégué	cevanklaveren@gouv.mc
République de Slovaquie	Ing.	Petrasova, Anna	Délégué	anna.petrasova@mzv.sk
République Tchèque	M.	Prošek, Pavel	Conseiller	prosek@geogr.muni.cz
République Tchèque	M.	Venera, Zdenek	Chef de délégation	zdenek.venera@geology.cz

Participants : Observateurs

Party	Title	Contact	Position	Email
CCAMLR	Dr	Jones, Christopher	Représentant du CPE	chris.d.jones@noaa.gov
CCAMLR	M.	Kremzer, Ed	Conseiller	ed.kremzer@ccamlr.org
CCAMLR		Nilsson, Jessica	Conseiller	Jessica.nilsson@ccamlr.org
CCAMLR	Dr	Reid, Keith	Conseiller	keith@ccamlr.org
CCAMLR	M.	Wright, Andrew	Chef de délégation	andrew_wright@ccamlr.org
COMNAP	Melle	Rogan-Finnemore, Michelle	Chef de délégation	michelle.finnemore@comnap.aq
SCAR	Prof.	Chown, Steven L.	Représentant du CPE	slchown@sun.ac.za
SCAR	Prof.	Kennicutt, Mahlon (Chuck)	Délégué	m-kennicutt@tamu.edu
SCAR	Dr	Newman, Louise	Délégué	Louise.Newman@utas.edu.au
SCAR	Dr	O'Brien, Philip	Délégué	phil.obrien.ant@gmail.com
SCAR	Dr	Sparrow, Mike	Chef de délégation	mds68@cam.ac.uk
SCAR	Dr	Terauds, Aleks	Délégué	aleks.terauds@gmail.com

Participants : Experts

Party	Title	Contact	Position	Email
ACAP	Dr	Misiak, Wieslawa	Conseiller	wieslawa.misiak@acap.aq
ACAP	M.	Papworth, Warren	Chef de délégation	warren.papworth@acap.aq
ASOC	M.	Barnes, James	Chef de délégation	james.barnes@asoc.org
ASOC	Melle	Barrett, Jill	Conseiller	j.barrett@biicl.org
ASOC	M.	Campbell, Steve	Conseiller	steve@antarcticocean.org
ASOC	Melle	Christian, Claire	Conseiller	Claire.Christian@asoc.org
ASOC	M.	Harte, Michael	Conseiller	MHarte@wwf.org.au
ASOC	M.	Keey, Geoff	Conseiller	geoff.keey@gmail.com
ASOC	M.	Kennedy, Michael	Conseiller	michael@hsi.org.au
ASOC	M.	Nicoll, Rob	Conseiller	rnicoll@wwf.org.au
ASOC	Dr.	Roura, Ricardo	Représentant du CPE	ricardo.roura@worldonline.nl
ASOC	Melle	Smith, Elyse	Conseiller	elysedav@aol.com
ASOC	Dr.	Tin, Tina	Conseiller	tinatintk@gmail.com
ASOC	M.	Werner Kinkelin, Rodolfo	Conseiller	rodolfo.antarctica@gmail.com
IAATO	Dr.	Crosbie, Kim	Chef de délégation	kimcrosbie@iaato.org
IAATO	Melle	Hohn-Bowen, Ute	Délégué	ute@antarpply.com
IAATO	Melle	Holgate, Claudia	Délégué	cholgate@iaato.org
IAATO	M.	Ledingham, Rod	Conseiller	rod.ledingham@bigpond.com
IAATO	M.	Rootes, David	Délégué	david.rootes@antarctic-logistics.com
IAATO	Melle	Schillat, Monika	Délégué	Monika@antarpply.com
IAATO	M.	Wellmeier, Steve	Remplaçant	swellmeier@iaato.org
IHO	Capt.	Gorziglia, Hugo	Chef de délégation	hgorziglia@ihb.mc
UNEP	M.	Johnston, Sam	Conseiller	johnston@ias.unu.edu
WMO	M.	Ondras, Miroslav	Chef de délégation	mondras@wmo.int
WMO	M.	Pendlebury, Steve	Délégué	s.pendlebury@bom.gov.au

Participants : Secrétariats				
Party	Title	Contact	Position	Email
ATS	M.	Acero, José Maria	Personnel	tito.acero@antarctictreaty.org
ATS	M.	Agraz, José Luís	Personnel	pepe.agraz@antarctictreaty.org
ATS	Melle	Balok, Anna	Personnel	anna.balok@antarctictreaty.org
ATS	M.	Davies, Paul	Personnel	littlewest2@googlemail.com
ATS	Melle	Guretskaya, Anastasia	Personnel	a.guretskaya@googlemail.com
ATS	Dr.	Reinke, Friederike	Personnel	friederike.reinke@uni-bremen.de
ATS	Dr.	Reinke, Manfred	Chef de délégation	manfred.reinke@antarctictreaty.org
ATS	M.	Wainschenker, Pablo	Personnel	pablo.wainschenker@antarctictreaty.org
ATS	M.	Walton, David W H	Personnel	dwhw@bas.ac.uk
ATS	M.	Wydler, Diego	Personnel	diego.wydler@antarctictreaty.org
HC Secretariat	Melle	Bartley, Rhonda	Personnel	rhonda.bartley@aad.gov.au
HC Secretariat	Melle	Bourke, Deborah	Personnel	deborah.bourke@aad.gov.au
HC Secretariat	Melle	Chapman, Fiona	Personnel	Fiona.Chapman@development.tas.gov.au
HC Secretariat	Melle	Chin, Mey	Personnel	Mey.Chin@development.tas.gov.au
HC Secretariat	Melle	Coad, Lizzy	Personnel	lizzy.coad@aad.gov.au
HC Secretariat	M.	Cooper, Jamie	Personnel	Jamie.Cooper@dfat.gov.au
HC Secretariat	M.	Cullen, Paul	Personnel	Cullen254@hotmail.com
HC Secretariat	M.	Davis, Bob	Personnel	bob.davis@dfat.gov.au
HC Secretariat	Melle	Eldershaw, Jane	Personnel	Jane.Eldershaw@development.tas.gov.au
HC Secretariat	Melle	Erceg, Diane	Personnel	dzerceg@gmail.com
HC Secretariat	Melle	Forman, Catherine	Personnel	Catherine.Forman@development.tas.gov.au
HC Secretariat	Melle	Foster, Phillipa	Personnel	Phillipa.Foster@tmag.tas.gov.au
HC Secretariat	Melle	Goldworthy, Lyn	Personnel	lyn.goldsworthy@ozemail.com.au
HC Secretariat	M.	Gonzalez Vaillant, Joaquín	Personnel	joacogv@hotmail.com
HC Secretariat	Melle	Hamilton, Katie	Personnel	Katie.hamilton@dfat.gov.au
HC Secretariat	M.	Hanson, Paul	Personnel	paul.hanson@aad.gov.au
HC Secretariat	Melle	Hwang, Eugenie	Personnel	Eugenie.hwang@dfat.gov.au
HC Secretariat	Melle	Idiens, Melissa	Personnel	melissa.idiens@canterbury.ac.nz
HC Secretariat	M.	Jackson, Andrew	Secrétaire Général HC	andrew.jackson@aad.gov.au
HC Secretariat	Melle	Jacobs, Linda	Personnel	linda.jacobs@aad.gov.au
HC Secretariat	Melle	Johnson, Constance	Personnel	constancemgj2003@yahoo.com.au
HC Secretariat	Melle	Leaney, Tara	Personnel	tara.leaney@dfat.gov.au
HC Secretariat	Melle	Leeson, Karin	Personnel	Karin.Leeson@development.tas.gov.au
HC Secretariat	Melle	Lloyd, Megan	Personnel	megan.lloyd@aad.gov.au
HC Secretariat	Melle	Lovell, Georgia	Personnel	Georgia.Lovell@dfat.gov.au
HC Secretariat	Melle	Malcolm, Rebecca	Personnel	Rebecca.malcolm@aad.gov.au
HC Secretariat	Melle	Marshall, Rebecca	Personnel	Rebecca.marshall@dfat.gov.au
HC Secretariat	M.	Moles, Nick	Personnel	Nick.Moles@tourism.tas.gov.au
HC Secretariat	Melle	Pike, Melanie	Personnel	Melanie.pike@aad.gov.au
HC Secretariat	M.	Powell, Stephen	Personnel	stephen.powell@environment.gov.au
HC Secretariat	Melle	Raw, Kristin	Personnel	kristin.raw@aad.gov.au
HC Secretariat	Miss	Sulikowski, Chavelli	Personnel	chavelli.sulikowski@utas.edu.au
HC Secretariat	Melle	Swift, Isabella	Personnel	Isabella.swift@dfat.gov.au
HC Secretariat	Melle	Tisdall, Amy	Personnel	Amy.tisdall@dfat.gov.au
HC Secretariat	Melle	Wallace, Heather	Personnel	Heather.wallace@environment.gov.au
HC Secretariat	Melle	Woolnough, Mary	Personnel	Mary.Woolnough@development.tas.gov.au
HC Secretariat		x, x	Personnel	xxx@xxx.xxx
HC Secretariat	y	y, y	Personnel	yyy@yyy.yyy
Trad. & Interp.	Melle	Alal, Cecilia	Personnel	conference@oncallinterpreters.com
Trad. & Interp.	M.	Aroustian, Aramais	Personnel	conference@oncallinterpreters.com
Trad. & Interp.	M.	Avella, Alex	Personnel	conference@oncallinterpreters.com
Trad. & Interp.	Melle	Avila, Patricia	Personnel	conference@oncallinterpreters.com
Trad. & Interp.	Melle	Barua, Lucy	Personnel	conference@oncallinterpreters.com
Trad. & Interp.	Melle	Blundo-Grimison,	Personnel	conference@oncallinterpreters.com

Participants : Secrétariats				
Party	**Title**	**Contact**	**Position**	**Email**
		Rosemary		
Trad. & Interp.	Melle	Boury, Marjorie	Personnel	conference@oncallinterpreters.com
Trad. & Interp.	Melle	Christopher, Vera	Personnel	conference@oncallinterpreters.com
Trad. & Interp.	Melle	Coussaert, Joelle	Personnel	conference@oncallinterpreters.com
Trad. & Interp.	M.	Giglio, Daniel	Personnel	conference@oncallinterpreters.com
Trad. & Interp.	M.	Hulusi, Hulus	Personnel	conference@oncallinterpreters.com
Trad. & Interp.	M.	Iatsenko, Viktor	Personnel	conference@oncallinterpreters.com
Trad. & Interp.	M.	Ivacheff, Alexey	Personnel	conference@oncallinterpreters.com
Trad. & Interp.	Melle	Kasimova, Zouchra-Katerina	Personnel	conference@oncallinterpreters.com
Trad. & Interp.	Melle	Lacey, Roslyn	Personnel	conference@oncallinterpreters.com
Trad. & Interp.	Melle	Lieve, Marisol	Personnel	conference@oncallinterpreters.com
Trad. & Interp.	Melle	Lira, Isabel	Personnel	conference@oncallinterpreters.com
Trad. & Interp.	Mme.	McGrath, Peps	Personnel	peps.mcgrath@oncallinterpreters.com
Trad. & Interp.	M.	Merlot, Christian	Personnel	conference@oncallinterpreters.com
Trad. & Interp.	Melle	Mullova, Ludmila	Personnel	conference@oncallinterpreters.com
Trad. & Interp.	M.	Orlando, Marc	Personnel	conference@oncallinterpreters.com
Trad. & Interp.	Melle	Poblete, Verónica	Personnel	conference@oncallinterpreters.com
Trad. & Interp.	Melle	Radetskaya, Maria	Personnel	conference@oncallinterpreters.com
Trad. & Interp.	M.	Tanguy, Philippe	Personnel	conference@oncallinterpreters.com
Trad. & Interp.	Dr	Watt, Emy	Personnel	conference@oncallinterpreters.com
Trad. & Interp.	M.	Yeo, Anson	Personnel	conference@oncallinterpreters.com

www.ingramcontent.com/pod-product-compliance
Lightning Source LLC
Chambersburg PA
CBHW080719220326
41520CB00056B/7148